21世纪经济学类管理学类专业主干课程系列教材

内部控制理论与实务

（第3版修订本）

宋蔚蔚　编著

清 华 大 学 出 版 社
北京交通大学出版社
·北京·

内 容 简 介

全书共十章，以财政部等五部委联合颁布的《企业内部控制基本规范》《企业内部控制应用指引》《企业内部控制评价指引》《企业内部控制审计指引》为主线，同时借鉴其他国家和地区的内控框架（美国、加拿大、法国、英国和南非，以及日本），详细论述了我国内部控制的演变途径，以及内部控制设计和评价的基本原理与方法，然后从公司层面和业务层面两个角度系统阐述涉及企业各方面的内部控制的关键环节，并且展望了企业内部控制的发展趋势。

本书既适合于工商管理学科各专业的本科生使用，也适合于 MBA、MPA、MPAcc 等使用，还可作为企业内控培训和注册会计师的后续教育教材，以及企业开展内部控制建设的参考资料。

图书在版编目（CIP）数据

内部控制理论与实务／宋蔚蔚编著. —3 版. —北京：北京交通大学出版社：清华大学出版社，2017. 8（2019. 8 重印）

（21 世纪经济学类管理学类专业主干课程系列教材）

ISBN 978-7-5121-3237-5

Ⅰ. ① 内… Ⅱ. ① 宋… Ⅲ. ① 企业内部管理-高等学校-教材 Ⅳ. ① F272. 3

中国版本图书馆 CIP 数据核字（2017）第 130570 号

内部控制理论与实务
NEIBU KONGZHI LILUN YU SHIWU

责任编辑：赵彩云
出版发行：清 华 大 学 出 版 社　邮编：100084　电话：010-62776969　http://www.tup.com.cn
　　　　　北京交通大学出版社　邮编：100044　电话：010-51686414　http://www.bjtup.com.cn
印 刷 者：北京时代华都印刷有限公司
经　　销：全国新华书店
开　　本：185 mm×260 mm　印张：18.75　字数：468 千字
版　　次：2019 年 8 月第 3 版第 1 次修订　2019 年 8 月第 3 次印刷
书　　号：ISBN 978-7-5121-3237-5/F · 1706
印　　数：4 001～6 000 册　定价：49.00 元

本书如有质量问题，请向北京交通大学出版社质监组反映。对您的意见和批评，我们表示欢迎和感谢。
投诉电话：010-51686043，51686008；传真：010-62225406；E-mail：press@bjtu.edu.cn。

第 3 版前言

Preface to the 3rd Edition

时光荏苒，离最初写这本书已有六年时间，六年里，身边的每个人都在成长，我们的这本书也应该与时俱进地充实、扩展和更新了。

内部控制是一门很有意思的学科，与诸如高等数学等技术属性非常强的学科不太一样，10 年前的拉格朗日定理和斐波那契数列，现在还是那副模样，内部控制却于十年间发生了很大变化。而且不同的国家对于内部控制的理解也有所差异，有的是静态的方法和程序观，有的是动态的过程论；有的是原则导向，有的是规则指引；有的是五目标，有的是三目标……无论如何，各个国家都相继出台了适合自己国情的内部控制规则。

自 2008 年和 2010 年五部委颁布了企业内部控制基本规范和配套指引后，我国也拉开了内部控制建设的序幕。企业如火如荼地开展实践的同时，内部控制体系的架构也在不断地搭建和完善。2012 年财政部颁布《行政事业单位内部控制规范（试行）》，2016 年财政部颁布《小型企业内部控制规范（征求意见稿）》，这三类规范将所有企业或单位，无论是大中型企业，还是小型企业，无论是以盈利为目标的企业，还是非营利性质的行政事业单位都囊括在内，它们都将遵循各自的内部控制规范。

针对国计民生的行业，财政部也陆续颁布了《石油石化行业内部控制操作指南》（2013），《电力行业内部控制操作指南》（2014），金融监管机构——银监会、保监会和证监会也陆续出台和修订了金融行业的内部控制规范——《保险公司内部控制基本准则》（2010），《证券公司融资融券业务内部控制指引》（2011），《商业银行内部控制指引》（2014），《保险资金运用内部控制指引》（2015）。自 2012 年《行政事业单位内部控制规范（试行）》出台之后，财政部也陆续出台了针对行政事业单位内部控制建设的更细化的意见和指引——《关于全面推进行政事业单位内部控制建设的指导意见》（2015），《关于开展行政事业单位内部控制基础性评价工作的通知》（2016），《关于加强政府采购活动内部控制管理的指导意见》（2016）……

可以看出，企业的内部控制基本规范和配套指引只是原则性的指导，而后颁布的各种规范是以目标导向和问题导向，将内部控制从深度和广度都进行了更进一步的拉伸，让内部控制的架构更加丰满，内控的颗粒更加细致，更具有针对性和适应性。

从国际上来看，COSO组织出台的最著名的IC-IF框架、ERM框架也迎来了更新季，2013年5月14日COSO公布了新的IC-IF框架体系，时隔三年后，2016年6月14日COSO公布了拟更新修订的ERM框架，并向公众征求意见，并于9月30日结束征询意见，预计正式的版本将于2017年与公众见面。

毕竟，近十年来，企业所处的商业及运营环境均发生了巨大的变化，对内部控制的理解也不能故步自封和停滞不前。这是本书的第3版，相对于前两版有较大程度的更新，我们将国内外内部控制的最新发展都纳入了这个版本中。另外，此版本加入了更多的中国本土案例，希望能给大家带来更多的思索。

另外，受篇幅所限，本书附录A～附录F（附录A　企业内部控制基本规范，附录B　企业内部控制评价指引，附录C　企业内部控制审计指引，附录D　企业内部控制应用指引，附录E　小型企业内部控制规范（征求意见稿），附录F　行政事业单位内部控制规范（试行））的内容整理成免费的电子资源，读者扫描封面上的二维码，安装APP后，即可获得。

路漫漫其修远兮，吾将上下而求索，与大家共勉，此版本如有不恰当之处，敬请海涵和指教。

作　者

2017年7月

第2版前言

Preface to the 2nd Edition

内部控制的概念是不断动态发展的，从最初的内部牵制到五要素框架阶段，每一个阶段概念的提出都是随着重要事件的发展来扩展原有内部控制的管理幅度和管理边界的。自本书2010年第1版以来，内部控制的理论和实务也发生了一些变化。

2010年7月，《多得-弗兰克华尔街改革和消费者保护法案》（*Dodd-Frank Wall Street Reform and Consumer Protection Act*）的颁布结束了萨奥法案404条款备受争议的问题：小企业（公共发行股本少于7 500万美元）不再需要出具内部控制审计报告。COSO（The Committee of Sponsoring Organizations of the Treadway Commission）委员会于2011年12月19日发布新版内部控制整合框架草案，公开征求社会意见。由于企业及其营运环境的改变，COSO认为有必要更新其颁布已近20年的框架。2012年3月27日，美国国会众议院代表以压倒性投票通过了参议院修订的“创业企业融资法案”（The Jumpstart Our Business Startups Act），此项法案提出了一个新的企业类别——“新兴成长型企业”（Emerging Growth Company，EGC），EGC在规定的截止日期前将得以豁免若干监管要求，这些企业无须满足萨奥法案下404（b）条款的要求，即在一段时间内（EGC资格终止前）不再需要出具内部控制审计报告。2013年5月14日，COSO委员会整合多方的意见并颁布了新版本的内部控制整合框架。

2010年4月，财政部会同证监会、审计署、银监会、保监会制定了《企业内部控制应用指引》《企业内部控制评价指引》和《企业内部控制审计指引》，与2008年颁布的内部控制基本规范，共同构建了中国企业内部控制规范体系，被称为“中国版的萨奥法案”，该规范体系要求中国上市公司出具内部控制自评报告和内部控制审计报告，原本深沪主板上市公司的最后执行期限为2012年1月1日（境内外共同上市公司为2011年1月1日）。2012年8月，为稳步推进主板上市公司有效实施企业内部控制规范体系，确保内部控制体系建设落到实处、取得实效，防止出现走过场情况，财政部会同证监会在充分考虑上市公司的公司治理基础、市值规模、业务成熟度、盈利能力等方面差异的情况下，决定在主板上市公司分类分批推进实施企业内部控制规范体系，发布《关于2012年主板上市公司分类分批实施企业内部控制规范体系的通知》，除了国有控股上市公司强制2012年执行，其余上市公司实施内控规范的时间都有所推后，也给这些企业更长的缓冲期来建立和完善自身的内部控制体系。

因此，根据这些实务上的变化，我们对原有的第1版内容进行了修订，保留了第1版的基本框架和结构，同时也进行了一些变更：① 时代性更强，原有不合时宜的内容删去了，与时俱进地增加了最新关于内部控制的动态发展状况；② 在保留原有内部控制经典案例的同时增加了一些新的案例，以便学习者加深对内部控制的理解；③ 在对部分流程进行了充实和细节化处理。

作　者

2013年7月

前 言

Preface

2008 年以前，我国的内部控制呈现着“政出多门”的现象，财政部、证监会、国资委、中注协、上海证券交易所、深圳证券交易所等部门相继出台了内部控制规范，每个规范和制度都有自己的侧重点，同时对于内部控制的完整性、合理性及有效性更是缺乏一个公认的标准体系，“内部控制”的概念在“百花齐放”式中发展但没有得到统一。

2008 年 6 月，财政部、证监会、审计署、银监会、保监会五部委联合发布《企业内部控制基本规范》。它的发布标志着我国内部控制制度建设取得了重大突破，这是我国继实施与国际接轨的企业会计准则和审计准则之后，又一与国际接轨的重大改革。2010 年 4 月，财政部等五部委再次联合颁布内部控制的 3 个配套指引《企业内部控制评价指引》《企业内部控制审计指引》《企业内部控制应用指引》。这些配套指引与基本规范一起，标志着适应我国企业实际情况、融合国际先进经验的中国企业内部控制规范体系基本建成。

在这个危机四伏的时代，新的内控规范体系犹如一盏明灯，对于企业实践中的内控摸索提供了新的原则和方法，同时又带来了一些新的挑战：如何更好地运用新的内控框架体系促进企业的可持续发展？如何避开途中的陷阱让企业达到成功的彼岸？如何以最小的控制成本达到最优化的效果？本书旨在以内部控制基本规范和配套指引为主线，全方位地说明企业内部控制制度的相关理论和实务操作。

本书具有前瞻性、规范性、指导性的特点：①“国外和国内相结合”，借鉴其他国家和地区的内控框架（美国、加拿大、法国、英国和南非，以及我国香港地区），同时以我国最新的内控基本规范和配套指引为主线；②“公司层面与业务层面相结合”，全面地探讨公司层面和业务层面内控的关键控制环节；③“设计与评价相结合”，不仅关注内控设计理念、原则和方法，而且着重于管理层和注册会计师的评价；④“新规范与旧规范相结合”，探讨了我国内部控制规范的各个发展阶段，并且分析了征求意见稿与正稿的差异，以及管理层思路的变化；⑤“理论与实践相结合”，将平衡计分卡、ISO 31000、COBIT 框架等融入其中，正文中穿插专栏，同时每章后面附有阅读与思考，以内控视角分析一些著名的案例和事件，具有很强的实践指导意义。

在本书的撰写过程中，我们借鉴了国内外一些学者的理论和观点，在这里一并向他们表示感谢。由于作者才疏学浅，其中必有一些不当之处，希望各位专家、学者和实务界的朋友指正。

作　者

2010 年 7 月

目　录

Contents

第1章　概　　论

【本章导读】

- 内部控制概念的起源
- 内部控制的发展历程
- 内部控制的功能
- 内部控制的局限性
- 内部控制学与其他学科体系之间的关系

1.1　内部控制概念的起源

“control”（控制）一词最早出现在1600年的英语词典中。该词是从拉丁语“contrarotulu”派生出来的，其中“contra”意为“对比”，“rotulu”意为“宗卷”。然而，在20世纪中叶，“内部控制”才作为一个完整的概念被人们认识和接受，但我们仍然可以从漫长的人类社会经济发展史中寻觅到内部控制的基本思想和初级形式。早在公元前3600年的美索不达米亚文化的记载中，就存在极为粗糙的财务管理活动，记录员要核对付款清单，并在付款清单上打上“点、钩、圈”等核对符号，表明检查账目的工作已经完成。古埃及法老统治时期，实施的是“三官牵制”，货币存入银库或谷物进入仓库时，首先由记录官在银库或仓库外加以记录，然后接受银库或仓库出纳官的登记和监督官的监察。这种谷物和货币入库须经记录官、出纳官和监督官几道环节的做法，起到了互相监督和控制的作用。古希腊时期对官吏的审查非常严格，官吏上任前要接受资格审查，任职期间要接受对其称职与否的信任投票，任期结束时要接受卸任审查，即对其经手的钱财进行稽考交接。古罗马时代，则产生了“双人记账制度”，某项经济业务发生后，由两个记账员在各自的账本上同时记载，然后由他们定期核对对方的账本记录，以检查有无记载的错误，防止舞弊行为发生，进而达到控制资产的目的。

我国最早的内部控制思想可以追溯到西周时代，这个时代的内部控制被迈克尔·查特菲尔特（Chatfield Michael，美国著名的会计史学家，著有《会计思想史》）称为“国际上无与伦比”。西周掌管会计工作的最高机构为司会，出纳工作分为“职内”“职岁”“职币”，其目的在于各职务专于职守、相互牵制，防止发生舞弊行为。① 职内“掌邦之赋入”，即掌管岁入分项会计籍书，负责登记、考核朝廷的全部财物收入事项；② 职岁“掌邦之赋出”，即掌管岁出分项会计籍书，负责登记、考核朝廷的全部财物支出事项；③ 职币“掌式法，以敛官府，都鄙与凡用邦财者之币，振掌事者之余财”，即掌管余财分项会计籍书，负责登记、考核朝廷的全部财物结余事项。职内、职岁和职币存在参交互考、互相制约控制的关系。西周时期，不仅出纳工作由不同的部门承担，财产保管也分项目由不同的部门掌管，即著名的“九府”制度。“九府”是指西周为了掌管国家财产物资而设立的9个财物保管出纳部门，即大府、玉府、内府、外府、泉府、职内、职外、天府和职金，实际上是将国家财物分别由9个职能部门保管和收付，各部门之间责任清楚、分工明确，各方既相互联系，又相互制约，既有财产收付，又有会计核算，同时具有审查监督的功能，实质上就是内部控制所说的不相容职务相互分离。宋代理学家朱熹在《周礼理其财之所出》一文中提出：“虑夫掌财，用财之吏，渗漏乾设，或者容奸而肆欺……于是一毫财赋之出入，数人之耳目通焉。”意思是考虑到掌管和使用财赋的官吏可能进行贪污盗窃，弄虚作假，因而规定每笔财赋的出入，要经过几个人的耳目，以达到相互牵制的目的。

明代《大明律例》则规定：“凡府州县亲民官，任内娶部民妇女为妻妾者，杖八十。”“凡有司官吏，不得于现任处所置买田宅。违者笞五十，解任，田宅入官。”《大清律例》有着相同的规定：“凡府州县亲民官，任内娶部民妇女为妻妾者，杖八十。”“凡有司官吏者，不得于现任处所置买田宅，违者笞五十，解任，田宅入官……提督、总兵，副将等官，不许在现任地方置立产业。”即任官者不得在任官之地买房子等固定资产，也不能娶当地的妇女为妻，这和现今社会的“职位轮换”有着异曲同工之妙，即均是从制度上防止在一定范围内同党的勾结，以避免原有的牵制制度无效。

由此可以看出，人类社会的发展史就是内部控制的发展史。古今中外，各个国家、王朝、部落等主体在进行经营活动、生产活动和管理活动过程中，都有意识或无意识地采纳了一些蕴含着内部控制思想的制度和方法，以保证其自身的经济增长和可持续发展。

13世纪末，会计上出现了复式簿记之后，内部控制的发展有了新的进步。在当时，作为会计控制的复式簿记是以单纯的记账人与保管人相分离的职责分工为基础的。

15世纪末，借贷复式记账法在意大利出现。复式记账法是从单式记账法发展起来的一种比较完善的记账方法，与单式记账法相比较，其主要特点是：对每项经济业务都以相等的金额在两个或两个以上相互联系的账户中进行记录（做双重记录，这也是这一记账法被称为“复式”的由来）；各账户之间客观上存在对应关系，对账户记录的结果可以进行试算平衡。复式记账法较好地体现了资金运动的内在规律，能够全面、系统地反映资金增减变动的来龙去脉及经营成果，并有助于检查账户处理和保证账簿记录结果的正确性。

20世纪初期，西方资本主义经济得到了较大发展，股份有限公司的规模不断扩大，内部分工越来越细，生产资料所有者和经营者相互分离。为了保护资产，保证会计记录的正确性，提高管理水平以在激烈的竞争中获胜，一些企业逐步摸索出一些组织、调节、制约和检查企业生产活动的办法，即按照人们的主观设想建立内部控制制度，内部控制更是成为或宏观或微观体系都不能缺少的保证系统，内部控制由原先的自发无意识的活动开始逐步走向有意识的设计和规范阶段。

1.2 内部控制的发展历程

现代意义的内部控制，是20世纪初在市场经济发达的美国首先发展起来的。我国的新内部控制规范对内部控制的相关定义和理解也是借鉴了美国的内部控制理念，因此，本节将以美国为例说明内部控制的发展和演变。

1.2.1 内部牵制阶段

内部控制真正被大家接受之前，是以“内部牵制”的形式出现的。以美国著名审计学家蒙哥马利（Robert H. Montgomery）命名的《蒙氏审计学》（*Montgomery's Auditing*）是一本在西方具有权威性影响的审计著作。它历时数载，经久不衰，至今再版数已在十版之上。其中第二版到第五版均只提“内部牵制”一词，直到1940年的第六版才开始提出“内部控制”这个名词。在20世纪30年代末前的漫长岁月中，人们一直采用内部牵制这一概念，这与内部牵制悠久的实践历史是密切联系的。古埃及的“三官制度”、古希腊的“官员离职后审查”和古罗马的“双人记账制度”，以及西周的出纳工作的“职内、职岁、职币”的三权分离，都体现了内部牵制的思想。内部牵制，是指有关经济业务和事项的处理不能由一个人或一个部门总揽全过程，为保护财产安全而设置。

L. R. 迪克西（L. R. Dicksee）最早于1905年提出内部牵制（internal check），他认为，内部牵制由三个要素构成：职责分工；会计记录；人员轮换。1912年，R. H. 蒙哥马利（Robert H. Montgomery）出版了《审计理论与实践》，即后来被审计界誉为审计师“圣经”的不朽名著，书中指出，所谓内部牵制，是指一个人不能完全支配账户，另一个人也不能独立地加以控制的制度，某位职员的业务与另一位职员的业务必须是相互弥补、相互牵制的关系，即必须进行组织上的责任分工和业务的交叉检查或交叉控制，以便相互牵制，防止发生错误或弊端。1930年，乔治·E. 本利特（George E. Bennett）发展了内部牵制的概念，给内部牵制制度下了一个完整的定义：内部牵制是账户和程序组成的协作系统，这个系统使得员工在从事本职工作时，独立地对其他员工的工作进行连续性的检查，以确定其舞弊的可能性。埃里克·路易斯·柯勒（Eric Louis Kohler，1892—1976）是美国历史上杰出的会计学家之一，曾有“会计巨人”之称，1952年出版的《会计词典》（*A Dictionary for Accountants*）将内部牵制定义为：“以提供有效的组织和经营，并防止错误和其他非法业务发生的业务流程设计。其主要特点是以任何个人或部门不能单独控制任何一项或一部分业务权力的方式进行组织上的责任分工，使单独的一个人或一个部门对任何一个或一组事项或业务没有完全的处理权，必须经由另外的人或部门进行配合或核对，每项业务通过正常发挥其他个人或部门的功能进行交叉检查或交叉控制。设计有效的内部牵制以便使每项业务能完整正确地经过规定的处理程序，而在这个规定的处理程序中，内部牵制机能永远是一个不可缺少的组成部分。”

内部牵制基于以下两个设想：

（1）两个或两个以上的人或部门无意识地犯同样错误的机会是很小的；

（2）两个或两个以上的人或部门有意识合伙舞弊的可能性大大低于一个人或一个部门舞弊的可能性。

从横向上看，每项经济业务的处理，至少要经过彼此不相隶属的两个部门，使每一个部门的工作或记录受另一部门的牵制；

从纵向上看，每项经济业务的处理，至少要经过上下级有关人员之手，使下级受上级监督，上级受下级制约。

一般来说，内部牵制机能的执行大致可分为以下四类。

① 实物牵制，指将财产保管的责任落实到特定的部门和人员，以达到保护财产安全完整的目的，例如，把保险柜的多把钥匙交给两个以上的工作人员分别持有，非同时使用这两

把以上的钥匙，保险柜就打不开，可以防止一人作弊。

② 物理牵制，也称为机械牵制，指只有按照正确的程序操作机械，才能完成一定过程的牵制，如金库的大门按非正确程序操作就打不开，甚至会有自动报警，计算机需要特定的口令进入等都是物理牵制。

③ 分权牵制，是通过组织分工和制衡实现的，即将某项业务分解为不同的人或部门去处理，以预防舞弊行为发生，比如会计中的会计和出纳分设就是典型的分权牵制。

④ 簿记牵制，是指原始凭证与记账凭证、会计凭证账簿、账簿与会计报表之间核对的牵制，在某种意义上来说，是程序制约的一个方面，如定期将明细账与总账进行核对。

现实生活中，内部牵制常常强调分离式牵制，即不同的人执行不同的业务，决策、执行、监督、记录、保管权力的分离与制衡，但是实务工作中，我们也可以看到合作式牵制，即同一事项由若干部门或个人共同实施完成，比如国有企业实行的“三重一大”（重大问题决策、重要干部任免、重大项目投资决策、大额资金使用）集体决策制度，还有合同的会审和会签等，这都是通过“合作”起到了牵制的效果。分离式控制是不同的人做不同的事，比如出纳会计分由不同的人来做；而合作式牵制是不同的人做相同的事，比如，财务部、业务部、审计部门共同参与合同的签订等。其实，无论是“合作式”还是“分离式”，都起到了牵制的效果。

总之，内部牵制能起到减少错误、防止舞弊的作用，即使在现代内部控制理论中，内部牵制仍占有重要地位，成为组织结构控制、职务分离控制的基础。然而只强调内部牵制机能的简单运用，显得还不够系统和完善，同时内部牵制基本上不涉及会计信息的真实性和工作效率的提高问题，因此，其应用范围和管理作用都比较有限。

1.2.2 内部控制制度阶段

虽然20世纪初建立起来的内部牵制制度对企业管理起了很大的作用，但随着经济不断发展，把内部控制仅仅局限于内部牵制则显得有些单薄，其不足之处也逐渐显现出来。

由于筹资的需要，企业需要定期报告财务状况和经营成果以及进行内部控制，这样，投资者和债权人才能评估企业的安全性和健全性，并作出相应的投资决策。这个时期提出了内部会计控制（internal accounting control）的概念。1934年，美国《证券交易法》指出，证券发行人应设计并维护一套能为以下目的提供合理保证的内部会计控制：

（1）交易的记录必须满足公认的会计准则或者其他适当标准编制财务报表和经管责任的需要；

（2）交易根据管理部门的一般授权和特殊授权进行；

（3）接触资产需要经过管理部门的授权；

（4）按照适当的时间间隔要将财产的账面记录和实物资产核对，并对差异采取适当的补救措施。

麦克森-罗宾斯案件（Mckesson & Robbins Case）是内部控制发展史上的里程碑事件，它直接促成了注册会计师职业界对内部控制的关注。美国证监会成立了一个专门的委员会对此进行调查，发布了题为《审计程序的扩展》的报告，其中提到关于内部控制的研究：“审计中所有基本的、关键的问题……被许多会计师完全随意地对待。由于在财务报告审计中，测试程序与抽样在审计案例中大量应用，我们认为有必要对企业内部牵制和控制系统进行全面了解。”它成为1939年审计程序准则第1号（Statement of Auditing Procedure NO. 1，SAP NO. 1）的基础。

此次调查中，美国证监会也意识到在内部牵制系统的审查中不应该只限制在特定的会计范畴，还应该对交易处理方式有全面的了解，这对于职业界的意义是很明确的。证监会还希望职业界能开展关于内部控制审查的研究，而且这种研究应超过会计的范畴。

知识链接

麦克森-罗宾斯案件

麦克森-罗宾斯是一家从事化学与制药的大型公司，1937年它对外提供的资产总额达到1亿美元，在纽约证券交易所交易。1938年，麦克森-罗宾斯公司突然宣布倒闭，债权人朱利安·汤普森遭受重大损失。而普赖斯·沃特豪斯会计师事务所没有对公司负责人的背景进行了解和调查，一直对麦克森-罗宾斯公司发表“正确、适当”的审计意见。

1938年年初，长期贷款给麦克森-罗宾斯公司的朱利安·汤普森公司，在审核麦克森-罗宾斯公司的财务报表时发现两个疑问。①公司中的制药原料部门，原本是个盈利率较高的部门，但该部门却一反常态地没有现金积累，而且流动资金亦未见增加。相反，该部门还不得不依靠公司管理者重新调集资金来进行再投资，以维持生产。②公司董事会曾开会决议，要求公司减少存货金额。但到1938年年底，公司存货反而增加了100万美元。汤普森公司立即表示，在没有查明这两个疑问之前，不再予以贷款，并请求官方协调控制证券市场的权威机构——纽约证券交易委员会调查此事。

事实真相是：

1. 全部资产的20%以上并不存在

1937年12月31日的合并资产负债表计有总资产8 700万美元，但其中1 907.5万美元的资产是虚构的，包括虚构存货1 000万美元、虚构销售收入900万美元、虚构银行存款7.5万美元；在1937年年度合并损益表中，虚假的销售收入和毛利分别达到1 820万美元和180万美元。

2. 合谋舞弊

公司经理菲利普·科斯特及其同伙穆西卡等人，都是犯有前科的诈骗犯，他们利用假名，混入公司并爬上了公司管理岗位，将亲信安插在掌管公司钱财的重要岗位上，并相互勾结。

3. 伪造存货和应收账款

在康涅狄格州BridgePort天然药的对外贸易中，材料购买虚构了加拿大卖主，天然药销售虚构了代理商Smith有限公司，代收款虚构了蒙特利尔银行。

如果执行了有效的存货监盘和应收账款函证程序，麦克森-罗宾斯公司的财务舞弊很有可能被及时发现。汤普森公司指控沃特豪斯会计师事务所，认为其之所以给麦克森-罗宾斯公司贷款，是因为信赖了会计师事务所出具的审计报告。然而沃特豪斯事务所辩称，他们遵循了美国注册会计师协会1936年颁布的《财务报表的检查》（*Examination of Financial*

Statement）的各项规则，麦克森-罗宾斯公司的诈骗是由于经理部门串通舞弊所致。但在证券交易委员会的调停下，沃特豪斯事务所退还历年来收取的审计费共50万美元，作为对汤普森公司部分债权损失的赔偿。

资料来源：麦克森·罗宾斯欺诈案．中国总会计师，2008（4）：90.

1. 内部控制第一个具有权威性的定义

1949年，美国注册会计师协会（American Institute of Certified Public Accountants，AICPA）所属的审计程序委员会（Committee on Auditing Procedure，CAP）发表了对内部控制的研究报告《内部控制——一个协调系统要素和它对于管理层和注册会计师的重要性》（*Internal Control*：*Elements of Coordinated System and Its Importance to Management and the Independent Public Account*），首次对内部控制进行定义，即"内部控制包括组织结构的设计和企业内部所采用的协调方法和措施，目的在于保护财产，检查会计资料是否正确可靠，提高营运效率并且促进管理政策的贯彻执行"。这是民间审计组织第一次正式公布内部控制的定义，该报告还对该定义范围做了如下解释："该定义可能要比有时所论述的内部控制意义来得更加广泛。我们承认，一个内部控制制度已超出了直接与会计和财务部门功能有关的内容范畴。这种内部控制制度可能包括预算控制、标准成本、期间经营报告、统计分析及其报告，和首先有助于职工符合其经营责任要求的培训计划，以及向管理当局恰当地提供附加保证的有关规定的程序，以及这些程序被有效贯彻的内部审计。它可能综合了其他领域的活动，例如基本上属于生产性质但适用于检验系统中的质量控制。"

2. 内部控制定义第一次修订

1949年AICPA对内部控制的定义虽然从企业财务和经营管理的角度来看是很有意义的，但是其定义的宽泛，使得审计人员认为包括了他们不可能承担的职责。为了摆脱此两难境地，美国注册会计师协会将内部控制分为会计控制和管理控制，从目标的视角来看，将与保护资产和检查会计数据的正确性和可靠性有关的控制划分为会计控制，将与提高经营效率、保证管理部门所制定的各项政策得到贯彻执行有关的控制归入管理控制。

1958年，CAP发布的第29号审计程序公报《独立审计人员评价企业内部控制的范围》（SAP NO. 29 *Scope of the Independent Auditor's Review of Internal Control*）将企业内部控制分为内部会计控制（internal accounting control）和内部管理控制（internal administrative control）两类，这一提法也是我们现在熟悉的企业内部控制"制度二分法"的由来。

"内部控制在广义上包括……会计控制和管理控制：① 会计控制包括组织计划和一切有关并且直接目的在于保护财产和会计资料的可靠性的程序和方法。它们通常包括授权批准、日常记录、会计报告与财产保管职务的分离、内部审计、实物控制。② 管理控制包括组织控制和一切有关营运效率、管理政策的遵循和那些间接影响会计资料的方法和程序。它们通常包括统计分析、时机研究、经营报告、职工培训计划和质量控制。"

把内部控制划分为内部会计控制和内部管理控制，实质上是为了按照公认审计标准来规范内部控制检查和评价的范围，目的是缩小注册会计师的责任范围。1963年CAP在审计程序公告第33号《审计准则与程序》（SAP NO. 33 *Auditing Standards and Procedures*）中对内部控制进行了进一步的阐述："审计人员主要关心会计控制。会计控制……一般会对会计记录的可靠性产生直接和重要的影响，因而需要审计人员对此做出评价。管理控制……通常只对会计记录产生间接影响，因此不需要评价。但是如果审计人员认为某些管理控制会对会计记录的可靠性产生重要影响，那么他应该考虑对这些控制进行评价。例如关于产量、销售额或者其他营运部门的统计记录在特定的情况下就需要评价。”从上述定义的演变可以看出 CAP 不再像 1949 年那样为内部控制下一个具有广泛内容的定义，而是通过引入“会计控制”和“管理控制”，从审计人员在审计过程中应关注研究的方面，即会计内部控制着手进行定义，这样有助于审计人员明确并限制内部控制审查的范围。

3. 内部控制定义的第二次修订

1972 年，AICPA 下属审计准则委员会（Auditing Standards Board，ASB）发布的《审计准则公告第 1 号——审计标准和程序》（*Statement on Auditing Standards NO.1：Codification of Auditing Standards and Procedures*，SAS1）提出并通过了今天广为人知的定义，将内部控制一分为二，使得注册会计师在研究和评价企业内部控制制度的基础上来确定实质性测试的范围和方式成为可能。

（1）管理控制。管理控制包括但不限于确保交易由管理当局授权的组织结构、程序及有关记录。这种授权是与实现组织目标这个责任联系的管理功能，并且是建立交易的会计控制的起点。

（2）会计控制。会计控制是为资产安全、财务记录可靠及下列事项提供合理保证的组织结构、程序及记录。

① 交易的实施是依据管理当局一般授权或特别授权。

② 交易的记录要满足以下需要：能按一般公认会计原则（generally accepted accounting principles，GAAP）或应用于会计报告的其他标准来编制财务报表；保持资产的经管责任。

③ 根据管理当局的授权才能接近资产。

④ 账面数定期与实际数相核对，并对差异采取恰当行动。

可以看出，自审计程序委员会于 1949 年提出第一个内部控制定义起，为完善该定义一直在做不懈的努力。这种以内部会计控制为主的定义，虽为独立审计界认可，但也被认为把精力过多地放在纠错防弊上，过于消极和狭窄。而且从实际操作的角度来看，会计控制和管理控制似乎很难区分，然而后者对前者有着很大影响，无法在审计时完全忽略。

1.2.3 内部控制结构阶段

20 世纪 70 年代中期，与内部控制有关的活动大部分集中在制度的设计和审计方面，重在改进内部控制制度的方法及提高审计的质量和效率效果。1973—1976 年对“水门（Watergate）事件”的调查使得立法机关与行政机关开始注意到内部控制问题。水门案专案检察官办公室及美国证券交易委员会所进行的调查分别显示，过去不少美国大公司进行了违法的国内捐款、可疑或违法的国外支付，包括贿赂外国政府官员。在美国证监会的自愿披露程序下，200 多家公司揭示了不道德交易，发现有问题的国外付款在数年内已达到 2 亿美元。针对这些调查的结果，美国国会于 1977 年全票通过了《反国外贿赂法》（*Foreign Corrupt Practices Act*，FCPA)，此法案则被认为是内部控制发展史的又一重要里程碑。它主要由两组条款构成：记录与会计条款以及反贿赂条款。其中记录与会计条款的有关规定对于企业建立健全内部控制以及强化企业内部管理起到了极其重要的作用。该法案旨在制止美国公司与外国交易的不道德行为；另外，调查发现，许多不道德的交易被公司高层所隐瞒，记录被更改，一些既定程序被回避，这些都说明公司的内部控制有缺陷。因此该法案的另一个目的在于保持充分的内部控制，公众公司要建立健全的企业内部控制，管理层对内部控制的建立健全负有特殊的责任。该法案要求上市公司对内部控制承担的任务不要过于狭隘地解释，如果维持不适当的内部控制系统的话，不论是有意的还是无意的，在美国交易的上市公司的高级职员和董事都将面临罚款和入狱的后果。

因此，FCPA 通过立法之后，企业陆续开始设立内部控制。很多职业团体及主管机关也就内部控制的不同层面进行研究，发布指南。如美国注册会计师协会所属审计人员责任委员会发布了《报告、结论与建议》（*Report, Conclusions, and Recommendations*），并颁布了审计准则公告第 30 号（1980）、第 43 号（1982）、第 48 号（1984）；财务经理人员协会（the Financial Executives Institute，FEI）发布了《美国公司之内部控制：现状》（*Internal Control in U.S. Corporations：The Statement of The Art*）；SEC 拟定强制公司对其内部会计控制提出报告书，即《管理阶层对内部会计控制的报告书》（*Statement of Management on Internal Accounting Control*）；内部审计人员协会（the Institute of Internal Auditors，IIA）发布了内部审计准则公告第 1 号《控制：观念及责任》（*Control：Concepts and Responsibilities*）等。

进入 20 世纪 80 年代，内部控制研究重点逐步从一般含义向具体内容深化，标志是美国 AICPA 于 1988 年 5 月发布的《审计准则公告第 55 号——在财务报告审计中考虑内部控制结构》（*Statements on Auditing Standards NO.55：Consideration of the Internal Control Structure in a Financial Statement Audit*，SAS55），取代了 1972 年发布的 SAS NO.1，首次提出了内部控制结构（internal control structure），从“制度二分法”向“结构分析法”的演变被认为是内部控制历史上一个重大的转变。该公告指出：“企业内部控制结构包括为提供取得企业特定目标的合理保证而建立的各种政策和程序。”公告认为企业内部控制结构由以下三个要素组成。

（1）控制环境（control environment）。是指对建立、加强或削弱特定政策与程序的效率有重大影响的各种因素，具体包括：管理者的思想和经营作风；企业组织结构；董事会及其所属委员会；确定职权和责任的方法；管理者监控和检查工作时所用的控制方法，包括经营计划、预测计划、利润计划、责任会计和内部审计；人事工作方针及其执行；影响本企业业务的各种外部关系，如由银行指定代理人的检查。

（2）会计系统（accounting systems）。是指为认定、分析、归类、记录、编报各项经济业务，明确资产与负债的经管责任而规定的各种方法。一个有效的会计系统应能做到以下几点：确认并记录所有真实的交易；及时且充分详细地描述交易，以便在财务报表上对交易作恰当的分类；计量交易的价值，以便在财务报表上记录其恰当的货币金额；确定交易发生的期间，以便将交易记录在适当的会计期间；在财务报表中恰当地表达和披露交易及相关事项。

（3）控制程序（control procedures）。是指管理当局所制定的用以达到一定目的的方法和程序，包括：经济业务活动的交易授权，交易授权的目的在于保证交易是管理人员在其授权范围内产生的；明确参与人员的职责分工，目的是预防和及时发现在执行所分配的职责时所产生的错误或舞弊行为，防止有关人员对正常业务进行图谋和隐匿各种错误和弊端；凭证与记录控制，保证业务活动正确记载，凭证是证明交易发生和交易的价格、性质及条件的证据，记录包括工资记录、永续存货记录、已发出凭证记录等；资产接触与记录使用，是指限制接近资产和接近重要的记录以保证资产和记录的安全；独立稽核，是指验证由另一个人或部门执行的工作和验证所记录金额估价的正确性。

这个定义明显的改动在于将内部控制环境纳入了内部控制范围。长期以来，人们认为环境因素是一种外在客观的因素，具有非可控性的特点，因此并不将其纳入控制的范畴。经过长期实践，人们逐渐意识到内控环境是内部控制的一个重要组成部分，是由企业全体员工共同创造的，是充分有效的内部控制体系得以建立和运行的基础和保证。

这一概念跳出了“制度二分法”的圈子，不再区分内部会计控制和管理控制，而统一以要素来表述，是因为人们发现内部会计控制和管理控制在实践中是相互联系、难以分割的。特别强调管理者对企业内部控制的态度、认知和行为等控制环境的重要作用，指出这些环境因素是实现企业内部控制目标的环境保证，要求审计人员在评估控制风险时不仅要关注会计控制制度与控制程序，还应对企业所面临的内外环境进行评估。这些改变可以说是反映了 20 世纪 70 年代后期以来内部控制实务操作和理论研究的一个新动向。需要注意的是，这个阶段三要素划分依然是上一个阶段二要素基础上的渐进，依然在控制系统内部将会计系统单独列为一个要素。

1996 年，我国财政部发布《独立审计准则第 9 号——内部控制和审计风险》，要求注册会计师审查企业内部控制，并且提出“内部控制是指被审计单位为了保证业务活动的有效进行，保护资产的安全和完整，防止、发现、纠正错误与舞弊，保证会计资料的真实、合法、完整而制定和实施的政策与程序。内部控制包括控制环境、会计系统和控制程序”。其对内控要素的构建是参照美国 SAS55 准则的。而 9 号准则第九条对内部控制的目标做出了详细描述，“建立健全内部控制是被审计单位管理当局的会计责任。相关内部控制一般应当实现以下目标：保证业务活动按照适当的授权进行；保证所有交易和事项以正确的金额，在恰当的会计期间及时记录于适当的账户，使会计报表的编制符合会计准则的相关要求；保证对资产和记录的接触、处理均经过适当的授权；保证账面资产与实存资产定期核对相符”。而这些目标则与 SAS1 号准则中会计控制的目标相类似。

1.2.4 内部控制整体框架阶段

20 世纪 90 年代后，人类进入了信息经济时代，快捷的信息传递速度为资本流动创造了便利条件，但也带来了更多的经营风险。1985 年美国为了遏制日益猖獗的会计舞弊活动，成立了一个反财务舞弊委员会（The Committee of Sponsoring Organizations of the Treadway Commission，COSO），也称为 Treadway 委员会，调查导致会计舞弊活动的原因，并提出了解决方案。它由美国公共注册会计师协会（AICPA）、美国会计协会（AAA）、国际财务经理人员协会（FEI）、内部审计人员协会（IIA）、国际会计协会（NAA）（是管理会计协会 IMA 的前身）① 联合发起，该组织于 1992 年发布了一份关于内部控制的纲领性文件，即《内部控制——整体框架》（*Internal Control：Integrated Framework*），简称 COSO 报告，或 IC-IF 框架。1992 年的 COSO 报告是内部控制发展历程中的一座重要里程碑，它对内部控制的定义

① AICPA：American Institute of Certified Public Accountants；AAA：American Accounting Association；FEI：Financial Executives International；IIA：The Institute of Internal Auditors；NAA：National Association of Accountants（Now IMA：Institute of Management Accountants）.

为："企业内部控制是由企业董事会、经理阶层以及其他员工实施的，为财务报告的可靠性、经营活动的效率和效果、相关法律法规的遵循性等目标的实现而提供合理保证的过程。"同时指出了企业内部控制构成要素（internal control components）的概念，并指出企业内部控制的五大要素：控制环境（control environment）、风险评估（risk appraisal）、控制活动（control activity）、信息与沟通（information and communication）、监控（monitoring）。此概念从原有"三要素的结构"演变为"五要素的框架"，完全抛弃会计系统这个要素，内部控制概念也不仅仅是以会计为中心，而且从政策和程序的静态观向合理保证目标实现的动态观过渡，这是一个极大的突破。

COSO 报告于 1994 年进行了增补。这些成果马上得到了美国审计署的认可，美国注册会计师协会也全面接受了其内容并于 1995 年发布了《审计准则公告第 78 号——财务报告审计中考虑内部控制：对 55 号准则的修订》（*Statements on Auditing Standards NO. 78*：*Consideration of Internal Control in a Financial Statement Audit*：*An Amendment to Statement on Auditing Standards NO.* 55，SAS78），并从 1997 年 1 月起取代 1988 年发布的《审计准则公告第 55 号》。新准则将内部控制划分为五种要素，分别是控制环境、风险评估、控制活动、信息与沟通和监控。此阶段内部会计控制与内部管理控制已经完全融入内部控制的框架整体中。由于 COSO 报告提出的内部控制理论和体系集内部控制理论和实践发展之大成，成为现代内部控制最具有权威性的框架，因此在业内备受推崇，在美国及全球得到广泛推广和应用。2013 年 5 月 14 日，COSO 委员会整合多方意见并颁布了新版本的内部控制整合框架，我们将在第 2 章详细论述。

1.2.5 全面风险管理框架阶段

自 1992 年 COSO 报告发布以来，理论界和实务界纷纷对该框架提出改进建议，认为其风险管理强调不够。为此，2001 年 COSO 开展了一个项目，委托普华永道开发一个对于管理当局评价和改进他们所在组织的企业风险管理的简便易行的框架。而后来安然丑闻所催生的萨奥法案更凸显了企业风险管理框架的必要性和紧迫性。

2003 年 7 月美国 COSO 委员会颁布了企业风险管理框架（Enterprise Risk Management-Integrated Framework，ERM 框架）的讨论稿，并于 2004 年 9 月颁布正文。同 1992 年的IC-IF 框架相比，ERM 框架增加了一个观念、一个目标、两个概念和三个要素，该框架指出"风险管理是指一个由企业的董事会、管理层和其他员工共同参与的，应用于企业战略制定和企业内部各个层次和部门的，用于识别可能对企业造成潜在影响的事项并在其风险偏好范围内管理风险的，为企业目标的实现提供合理保证的过程"。这一阶段的显著变化是将内部控制上升至全面风险管理的高度来认识。ERM 框架力求实现主体的以下四种类型目标：战略目标、经营目标、报告目标和合规目标，所包含的要素为八个：内部环境、目标设定、事项识别、风险评估、风险应对、控制活动、信息与沟通和监控。我们将在第 2 章详细论述。

总之，从上面可以看出，内部控制经历了内部牵制、内部控制制度、内部控制结构、内部控制整体框架、全面风险管理框架阶段五个发展阶段，从要素来看，其演变历程（见图 1-1）为一要素（内部牵制）、二要素（会计控制和管理控制）、三要素（控制环境、会计系统、控制程序）、五要素（控制环境、控制活动、风险评估、信息沟通、监控）、八要素（内部环境、目标设定、事项识别、风险评估、风险应对、控制活动、信息与沟通、监控）。从内部控制实现的目标来看，也从最初的简单的查错防弊和保护资产安全完整，演变为实现企业战略、提高企业经营效率和效果、财务报告的可靠性以及遵循相关的法律法规。内部控制概念的每一次演进和更替，其实都是对实务中出现了较大的丑闻事件的一种反馈，以及期望通过深化理解、概念梳理和重塑来尽可能减少未来问题的发生。

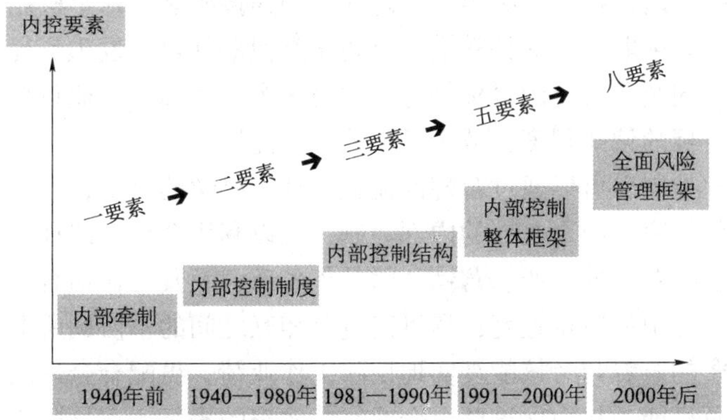

图 1-1 内部控制概念的演变历程

美国纳尔逊（Nelson）和拉得里夫（Ratliff）在 1996 年试图对内部控制做出更为本质性的定义：内部控制就是“为正确的事在正确的时间发生提供合理保证”，并对这种合理保证做出了解释：① The right action can be initiated at the right time（正确时间做正确事）；② The right action can be initiated at a wrong time（正确事在错误时间做）；③ The right action can fail to be initiated（没有正确事情出现）；④ A wrong action can be initiated at the right time（正确时间做不合适的事）；⑤ A wrong action can be initiated at a wrong time（错误时间做错事）；⑥ Wrong action can fail to be initiated（错误行为未发生）。内部控制就是促进第 1 种情况更经常出现而尽量避免后 5 种情况发生，这就使提供合理保证更具有操作意义，他们把此称为 control triggers（控制闸门），即合理保证就是为组织筑建控制闸门。但这种定义更加抽象，更难把握内部控制的本质特征。

1.3 内部控制的功能

内部控制的存在，本意是为了防止企业内部违规事件的发生，以促使企业的可持续发展。从防止舞弊的角度看，职业道德是让人们不愿去做违规的事情，而法律法规则是从后果导向让人们不敢做，因为一旦做了这些违规的事情，就会受到法律的制裁，而内部控制则是让人们不能去做。这就好比在一个四周没人且空旷的屋子里摆了上百万元的巨款，拿还是不拿是个问题，首先道德观念上告诉我们，非自己所有的东西不能据为己有，然后法律法规则告诉自己如果形成盗窃，将会有若干年“牢狱之灾”，但人的贪婪一旦超过前面两重关卡，最后起作用的、让人在巨款面前毫不心动的最主要的原因：来源于一种制度的设计——摄像机的监控。因而，内部控制在企业经营管理中起着越来越重要的作用。

1. 内部控制是企业效率的保证

在社会化大生产中，内部控制作为企业生产经营活动的自我调节和自我制约的内在机制，处于企业中枢神经系统的重要位置。内部控制具有三个机制：预防机制、纠错机制和激励机制，三者相辅相成，这些机制正常、有效的运转，就是企业提高管理效率和生产效率的保证系统。在此运行机制下，内部控制通过岗位分工和职权限制建立起了一个相互制衡、预防舞弊的控制体系，能够防止人员相互勾结；假如在执行过程中由于主观或客观的原因使预防机制失效的话，那么内部控制还有第二道防线，即纠错机制，这个机制能够对已经发生的失控事件及时制止，并采取相应的补救措施以防止类似事件再次发生。另外，激励机制引导企业各个层次的人员向企业设定的目标努力，并力求个人目标与企业目标一致，减少个人行为方向和企业设定目标的偏离程度，减少了失控的可能性。

健全有效的内部控制，可以通过合理的流程设计、科学的分工，合理划分工作岗位的职责和权限，提高工作效率。健全有效的内部控制，可以利用会计、统计、业务等各部门的制度规划及有关报告，把企业的生产、营销、财务等各部门及其工作结合在一起，从而使各部门密切配合，提高工作中的协调程度，尽可能避免相互之间的不协调所造成的损耗和效率损失。同时，由于严密的监督与考核能真实地反映工作业绩，再配合合理的奖惩制度，便能激发员工的工作热情及潜能，从而促进整个企业经营效率的提高。正是因为内部控制与企业效率成正相关，企业的管理层才对内部控制制度的建立和完善充满了热情和积极性。

2. 内部控制是财务信息质量的保证

无论是国家的宏观调控和监管、投资者的投资决策、债权人的信贷决策，还是企业管理当局的管理决策，都是以财务信息为依据的，在两权分离的企业中，经营者向投资者报告受托责任的履行过程和履行结果，需要以财务信息为依据；在国家、企业所有者、经营者和员工之间的利益分配，需要以财务信息为依据。因此，财务信息的真实性，成为相关各方利益的焦点。

财务信息的“失真”主要有两方面的原因。一是错误。指会计报表存在非故意的错报和漏报，包括原始记录和会计数据的计算、抄写错误，对事实的疏忽和误解，会计政策的误用和会计估计的重大失实。二是舞弊。指导致会计报表产生不实反映的故意行为，包括伪造、变造会计记录和凭证；侵占资产，隐瞒或删除交易或事项；记录虚假的交易或事项或蓄意使用不当的会计政策等。而大多数上市公司财务信息失真都是人为的舞弊，或为提高当年利润，或为增资配股等这样或那样的目的。由于舞弊是一种故意行为，因此难以一眼识破，如频频爆发的国内外上市公司的丑闻，则更从实务上说明了这一点。

内部控制的控制程序有：交易授权、职责划分、凭证与记录控制、资产接触与记录使用、独立稽核。这些控制程序在一定程度上保证了财务信息的采集、归类、记录和汇总过程得到如实反映，真实反映企业生产经营活动的实际情况，并及时发现和纠正各种错误和舞弊行为，从而保证理论上财务信息的真实性和准确性。建立并维持内部控制、保证企业财务信息真实是企业管理当局的责任，也是内控制度的目标之一。完善内部控制是保证财务信息质量的内在要求，内部控制是产生可靠财务信息的有力保证。

3. 内部控制是注册会计师回避职业风险的重要手段

内部控制的产生与发展主要根源于组织的复杂化、专业化和由此所带来的如何提高工作效率的问题，可以说，是由于人类社会对于管理效率和工作效率的需求，导致了内部控制的产生与发展。而审计则是产生于所有权和管理权的分离，以及由此所出现的受托责任的问题，即由于受托责任的出现，以及出于对受托责任履行结果审查的需求而产生了审计。

随着资本市场的发展、所有权和管理权的分离，传统账项审计成本较高，而且审计效率比较低，于是在这种背景下，审计师开始把视野转向了内部控制。因为内部控制是财务信息可靠的制度基础和保证，如果企业建立和实施了比较有效的内部控制，那么企业的财务信息在理论上不会存在太大的问题。此时，审计师只需进行少许的抽查验证，即可对企业财务信息的真实性和可靠性作出合理评价，既节约了审计成本，又保证了审计结论的可靠性。从此，审计特别是注册会计师审计，成为推动内部控制发展最重要的一支力量。迄今为止，审计界已发布了多项对于内部控制发展来说具有重要意义的研究报告和成果。如前文所述，第一个正式的内部控制定义就出自审计职业组织——美国注册会计师协会；1958 年，AICPA 发布的《审计程序公告》第 29 号和 1972 年发布的《审计准则公告》第 1 号，对会计控制和管理控制进行了明确划分；1988 年 AICPA 发布的《审计准则》第 55 号，将内部控制拓展为“内部控制结构”，并提出内部控制由控制环境、会计系统和控制程序三个要素构成。直到 1992 年之后，内部控制的主要研究力量才转移到 COSO 委员会。我国关于内部控制的第一个完整定义，出现在 1996 年财政部发布的《独立审计具体准则第 9 号——内部控制和审计风险》。

内部控制被引入审计之后，大大地节约了审计成本，而且也提高了审计效率，成为注册会计师回避职业风险的重要制度基础，使得注册会计师从原有账项审计转向制度基础审计和风险审计。

1.4 内部控制的局限性

近年来，内部控制在企业中的地位显得越来越重要，内部控制的作用已经得到了普遍的认可，但它并不是企业“包治百病”的万能药，即使一个设计良好且彻底执行、包含了所有被认为是最优良的控制措施在内的内部控制系统，也可能被粗枝大叶的管理者破坏，或者被坚持抵制的员工摧毁，或者因高昂的控制成本使企业或组织的运作显得累赘。查尔斯 · T. 亨格瑞等人合著的《会计学》一书指出：“多数内部控制措施都具有局限性……控制系统越严格，其成本就越高昂……过于复杂的内部控制系统可能会使人纠缠于繁杂的公事程序中……内部控制投资的好坏需要通过对比成本与效益来衡量。”

内部控制的局限性主要体现在以下方面。

1. 人为失误或串通共谋导致内部控制失效

内部控制再完美，也可能由于人为的错误而使之无效，其发挥作用的关键在于执行人员的实际运作水平，任何“完美的”内部控制制度，都会因设计人经验和知识水平的限制而带有缺陷。同时，执行人员在心理上和行为上不能达到内部控制制度的基本要求，出现粗心大意、精力分散、判断失误以及对指令的误解等情况，也可能使内部控制系统陷于瘫痪。比如企业信息技术工作人员没有完全理解系统如何处理销售交易，为使系统能够处理新型产品的销售，可能错误地对系统进行更改；或者对系统的更改是正确的，但是程序员没能把此次更改转化为正确的程序代码等。

不相容职务分离，是通过两个或两个以上的人或部门完成同一个业务流程的不同阶段或步骤，来减少舞弊的可能性，并且为避免一个人单独从事和隐瞒不合规定的行为提供基本的保证，但是，它并不能完全防止两个或两个以上的人员和部门共同作弊行为的发生。比如，出纳与会计岗位分设，通过对账务与现金的管理，而达到牵制的目的，如果出纳与会计相互勾结，将使原先的分岗控制失去效力；剧院的售票员和检票员的“共谋”是另一个典型的例子：售票员贪污10位观众交来的票款，检票员允许这些观众无票入场，谁能抓住他们呢？为防止单个职员舞弊而设计的控制系统在面对两个或更多职员串通起来以欺诈企业时完全失效。经理当然可以采取其他控制措施，如比较剧院的人数和所保存的入场券的存根，但这种措施要花费大量的时间和精力。

知识链接

上海乐购超市无间道

上海乐购连锁超市开业以来生意十分兴隆，但从2005年3月份开始，经营者突然发现很多反常的情况，经常有货物不翼而飞。通过盘点发现，不仅仅是在上海金山区的一家卖场，在其他的几家连锁店都存在库存急剧减少的情况，损失已经达到了380万元。

按照行业惯例，在大型卖场中允许货物存在千分之五的损耗率，但是近400万元的损失根本不可能是简单的损耗。人们首先想到了卖场有人偷窃，但是通过监控录像没有发现大宗货品被移转的迹象。既然没有发现被盗，这近400万元的货物到哪里去了？

在检查了超市的收银系统后，警方发现了一个被他们称为“漏斗”的软件。这个软件就像漏斗一样，可以自动将货款分流。就是有了这样一个安装在电脑系统中的神秘软件，超市每天的一部分营业额就蒸发了。警方迅速锁定了监控方向，那就是可以接触到计算机的收银员和资讯员。2006年年初，第一位犯罪嫌疑人落网，韩诗晨，超市收银员。

韩诗晨交代，每天下班以前他在键盘上按几个键，就可以提出营业额的20%。但是20%的营业款并不是全部进了自己的腰包，他们只能提取其中的一部分，剩下的则要上交给一些神秘的人。在超市里他不是第一个也不是唯一这样做的人。看来在这些收银员背后，还有一些隐藏在深处的人操纵，他们又是谁呢？

2005年中秋节，经过周密部署，这个犯罪团伙中的43名犯罪嫌疑人相继落网。团伙的核心一号人物方元，26岁，曾经担任过超市的资讯组长，是“漏斗”程序的设计者。二号人物陈炜嘉，34岁，曾经是超市的驾驶员，负责招收可靠的收银员。三号人物于琪，26岁，曾任超市资讯组长，负责秘密安装“漏斗”程序，算是潜伏在里面很深的卧底。

除了以上三个主要领导者，其他40名成员也全部都是超市的资讯员和收银员，就是他们联手编织了一张贪婪之网。在2004年5月到2005年8月间，将超市近400万元据为己有。

资料来源：上海乐购超市“无间道”卧底收银员套走397万．http：//news. enorth. com. cn/system/2006/12/27/001501884. shtml.

2. 管理层的凌驾

内部控制本是针对企业中所有层级、所有成员的一种控制措施和制度，内部控制不是由某个人或哪个层级的人提出来，专门针对某一个或某一群特定层级的人的制度。它是为整个企业设计的系统，不专门针对具体的哪一层级或哪一群人，而是针对在该企业环境下的所有人。没有人能脱离该系统而自由运作。管理层凌驾是指出于非法目的而逾越既定的政策或程序，以获取个人利益、粉饰主体业绩状况或合规情况。部门经理、业务单元经理或高级管理层人员可能出于各种目的而凌驾于内部控制之上，比如：虚假报告收入以掩盖未预料到的市场份额下滑；虚增报告利润以达成不切实际的预算目标；在公开发行或销售之前抬高主体市值；满足收入或利润预测，以便获得与业绩挂钩的奖金；掩盖债务违约的情形；隐瞒未遵守法律规定的行为。凌驾行为包括故意向银行、律师、会计师和供应商作出不实陈述，以及有意提供虚假文档。

COSO 报告中，特别将管理层凌驾（management override）与管理层的干预（management intervention）区分开来，前者是为了非法目的而破坏规定的政策和程序，后者是管理层为了合法目的而偏离既定控制的行为。在处理非重复性的和非标准性的交易或事件时，管理层干预是必要的，否则此类事项可能被不恰当地处理。在设计任何流程时都无法预料所有风险和所有情况，因此进行管理层干预是必要的。管理层干预通常是公开的并受制于政策和程序，或者需要向适当的人员披露。管理层凌驾则通常未被记录或公开，并会有意掩盖其行为。

由于管理层的特殊权力和地位，使得其有凌驾于制度之上，超越于制度之外的便利，由此内部控制制度出现“真空”地带。一个设计良好的内部控制系统，如果管理者把它搁置在一边或是凌驾于它之上，便等于没有内部控制。

3. 例外事项或环境系统的改变

内部控制一般都是针对经常而重复发生的业务而设置的，如果出现不经常发生或未预计到的业务，原有控制就可能不适用。

内部控制本是一个动态的系统，但其设立和执行具有一定的稳定性。内部控制的运行环境包括外部环境和内部环境。外部环境如经济、政策、法律、技术、社会环境等，内部环境如企业的组织结构、管理哲学和企业文化、人力资源政策和实施、授予权利和责任的方式及信息系统等。

一个良好的内部控制系统的作用可能会因为其运行环境发生变化而削弱。管理者一定要一直密切注意环境的变化和组织运行方式的变化，这种变化要求改进内部控制系统，通常外部环境的变化会给组织带来发展的机会，同时也会带来威胁，内部控制系统一定要对此作出反应。在一个组织中，运行方式的变化或新技术的应用通常会对内部控制系统产生显著影响。尽管内部控制的目标仍是相同的，但采用的内部控制技术通常要随着这些变化而变化，特别是计算机系统对内部控制提出了挑战。① 缺乏确实的备份凭证：人工处理提供了原始凭证、分类账、日记账和报表这些书面的审计线索，而计算机处理没有用这种方式对业务过程进行记录。事实上，不断增多的数据通过编码扫描器、销售终端机和击键式电话直接进入计算机系统。即使备份了原始凭证，数据一旦进入了计算机系统，便存储于磁盘中，也是容易被修改和删除的。只有确实的备份凭证才能作为永久的记录。② 处理过程是无形的、复杂的和集中的：不像人工处理可以由任何人仔细检查其处理过程，在计算机系统内完成一项复杂的处理任务很难证实其结果的准确性。而且，人工系统可以进行职责分开，而计算机系统可能合并甚至省去一些处理步骤。尽管这样提高了处理效率，但因为没有关于处理的正确性或准确性的独立检查，在一定程度上职责分开便失去了意义。③ 忽视人的判断：在人工处理过程中，参与这一过程的人员通常能够判断错误和不正常的情况。尽管计算机人员能通过编程进行限制性的编辑检查，但也只能是严格地按照程序操作而已，并没有对数据的完整性或处理本身提出问题。

4. 成本效益原则

任何制度的执行都会涉及成本问题，内部控制也不例外。成本效益原则，就是要对经济活动中的所费与所得进行分析比较，对经济行为的得失进行衡量，使成本与收益得到最优的结合。成本效益原则是经济学中一个最基本的理性概念，表现为理性的经济人总是以较小的成本去获得更大的效益，一般也被认为是经济活动中的普遍性原则和约束条件，因此也同样适用于企业的内部控制。

内部控制涉及的成本则是包括了设计及实施所消耗的时间、资金和企业的其他管理资源等。内部控制系统越复杂，与之对应的组织机构规模越大、相关人员越多、办公设施越齐全、管理经费越高。如图 1-2 所示，内部控制的实施只能选择一个合理点，当实施某项控制的成本大于控制效果而发生损失时，就没有必要设置控制环节或控制措施，内部控制只能合理保证目标的实现，并不是要纠正所有错误和漏洞。

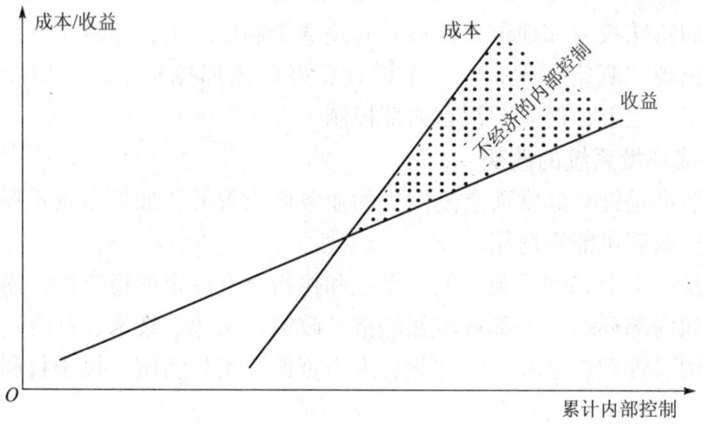

图 1-2　内部控制的成本与收益

总之，内部控制的局限性是客观存在的，而且完全消除这些局限性的努力是徒劳的，因为它可能上升到哲学上的无休止的争论。如果把内部控制比作一条公路，那么内部控制的局限性就好比这条公路上的一些路障，人们不会因为公路上有一些路障就废弃这条公路，然而，如果过往的司机了解了这些路障，确认了它的位置、大小、形状的特征，即使不能修复它，至少也能采取减速、避开等措施减少汽车颠簸和阻碍。因此，内部控制局限性的客观存在不能成为忽视内部控制的理由，只有认识到这些局限性，才能够更加全面地认识内部控制——无论内部控制的设计和实施多么好，也只能合理保证实体目标的实现。

1.5　内部控制学与其他学科体系之间的关系

内部控制学本身是一门综合性很强的学科，首先，内部控制涉及企业生产经营活动的所有环节和所有领域，不仅能对生产活动、销售活动、投资活动、筹资活动等进行控制，而且能对人力资源管理、战略目标设定、组织结构设置等活动进行控制。其次，内部控制活动涉及企业的所有部门。最后，内部控制的主体包括企业的全体人员，涉及所有部门和所有人员，上至董事长，下至一般员工，都与内部控制有关。因此，内部控制就如一张大网把企业的所有活动、所有人、所有部门全部囊括其中，而内部控制学是现代多门学科之间相互交融、分化和综合的结果，与制度经济学、会计学、审计学、风险管理学、战略管理学等学科之间有着纵向或横向的联系，这些学科或是给内部控制提供理论基础、方法支持，或是提供前沿发展方向。目前的管理学科体系中，还没有一门学科像内部控制这样具有如此宽的管理幅度和管理边界（见图 1-3）。

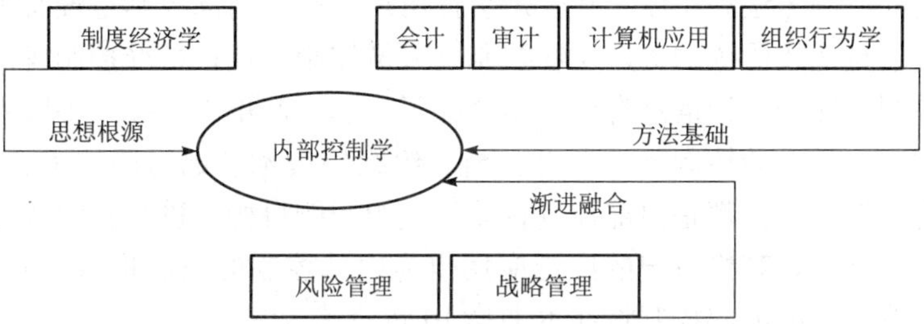

图 1-3 内部控制学与其他学科体系之间的关系

内部控制学与制度经济学之间有着时间上的对应性和内容上的关联性。在内部控制的发展过程中，现代内部控制出现的时间正好是制度经济学产生和发展的时期，制度经济学倡导制度管理的理念，主要靠制度进行管理，对内部控制的产生有很大的启发作用。制度经济学认为，经济发展的主要因素不是因为资金，也不是因为人力资源或自然资源，而是源于组织制度本身，组织本身的奖惩机制、分配机制、创新机制、合作机制等，直接决定着这个组织的运转，并决定着这个组织是什么样的状态，并决定组织以后的发展。制度经济学认为，组织发展得不健康，最根本的原因在于其组织形式出现了问题，而非其他原因，所有的问题根源在于其制度设计，通过良好的制度设计可达到良好的运营计划，从而达成所期望的结果，这些思想观念也构成了内部控制学的思想基础。戴维 · L. 韦默的《制度设计》（上海财经大学出版社，2004 年版）里的一个故事倒是很能说明制度管理的思路及其效果：美国罗切斯特大学为了表示对新毕业生的重视，要求教师参加新毕业生的毕业典礼。然而，由于路途不便或者其他方面的机会成本的考虑，有相当多的教师缺席。为此，经济系引入了一个财务激励制度，规定每个教授将一笔钱存到学校的生息账户。只有那些参加毕业典礼的教师才可以平分账户内积累的钱。这种制度实施后，参加典礼的教师人数得到了很大的提高。所以，制度管理超越原先小规模企业的粗放式的经验管理和人治的思想，通过制度的设计来规范人的行为方向，更加有利于企业持续和稳定的发展。从某种意义上说，现代内部控制学就是制度经济学在微观经济管理中的应用和体现，而制度经济学则是内部控制学的思想根源和理论基础①。

内部控制最初发展时就和会计、审计两门学科紧密相关。从“内部牵制论”，发展为“内部控制系统论”，接着进化为“会计控制与管理控制论”，继而推进到“内部控制结构论”，最后扩充为“内部控制要素论”，直至 21 世纪初进入最高阶段的“内部控制风险论”。从这种理论发展的历史脉络中不难看出，会计审计职业组织是推动内部控制理论研究进步的

① 李连华. 内部控制理论结构：控制效率的思想基础与政策建议. 厦门：厦门大学出版社，2007.

重要机构。内部控制与内部审计之间存在一种相互依赖、相互促进的内在联系，内部审计是内部控制不可或缺的重要组成部分，也是内部控制的一种特殊形式。一个现代企业完善、健全的内部控制系统中，必须有完善严密的内部审计制度，它既是内部控制系统中重要的一个分支系统，又是实现内部控制目标的重要手段。

会计学对内部控制学的发展也有很大的促进作用，复式借贷记账法就可以称为“内控思想”的一种实践创造，会计学一方面为内部控制提供了可靠的财务信息支持，另一方面也为其提供了多样化的控制方法和手段。在管理会计出现之前，内部控制是没有完善的预算控制制度，控制手段还是比较传统的资产实物控制、人员控制、授权批准控制等。而管理会计产生之后，则把控制职能和会计信息有机地结合在了一起，使得内部控制手段更加丰富。

另外，组织行为学中的控制环境资源分析、组织层技术、部门层技术、组织设计技术、个人与组织权力、授权等，都是内部控制在设计组织职能机构、进行权力划分和授权时所采用的主要方法。另外，计算机系统的广泛应用也为内部控制的发展提供了新的思路和方法。计算机信息技术背景下的内部控制将在本书第 10 章论述。

总之，内部控制的方法和手段，源于多种学科互相借鉴和参照的结果。同时内部控制未来的前景也趋于风险管理和战略管理方向。内部控制虽然历史悠久，但是其真正的概念和理论的发展不过百年的历史，每一个历史时期，都因为发生了一些事件，或是一些新的学科技术的出现，导致内部控制纵深和横向的发展，而且对内部控制概念的理解也将越来越深刻。

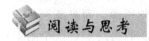

阅读与思考

尼克·里森 PK 杰洛米·科维尔

英国巴林银行创建于 1763 年，它是世界首家“商业银行”，既为客户提供资金和有关建议，自己也做金融交易。20 世纪初，巴林银行荣幸地获得了一个特殊客户：英国皇室。由于巴林银行的卓越贡献，巴林家族先后获得了五个世袭的爵位，这可算得上是一个世界纪录，从而奠定了巴林银行显赫地位的基础。然而就是这样一个有着悠久历史的银行，被年仅 28 岁的交易员尼克·里森（Nick Leeson）于 1995 年赔了个精光。

尼克·里森于 1989 年 7 月 10 日正式到巴林银行工作。在这之前，他是摩根·斯坦利银行清算部的一名职员，进入巴林银行后，他很快争取到了到印度尼西亚分部工作的机会。由于他富有耐心和毅力，善于逻辑推理，能很快地解决以前未能解决的许多问题，使工作有了起色。因此，他被视为期货与期权结算方面的专家，伦敦总部对里森在印度尼西亚的工作相当满意。1992 年，巴林总部决定派他到新加坡分行成立期货与期权交易部门，并出任总经理。

1992 年 7 月，他手下的一个交易员，因操作失误亏损了 6 万英镑，当里森知道后，因为害怕事情暴露影响他的前程，便决定动用 88888 号“错误账户”。而所谓的这个“错误账户”，是指银行对代理客户交易过程中可能发生的经纪业务错误进行核算的账户。以后，他为了私利一再动用“错误账户”，使银行账户上显示的均是盈利交易。

到 1993 年 7 月，里森已将 88888 号账户亏损的 600 万英镑转为略有盈余，当时他的年薪为 5 万英镑，年终奖金则将近 10 万英镑。如果里森就此打住，那么，巴林银行的历史也会改变。后来由于对日本股市的错误判断，损失一再扩大，1994 年，里森对损失的金额已经麻木了，88888号账户的损失由2 000万英镑、3 000万英镑，到7月已达5 000万英镑。

巴林银行在1994年年底发现资产负债表上显示5 000万英镑的差额后，仍然没有警惕其内部管控的松散及疏忽。在发现问题至巴林银行倒闭的2个月时间里，有很多巴林银行的高级及资深人员曾对此问题加以关注，更有巴林银行总部的审计部门正式加以调查。但是这些调查都被里森以极轻易的方式蒙骗过去了。里森对这段时期的描述为："对于没有人来制止我的这件事，我觉得不可思议。伦敦的人应该知道我的数字都是假造的，这些人都应该知道我每天向伦敦总部要求的现金是不对的，但他们仍旧支付这些钱。"

1995年1月，日本经济呈现复苏势头，里森看好日本股市，分别在东京和大阪等地买进大量期货合同，希望在日经指数上升时赚取大额利润。天有不测风云，1995年1月17日突发的日本神户大地震打击了日本股市的回升势头，股价持续下跌。巴林银行因此损失金额高达14亿美元，这几乎是巴林银行当时的所有资产。这座曾经辉煌的金融大厦就此倒塌，最后被荷兰某集团以1英镑象征性地收购了。

法国兴业银行（以下简称"法兴银行"）创建于1864年，总部设在巴黎，分别在巴黎、东京、纽约证券市场挂牌上市。法兴银行在全世界拥有500多万私人和企业客户，在80个国家拥有500多家分支机构，大约有50%的股东和40%的业务来自海外。法兴银行提供从传统商业银行到投资银行的全面、专业的金融服务，确立了世界上最大衍生交易市场领导者的地位，一度被认为是世界上风险控制最出色的银行之一。但2008年1月，法兴银行因31岁的巴黎期货交易员杰洛米·科维尔（Jerome Kerviel）在未经授权的情况下大量购买欧洲股指期货，形成49亿欧元（约71亿美元）的巨额亏空。

2000年，24岁的科维尔进入法兴银行工作。在此之前，他先是在法国西部重要金融城市南特念完大学，之后进入里昂大学深造，获得了市场融资硕士学位。里昂大学专门为法国主要银行培养员工，毕业生大多承担后台处理和交易监控等工作。

科维尔进入法兴银行后，在监管交易的中台部门（Middle Office）工作了5年，负责信贷分析、审批、风险管理、计算交易盈亏，积累了关于控制流程的丰富经验。2005年调入前台（Front Office），供职于全球股权衍生品方案部（Global Equities Derivatives Solutions），该部门的业务被分为与客户直接相关的操作和与客户非直接相关的操作。和客户直接相关的操作，交易要求尽量减少甚至消除风险，而与客户非直接相关的操作通常是用自有资金套利。科维尔所做的正是后者——用银行自有资金进行套利的业务。

据说科维尔与交易员同事和后台同事相交甚笃。有人因此猜测，这种关系使得他能够熟悉最新的风险控制程序。实际上科维尔运用了他在控制流程和市场操作方面多年的经验，成功地绕过了银行的防范手段，以至于银行无法核查这些虚假交易的存在。首先，为确保这些虚假操作顺利进行，科维尔通过选择那些不需要立即确认的交易项目，将受监控的可能性降到最低；其次，他盗用了原本属于操作员的进入代码，以便删除非法操作记录；最后，他伪造文件，以便堂而皇之地进行虚假操作。法国央行行长在新闻发布会上就称这次进行欺诈交易的交易员的欺诈行为"冲破了五个级别的监控"，真的是"电脑天才"。

科维尔并不总是失败的，也有成功获利的时候。2007年7月31日他的真实交易头寸在2007年首次扭亏为盈，并在2007年11月20日左右赚得利润15亿欧元，并成功保住这15亿欧元的利润长达2个月。不过2008年1月中旬市场剧烈震荡，科维尔的利润直线减少，1月18日到1月20日之间科维尔的头寸被发现，法兴银行火速地抛售，使该投资组合的亏损被定格在49亿欧元。

科维尔欺诈行为被发现后，2008年2月20日，法兴银行特别委员会向法兴银行董事会提交了一份名为《绿色任务》的针对交易员杰洛米·科维尔欺诈事件的中期调查报告。这份报告显示："就已经进行的调查而言，还没有任何证据支持监守自盗的猜测，或是任何内部和外部的勾结。"同时报告中称，从2006年6月到2008年1月，法兴银行的风险控制系统自动针对科维尔的各种交易发出了75次警报。其中，2006年科维尔的交易引起了5次警报，而2007年发布的可疑交易更多，共达到67次，随着交易量的膨胀，警报越来越频繁，平均每个月有5次以上。而在2008年1月的三次警报的最后一次，欺骗终于败露。事实上，这数次拉响的警报，每次科维尔称这只是交易中常见的一个"失误"，随即取消了这笔投资，而实际上他只是换了一种金融工具，以另一笔交易替代了那笔被取消的交易，以规避相关审查，然而风险控制部门的调查人员每次都相信了科维尔的谎言。

资料来源：

经作者综合分析整理：

1. 巴林银行倒闭事件.

http：//blog. jrj. com. cn/0913651684，1430211a. html.

2. 法国兴业银行披露欺诈损失49亿欧元.

http：//news. hexun. com/2008/xyqizha/.

3. 魔鬼代言人：法兴业银行科维尔.

http：//finance. sina. com. cn/j/20080219/13424520655. shtml.

思考题

1. 巴林银行和法兴银行案例中有何种相同点？

2. 从内控的角度探讨两家银行破产的原因。

3. 从巴林银行和法兴银行破产的案例中能得到什么教训？如何加强内部控制制度的建设来防止大的灾难产生？

第2章　内部控制体系框架

【本章导读】

➢ 新旧 IC-IF 框架
➢ ERM 框架
➢ 其他内部控制架构
➢ 萨班斯-奥克斯利法案对内部控制的要求

2.1　IC-IF 框架（1992）

20 世纪 90 年代以前，美国关于内控制度的研究分散于不同的组织机构，如美国注册会计师协会、内部审计师协会、财务经理协会等。从 1991 年开始，美国关于内部控制的研究由 COSO 承担，该组织旨在通过对商业道德、有效的内部控制和公司治理的研究来改善财务报告的质量。

2.1.1　COSO 组织及其发布的报告

COSO 是反虚假财务报告委员会的发起组织委员会（The Committee of Sponsoring Organizations of the Treadway Commission，COSO）。Treadway 委员会（Treadway Commission，即反虚假财务报告委员会，National Commission on Fraudulent Financial Reporting，由于其首任主席的名为 James C. Treadway，因此此协会简称为 Treadway 委员会）1985 年由美国注册会计师协会（AICPA）、美国会计协会（AAA）、财务经理人协会（FEI）、内部审计师协会（IIA）、管理会计师协会（IMA）联合创建，旨在探讨财务报告中舞弊产生的原因，并寻找解决之道。两年后，基于该委员会的建议，其赞助机构成立 COSO 委员会，专门研究内部控制问题，COSO 成立的目的是为风险管理、内部控制、舞弊防范三个方面提供全面完整的框架和指导意见，以促进企业的业绩提升，完善公司治理架构，以减少组织中舞弊的程度。COSO 的愿景是在全球市场上成为风险和控制领域方面的公认的思想领袖，以促进公司治理和减少欺诈舞弊。

自成立以来，COSO 发布了不同的研究报告和指导性的框架意见。1987 年，COSO 发布了《反欺诈性财务报告全国委员会报告》，该报告对财务欺诈的研究和分析没有简单地局限于独立审计师的查错作用，而是密切关注企业法律、金融和其他咨询顾问在财务欺诈中的角色，分析了企业经理班子价值观念和会计、内审与审计委员会的作用，触及了政府管制和大学会计课程设置是否充分有效等问题。报告分别向公众公司、注册会计师、证券委员会以及其他法律部门、教育部门等提出了约 100 条建议。1996 年，COSO 发表了《金融衍生工具使用中的内部控制问题》，该报告模型认为，“风险管理过程需要理解实体的目标和经营活动，识别市场风险和测度承担的风险，然后决定是否使用衍生产品将风险降低到可以承受的水平。只要简单地忽略与衍生产品有关的部分并代之以其他合适的降低风险行为，这个过程就具有普遍性。”报告为衍生工具用户建立、评估和改善内部控制，提供了指导性建议。1999年，COSO 利用 1987—1997 年欺诈性财务报告公司样本，在归纳其公司特征、控制环境特征、欺诈特征的基础上，发布了《欺诈性财务报告：1987—1997——美国公众公司分析》。报告探讨了三个欺诈高发行业（信息技术、保健和金融服务业）的欺诈特点，发现三个行业的欺诈手段存在显著差异，如信息技术业最常见的欺诈手段是收入欺诈，而金融服务业最常见的手段是资产欺诈和资产盗用，并且研究了财务报告欺诈与公司治理之间的关系，发现欺诈样本公司与其所在行业标准相比，具有相当弱的公司治理机制。至今为止，COSO 发布了一系列关于内部控制的报告（见表 2-1），可以看出，近年来 COSO 一方面致力于原有框架更新（IC-IF 框架已于 2013 更新，ERM 框架于 2014 年年底开始征求意见进行修订），另一方面针对新的经济形势和市场环境，强调内控框架的应用环境的适应及对风险的控制和平衡。

表 2-1　COSO 发布的报告一览表

年	报　告
1987	Report of the National Commission on Fraudulent Financial Reporting（反欺诈性财务报告全国委员会报告）
1992	Internal Control—Integrated Framework（内部控制——整体框架）
1996	Guidance on Monitoring Internal Control Systems Internal Control Issues in Derivatives Usage（金融衍生工具使用中的内部控制问题）
1999	Fraudulent Financial Reporting：1987 - 1997—An Analysis of U.S. Public Companies（欺诈性财务报告：1987—1997——美国公众公司分析）
2004	Enterprise Risk Management—Integrated Framework（企业风险管理——整体框架）
2006	Internal Control over Financial Reporting—Guidance for Smaller Public Companies（财务报告的内部控制——对小企业的指南）
2009	Guidance on Monitoring Internal Control（监管内部控制的指南）
2009	Effective Enterprise Risk Oversight：The Role of the Board of Directors（有效的企业风险监督：董事会的作用）
2009	Strengthening Enterprise Risk Management for Strategic Advantage（为策略优势而加强风险管理）
2010	Fraudulent Financial Reporting：1998 - 2007—An Analysis of U.S. Public Companies（欺诈性财务报告：1998—2007——美国公众公司分析）
2010	Board Risk Oversight—A Progress Report：Where Boards of Directors Currently Stand in Executing their Risk Oversight Responsibilities（董事会风险监控进展报告：董事会如何执行他们的风险监控责任?） COSO's 2010 Report on ERM：Current State of Enterprise Risk Oversight and Market Perceptions of COSO's ERM Framework（COSO 2010 关于风险管理报告：企业风险监控和 COSO 的 ERM 框架的接受度的现状分析）
2011	Embracing Enterprise Risk Management：Practical Approaches for Getting Started（企业风险管理的实务操作方法） Developing Key Risk Indicators to Strengthen Enterprise Risk Management（发展主要风险显示指标以加强企业风险管理）
2011	COSO Releases Internal Control-Integrated Framework for Public Comment（COSO 颁布新的内部控制整体框架的征求意见稿）

续表

年	报告
2012	Enterprise Risk Management—Understanding and Communicating Risk Appetite（企业风险管理——理解并且沟通风险偏好）
2012	Thought Paper on Enhancing Board Oversight by Avoiding and Challenging Traps and Biases in Professional Judgement（加强风险监督以避免专业判断中的陷阱和偏差）
2012	Managing Risks of Cloud Computing the Focus of COSO's Latest Thought Leadership（COSO 框架中云计算的风险管理研究）
2012	COSO Releases for Comment Internal Control Over External Financial Reporting（COSO 颁布对外部财务报告内部控制的征求意见稿）
2012	Risk Assessment in Practice（风险评估实践）
2013	2013 Internal Control-Integrated Framework（2013 版的内部控制整体框架）
2013	The 2013 COSO Framework SOX Compliance—One Approach To An Effective Transition（2013 版内控框架与萨班斯法案——一种有效的过渡方法）
2013	Integrating the Triple Bottom Line into An Enterprise Risk Management Program（把三重底线融入风险管理框架）
2014	Demonstrating How Frameworks Improve Organizational Performance and Governance（框架如何改善公司业绩和治理结构）
2015	COSO in The Cyber Age（网络时代的 COSO 框架）
2015	Leveraging COSO Across The Three Lines of Defense（三重防线平衡 COSO 框架）
2016	Fraud Risk Management Guide（欺诈风险管理指南）

2.1.2 IC-IF 框架（1992）的内容

1992 年，COSO 在进行了深入研究之后发布了一份关于内部控制的纲领性文件，即《内部控制——整体框架》（*Internal Control—Integrated Framework*，简称 IC-IF），它标志着内部控制理论与实践进入了整体框架的阶段。COSO 内部控制报告分为四部分：

第一部分“管理层总结”，是对内部控制总体构架的高度总结，是针对总裁和高级管理人员、董事会成员、律师和监管当局而写的。

第二部分“总体构架”，对内部控制进行了定义，阐述其构成要素，为管理层、董事会及他人提供了评估内部控制有效性的准则。

第三部分“外部团体报告”，对那些已经或准备公开披露其对编制财务报表进行内部控制的企业提供了指导。

第四部分“评估工具”，提供了对内控系统进行评估的有用资料。

COSO 以一个独立的机构对内部控制进行专门的研究，无疑提高了研究的系统性与深度。1992 年 COSO 发布的《内部控制——整体框架》，不仅被美国的企业，也被世界上其他国家的不少企业和经济组织所接受，并融入各种规章制度之中，用以控制经营活动，实现企业既定的经营目标。在内控整体框架中，COSO 对内部控制的定义为：内部控制是受企业董事会、管理当局和其他职员的影响，旨在取得经营效果与效率；财务报告的可靠性；遵循法规等目标而提供合理保证的一种过程。第一类针对主体的基本经营目标，包括业绩、盈利目标和对资源的保护。第二类与编制可靠的公开财务报表（published financial statements）有关，包括中期和简要财务报表，以及从盈余披露等公开发布的报表中摘引的选定财务数据。第三类涉及遵循主体适用的那些法律和法规。这三类目标——经营目标、报告目标和合规目标，相互区别而又彼此交叉，体现了不同的需求，也可能是不同管理人员的职责，这一分类还利于区分每类控制的可能结果。内部控制目标，是决定内部控制运行方式和方向的关键，也是评价内部控制实施效果的最终标准。然而内控的几个目标有它固有的特点：从企业自身角度来看，经营目标是企业主观非常乐意付出努力去实现的，但实现的情况受客观环境的制约，如竞争的激烈程度、产品的受欢迎程度、是否有例外事件的发生等；而合规性目标和报告目标是企业被动地遵守，很大程度上是外界施加的，企业只要愿意实现就一定会实现的，其实现程度受着企业主观意愿的影响。

报告提出了内部控制的五个重要组成要素：控制环境、风险评估、控制活动、信息与沟通、监控，深化了内部控制的理念和应用。这些内控要素源自管理层经营企业的方式，并与管理过程融为一体。报告中也提出，尽管这些构成要素适用于所有的主体，但是它们在中小型公司的实施可能与大型公司有所不同。尽管小型公司也会拥有有效的内部控制，但是其内部控制可能不太正式、不太健全。这些构成要素是：

1. 控制环境

控制环境（control environment）设定了一个组织的基调，影响其员工的控制意识。它是内部控制的其他所有构成要素的基础，提供了秩序和结构。控制环境的要素包括：员工的诚信、道德价值观和胜任能力；管理层的理念和经营风格；管理层分配权力和责任、组织和开发其员工的方式；以及董事会给予的关注和指导。

2. 风险评估

每个主体都面临来自外部和内部的必须加以评估的多种风险。风险评估（risk assessment）的前提是确立在不同层次上的相互衔接、内在一致的目标。风险评估就是识别和分析与实现目标相关的风险，从而为确定应该如何管理风险奠定基础。由于经济、行业、监管和经营条件将会持续变化，因此需要有识别和应对与这些变化有关的特殊风险的机制。

3. 控制活动

控制活动（control activities）是指那些有助于保证管理层的指令得到贯彻执行的政策和程序。它们有助于确保采取必要的措施来处置实现主体目标的风险。控制活动发生在整个组织之中，遍及所有的层级和所有的职能。它们包括诸如审批、授权、验证、调节、经营业绩评价、资产保护和职责分离等一系列活动。

4. 信息与沟通

企业主体必须以适当的方式在一定的时间范围内识别、获取和沟通有关的信息（information and communication），以便员工能够履行其责任。信息系统生成包含经营、财务以及与合规有关信息的报告，从而使经营和控制企业成为可能。它们不仅处理内部生成的信息，还处理与经营决策和对外报告所需的外部事项、行为和情形有关的信息。有效的沟通还必须是广义的，即信息必须在组织内自上而下、平行以及自下而上地传递。所有员工都必须从最高管理层那里获得控制责任必须严格履行的明确信息。他们必须了解自己在内部控制体系中的作用，以及个人的活动与其他人的工作之间的关联。他们应该有向上传递重要信息的途径。此外，与外部各方，如客户、供应商、监管者以及股东之间也需要有效的沟通。

5. 监控

需要对内部控制体系进行监控（monitoring），这是一个不断对内部控制体系的运行质量进行评估的过程。它可以通过持续监控活动、个别评价或两者的结合来实现。持续监控发生在经营过程中。它包括日常的管理和监控活动，以及员工在履行其职责过程中所采取的其他行动。个别评价的范围和频率主要取决于对风险的评估和持续监控程序的有效性。对于内部控制的缺陷，应该自下而上进行汇报，性质严重的应该向最高管理层和董事会报告。

内部控制受企业董事会、管理当局和其他职员的影响，企业组织中的每一个人都应对其承担相应的责任。

① 管理层。首席执行官负有最终的责任，其确定了“最高层的基调”。首席执行官向高级管理人员提供领导和指导，高级管理人员则把建立更为具体的内部控制政策和程序的责任分配给负责该单元各项职能的人员。对于相应层次的责任而言，每位管理人员实际就是他或她所承担的那部分责任的首席执行官。

② 董事会。管理层向董事会负责，董事会提供治理、指导和监督。有效的董事会成员应该客观、有能力，并富有质疑精神。一个强大、积极的董事会，尤其是与有效的向上沟通渠道和有能力的财务、法律和内部审计职能相结合时，通常能够最好地发现和矫正这类问题。

③ 内部审计师。内部审计师在评价控制体系的有效性方面起着重要的监控作用。

④ 其他人员。内部控制是组织中每个人的责任，因此它应该成为每个人岗位描述中明确或隐含的一部分。明确各自的职责，提供系统所需的信息，实现相应的控制；对经营中出现的问题，对不合法、违规行为有责任与上级沟通。

公司的外部人员也有助于控制目标的实现，如外部审计可提供客观独立的评价，通过财务报表审计直接向管理阶层提供有用信息；另如法律部门、监管部门、客户、其他往来单位、财务分析师、信用评级公司、新闻媒体等也都有助于内部控制的有效执行。但是，外部各方并不对主体的内部控制体系承担责任，也不是公司内部控制体系中的一部分。

2.1.3 IC-IF 框架（1992）的贡献

1992 年颁布的 IC-IF 框架蕴含了许多崭新的理念和思想，这些理念和思想，不仅对过去，而且对现在甚至未来的企业管理、财务工作和独立审计都有着重要影响，主要表现为以下几个方面。

1. 准确定位内部控制基本目标

COSO 报告将内部控制目标分为三类：经营目标、报告目标和合规目标，有利于不同的人从不同的视角，关注企业内部控制的不同方面。同时 COSO 报告指出内部控制本身不是目的，而是实现目标的手段。内部控制的目标是帮助企业奔向经营目标、完成使命和减少经营过程中的风险。

2. 内控要素之间的整合体系

COSO 报告提出内部控制由控制环境、风险评估、控制活动、信息与沟通和监控五项要素构成，这些构成要素之间存在协同和联系，从而形成一个整合的体系。内部控制系统是“嵌入于”（built in）企业经营和管理过程中的一项基础设施（infrastructure），不是后天添加物（built on），内控系统应与管理活动的计划、执行和监控职能交织融合在一起。“嵌入式”

的控制体系能够避免不必要的成本，并能够对环境的变化迅速做出反应。

3. 内部控制对目标的实现仅仅提供的是“合理保证”

内部控制可以帮助主体实现其业绩和盈利目标，防止资源的损失，可以帮助保证财务报告的可靠性，而且有助于确保企业符合适用的法律和法规，避免对其声誉的损害以及其他后果。总之，它可以帮助主体到达它想去的地方，并避开途中的隐患和意外。即使有效的内部控制，也只能帮助主体实现这些目标。它可以向管理层提供有关主体在实现其目标方面取得的进展或者缺乏进展的信息。但是内部控制不能把一个内在素质差的经理变成一个好的经理。内部控制体系无论设计和运行得多么好，都只能就主体目标的实现向管理层和董事会提供合理而非绝对的保证。目标实现的可能性受到所有内部控制体系都存在的固有局限的影响。因此，内部控制不是解决所有问题的“灵丹妙药”。

4. 内部控制是一个“动态”的过程

内部控制不是一项制度或一个机械的规定，企业外部环境的变化必然要求企业内部控制能够不断地“与时俱进”，内部控制是一个发现问题、解决问题的循环过程。因此，需要对内部控制系统保持持续性的关注，同时内控系统应有应对不断变化的客观世界的机制。

5. 强调“人”与环境的重要性

COSO 报告指出人和环境是推动企业发展的引擎。内部控制是由人来设计和实施的，企业中的每位员工都受内部控制的影响，并通过自身的工作影响着他人的工作和整个内部控制系统。同时，在环境控制中，注重“软控制”，即指那些属于精神层面的事物，如高级管理阶层的管理风格、管理哲学、企业文化等。

6. 糅合了管理与控制的界限

在 COSO 报告中，控制不再是管理的一部分，管理和控制的职能与界限已经模糊。

2.2 IC-IF 框架（2013）

1992 年 COSO 颁布的 IC-IF 框架已成为全世界使用最为广泛的内部控制框架体系，已运行二十余年，然而随着社会的进步和经济的发展，企业或组织的业务经营环境发生了巨大的变化，如互联网的广泛使用、科学技术的进步、商业模式的改变以及全球一体化等。与此同时，利益相关者更多地参与治理过程，并且寻求更透明和更负责的内控体系来支持决策和组织的治理，这些变化都要求 IC-IF 适应环境并进行调整。COSO 于 2010 年 11 月 18 日宣布对 1992 年的 IC-IF 框架进行修订，整个修订项目分为四个阶段：评估及构想阶段（assess &survey），构建和设计阶段（design&build），公开征求意见阶段（public exposure），以及修订、定稿阶段（finalize）。

COSO 委员会委托普华永道会计师事务所（PricewaterhouseCoopers，PwC）为该项目的主持者和撰写者，COSO 董事会成立了由业界、学术界、政府机构和非营利组织以及来自监管机构和标准制定机构的观察员共同组成的咨询委员会，对项目的进展进行支持——除了 COSO 的五个发起组织，还有公众会计公司、监管机构——美国证监会（Securities and Exchange Commission，SEC）、政府问责办公室（Government Accountability office，GAO）、联邦存款保险公司（The Federal Deposit Insurance Corporation，FDIC）、美国公众公司会计监督委员会（Public Company Accounting Oversight Board，PCAOB），以及其他一些协会的参与——国际会计师联合会（International Federation of Accountants，IFAC）、信息系统审计和控制协会（Information Systems Audit and Control Association，ISACA）加入该咨询委员会，同时近千名利益相关者在项目全球征求意见阶段发表了意见。

2011 年 12 月 19 日 COSO 发布了征求意见稿，2013 年 5 月 14 日公布了新的 IC-IF 框架体系，新框架体系包含内容摘要以及框架和附录两个部分，内容摘要是对新框架进行高度总结，包括内部控制的定义、目标、原则、内部控制的有效性和局限性等，使用对象为首席执行官和其他高级管理层、董事会成员和监管者；框架内容和附录包括内部控制的组成部分及相关的原则和关注点，并为各级管理层在设计、实施内部控制和评估其有效性方面提供了指导。附录包括词汇表、对于小型企业的特殊考虑、与 1992 版的变化总结和框架的非重要性附加参考。与框架同时颁布的还有两份说明文件，一份是《评估内部控制体系有效性的工具示例》（*Illustrative Tools for Assessing Effectiveness of a System of Internal Control*），为管理层在应用框架特别是评估有效性方面提供了模板和行动方案，另一份是《外部财务报告内部控制：方法与范例汇编》（*Internal Control over External Financial Reporting*（*ICEFR*）：*A Compendium of Approaches and Examples*），为在准备外部财务报告过程中应用框架中的要素和原则提供了实际的方案和示例。

2.2.1 IC-IF 框架（2013）总体架构

COSO 委员会本是由五家私人专业财务组织发起的，其并没有权利发布政府法规或专业组织指南类的标准。COSO 的内控框架及指南，仅仅概述了一个适用于大多数企业的内部控制方法和内部控制最佳实践。然而，COSO 内部控制框架的概念早已成为其他领域或美国以外很多国家制定相关标准的参考。

自 IC-IF 框架 1992 年面世以来，企业所处的商业及运营环境均发生了巨大的变化：治理监督的需求扩大；市场和运营的全球化程度增强，跨国并购活动频繁；企业商业运营方式的改变和复杂化，很多企业已突破原有的商业模式，广泛采用合资企业、战略联盟、对外合作、共享服务、外包服务等更复杂的方式；法律、法规、制度和标准变得更为复杂，合规需求扩大，传统的内控方法难以满足要求；对企业责任和组织能力的期望更多，随着新产品和服务的不断引进、新流程和技术的日益推广，组织需要具备更高的能力以承担更多的责任，企业利益相关者也更加强调商业活动中的责任和诚信问题；技术的发展、使用和更新愈发受重视，信息技术不再是批量处理交易的独立大型主机，而是一些复杂分散可移动的应用程序，旨在实现不同系统、不同组织、不同流程和技术层面的切换，技术的变革颠覆了内部控制各个要素的实施方法；防止和检查舞弊的需求增加……因此，无论是 IC-IF 框架的制订者 COSO 委员会，还是框架的借鉴实施者，均认为非常有必要对 1992 年的框架进行修订，以适应时代的变化。

2013 年新 IC-IF 框架并不是对 1992 年版本的否定，2010 年 9 月至 2011 年 1 月，COSO 对 700 多家使用 COSO 内控框架的单位进行问卷调查。结果显示，大部分反馈意见支持对 COSO 内控框架进行修订和更新，但不建议推倒重来。新框架在基本概念、内容和结构，以及要素、评价内控体系有效性标准等方面均没有变化（见表 2-2），与其说修订，不如说成优化，并非改变内部控制的定义、评估和管理方式，而是要提供相关概念的指导和实践范例，力图提高 IC-IF 框架的易操作性，以及可以使更多的企业采纳使用，以提升整体内部控制质量。

表 2-2 2013 年 IC-IF 框架的变化与没有变化的内容

没有变化：	变化：
◇ 内部控制核心定义	◆ 商业及运营环境的变化
◇ 内部控制的三个目标和五个要素	◆ 经营目标和报告目标的扩大化
◇ 内部控制五要素有效性标准	◆ 五要素中需考虑的具体原则
◇ 设计、实施、评价内部控制中主观判断的重要作用	◆ 与经营、合规和非财务报告目标相关的额外的方法和例子

无论是 1992 年框架（见图 2-1），还是 2013 年的框架（见图 2-2），都是由一个立方体的三个维面——目标、要素、主体共同构成。目标是主体所致力于实现的；要素是主体实现目标必不可少的；主体结构包括组织层面、业务部门以及职能机构，这三者之间有着直接的联系，它们的关系可以通过一个立方体来表示。

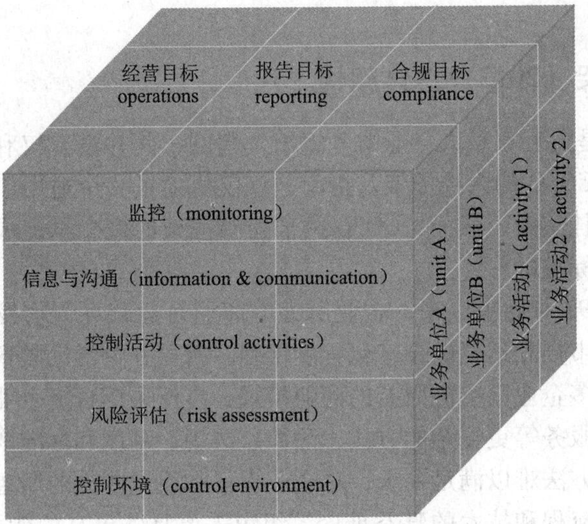

图 2-1 1992 年 IC-IF 框架结构

① 立方体从顶部开始，从左到右依次是内部控制目标的三种类别：经营、报告和合规目标。

② 立方体的正面代表内部控制的五个要素：控制环境、风险评估、控制活动、信息与沟通以及监控，内部控制一个动态、反复且整合的过程。例如，风险评估不仅影响控制环境和控制活动，而且也要求主体重新考虑信息与沟通或监控活动。因此内部控制不是上一个要素对下一个要素产生影响的线性过程，它是各个要素之间互相产生影响的整合过程。

③ 立方体的侧面代表主体结构，包括公司层面、分支机构、业务单元或职能部门，如销售、采购、生产以及其他与内部控制相关的部门。没有两个主体拥有完全相同的内部控制体系。主体、目标和内部控制体系会因为行业、监管环境以及其他因素影响而有所不同。

总的来说，有效的内部控制是通过五要素的共同协作来维持的，以达到最终的内控

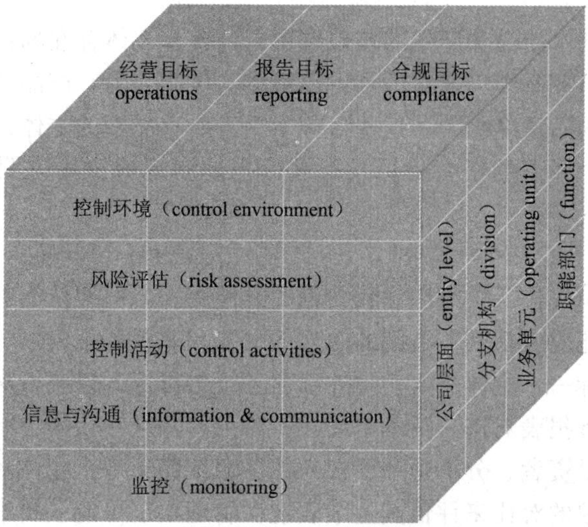

图 2-2　2013 年 IC-IF 框架结构

目标。

从 1992 年和 2013 年的立方体来看，基本保持原貌，但还是有两个地方不同。一是 1992 年框架，将控制环境置于底部——是其他内部控制要素的基础。该要素在 2013 年的框架中位于内控要素的顶层，更为恰当地反映了该要素的地位。该项变化并不涉及概念上的变化。尽管控制环境的位置在图表顶层，它仍应该被看作所有其他内部控制要素的基础，它同时影响着其他三个目标以及所有业务单元和实体活动，如今顶部的新位置，将控制环境置于一个更加重要的位置，就好像企业的首席执行官出现在传统组织结构图的顶端一样。

二是立方体的侧面有变化，1992 年框架用的业务单位（unit）和活动（activity），2013 年框架用的公司层面（entity level）、分支机构（division）、业务单元（operating unit）和职能部门（function），可以看出新框架对于主体的确认更加细化，揭示了企业的目标既可以从整个企业的层面来设定，也可以针对企业内部具体的部门、业务单元和功能来设定（包括销售、采购和生产等业务流程），新框架侧面则是提供目标分层的路径选择，同时新框架描绘出了大多数企业等级式的自上而下的组织结构，也反映了内部控制是全员、全部门、全业务、全流程和全面性的控制。

总之，立方体描述了以下三者之间的直接关系：企业目标（即企业所要力求实现的）；内部控制要素（即企业实现目标所需要的条件）；以及业务单元和企业内部的其他结构单元（即内部控制要素运行的各企业层面）。每个内部控制要素都跨越和适用于所有三类目标。

2.2.2　IC-IF 框架（2013）的内控目标

管理层应在董事会的监管之下，设定与主体使命、愿景和战略相协调的组织层面目标。设定目标是内部控制的先决条件，1992 年与 2013 年的 IC-IF 框架的内部控制目标设定并没有改变，依然是经营目标、报告目标、合规目标。

新框架扩展了报告目标的范围，更强调了非财务的报告目标，而且关注内控整体目标与子目标的协调与形成。

1. 经营目标

经营目标与主体基本使命和愿景的实现有关，这也是主体存在的根本理由。经营目标并不仅仅以提高公司的财务业绩为最终诉求，还可能与生产能力、产品质量、环境保护、改革创新以及客户和员工的满意度相关。这些目标适用于所有类别的主体，包括营利性组织和非营利性组织。如果一个主体的经营目标没有被恰当地制定或清晰说明，可能导致其资源的浪费。

2. 报告目标

报告目标是指编制报告，供组织和利益相关方使用。新框架认为财务报告不应局限于对外公布的财务报告，还应包括其他类别的内外部财务和非财务报告。

外部财务报告目标——主体需要实现外部财务报告目标，以履行对利益相关方的义务并满足他们的期望。财务报表对进入资本市场必不可少，并且在获得合同与供应商打交道时也可能是至关重要的。投资者、分析师和债权人往往会依赖于一个主体的财务报表，通过与同业或其他替代投资对象的对比来评估其业绩表现。管理层也可能被要求按照规则、规章及外部准则所设定的要求来公布财务报表。

外部非财务报告目标——管理层按照法律、规章、标准或其他框架的要求报告外部非财务信息。在与汇报财务报告内部控制有效性的管理报告相关的规章和标准中，会涉及非财务报告的要求，这些要求也是外部非财务报告目标的组成部分。在没有法律法规、规章、标准或框架要求的情况下，外部报告则代表外部沟通。

内部财务和非财务报告目标——给管理层和董事会的内部报告包含管理组织所必要的信息，用于支持决策及评估主体的活动和绩效。内部报告目标信赖于管理层和董事会的偏好和判断。由于主体的战略方向、运营计划和期望各不相同，因此内部报告目标也不同。

四类内部控制报告目标之间的关系见图 2-3。

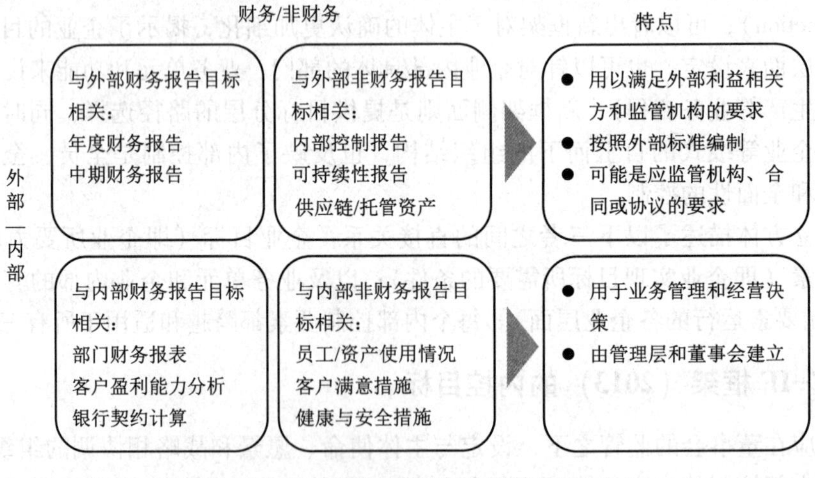

图 2-3 四类报告目标之间的关系

资料来源：COSO 委员会 2013 年 IC-IF 框架

3. 合规目标

主体必须根据相关法律、法规及规章的要求开展活动，并经常需要采取特定的行动。法律、法规及规章为主体建立了最低的行为准则要求。组织应当将这些行为准则整合在主体目标中，一些组织有可能制定比法律规定更为严格的目标，在设定这些目标时，管理层可以行使自主裁量权。

总之，有效的内部控制体系可以为主体目标的实现提供合理保证。有效的内部控制体系可以将影响目标实现的风险降低至可接受水平，这些风险可能涉及以上一种、两种或全部三种目标。1992 年框架指出，组织并非能够完全把控其运营目标的实现过程。对于运营目标，内部控制体系仅能为管理者和作为监管者的董事会提供合理的保证，使其能够及时了解到组织各个目标的实现情况。

新框架同样认为组织无法完全控制目标的实现，这与原框架的观点保持一致。同时，新框架认为如果外界状况对具体目标的实现不构成重大冲击，组织或许能够对目标的实现提供合理保证。

2. 2. 3　IC-IF 框架（2013）的内控原则

2013 年 IC-IF 框架的一个重大变化就是制定了支持内部控制五要素的内部控制原则（见表 2-3）。相比于 1992 年版隐晦提出了内部控制的核心原则，新版本明确列示了 17 条内部控制原则来描述与内部控制五要素有关的基础概念。这些原则广泛适用于各种类别的组织，包括营利组织、非营利组织、政府机构等，以帮助它们实现各个层面的目标。新框架提供了一种原则导向的方法，能够灵活设计、实施和推进内部控制，并留有判断空间——这些原则可在组织层面、运营层面和职能层面应用。

表 2-3　IC-IF 框架（2013）内部控制原则

控制环境
（1）诚信和道德价值观的承诺
（2）董事会独立于管理层，对内控实施监督
（3）组织架构、汇报路线、合理的权力与责任
（4）吸引、发展和保留认同组织目标的人才
（5）内部控制责任人的问责制度
风险评估
（6）设定清晰明确的目标
（7）识别、分析和管理实现目标的风险
（8）考虑潜在的舞弊行为
（9）识别并评估内部控制的重大改变
控制活动
（10）选择并执行可将风险降至可接受水平的活动
（11）针对信息技术，选择并执行控制活动以支持目标实现
（12）通过政策和程序来部署控制活动

续表

信息与沟通
（13）获取、生成、使用高质量信息
（14）对内部控制信息进行内部沟通
（15）对内部控制信息进行外部沟通
监控
（16）进行持续和单独的内部控制评估
（17）对内部控制缺陷的评估和沟通

除了对应内部控制五要素的 17 条具体原则，2013 年版的内控框架还提出每一个原则的关注点（见表 2-4），关注点是内部控制原则的重要特征，管理层可以自行决定某些关注点不适用或不相关，也可以再识别并考虑其他关注点。关注点能够协助管理层设计、实施和执行内部控制以及评估相关原则是否存在并持续运行。

表 2-4　IC-IF 框架（2013）内部控制原则与对应的关注点

原则（principle）	关注点（points of focus）
（1）诚信和道德价值观的承诺	1. 确定“高层基调”
	2. 建立行为准则
	3. 评价对行为准则的遵守情况
	4. 及时处理行为偏差
（2）董事会独立于管理层，对内控实施监督	5. 建立监督责任
	6. 运用专业知识
	7. 保持独立运作
	8. 履行对内控体系的监督责任
（3）组织架构、汇报路线、合理的权力与责任	9. 考虑主体的所有架构
	10. 制定汇报路线
	11. 定义、分配及限制权力与责任
（4）吸引、发展和保留认同组织目标的人才	12. 建立政策及实践
	13. 评估胜任能力并改善不足
	14. 吸引、培养和留用人才
	15. 规划与准备后续人才
（5）内部控制责任人的问责制度	16. 通过组织架构、权力与责任来强化问责机制
	17. 建立绩效衡量、激励和奖励机制
	18. 评估绩效衡量、激励和奖励机制的持续相关性
	19. 考虑额外的压力
	20. 评价业绩并赏功罚过

续表

原则（principle）	关注点（points of focus）
（6）设定清晰明确的目标	21. 反映管理层的选择（运营目标）
	22. 考虑风险容忍度（运营目标）
	23. 涵盖运营和财务绩效目标（运营目标）
	24. 形成资源配置的基础（运营目标）
	25. 符合适用的会计准则（外部财务报告目标）
	26. 考虑重要性水平（外部财务报告目标）
	27. 反映主体经营活动（外部财务报告目标）
	28. 符合既定的外部标准和框架（外部非财务报告目标）
	29. 考虑所需要的精确度水平（外部非财务报告目标）
	30. 反映主体的活动（外部非财务报告目标）
	31. 反映管理层的选择（内部目标）
	32. 考虑精确度要求（内部目标）
	33. 反映主体活动（内部目标）
	34. 反映外部法律、法规及规章（合规目标）
	35. 考虑风险容忍度（合规目标）
（7）识别、分析和管理实现目标的风险	36. 涵盖主体、下属单位、分部、业务单元和职能部门层面
	37. 分析内部和外部因素
	38. 让适当层级的管理层参与
	39. 评估所识别风险的重大性
	40. 决定如何应对风险
（8）考虑潜在的舞弊行为	41. 考虑不同类别的舞弊
	42. 评估动机和压力
	43. 评估机会
	44. 评估态度和合理化
（9）识别并评估内部控制的重大改变	45. 评估外部环境变化
	46. 评估商业模式变化
	47. 评估领导层变化
（10）选择并执行可将风险降至可接受水平的活动	48. 与风险评估相结合
	49. 考虑主体特有的因素
	50. 确定相关业务流程
	51. 评估控制活动类别的组合
	52. 考虑控制活动的适用层级
	53. 强调职责分离
（11）针对信息技术，选择并执行控制活动以支持目标实现	54. 决定在业务流程中应用的信息技术和信息技术一般控制之间的关系
	55. 建立与信息技术基础设施相关的控制活动
	56. 建立与安全管理流程相关的控制活动
	57. 建立与信息技术引进、开发、维护流程相关的控制活动

续表

原则（principle）	关注点（points of focus）
（12）通过政策和程序来部署控制活动	58. 制定政策和程序以支持管理层指令的实施
	59. 确立政策和程序执行的职责和问责制
	60. 及时执行
	61. 实施整改措施
	62. 选用足以胜任的人员
	63. 重新评估政策和程序
（13）获取、生成、使用高质量信息	64. 识别信息需求
	65. 收集内外部数据
	66. 将相关数据转化为信息
	67. 在处理过程中确保信息质量
	68. 考虑成本效益原则
（14）对内部控制信息进行内部沟通	69. 沟通内部控制信息
	70. 与董事会沟通
	71. 提供独立的沟通途径
	72. 选择相关的沟通方式
（15）对内部控制信息进行外部沟通	73. 能与外部沟通
	74. 能从外部输入沟通
	75. 应与董事会沟通
	76. 提供独立的沟通途径
	77. 选择相关的沟通方式
（16）进行持续和单独的内部控制评估	78. 考虑持续评估和单独评估的组合
	79. 考虑变化率
	80. 建立对基础的理解
	81. 选用具备专业知识的人员
	82. 与业务流程整合
	83. 调整范围和频率
	84. 客观评估
（17）对内部控制缺陷的评估和沟通	85. 评价结果
	86. 沟通缺陷
	87. 监督整改措施

由政策和程序构成的控制嵌入于内部控制流程中。政策表明了管理层及董事会为实现控制有效性会如何做；而程序则是一系列保证政策落实的行动。组织应建立并执行要素中的控制，以使相关原则有效。新框架的要素与原则为管理层提供了一套评价内部控制有效性的标准，新框架要求内部控制各要素和相关原则均应存在并持续运行，且共同运行。每个关注点都与17个原则中的某个原则一一对应，而每个原则也都与五大要素中的某个要素一一对应。

这些关注点旨在为管理层提供有用的指引，协助其设计、实施和执行内部控制，以及评估相关原则是否存在和发挥效用。正如前文所述，新框架明确了管理层可以自行决定关注点是否适合或与组织相关，另外，COSO 并没有断言这些关注点可以形成一个完整清单，管理层应当根据组织的活动和详细情况识别和考虑其他与原则相关的重要因素，管理层可以自由判断新框架所提供关注点的合适度或者相关度，然后根据企业的具体情况，来选择和考虑与某一特定原则密切相关的其他重要特点。

总之，“要素—原则—关注点”这种以原则导向的内控框架设计，为企业内部控制的设计与实施提供了一套细化的路线图，另外，新框架中也强调依赖管理层的判断，而不是像旧框架要求严格基于证据，内部控制如何实施，如何评价，如何认定有效性，如何选择关注点，企业组织可以拥有自己的判断，管理层应通过判断去除那些失效、冗余甚至完全无效的控制。新内控框架颁布后，对于何时开始实施新框架，COSO 董事会表示，使用者应当按其具体情形，在可行的情况下尽早开始应用 2013 年版本的新框架来开展相关工作和文件记录。COSO 认为，1992 年版本框架所涵盖的重要概念和原则，基本上颇为完善且已获市场普遍认可，因此使用者在 2014 年 12 月 15 日之前仍然可以继续使用 1992 年版本，在该日期后，旧框架将作废，代之以新框架。在过渡期间，使用者在应用其 IC-IF 框架进行外部报告时，应明确披露所使用的是原始版本还是 2013 年版本。

2.3 ERM 框架

2001 年，COSO 开展了一个项目，委托普华永道开发一个评价和改进管理当局所在组织的企业风险管理的框架。正是在此期间，发生了一系列令人瞩目的企业丑闻和失败事件——安然、世通等，随之而来的便是对采用新的法律、法规和上市准则来加强公司治理和风险管理的呼吁。COSO 认为，对管理者来说，一个非常重大的挑战就是确定某个组织在努力创造价值的过程中准备承受多大的风险。而制定统一定义、能够提供主要原理与概念、具有明确的方向与指南的风险管理框架将有助于企业迎接这一挑战。经过两年多的时间，COSO 于 2004 年 9 月发布《企业风险管理——整体框架》（*Enterprise Risk Management—Integrated Framework*，ERM 整体框架）的研究报告。

2.3.1 企业风险管理框架概述

《企业风险管理——整体框架》共分 12 章，具体如下：定义（definition）、内控环境（internal environment）、目标设立（objective setting）、事项识别（event identification）、风险评估（risk assessment）、风险应对（risk response）、控制活动（control activities）、信息与沟通（information and communication）、监控（monitoring）、职能与责任（roles and responsibilities）、风险管理的局限（limitations of enterprise risk management）、该做些什么（what to do）。关于 ERM 与 IC-IF 的关系，COSO 在《企业风险管理——整体框架》前言中指出，企业风险管理框架是建立在内部控制整体框架基础之上的，对企业风险管理内容的关注更加广泛与深入。ERM 并非替代 IC-IF，而是包容了 IC-IF，在内控的有关概念上，两者保持了一致与连贯，ERM 比 IC-IF 更广泛，拓展和细化了内部控制。企业风险管理框架不仅可以满足企业加强内部控制的需求，也能促进企业建立更为全面的风险管理体系，ERM 框架结构如图 2-4 所示。

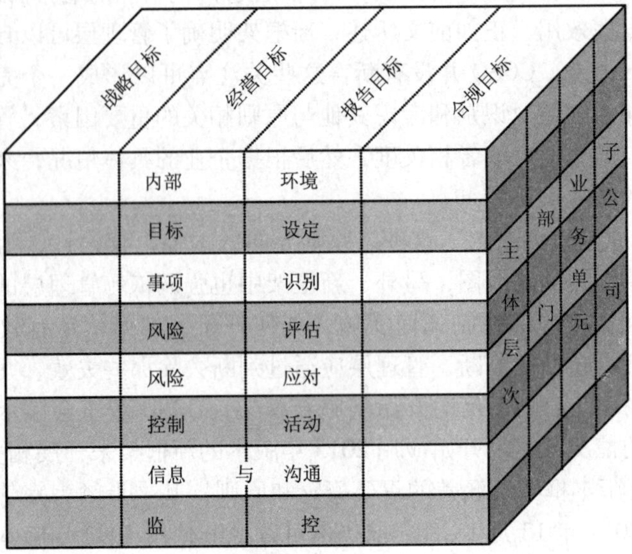

图 2-4 ERM 框架

ERM 对风险管理的定义是：企业风险管理是一个过程，它由一个主体的董事会、管理当局和其他人员实施，应用于战略制定并贯穿于企业之中，旨在识别可能会影响主体的潜在事项、管理风险以使其在该主体的风险容量之内，并为主体目标的实现提供合理保证。企业风险管理的具体含义如下。

（1）一个过程，它持续地流动于主体之内。企业风险管理并不是静止的，而是渗透于主体各种活动中的持续、反复相互影响的动态过程。这些活动渗透和潜藏于管理当局经营企业的方式之中。

（2）由组织中各个层级的人员实施。企业风险管理由一个主体的董事会、管理当局和其他人员实施。它是通过一个组织中的人及其言行来完成的。每个人都有一个独特的参照点，它影响他（或她）怎样去识别、评估和应对风险。企业风险管理提供所需的机制，帮助人们在主体目标的背景下去理解风险。

（3）应用于战略制定。一个主体设定其使命与愿景，并制定战略目标，主体为了实现其战略目标而制定战略，企业风险管理应用于战略制定之中，此时管理当局应考虑与备选战略相关的风险。比如说，有两个选择，一个选择是收购其他公司以扩大市场份额，另一个是削减采购成本以实现更高的利润率。这些战略选择中的每一个都会带来许多风险，第一个选择的风险在于新市场的风险和与其他公司的协同效应的实现程度，第二个选择的风险在于新的技术和供应商的选择。企业风险管理技术被应用在这个层次上，以帮助管理当局评价和选择该主体的战略和相关的目标。

（4）贯穿于企业。企业风险管理要考虑组织各个层级的活动，从战略规划和资源配置等企业层次的活动，到市场营销和人力资源等业务单元的活动，再到诸如生产和新客户信用评价等经营流程，都贯穿着企业的风险管理。企业风险管理要求主体对风险采取组合的观念。这可能要求负责一个业务单元、职能机构、流程或其他活动的每个人对各自的活动形成一个风险评估。

（5）旨在识别一旦发生将会影响主体的潜在事项，并把风险控制在风险容量以内。风险容量是一个主体在追求价值过程中所愿意承受的广泛意义的风险的数量，它反映了主体的风险管理理念，进而影响主体的文化和经营风格。风险容量与一个主体的战略直接相关，在战略制定过程中应予以考虑，因为不同的战略会使主体面临不同的风险。企业风险管理可以帮助管理当局选择价值创造与主体的风险容量相协调的战略。

（6）能够向一个主体的管理当局和董事会提供合理保证。

（7）力求实现一个或多个不同类型但相互交叉的目标。

2.3.2　企业风险管理框架的构成要素和目标

同 1992 年的 COSO 报告相比，ERM 报告增加了一个目标和三个要素。在主体既定的使命或愿景（vision）范围内，管理当局制定战略目标，选择战略，并在企业内自上而下设定相应的目标。企业风险管理框架力求实现主体的以下四种类型的目标。① 战略（strategic）目标。高层次目标，与使命相关联并支撑其使命。② 经营（operations）目标。有效和高效率地利用其资源。③ 报告（reporting）目标。报告的可靠性。④ 合规（compliance）目标。符合适用的法律和法规。

企业风险管理包括八个相互关联的构成要素，它们来源于管理当局经营企业的方式，并与管理过程整合在一起。这些构成要素如下。

（1）内部环境。内部环境包含组织的基调，它为主体内的人员如何认识和对待风险设定了基础，包括风险管理理念和风险容量、诚信和道德价值观，以及他们所处的经营环境。

（2）目标设定。必须先有目标，管理当局才能识别影响目标实现的潜在事项。企业风险管理能确保管理当局采取适当的程序去设定目标，确保所选定的目标支持和切合该主体的使命，并且与它的风险容量相符。

（3）事项识别。必须识别影响主体目标实现的内部事项和外部事项，区分风险和机会。机会将被反馈到管理当局的战略或目标制定过程中。

（4）风险评估。通过考虑风险的可能性和影响来对其加以分析，并以此作为决定如何进行管理的依据。风险评估应立足于固有风险和剩余风险。

（5）风险应对。管理当局选择风险应对（回避、承受、降低或者分担风险），采取一系列行动以便把风险控制在主体的风险容限和风险容量以内。

（6）控制活动。制定和执行政策与程序，以帮助确保风险应对得以有效实施。

（7）信息与沟通。相关的信息可以确保员工履行其职责的方式和时机，予以识别、获取和沟通。有效沟通的含义比较广泛，包括信息在主体中向下、平行和向上流动。

（8）监控。对企业风险管理进行全面监控，必要时加以修正。监控可以通过持续的监督活动、个别评价或者两者结合来完成。

2.3.3　ERM 框架与 IC-IF 框架的对比

一个主体中的每个人都对企业风险管理负有一定的责任。首席执行官负有最终的责任，其他管理人员支持风险管理理念，促使其符合风险容量，并且在各自的职责范围内根据风险容限去管理风险。其他人员负责根据既定的指引和规程严密进行企业风险管理。董事会提供对企业风险管理的重要监督。相对于IC-IF框架，ERM强调了风险官员的责任。风险官员是指一些组织中的首席风险官或风险管理人员，由首席执行官设立并且在其支持之下，风险官员拥有资源以帮助实现跨子公司、业务、部门、职能机构和活动的企业风险管理。风险官员的职责包括以下内容：

（1）建立企业风险管理政策，包括确定职能与责任，以及参与设定执行目标；

（2）确定各业务单元对于企业风险管理的权利和义务；

（3）提高企业风险管理能力，包括推动企业风险管理专门技术的发展，以及帮助管理人员协调风险应对和主体的风险容限，并建立恰当的控制；

（4）指导企业风险管理、其他经营计划和管理活动的整合；

（5）建立一套通用的风险管理语言，包括围绕可能性和影响共通的测度指标，以及通用的风险类别；

（6）帮助管理人员制定报告规程，包括定性和定量的下限，以及对报告过程的监控；

（7）向首席执行官报告进展和暴露的问题，并建议必要的措施。

和原有的IC-IF相比，ERM增加了一个战略目标，且处于比其他目标更高的层次。战略目标来自于一个主体的使命和愿景，因而经营目标、报告目标和合规目标必须与其相协调。

ERM引入了两个概念：风险容量（risk appetite）和风险容限（risk tolerance）。风险容量是一个主体在追求价值的过程中所愿意承受的风险的数量。它反映了主体的风险管理理念，进而影响主体的文化和经营风格。许多主体采用诸如高、适中或低之类的分类定性地考虑风险容量，也有一些主体采用定量的方法，比如平衡增长、报酬和风险目标。具有较高风险容量的公司可能愿意把它的大部分资本配置到诸如新兴市场等高风险领域。具有低风险容量的公司可能会仅仅投资于成熟的、稳定的市场，以便限制其短期巨额资本损失风险。风险容限与主体的目标相关。风险容限是相对于实现一项具体目标而言，可以接受的偏离程度。在设定风险容限的过程中，管理当局要考虑相关目标的相对重要性，并使风险容限与风险容量相协调。

风险容量一般而言比较广泛，而风险容限是具体化可操作的，风险容限的设定有助于确保主体保持在风险容量之内。风险容限有一定的灵活度，而风险容量设置的是不能超越的风险边界。举个例子，某个组织对风险投资有着较低的风险容量（low risk appetite），愿意投资新的领域，但是只愿意承担较低的风险。这个组织的风险容限的表述为：我们期望承担不要超过5%的风险——一项新的行业投资在未来10年内经营利润的损失不超过5%。

ERM还加入了一个观念，即风险的组合观，在实现目标的过程中，从“组合”的角度考虑复合风险。

从构成要素而言，ERM把IC-IF原来的五要素扩展成八要素，即把原先风险评估的要素从风险管理的角度进行了扩展，即目标设定、事项识别、风险评估和风险应对。ERM的要素还有一个不同，就是把控制环境改成了内部环境，从概念理解上来看，内部环境的含义更广，包括了前文所述的风险容量和风险容限的概念。ERM 框架与 IC-IF 框架的区别如表 2-2 所示。

表 2-5　IC-IF 内控框架与 ERM 风险管理框架的区别

项目＼框架类型	IC-IF 内部控制框架	ERM 企业风险管理框架
覆盖范围	仅包括内部控制	内部控制被涵盖在企业风险管理之内，是其不可分割的一部分，企业风险管理比内部控制更广泛，拓展和细化了内部控制
目　标	经营目标、报告目标、合规目标	战略目标、经营目标、报告目标、合规目标
风险观	从一定角度评价和管理妨碍完成目标的风险	风险的组合观，除了在分别考虑实现主体目标的过程中关注风险之外，还有必要从“组合”的角度考虑复合风险，增加了两个概念：风险容量和风险容限
构成要素	控制环境、风险评估、控制活动、信息与沟通、监控	内部环境、目标制定、事项识别、风险评估、风险应对、控制活动、信息与沟通、监控
职能与责任	明确董事会、内审人员、首席执行官等企业各个层级人员在内部控制中的职能与责任	明确董事会、内审人员、首席执行官等企业各个层级人员在风险管理中的职能与责任，并增加了风险官员的职能与责任，扩充了董事的职能

2014 年 10 月 21 日，COSO 委员会宣布开展修订 2004 年 ERM 框架的项目，更新将改进框架的内容，提升框架与日益复杂的商业环境之间的关联性，旨在反映风险管理理论和实践及利益相关人预期的演进，开发相关工具帮助管理层报告风险信息，检查和评估企业风险管理的实施情况。

2015 年 2 月 15 日，中国企业内部控制标准委员会与美国 COSO 委员会签署合作备忘录——《中国企业内部控制标准委员会与美国 COSO 委员会合作备忘录》的签署，标志着中美在内部控制领域的交流与合作取得重要进展，有利于我国准确了解国际内部控制标准的最新发展动向，进一步完善我国内部控制规范体系；有利于我国全面参与国际内部控制标准的制定，提高我国在国际内部控制领域的影响力和话语权；有利于打造我国全方位、多领域的会计对外交流格局。按照合作备忘录的规定，美国 COSO 委员邀请了我国参与 ERM 框架相关修订工作，这是第一次外方主动邀请我国参与国际内控标准制定工作。

2016 年 6 月 14 日，COSO 委员会公布了拟更新修订的 ERM 框架，并向公众征求意见，截止时间为 2016 年 9 月 30 日。此次更新的框架为《企业风险管理——将风险和战略、业绩结合在一起》（*Enterprise Risk Management—Aligning Risk with Strategy and Performance*），此次修订反映了企业风险管理的理论和实践的更新，并且对 2004 框架的概念进行了更清晰的阐述。此次主要的更新有：采用了元素和原则的结构；简化风险管理的定义；强调风险和价值的联系；更新企业风险管理的整体化关注；反思文化的作用；强调业绩表现与企业风险管理的关系；将风险管理融入企业决策过程；划清风险管理和内部控制的界限等。

2.4 其他内部控制架构

对于内部控制框架的理解，不仅仅局限于 COSO 报告，只不过我国的内控体系借鉴的是美国的 COSO 和 ERM 框架，所以理论界对这两者讨论得比较多，其实其他国家或地区也颁布了自己的内部控制的规范和体系。

2.4.1 加拿大的 COCO 报告

1992 年，加拿大特许会计师协会（Canadian Institute of Chartered Accountants，CICA）成立了控制基准委员会（The Criteria of Control Board），简称 COCO 委员会，该委员会的使命是发布有关内部控制系统设计、评估和报告的指导性文件。经过两年的研究，COCO 委员会于 1995 年 10 月正式发布了关于内部控制的框架性文件——《控制指南》（*Guidance on Control*）。

COCO 将“内部控制”的概念扩展到“控制”，其定义为“一个组织的各种要素（包括资源、系统、过程、文化、结构和任务等）聚集在一起，以支持目标的达成”。内部控制的目标为：运作的效率和效益；内部和外部报告的可靠性；法律、法规和内部政策的遵循。与 COSO 相比，COCO 框架是一种更为广泛的概念化方法。期望达到的目标，大体上是一致的，细微处的不同在于，COCO 报告增加了对内部政策（internal policy）的遵循，另外，COSO 报告强调的是财务报告的可靠性，而 COCO 强调的则是内部和外部报告的可靠性。

COCO 报告的重心是从目的、承诺、能力、监督与学习四个方面提出 20 项控制标准。这四个要素通过“行动”这个环节联结成为一个闭合的循环，COCO 框架如图 2-5 所示，COCO 框架各个要素的控制标准如表 2-6 所示。

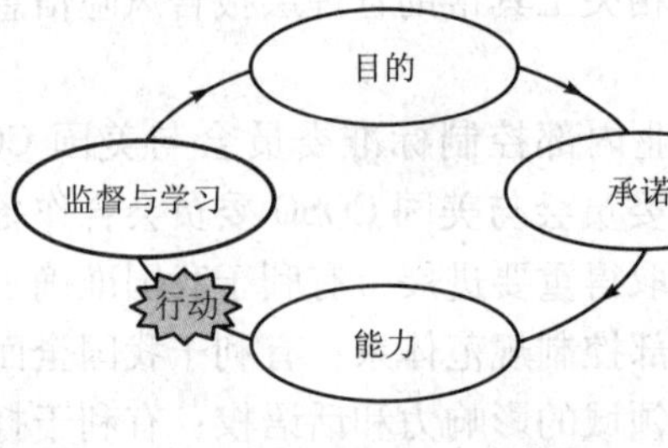

图 2-5 COCO 框架

表 2-6 COCO 要素及控制标准

COCO 要素	控 制 标 准
目　的	拟订与沟通各种目标
	识别与评估内外风险
	制定与实施各种政策
	建立与沟通各种计划
	制定可衡量的目标与指标

续表

COCO 要素	控制标准
承诺	制定与实施具有共识的道德价值观
	人力资源政策应与价值观和目标达成一致
	清楚界定权利、职责与应负责任
	加强互信气氛
能力	人员应具有必要的知识、技巧、工具
	沟通应有助于价值观和目标实现
	及时识别与沟通相关与适当的资讯
	整合组织不同的决策与行动
	控制作业应考虑目标、风险及控制因素
监督与学习	监督从内外获得的资讯
	根据特定目标监督绩效
	应注意检测目标与制度中潜在的因素
	根据变更或缺点改变资讯需要
	建立与执行稽查程序
	定期评估内控成效并进行沟通

COCO 委员会在 1999 年发布了《评估控制指南》（*Guidance on Assessing Control*），该指南描述了形成一份评估报告的 10 步程序，其中评估的重点是关于目标的信息和相关风险的管理。COCO 对内部控制的评估更多着眼于企业未来，而不是对过去的评价，如评估未来持续成功的机会和风险，审查与未来业绩表现、机遇和风险相关的信息，评价需要特殊关注和监督的控制要素信息，以及战略审查、项目批准和准备如何应付突发事件等。

无论是 COSO 报告，还是 COCO 报告，都是内部控制重要的框架结构，虽有不同之处，但两者对内部控制的某些概念的理解达成了以下共识：

（1）内部控制是一个过程；

（2）内部控制受各个层级的人的影响；

（3）内部控制只能合理保证目标的实现；

（4）内部控制要实现相应的目标，是一种手段，而非目的。

加拿大证监会认可的、可供加拿大上市公司使用的内部控制框架共有三个：美国 COSO 内控框架、英国公司治理准则和加拿大 COCO 内控框架。尽管 COCO 内控框架具有简洁易懂、实施成本低等优点，但是近年来其应用情况不容乐观。目前，大多数加拿大上市公司采用美国 COSO 内控框架；少数上市公司采用英国公司治理准则；极少数的上市公司采用加拿大 COCO 内控框架。2002 年美国萨班斯法案出台后，加拿大证监会（Canadian Securities Administrators，CSA）也着手研究制定加拿大上市公司实施内部控制的有关政策措施。2005 年至 2008 年，CSA 先后发布了公司治理指引（2005）、公司治理实践的披露（2005）、年度报告的声明（2008）等与内部控制有关的上市公司规则。其中“年度报告的声明”类似于美国萨班斯法案第 404 条款，要求加拿大上市公司的首席执行官（CEO）和首席财务官（CFO）每季度评价财务报告相关内部控制和披露控制与程序的设计有效性，以及每年度评价财务报告相关内部控制和披露控制与程序的运行有效性。相对于美国萨班斯法案的严厉实施要求，加拿大采取较为宽松的内部控制实施政策，即加拿大上市公司只需在年报中披露其与内部控制相关的信息，而不要求聘请注册会计师对财务报告相关内部控制和披露控制与程序的有效性进行审计。

2.4.2 英国 Turnbull 报告

英国内部控制的发展离不开公司治理研究的推动。20 世纪八九十年代，是英国公司治理问题研究的一个高峰期，各种专门委员会纷纷成立，并发布了各自的研究报告，其中比较著名的有卡德伯利报告（Cadbury Report，1992）、拉特曼报告（Rutterman Report，1994）、格林伯利报告（Greenbury Report，1995）和哈姆佩尔报告（Hampel Report，1998）。在吸收这些研究成果的基础上，1998 年最终形成了公司治理委员会综合准则（Combined Code of the Committee on Corporate Governance）。综合准则很快就被伦敦证券交易所认可，成为交易所上市规则的补充，要求所有英国上市公司强制性遵守该准则。准则中有三条涉及公司内部控制：一是公司董事会负责建立、健全一套完整的企业内部控制制度，以保护投资者的投资和公司的资产；二是董事会负责每年检查和评价一次内部控制制度的有效性，并向股东报告，要求内部控制的检查范围应涵盖所有控制，包括财务、运营、合规、风险等方面；三是没有设立内部审计职能的公司应随时评估公司各方面对内部审计工作的需求。此外，伦敦股票交易所的“上市规则”（the listing rule）中对披露内部控制情况作了以下规定：上市公司在年报中要报告执行内部控制制度的情况，如果没有建立健全内部控制或部分建立了内部控制，要说明详细原因。

“上市规则”和“联合准则”仅对建立和披露内部控制提出了原则要求，但并没有提供建立内部控制的具体方法或模式。鉴于上市公司应提出一个内部控制方面的具体操作性的规定，伦敦股票交易所委托英国特许会计师协会（Institute of Chartered Accountants in England and Wales，ICAEW）成立了以 Turnbull 先生为主席，由董事长、总经理、财务经理、部门经理、外部审计人员、企业员工以及大学教授组成的委员会，就如何帮助在英国上市的公司贯彻执行“上市规则”和“联合准则”中的建立健全内部控制的要求进行研究。该委员会 1999 年 9 月完成了一份系统的指导企业建立内部控制的报告，即《内部控制——董事关于“联合规则”的指南》（*Internal Control—Guidance for Directors on the Combined Code*），又称 Turnbull 报告。

Turnbull 报告中指出，内部控制是指包括政策、过程、任务、行为以及公司其他方面的体系。内部控制目标在于效率和效益性，保证内外部报告的质量，遵循法律、法规和内部政策。Turnbull 报告中内部控制由四个要素组成：控制环境、控制活动、信息沟通、监控。企业管理者承担建立合理的内部控制系统、审核内部控制有效性及向股东报告有关发现的职责；对控制系统的审核应覆盖所有控制，包括经营性、合规性控制以及风险管理；同时，明确执行风险控制政策是管理层的职责，管理层应确认内部控制在风险管理方面是有效的。Turnbull 报告指出健全的内部控制应具备的基本特征：内部控制根植于公司的经营之中，形成公司文化的一部分，换言之，它不仅仅是为了取悦监管者而进行的年度例行检查，更是真正意义上的对公司既定战略目标的执行和公司治理的延伸；针对公司所面临的日新月异的风险，内部控制应具备快速反应的能力；内部控制应有对管理中存在的缺陷进行快速报告的能力，并且能及时采取纠正措施。实际上，Turnbull 报告是一种原则导向的规定，该项指导原则并不能列举出所有内部控制的问题，各公司应根据自己的具体情况具体分析。这是因为英国的上市公司不习惯执行面面俱到的法律条文，更喜欢法规仅列出一些重要方面和需关注的问题，具体如何操作由企业自己决定。与美国 IC-IF 框架相比，英国内部控制的目标是保障股东投资与公司资产的安全，更倾向于保护股东利益，更强调风险。

2004 年，财务报告委员会（Financial Reporting Council）成立 Turnbull 工作组（Turnbull Review Group），由恒生银行集团财务总监道格拉斯·弗林特负责，审查 1999 年版本的 Turnbull 报告是否需要修订和更新。2005 年 10 月，财务报告委员会发布了新修订后的报告 *Internal Control—Revised Guidance For Directors On the Combined Code*，对原有 Turnbull 报告作了局部的修订：一是进一步强调要求将内部控制嵌入公司业务流程的各个环节和程序；二是在处理好披露内部控制与保守商业秘密的关系的前提下，要求董事会在年报中披露已经或正在采取的弥补检查过程中发现的内部控制重大缺陷的措施；三是要求在年报中增加信息量以帮助股东了解公司风险管理过程。

英国的公司治理准则（UK Corporate Governance Code）对董事会领导及有效性、薪酬、会计责任和股东联系等方面制定相应的规则，所有在英国上市的公司都必须遵守这项准则。2012 年 9 月，财务报告委员会颁布治理准则的最新版本，要求从 2012 年 10 月开始执行，新的治理准则中：C2 条款风险管理和内部控制，要求董事会对为取得策略目标所承担风险的性质和程度负有主要责任，而且应维持合理的风险管理和内部控制体系。董事每年都需要对内部控制和风险管理体系进行审视和监督，应覆盖所有的重大控制，包括财务、经营和遵循方面的控制。C3 条款审计委员会和审计师，要求董事会应建立正式且透明的制度以及如何进行应用财务报告、风险管理和内部控制原则，并应与公司的审计师保持适当的联系。虽然 Turnbull 报告被认为是风险管理和内部控制的有效框架，然而学界和理论界都认为其需要更新以适应新治理准则的要求。

2.4.3 法国内部控制框架

法国的金融业发展历史悠久，其监管体系也随着市场的发展变得较为庞大。到 20 世纪末，专门针对证券市场的监管机构就有证券交易委员会（COB）、金融市场理事会（CMF）和金融管理纪律理事会（CDGF）。2003 年颁布的《金融安全法》授权设立了金融市场监管局（AMF），取代了上述三大委员（理事）会的相关监管职能，成为证券市场的统一监管机构。《金融安全法》中有关公司内部控制的规定主要包括以下内容：上市公司的董事会主席应当在其年度报告中披露公司治理情况及相应的内部控制程序；上市公司应当在其年度报告中附上其审计师对本公司财务会计信息的编制和处理的相关内控程序的观察报告；金融监管局每年应当根据各上市公司按照前两条披露的情况编写内控报告建议书。由于金融监管局每年编写的内控报告建议书是在对当年各上市公司内控披露情况进行总结的基础上提出了改良的建议，因此，虽然不属于法规规定，但也构成上市公司改进内部控制报告的要求之一。上述有关规定在发布后适用于所有有限责任公司，2005 年 7 月，金融安全法修正案将这一规定的适用范围限定于上市公司。由于该规定过于原则，缺少详尽的操作指引，金融监管局于 2005 年 1 月组建内部控制指引工作组，研究起草内部控制指引框架。历经两年，于 2007 年 1 月 22 日发布内部控制系统框架（The Internal Control System：Reference Framework）。

法国内部控制框架中指出，内部控制是一个由所承担的责任来定义和执行的公司体系，它由一系列的资源、行为模式、过程和行动来组成。内部控制的目标为：① 法律和规定的遵守；② 由执行管理层或管理委员会所制定的规则和方向性指南被正确应用；③ 公司内部过程正确地发挥作用（特别在保护资产安全方面）；④ 财务信息的可靠。内部控制不仅仅局限于一系列的流程或财务处理的过程，它应着力于关注运作的有效性和资源的有效利用，并考虑到运作、财务和遵守法规方面的所有风险。

法国内部控制框架指出内部控制由以下五个要素构成。

（1）权责分明的组织架构系统，包括有助于实现公司目标的合适的组织架构、明确界定各组织单位的责任和权力、促使员工拥有知识和技能的人力资源管理政策、电子信息系统以及运营程序、工具和实践操作等。

（2）相关和可靠信息的内部沟通系统。使所有公司的利益相关者能够及时地获得所有可靠信息，并使得他们行使自己的相关责任。

（3）风险识别和分析系统。公司能够利用该系统识别、分析、管理公司所面临的内外风险。

（4）控制活动。控制活动发生在组织的每一个层次，它们的作用在于阻止或监视可能发生的风险，并有助于公司整体目标的实现。

（5）对内部控制程序的持续监督检查系统。为保证所有控制系统对实现公司目标是相关的和恰当的，需要对所有内部控制系统进行监督检查。一般而言，由管理部门实施这一监督检查，主要包括对所有已记录事故的分析，对控制活动执行的效果以及内部审计人员的工作等进行监督检查。

在整个内部控制框架中，除了内控的定义和要素等基本理念的阐述外，框架的第三部分是关于公司财务报告的内部控制程序，它适用于除银行和保险业以外的所有公开上市的公司的财务和会计信息的内部控制设计，其由一系列的原则和规范所组成。与财务信息的编制和处理相关的内部控制程序，主要包括会计信息生成程序、财务报表的编制和与内部有关单位的沟通。财务报告内部控制的目的是保证：① 财务和会计信息遵守了适用的准则；② 高级管理人员或管理委员会对财务信息的生成能够正确地予以指导；③ 公司的资产得到保护；④ 欺诈和财务报告问题尽可能地被发现和阻止；⑤ 所收到的信息以及用于内部监控的信息是可靠的；⑥ 财务报表及其他提供给市场的信息是可靠的。

财务报告的内部控制不仅仅包括一系列的手册和文件，其执行需要考虑人的参与，因此应充分考虑控制环境对内部控制的影响，同时，会计过程是整个财务报告内部控制的核心。会计过程将企业所有基本业务活动转换成财务或会计信息，以便于企业利益相关者的理解，同时也利于不同企业之间业务的比较，如图 2-6 所示，显示产生会计信息的过程不仅仅局限于传统的财务会计部门，应是一个更广泛参与的过程。

从以上可以看出，法国内部控制框架是以财务报告内部控制为主的，而且其框架的适用范围与对外披露财务报表的范围相配套。

2.4.4 南非的 King 报告

1994 年，南非关于公司治理的 King 报告（以下简称“King Ⅰ 报告”）由公司治理 King 委员会颁布（该委员会由前高等法院法官 Mervyn King S. C 任主席），成为南非公司治

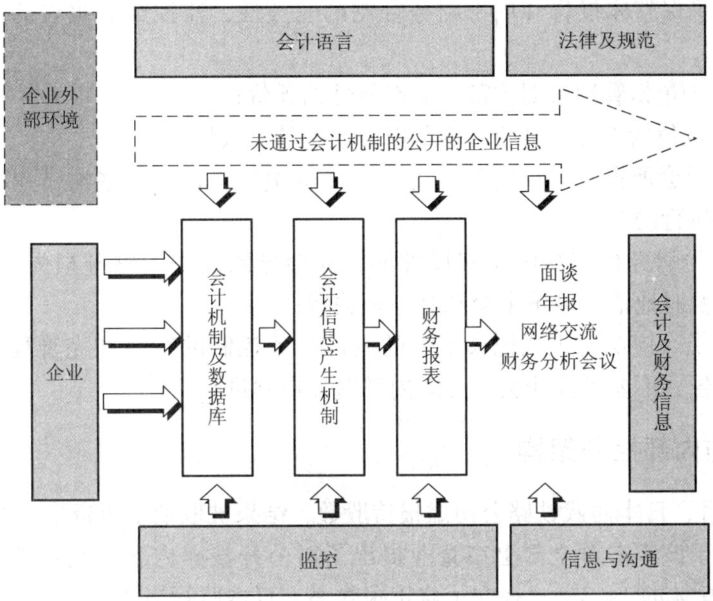

图2-6 会计信息产生过程

资料来源：AMF. The Internal Control System: Reference Framework, 2007.

理行为的最高标准。2002年，King Ⅱ出台，对King Ⅰ报告进行了修订，公司治理摆脱了原有的单一底线（bottom line），即为股东的利润服务，扩展成为三重底线，包括公司行为的经济、环境和社会三个方面。2008年南非新的公司法出台，同时伴随着公司治理新趋势的出现，2009年King委员会发布了King Ⅲ报告，该报告是由2009南非公司治理King报告（The King Report on Governance for South Africa—2009）和2009公司治理King准则（The King Code of Governance Principles—2009）共同组成的。

King Ⅲ报告关注的是内部财务控制（internal financial control，IFC），并且认为审计委员会在整个IFC中极其重要。一个有效的控制系统，应该能够降低财务报表的实质性风险，并且为可靠的财务报告提供坚实的基础。

然而，整个IFC参照的是美国COSO框架，需要把COSO的五要素包括在内，即控制活动、控制环境、风险评估、信息与沟通、监控，并且认为控制活动是整个内部控制的“熔炉”（boiler room），它们包括每日的限制、审批、核对、确认及其他管理层和工作人员维护资产安全和行为记录的企业活动。常见的记录控制活动的两种方式：一种是从上至下的方法（top-down approach），这种方法需要管理层确认财务报表账户的平衡和披露无论在量还是在质上都是显著的，从这些账户的平衡再追溯到具体披露或记录的交易过程；另一种是从下至上的方法（bottom-up approach），管理层开始以员工每天的活动为基础，从具体的交易活动再至财务报表账户。King Ⅲ报告认为最好的选择是从上至下的方法，它能够识别出财务报告中最显著的风险，并且以组织实体水平的控制（entity-level controls）为出发点，包括了COSO的五个要素，并嵌入财务报告的过程中去。如果没有充分的组织实体水平的控制，控制活动不可能有效。这种方法的使用能够确保所有关键控制（包括所有重要的账户和披露）的记录和测试。

审计委员会确保整体报告和内部财务控制的完整性，监控财务报告的风险，同时 King Ⅲ报告要求：

（1）整体报告包括管理层对内部控制有效性的评价；

（2）整体报告包括审计委员会对内部财务控制的有效性的评价；

（3）审计委员会所做的评价应基于内部审计所做的测试，这些测试用来确定内部财务控制体系设计和执行的有效性；

（4）如果认为财务控制缺陷是实质性的，并会导致确切的财务损失或实质性的错误，那么这些缺陷应及时地汇报给董事会和利益相关者；

（5）审计委员会应决定正式记录下来的内部财务控制的特性和完善程度。和美国萨奥法案不同，该报告并不要求注册会计师对内部财务控制进行审计。

2.4.5 日本的内部控制架构

2004 年 10 月，日本西武铁路公司虚报持股数，结果被取消上市资格，董事长锒铛入狱，为此日本金融厅于该年末对全部上市企业提出了对公开披露内容自我检查的要求，结果有 625 家企业（占总体的 14.3%）提交了修正报告书，日本监管当局开始重视内部控制问题，

2006 年 6 月 7 日，日本的《证券交易法》经过修改后更名为《金融商品交易法》，此法规定：从 2008 年 4 月 1 日以后开始的会计年度起，上市公司在每个营业年度提交财务报告的同时应提交企业内部控制报告，并且内部控制报告必须接受注册会计师的审计。

日本企业会计审议会在 2005 年 1 月召开的全体会议上，决定对制定管理层对财务报告内部控制有效性进行评价的标准及注册会计师审计标准开始进行审议，2005 年 2 月起内部控制专业委员会开始审议工作。该专业委员会在对各国内部控制准则标准等内容进行研究的同时，对与日本公司法规的协调等方面进行了考虑。在此基础上，内部控制标准委员会于 2005 年 7 月，对于财务报告内部控制评价与审计准则公布了公开征求意见稿，根据提到的意见，归纳整理为《财务报告内部控制评价与审计准则》，并于 2005 年 12 月 8 日对外公布。2006 年 11 月将实施准则作为征求意见稿予以公布。

2007 年 2 月 15 日，日本企业会计审议会审议发布了《关于财务报告内部控制评价与审计准则以及财务报告内部控制评价与审计实施准则的制定（意见书）》，要求适用于自 2008 年 4 月 1 日以后开始的会计年度财务报告内部控制评价与审计。日本企业会计审议会是日本金融厅下属机构。其公布的《财务报告内部控制评价与审计准则》和《财务报告内部控制评价与审计实施准则》，是为了配合《金融商品交易法》规定的内部控制报告制度的实施而制定的。

日本企业会计审议会在公布这一准则和实施准则时指出，为了充分发挥证券交易市场的功能，恰当地向投资者披露企业信息是非常必要的，但近年来发生了一系列有价证券报告披露内容方面的违法事件，因此，为确保披露制度的可靠性，通过构建内部控制制度，促进信息披露可靠性提升，并提高证券市场的可信度。

《财务报告内部控制评价与审计准则》由三部分组成："内部控制基本框架""财务报告内部控制的评价与报告"和"财务报告内部控制审计"。"内部控制基本框架"规定了对管理层拥有构建和运行职能与责任的内部控制的定义、概念框架。"财务报告内部控制的评价与报告"和"财务报告内部控制审计"则表明了管理层对财务报告内部控制有效性进行评价和注册会计师进行审计的思路。

内部控制是为达到目标而提供合理保证，内含于业务活动之中，由组织内部所有人员实施的程序。日本的准则在基本沿袭COSO报告框架的同时，结合日本的实际情况，在COSO报告三个目标和五项基本要素之上各增加一项，规定为四个目标和六项基本要素。内部控制的目标为：经营的有效和效率；财务报告的可靠性；营业活动遵循相关法律；资产保全。内部控制基本要素为：控制环境、风险的评估与应对、控制活动、信息与沟通、监控、信息技术的应对。

管理层应当对财务报告的内部控制有效性进行评价。在进行评价之前，应当预先决定财务报告内部控制的构建和运行政策及程序，并记录和保存其状况。财务报告内部控制有效性评价，应当在合并基础上进行，首先对财务报告整体控制进行评价，然后对业务流程相关的内部控制进行评价。

承担财务报表审计的审计人员，对管理层进行的财务报告内部控制有效性评价结论进行审计的目的，在于对管理层编制的内部控制报告是否依据一般公认合理的内部控制评价准则，在所有要点上是否适当表明内部控制有效性的评价结论，将基于审计人员自身取得的审计证据进行判断的结果作为意见，予以表明。对内部控制报告的意见，采用关于内部控制评价的审计报告的方式表明。可以看出，日本对内部控制审计和评价是基于财务报告的内部控制，而非整体内部控制。而财务报告审计是对内部控制评价报告的结论的审计。内部控制审计人员应当和承担该企业财务报表的审计人员为同一审计人员，内部控制审计与财务报表审计应当一并进行。所谓同一审计人员不仅要求是同一审计事务所，还要求是同一执行审计业务的人员。内部控制审计报告原则上也应当与财务报表审计的审计报告一并编制。

内部控制准则于2008年导入，在实施过程中也遇到了一些困惑，因此，企业会计审计会内部控制分会从2010年5月开始，对内部控制准则的运用的修改等进行了审议和探讨，并于2011年3月30日公开发表其修订了的准则。此次修订的主要内容有：确保审计人员有效运用企业创意，对于经营者创意的内部控制评价方法，审计人员应理解和尊重，加强内部控制审计和财务报表审计一体化的效率；确立内部控制有效率运用的修改，企业的评价方法和手续尽可能简洁化和明确化；对“重大缺陷”术语的修改，有观点指出“重大缺陷”这一术语恐怕会带来企业本有缺陷的误解，修改为“应该披露的重要不完备”；同时编制面向中小上市企业的简洁化、明确化、容易理解的内部控制报告实务事例集。

2.5　萨班斯-奥克斯利法案对内部控制的要求

2001年12月，曾居《财富》500强第七位的安然公司正式申请破产，这桩当时是美国历史上最大金额的破产申请案，给市场监管部门敲响了警钟。2002年美国国会报告称这一系列会计丑闻事件“彻底打击了投资者对美国资本市场的信心”，由此引发了一连串的后续反应，其中最重要的影响就是萨班斯-奥克斯利法案的出台。萨班斯-奥克斯利法案最初于2002年2月14日提交给国会众议院金融服务委员会，到7月25日国会参众两院最终通过，先后有6个版本：2月14日、4月22日、4月24日、7月15日、7月24日、7月25日（最后版本）。7月30日，该法案最终由美国总统布什签字生效。总统布什在签署该法案的新闻发布会上称：“这是自罗斯福总统以来美国商业界影响最为深远的改革法案。”罗斯福总统签署了1933年的《证券法》和1934年的《证券交易法》，形成了美国企业法规的基本框架，也就是说，萨班斯-奥克斯利法案是自《证券法》和《证券交易法》签字生效以来美国资本市场最大幅度的变革，对会计职业监管、公司治理、证券市场监管、内部控制等方面做出了不少新的规定。该法案的全名是《2002年公众公司会计改革和投资者保护法案》(*Public Company Accounting Reform and Investor Protection Act of* 2002)，是由美国众议院金融服务委员会主席奥克斯利和参议院银行委员会主席萨班斯联合提出的，因此，又被称为《2002年萨班斯-奥克斯利法案》(Sarbanes-Oxley Act of 2002，以下简称萨奥法案)。

总体而言，萨奥法案的目的在于促进企业责任感，加强信息的公众披露，提高财务报告和审计的质量及透明度，并对违反证券法律和其他法规的行为加大惩罚力度。萨奥法案增加了对企业报告的要求和责任，明确禁止了某些上市公司的行为，显著扩大了审计委员会的责任和权威，并且创造出一个全新的会计行业监督机构——公众公司会计监察委员会（Public Companies Accounting Oversight Board，PCAOB）。

PCAOB 拥有注册、检查、调查和处罚的权限，保持独立运作，自主制定预算和进行人员管理，不应作为美国政府的部门和机构，授权美国证券交易委员会对 PCAOB 进行监督。PCAOB 由五名专职委员组成，由证券交易委员会与美国财政部长和联邦储备委员会主席商议任命，任期五年，其中两名是或曾经是注册会计师（CPA），另外三名必须是代表公众利益的非会计专业人士。主席可以由 CPA 中的一员担任，前提是他或她已有五年没有从事 CPA 业务。

PCAOB 有权制定或采纳有关会计师职业团体建议的审计与相关鉴证准则、质量控制准则以及职业道德准则等。PCAOB 如认为适当，将与指定的、由会计专家组成的、负责制定准则或提供咨询意见的专业团体保持密切合作，有权对这些团体建议的准则进行补充、修改、废除或否决。PCAOB 需就准则制定情况每年向证券交易委员会提交年度报告。

萨奥法案与公司内部控制相关度较高的主要是 302、404 和 906 条款。

302 条款：财务报告的公司责任。要求证券发行人的首席执行官和首席财务官要在审计报告后附上一份声明，保证“定期报告中的财务报表和信息披露是适当的，在所有重大方面公正地报告了公司的运营和财务状况”。任何违反这个条款的行为都被视作明知故犯，必须承担责任。这条规定实际上是要求首席执行官和首席财务官对财务报告的真实性、准确性和内部控制的有效性签订了个人保证书，断绝了他们对公司财务欺诈推卸责任的退路。

404 条款：管理层内部控制的评估。要求上市公司在每份年度报告里包含一份“内部控制报告”，该报告要求管理层出具对建立和维护与财务报表相关的内部控制具有责任的声明；管理层于财政年度末对内部控制体系及控制程序有效性的评价；外部审计师对管理层的评估过程和结果发表的内部控制评价报告。404 条款是该法案的核心内容，要求所有在美国上市的企业、公司管理层每年需就财务报告内部控制出具评估报告，并要求独立外部审计师对管理层的报告发表声明，其内容包括建立和维护有效内部控制的责任声明、内部控制评估标准、管理层评估结论和外部审计师意见等。

404 条款比 302 条款更加严格，302 条款要求公司管理层对内部控制的有效性给予保证，而 404 条款还要求公司管理层对予以保证的内容拿出充分的证据。而且 302 条款主要是与披露有关的控制和程序，不需要外部审计师的审计；404 条款主要是与财务报告有关的控制和程序，需要外部审计师的审计。从以上两个条款可以看出它们之间的联系，财务报告内部控制（由 404 条款规定）仅是信息披露控制及程序（由 302 条款规定）的一部分。证监会要求发行人维护定期评估信息披露控制及程序的成效，该披露控制及程序的设计旨在确保证券交易法规定需纳入报告的信息能及时地记录、处理和总结。另外，也说明不定期报告及披露活动的时代已经结束。

萨奥法案还加强了对违法行为的处罚，906条款规定，若公司违反财务报告和相关披露的责任，将受到最高达100万美元的罚金，最高达10年的监禁，或并罚；如果蓄意故犯，则将被处以最高达500万美元的罚金，最高达20年的监禁。

知识链接

萨班斯-奥克斯利法案法案302、404、906条款

302：公司对财务报告的责任

(a) 对制定规章的要求——SEC应颁布规定，对于按照1934年的证券交易法的13 (a) 或15 (d) 部分编制定期报告的公司，应要求这些公司的首要官员（们）及首要财务官（们）（或担任同等职务的人员）在每一年度报告或季度报告中保证如下内容。

(1) 签字的官员已审阅过该报告。

(2) 该官员认为报告中不存在重大的错报、漏报。

(3) 该官员认为报告中的会计报表及其他财务信息在所有重大方面，公允地反映了公司在该报告期末的财务状况及该报告期内的经营成果。

(4) 签字官员：

(A) 对建立及保持内部控制负责；

(B) 设计了所需的内部控制，以保证这些官员能知道该公司及其并表子公司的所有重大信息，尤其是报告期内的重大信息；

(C) 评价公司的内部控制在签署报告前90天内的有效性；

(D) 在该定期报告中发布他们上述评价的结论。

(5) 签字官员已向公司的审计师及董事会下属的审计委员会（或担任同等职务的人员）披露了如下内容：

(A) 内部控制的设计或执行中，对公司记录、处理、汇总及编报财务数据的功能产生负面影响的所有重大缺陷，以及向公司的审计师指出内部控制的重大缺点；

(B) 在内部控制中担任重要职位的管理人员或其他雇员的欺诈行为，而不论该行为的影响是否重大。

(6) 签字官员应在报告中指明在他们对内部控制评价之后，内部控制是否发生了重大变化，或是其他可能对内部控制产生重要影响的因素，包括对内部控制的重大缺陷或重要缺点的更正措施。

(b) 公司迁址国外不影响本法案的效力——即使发行证券的公司通过再合并或其他交易使公司的注册地或办公地迁至国外，也不能减少本节规定的法律效力。本节规定对该公司依然适用，且全部适用。

(c) 最终期限——本节 (a) 部分的规定应在本法案颁布后30日内生效。

404：管理层对内部控制的评价

(a) 内部控制方面的要求——SEC 应当相应地规定，要求按《1934 年证券交易法》第 13 节（a）或 15 节（d）编制的年度报告中包括内部控制报告，包括：

(1) 强调公司管理层建立和维护内部控制系统及相应控制程序充分有效的责任；

(2) 发行人管理层最近财政年度末对内部控制体系及控制程序有效性的评价。

(b) 内部控制评价报告——

对于本节（a）中要求的管理层对内部控制的评价，担任公司年报审计的会计公司应当对其进行测试和评价，并出具评价报告。上述评价和报告应当遵循委员会发布或认可的准则。上述评价过程不应当作为一项单独的业务。

906：公司对财务报告的责任

(a) 总论。——根据本法案在美国法典第 63 段第 18 章的 1349 节后加入：“§1350. 公司官员证明财务报告失败。”

(A) 证明定期财务报告。——每一份由发行证券的公司根据 1934 年证券交易法第 13（a）节或 15（d）节向 SEC 申报的包含财务报告的定期报告都应包括公司首席执行官和财务总监写的声明。

(B) 内容。——（a）小节中要求的声明包括财务报告的定期报告是完全按照 1934 年证券交易法第 13（a）节或 15（d）节的要求编写的，定期报告中的信息在所有重大方面都公允地反映了公司的财务状况和经营成果。

(C) 罚则。——无论是谁

(1) 知道包括财务报告的定期报告没有满足本节的所有要求却根据本节（a）和（b）小节签署证明的，应该被处以最多 $ 1 000 000 的罚款，最多 10 年的监禁，或并罚；或

(2) 明知包括财务报告的定期报告没有满足本节的所有要求却根据本节（a）和（b）小节蓄意签署证明的，应该被处以最多 $ 5 000 000 的罚款，最多 20 年的监禁，或并罚。

(b) 文字修改。——美国法典第 63 段第 18 章开始的目录中在结尾处增加：“§1350. 公司官员证明财务报告失败。”

资料来源：Public Company Accounting Reform and Investor Protection Act of 2002.

自萨班斯-奥克斯利法案颁布后，对不同类型的企业执行 404 条款设立了不同的执行期限，按照公众持股股份分为：非加速编报组（non-accelerated filer，公众持股数少于 7 500 万），加速编报组（accelerated filer，公众持股数 7 500 万至 70 000 万之间）和大型加速编报组（large accelerated filer，公众持股数在 70 000 万以上）。最初的要求是对非加速编报组的企业执行期限为 2005 年 4 月 15 日，而加速和大型加速编报组的企业执行期限为 2004 年 6 月 15 日，在执行过程中，美国的一些企业与金融业者认为该法案的一些规定过于严格，增大了企业（特别是小型企业）的审计成本，降低了其他国家企业到美国金融市场上市筹资的兴趣。随后的几年里，小企业的披露日期则一再延后（2004 年 4 月、2005 年 3 月、2005 年 9 月、2006 年 1 月、2008 年 7 月、2009 年 1 月，共延后了六次，具体执行时间见表 2-7）。2010 年 7 月 21 日美国总统奥巴马签署了被称作自金融海啸以来最彻底的金融改革法案——《华尔街改革和消费者保护法案》（*Dodd-Frank Wall Street Reform and Consumer Protection Act*），该法案结束了 404 条款备受争议的问题：小企业（公共发行股本少于 7 500 万美元）不再需要出具内部控制审计报告。

表 2-7　萨奥法案 404 条款执行时间表

			2002. 7. 30 颁布 SOX	2004. 2. 24	2005. 3. 2	2005. 9. 22	2006. 8. 9	2006. 12. 15	2008. 7. 2	2009. 10. 13	2010. 9. 15
国内	非加速编报 7 500 万以下	404（a）	2005. 4. 15	2005. 7. 15	2006. 7. 15	2007. 7. 15		2007. 12. 15			
		404（b）						2008. 12. 15	2009. 12. 15	2010. 6. 15	NO
	加速编报 ≥7 500 万	404（a）	2004. 6. 15	2004. 11. 15							
		404（b）									
国外	非加速 <7 500 万	404（a）	2005. 4. 15	2005. 7. 15	2006. 7. 15	2007. 7. 15		2007. 12. 15			
		404（b）						2008. 12. 15	2009. 12. 15	2010. 6. 15	NO
	加速 7 500 万～70 000 万	404（a）	2004. 6. 15	2004. 11. 15							
		404（b）					2007. 7. 15				
	大型加速 ≥70 000 万	404（a）									
		404（b）									

注：404 条款 a 是指出具内部控制自我评价报告，404 条 b 是指出具内部控制审计报告。

2012年3月27日，美国国会众议院代表以压倒性投票通过了参议院修订的"创业企业融资法案"（*The Jumpstart Our Business Startups Act*，或称JOBS Act，以下简称"JOBS法案"），旨在使小型企业在满足美国证券法规要求的同时，更容易吸引投资者并获得投资。这项新法案将对现有证券法做出几处重要修改：①鼓励"新兴成长型企业"首次公开募股（IPOs）；②促进企业通过私募发行及小规模公开发行进行融资，而无须向美国证券交易委员会（SEC）注册登记，从而减少小型企业的融资成本和限制。

此项法案提出了一个新的企业类别——"新兴成长型企业"（*emerging growth company*，EGC），其定义如下：在最近的财务年度内总收入低于10亿美元的发行人。一旦被认定为新兴成长型企业，该企业将保留该资格直到以下日期中的最早日期为止：发行人首次公开发行普通股五周年后的首个财务年度截止日；发行人年度总收入达到10亿美元或以上的财务年度截止日；在过去三年内，发行人累计发行的不可转换债券超过10亿美元的日期；发行人被认定为"大型加速编报公司"的日期。以上四个日期中的最早日期即为企业"EGC资格"的终止日期。

EGC四个截止日期的最早日期前将得以豁免若干监管要求。这些企业无须满足《萨班斯-奥克斯利法案》（SOX）下404（b）条款的要求，即在一段时间内（EGC资格终止前）不再需要出具内部控制审计报告。

阅读与思考

安然事件

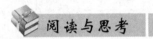

安然（ENRON）1985年由美国休斯敦天然气公司和北方内陆天然气（InterNorth）公司合并而成，公司总部设在美国得克萨斯州的休斯敦，首任董事长兼首席执行官为肯尼斯·雷，他既是安然公司的主要创立者，也是安然公司创造神话并在后来导致危机的关键人物。从1990年到2000年的10年间，安然公司的销售收入从59亿美元上升到了1 008亿美元，净利润从2.02亿美元上升到9.79亿美元，其股票成为众多证券评级机构的推荐对象和众多投资者的追捧对象。2000年8月，安然股票攀升至历史最高水平，每股高达90.56美元，同年，安然名列《财富》杂志"美国500强"中的第七，它一直是美国乃至世界最大的能源交易商。在其最辉煌的年代，掌控着美国20%的电能、天然气交易。安然不仅是天然气、电力行业的巨擘，还是涉足电信、投资、纸业、木材和保险业的大户。

直到破产前，公司营运业务覆盖全球40个国家和地区，共有雇员2.1万人，资产额高达620亿美元；安然一直鼓吹自己是"全球领先企业"，业务包括能源批发与零售、宽带、能源运输以及金融交易，连续4年获得"美国最具创新精神的公司"称号。

然而，这个能源帝国的倒塌却源于一位投资者吉姆·切欧斯的质疑。2001年，吉姆·切欧斯公开对安然的盈利模式表示了怀疑。他指出，虽然安然的业务看起来很辉煌，但实际上赚不到什么钱，也没有人能够说清安然是怎么赚钱的。切欧斯还注意到有些文件涉及了安然背后的合伙公司，这些公司和安然有着说不清的幕后交易，而安然的首席执行官却一直在抛出手中的安然股票，同时不断宣称安然的股票会从当时的70美元左右升至126美元。但是按照美国法律规定，公司董事会成员如果没有离开董事会，就不能抛出手中持有的公司股票。到了2001年8月中旬，人们对于安然的疑问越来越多，并最终导致其股价下跌。

安然破产时间表：

8月9日，安然股价已经从年初的80美元左右跌到了42美元。

10月16日，安然发表2001年第二季度财报，宣布公司亏损总计达到6.18亿美元，即每股亏损1.11美元。同时首次透露因首席财务官安德鲁·法斯托与合伙公司经营不当，公司股东资产缩水12亿美元。

10月22日，美国证券交易委员会瞄上安然，要求公司自动提交某些交易的细节内容，并最终于10月31日开始对安然及其合伙公司进行正式调查。

11月1日，安然抵押了公司部分资产，获得J.P.摩根和所罗门史密斯巴尼的10亿美元信贷额度担保，但美林和标准普尔公司仍然再次调低了对安然的评级。

11月8日，安然被迫承认做了假账，虚报数字让人瞠目结舌：自1997年以来，安然虚报盈利共计近6亿美元。

11月9日，迪诺基公司宣布准备用80亿美元收购安然，并承担其130亿美元的债务。当天午盘安然的股价下挫0.16美元。

11月28日，标准普尔将安然债务评级调低至"垃圾债券"级。

11月30日，安然股价跌至0.26美元，市值由峰值时的800亿美元跌至2亿美元。

12月2日，安然正式向法院申请破产保护，破产清单中所列资产高达498亿美元，成为美国历史上最大的破产企业。当天，安然还向法院提出诉讼，声称迪诺基中止对其合并不合规定，要求赔偿。

安然事件就像多米诺骨牌一样，引起了一系列企业倒闭的连锁反应。安然破产后，一批有影响的企业舞弊案相继暴露出来，IBM、思科、施乐、J.P.摩根、大通银行等大企业也传出存在财务违规行为，同时还引发了一系列美国企业破产风暴。自2001年12月2日，安然公司申请破产后，美国又有几家大企业宣布申请破产保护：2002年1月22日，美国第二大零售商凯马特因资不抵债而申请破产保护，该公司资产总额达170亿美元；2002年1月28日，美国环球电讯公司由于债台高筑，向纽约破产法院申请破产保护，该公司在破产申请文件中列出的资产为224亿美元；2002年6月25日，全美第六大有线电视公司Adelphia宣布，该公司及其200余家子公司已在纽约申请了破产保护；2002年7月21日，美国第二大长途电话公司世界通信公司宣布申请破产保护，从而以1 070多亿美元的资产超越安然，创造了美国最新的破产案纪录。

根据美国参议院成立的调查委员会提供的报告分析，导致安然公司董事会失灵和公司破产的原因有六个方面：受托责任的失败；高风险会计政策；利益冲突；大量未披露的公司表外经营活动；行政人员的高报酬计划；董事会缺乏独立性。

资料来源：经作者综合分析整理，安然丑闻与安达信危机. http：//www.china.com.cn/zhuanti2005/node_5128081.htm

思考题

查阅相关的背景资料，从COSO框架的五要素的角度分析安然破产的原因。

第3章　我国内部控制的演变路径

【本章导读】

- 我国内部控制的发展
- 我国的内部控制框架体系
- 我国内部控制的信息披露

3.1　我国内部控制的发展沿革

从20世纪90年代起，我国政府就开始加大对企业内部控制的监管，然而最初的内部控制主要体现以“会计控制”为主的职责分工与监控方面。1984年财政部颁布的《会计人员工作规则》要求建立会计人员岗位责任制，以责定权，责权明确。1985年《中华人民共和国会计法》要求会计机构内部应当建立稽核制度，各单位的会计机构、会计人员对本单位实行会计监督，并规定出纳人员不得兼管收入、费用、债权、债务账簿的登记工作以及稽核工作和会计档案保管工作。1985年的《会计法》对会计稽核所做出的规定是我国首次在法律文件上对内部牵制提出的明确要求。1996年财政部颁布的《会计工作基础工作规范》（替代了1984年的《会计人员工作规则》）提出了会计人员的轮换和回避制度，要求会计人员的工作岗位应当有计划地进行轮换，任用会计人员应当实行回避制度，单位领导人的直系亲属不得担任本单位的会计机构负责人、会计主管人员。会计机构负责人、会计主管人员的直系亲属不得在本单位会计机构中担任出纳工作。

事实上，1996年以前，各种规范和制度里面并没有明确提出“内部控制”这个概念，真正完整的定义于1996年出现。1996年12月，中国注册会计师协会发布了第二批《中国注册会计师独立审计准则》，其中《独立审计具体准则第8号——错误与舞弊》要求被审计单位建立内部控制；《独立审计具体准则第9号——内部控制与审计风险》（以下简称9号准则）对内部控制的定义和内容都作了具体规定——“内部控制是指被审计单位为了保证业务活动的有效进行，保证资产的安全和完整，防止、发现、纠正错误和舞弊，保证会计资料的真实、合法、完整而制定和实施的政策和程序”，要求注册会计师从制度基础审计的角度审查企业内部控制，并进行企业内部控制评价，并提出内部控制由控制环境、会计系统和控制程序三要素组成。《独立审计实务公告第2号——管理建议书》中指出，“注册会计师对审计过程中发现的内部控制重大缺陷应当告知被审计单位管理当局，必要时，可出具管理建议书”。独立审计准则关于内部控制的描述和要求，既是当时注册会计师执业基准的一部分，又是企业内部控制工作的推动力，这种间接推动力提高了我国企业对内部控制的关注程度。

1999年《会计法》进行第二次修订时，开始关注内部控制，虽然未明确提出内部控制的概念，但其中有关职责分工、经济事项审批、执行、管理相互分离、相互制约、相互监督的法律要求，符合内部控制定义的内涵。修订后的《会计法》对原有的“会计监督”进行了细化，“各单位应当建立、健全本单位内部会计监督制度。单位内部会计监督制度应当符合下列要求：记账人员与经济业务事项和会计事项的审批人员、经办人员、财物保管人员的职责权限应当明确，并相互分离、相互制约；重大对外投资、资产处置、资金调度和其他重要经济业务事项的决策和执行的相互监督、相互制约程序应当明确；财产清查的范围、期限和组织程序应当明确；对会计资料定期进行内部审计的办法和程序应当明确”。将会计监督写入《会计法》之中，在我国内部控制建设历程中是一次重大的突破，也是当时我国对内部控制的最高法律规范。由于是“会计法”，规范的内容难免局限于内部会计控制的要求，并没有涉及内部控制的全部内容。

从1996年颁布的9号准则直至2008年五部委共同颁发《企业内部控制基本规范》之前，银监会、保监会、证监会等分别出台了各自行业内部控制方面的指导原则和准则，不同时期颁布的定义和概念有所差异，“内部控制”的概念在“百花齐放”式发展中并没有统一。

2008年以前，我国内部控制的框架则是基于颁布部门的二维层次性，第一层次是财政部颁布的相关规则《独立审计具体准则第9号——内部控制与审计风险》《独立审计具体准则第29号——了解被审计单位及其环境并评估重大错报风险》《内部会计控制规范——基本规范》及相应12个规范。第二层次是各行业的监管机构颁布的内部控制指引，比如：银监会颁发的《商业银行内部控制指引》《信托投资公司内部控制指引》等；保监会颁布的《保险中介机构内部控制指引》《寿险公司内部控制评价方法》；证监会颁布的《证券公司内部控制指引》《证券投资基金管理公司内部控制指导意见》等。如果说COSO报告的框架是“立体的”，则我国当时内控的框架则是“平面的”，那个阶段的内部控制指引主要在金融机构方面，在非金融机构的内控规则还属于空白阶段，整个内部控制缺少统一的框架和体系，对内部控制的概念也并没有得到完全的统一（我国内部控制规范发展路线见图3-1）。

1997年5月16日，我国专门针对内部控制的第一个行政规定出台。中国人民银行颁布了《加强金融机构内部控制的指导原则》，要求金融机构建立健全有效的内部控制运行机制。金融机构内部控制是金融机构的一种自律行为，是金融机构为完成既定的工作目标和防范风险，对内部各职能部门及其工作人员从事的业务活动进行风险控制、制度管理和相互制约的方法、措施和程序的总称。而对内控的目标分为四个方面：确保国家法律法规和中央银行监管规章的贯彻执行；确保将各种风险控制在规范范围之内；确保自身发展战略和经营目标的全面实施；有利查错防弊，堵塞漏洞，消除隐患，保证业务稳健运行。该指导原则的适用范围是政策性银行、国有独资商业银行、其他商业银行、城乡信用社、信托投资公司、证券机构、保险机构、财务公司、融资租赁公司、典当行等非银行金融机构。金融机构的内部控制指导原则先于非金融行业的内部控制要求出台，向金融机构发出了这样的信号，我国对金融机构内部控制的要求高于非金融企业的要求，对金融机构内部控制的建设意义重大。

2000年，证监会发布了《公开发行证券公司信息披露编报规则》，其中《第1号商业银行招股说明书内容与格式特别规定》《第3号保险公司招股说明书内容与格式特别规定》《第5号证券公司招股说明书内容与格式特别规定》，分别要求商业银行、保险公司、证券公

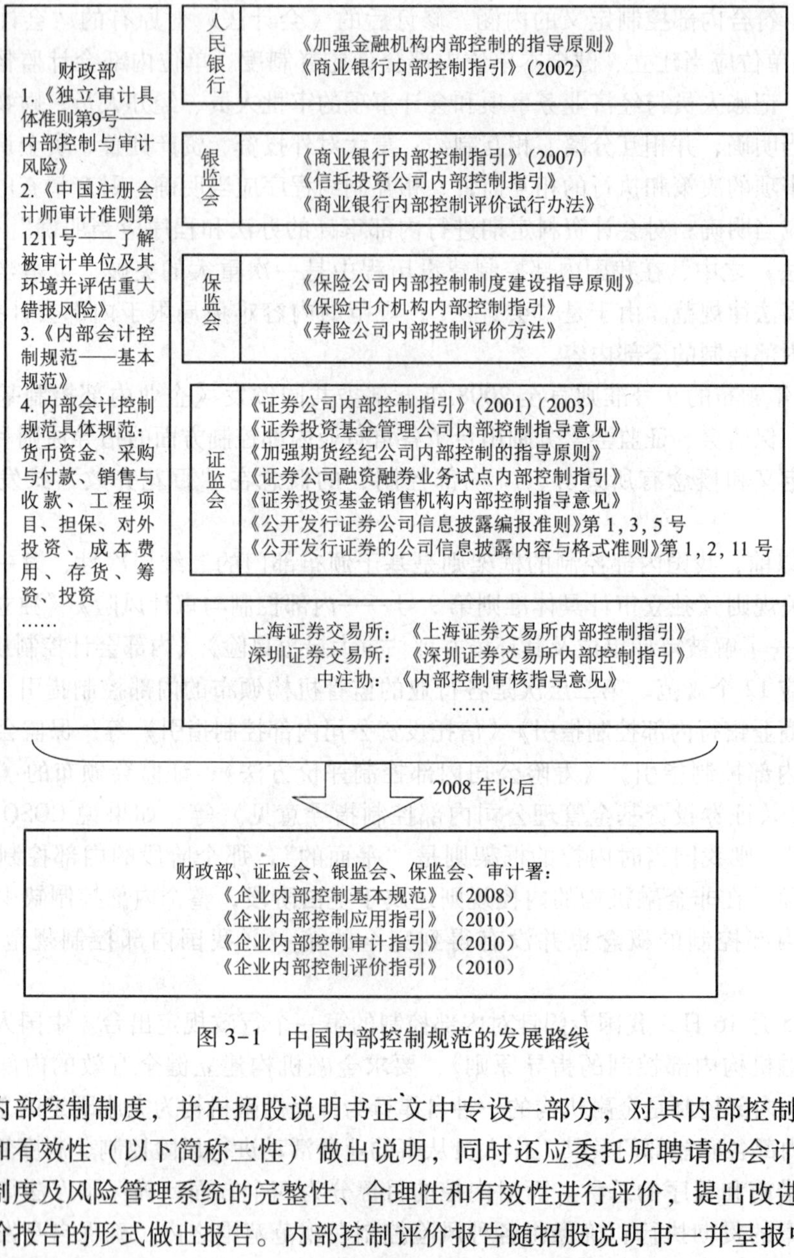

图 3-1　中国内部控制规范的发展路线

司建立健全内部控制制度，并在招股说明书正文中专设一部分，对其内部控制制度的完整性、合理性和有效性（以下简称三性）做出说明，同时还应委托所聘请的会计师事务所对其内部控制制度及风险管理系统的完整性、合理性和有效性进行评价，提出改进建议，并以内部控制评价报告的形式做出报告。内部控制评价报告随招股说明书一并呈报中国证监会。所聘请的会计师事务所指出以上三性存在缺陷的，证券公司应予披露，并说明准备采取的改进措施。不仅是招股说明书需要对内控的三性做出说明和评价，《第 7 号商业银行年度报告内容与格式特别规定》和《第 8 号证券公司年度报告内容与格式特别规定》，对商业银行和证券公司的年度报告也需要对内控三性做出说明，同时还要聘请会计师事务所对内控和风险管理系统进行三性评价，并出具评价报告。

2001 年，证监会发布了《公开发行证券的公司信息披露内容与格式准则》，把对内部控制信息披露的要求从金融机构扩展到一般上市公司。《第 1 号招股说明书》，指出所有上市公司的发行人在其招股说明书中应披露公司管理层对内部控制制度三性的自我评估意见。如果"三性"存在重大缺陷的，应予披露并说明改进措施。《第 2 号年度报告的内容与格式》，要求监事会对公司是否建立完善的内部控制制度发表独立意见，若监事会认为内部控制制度完善，则可免于披露。《第11号上市公司发行新股招股说明书》，则要求所有发行人应披露管理层对内部控制制度的三性自我评估意见，同时应披露注册会计师关于发行人内部控制制度评价报告的结论性意见。自此，内部控制信息成为企业信息披露的一部分。尽管这一系列规则中，并未强制要求上市公司在所有情况下都披露内部控制信息，但内部控制信息在企业信息披露中已不再是会计监督和会计控制的信息，而是成为与企业风险管理完善程度相关的一个标志。

《加强金融机构内部控制的指导原则》由中国人民银行1997年颁布，是对所有金融机构的内部控制的一种指导性原则。2000年和2001年证监会则对上市公司的金融机构（商业银行、保险公司、证券公司）和非金融机构的招股说明书和年度报告中对内部控制需披露的内容做出了规定。而随后不同的监管机构——证监会、银监会、保监会分别颁布的《加强期货经纪公司内部控制的指导原则》《证券公司内部控制指引》《商业银行内部控制指引》《证券投资基金管理公司内部控制指导意见》《保险中介机构内部控制指引》《信托投资公司内部控制指引》分别对期货经纪公司、证券公司、商业银行、证券投资基金管理公司、保险中介机构和信托投资公司这些金融机构的内部控制制度做出了不同的定义。

其中《加强期货经纪公司内部控制的指导原则》（2000）指出期货经纪公司内部控制制度，是指期货经纪公司为了保证其各项业务的规范运作，实现其既定的工作目标，防范出现经营风险而设立的各种控制机制和一系列内部运作控制程序、措施和方法的总称，并且把内部控制制度划分为内部控制机制和内部控制文本制度两个方面。内部控制机制指期货经纪公司的内部组织、组织结构及其相互之间的制约关系；内部控制文本制度指期货经纪公司为规范自身的经营行为、防范风险而制定的一系列业务操作程序、管理办法和各项措施的总称。期货经纪公司内部控制制度建设的总体目标是要建立一个运作规范、经营高效、内部控制严密的经营运作实体。具体而言，要达到以下目标：要建立符合现代企业制度要求的科学的决策机制、执行机制和监督机制，建立一个决策科学、运作高效的经营实体；确保公司的经营运作符合国家有关法律、法规和行业监管规章；建立有效的风险险预警系统，确保公司稳健运行；有利于查错防弊，堵塞漏洞，消除隐患，保证公司业务的健康运作；确保公司自身发展战略和经营目标的实现。

《证券公司内部控制指引》（2001）中把内部控制制度分为内部控制机制和内部控制制度，内部控制机制是指证券公司的内部组织结构及其相互之间的运行制约关系；内部控制制度是指公司为防范金融风险，保护资产的安全与完整，促进各项经济活动的有效实施而制定的各项业务操作程序、管理方法与控制措施的总称。内部控制的目标为：严格遵守国家有关法律法规和行业监管规章，自觉形成守法经营、规范运作的经营思想和经营风格；健全符合现代企业制度要求的法人治理结构，形成科学合理的决策机制、执行机制和监督机制；建立行之有效的风险控制系统，确保各项经营管理活动的健康运行与公司财产的安全完整；不断提高经营管理的效率和效益，努力实现公司价值最大化，圆满完成公司的经营目标和发展战略。证监会于2003年对此指引再次修订，指出证券公司内部控制是证券公司为实现经营目标，根据经营环境变化，对证券公司经营与管理过程中的风险进行识别、评价和管理的制度安排、组织体系和控制措施。内部控制应充分考虑控制环境、风险识别与评估、控制活动与措施、信息沟通与反馈、监督与评价等要素。

《证券投资基金管理公司内部控制指导意见》（2002）对内部控制的定义是，公司为防范和化解风险，保证经营运作符合公司的发展规划，在充分考虑内外部环境的基础上，通过建立组织机制、运用管理方法、实施操作程序与控制措施而形成的系统。公司内部控制制度由内部控制大纲、基本管理制度、部门业务规章等部分组成。总体目标：保证公司经营运作严格遵守国家有关法律法规和行业监管规则，自觉形成守法经营，规范运作的经营思想和经营理念；防范和化解经营风险，提高经营管理效益，确保经营业务的稳健运行和受托资产的安全完整，实现公司的持续、稳定、健康发展；确保基金、公司财务和其他信息真实、准确、完整、及时。基本要素：控制环境、风险评估、控制活动、信息沟通和内部监控。

《商业银行内部控制指引》（2002）则把内部控制定义为商业银行为实现经营目标，通过制定和实施一系列制度、程序和方法，对风险进行事前防范、事中控制、事后监督和纠正的动态过程和机制。内部控制包含的要素：内部控制环境、风险识别与评估、内部控制措施、信息交流与反馈、监督评价与纠正。商业银行内部控制的目标：确保国家法律规定和商业银行内部规章制度的贯彻执行；确保商业银行发展战略和经营目标的全面实施和充分实现；确保风险管理体系的有效性；确保业务记录、财务信息和其他管理信息的及时、真实和完整。此内控指引于2007年、2014年均进行了修订，由于银监会成立于2003年4月，因而2002年版本是由中国人民银行颁布，而2007年版和2014年版由银监会颁布。

《信托投资公司内部控制指引》（2004）指出信托投资公司的内部控制是公司的一种自律行为，是公司为实现其发展战略和经营目标，以完善公司治理、健全内部管理为手段，以防范和控制风险为核心，通过制定和执行一系列制度、程序和方法，对风险进行事前防范、事中控制、事后监督，并动态持续纠正的过程和机制。内部控制的目标是保障公司经营的合法合规和公司内部规章制度的贯彻执行，保证业务记录、财务信息和其他管理信息的及时、真实和完整，防范经营风险、道德风险和操作风险，保障公司稳健运行，保证公司财产安全和信托财产的独立、安全、完整。信托投资公司内部控制的主要内容包括：控制环境、信托业务控制、自营业务控制、其他业务控制、关联交易控制、信息披露控制、会计系统控制、信息系统控制、人力资源管理控制。

《保险中介机构内部控制指引》（2005）指出，内部控制是保险中介机构为实现经营目标，通过制定和实施一系列制度、程序和方法，对风险进行事前防范、事中控制和事后评价的动态过程和机制。保险中介机构内部控制的目标为：保证国家法律法规、保险监管规章和保险中介机构内部规章制度的贯彻执行；保证保险中介机构发展战略的全面实施和经营目标的充分实现；保证保险中介机构资产的安全和完整；保证保险中介机构风险管理体系的有效性；保证业务记录、财务信息及其他管理信息的及时、完整和真实。内部控制的主要内容为内部会计控制、业务经营控制、组织架构控制、计算机系统控制等。

2002年2月，中国注册会计师协会发布了《内部控制审核指导意见》，该意见对内部控制审核进行了界定，并界定了被审核单位和注册会计师的责任，明确了内部控制审核要求。内部控制审核，是指注册会计师接受委托，就被审核单位管理当局对特定日期与会计报表相关的内部控制有效性的认定进行审核，并发表审核意见。建立健全内部控制并保持其有效性，是被审核单位管理当局的责任。了解、测试和评价内部控制，出具审核报告，是注册会计师的责任。

2006年6月，上海证券交易所发布了《上海证券交易所上市公司内部控制指引》，同年

9月，深圳证券交易所也发布了《深圳证券交易所上市公司内部控制指引》，两项指引对上市公司内部控制框架、专项风险内部控制、内部控制工作的检查监督、信息披露等多项内容进行了界定，对上市公司保证内部控制制度的完整性、合理性和有效性进行了规定。但是两者对内部控制的概念和实施还是有所不同。① 概念和目标不同。上交所指引的内部控制是指上市公司为了保证公司战略目标的实现，而对公司战略制定和经营活动中存在的风险予以管理的相关制度安排。它是由公司董事会、管理层及全体员工共同参与的一项活动。内控目标为保证内控制度的完整性、合理性及实施的有效性，以提高公司经营的效果与效率，增强公司信息披露的可靠性，确保公司行为合法合规。而深交所指引的内部控制是指上市公司董事会、监事会、高级管理人员及其他有关人员为实现下列目标而提供合理保证的过程：遵守国家法律、法规、规章及其他相关规定；提高公司经营的效益及效率；保障公司资产的安全；确保公司信息披露的真实、准确、完整和公平。② 内控要素不同。上交所对内控要素的组成为：目标设定、内部环境、风险确认、风险评估、风险策略选择、控制活动、信息沟通、检查监督。深交所的内控要素为：内部环境、目标设定、事项识别、风险评估、风险对策、控制活动、信息与沟通、检查监督。可以看出，两部内控指引均是参照2004年ERM框架的八要素，而非COSO报告的五要素，但是两者要素的顺序安排还是有所不同。③ 披露要求。上交所的内控指引要求，公司披露内部控制自我评估报告，和会计师事务所对内部控制自我评估报告的核实评价意见。深交所的内控指引要求公司董事会应依据公司内部审计报告，对公司内部控制情况进行审议评估，形成内部控制自我评价报告。注册会计师在对公司进行年度审计时，应参照有关主管部门的规定，就公司财务报告内部控制情况出具评价意见，还要求公司监事会和独立董事应对此内控自评报告发表意见。

由此看出，此阶段我国对于内部控制制度并没有一个完整和权威的定义，不同时期颁布的定义和概念有所差异，对于内部控制的完整性、合理性及有效性更是缺乏一个公认的标准体系。这也使得处于不同规范制度监管范围“交集”的企业增加了执行和遵循一致性的难度。

2006年2月15日中国新会计审计准则体系正式发布，39项企业会计准则和48项注册会计师审计准则高调亮相，标志着适应我国市场经济发展要求、与国际惯例趋同的企业会计准则体系和注册会计师审计准则体系正式建立，是我国会计审计史上新的里程碑。其中《中国注册会计师审计准则1211号——了解被审计单位及其环境并评估重大错报风险》（以下简称1211号准则）对内部控制概念和构成要素进行了重新定义，内部控制是为了合理保证财务报告的可靠性、经营的效率和效果以及对法律法规的遵循，由治理当局、管理当局和其他人员设计和执行的政策和程序。这一目标的提出具有历史性的意义，内部控制的目标已由原先着重纠错防弊，着眼于会计处理，走向了合法性、可靠性和效益性的内部控制框架结构阶段。1211号准则对内部控制的要素分为：控制环境、风险评估、信息系统和沟通、控制活动、对控制的监督。相对于其征求意见稿中内部控制的要素（控制环境、被审计单位的风险评估过程、与财务报告相关的信息系统（包括相关的业务流程）和沟通、控制活动、对控制的监督）去掉了修饰和限定语，完全与COSO报告一致，摆脱了原有业务项目层次上的局限，更加具有普遍性的指导意义。1211号新审计准则标志着我国的内部控制也由原先单纯的会计控制过渡到了内部控制框架阶段，我国的内部控制正全面向COSO接轨。

3.2 我国内部控制框架体系

3.2.1 企业内部控制规范征求意见稿阶段

2001年6月财政部发布了《内部会计控制规范——基本规范》和《内部会计控制规范——货币资金》，随后又相继发布了一系列规范，内部控制规范标准的建设开始进入决策者的视野。2004年，我国内部控制规范标准的建设再次提速，先后发布了固定资产、存货、筹资、担保、对外投资等内部会计具体控制规范标准（见表3-1），这一系列的内控会计控制规范为未来我国内部控制规范体系的形成提供了有益的参考。然而由于其定义为“内部会计控制”，是以会计为核心，不免有些局限。

表3-1 财政部颁布的内部会计控制规范

序号	颁布时间	规 范 名 称
1	2001.6.22	《内部会计控制规范——基本规范（试行）》
2	2001.6.22	《内部会计控制规范——货币资金（试行）》
3	2002.12.23	《内部会计控制规范——采购与付款（试行）》
4	2002.12.23	《内部会计控制规范——销售与收款（试行）》
5	2003.10.22	《内部会计控制规范——工程项目（试行）》
6	2004.8.19	《内部会计控制规范——担保（试行）》
7	2004.8.19	《内部会计控制规范——对外投资（试行）》
8	2003.7.15	《内部会计控制规范——成本费用（征求意见稿）》
9	2003.11.26	《内部会计控制规范——预算（征求意见稿）》
10	2004.6.30	《内部会计控制规范——固定资产（征求意见稿）》
11	2004.6.30	《内部会计控制规范——存货（征求意见稿）》
12	2004.6.30	《内部会计控制规范——筹资（征求意见稿）》

2005年6月，国务院领导在财政部、国资委和证监会联合上报的《关于借鉴〈萨班斯法案〉完善我国上市公司内部控制制度的报告》上作出批示，同意“由财政部牵头，联合证监会及国资委，积极研究制定一套完整公认的企业内部控制指引”。2006年7月15日，财政部、国资委、证监会、审计署、银监会、保监会联合发起成立企业内部控制标准委员会，监管部门、大型企业、行业组织、中介机构、科研院所的领导和专家学者积极参与，为构建我国企业内部控制标准体系提供了组织和机制保障。标准委员会的目标是：力争通过未来一段时间的努力，基本建立一套以防范风险和控制舞弊为中心，以控制标准和评价标准为主体，结构合理、内容完整、方法科学的内部控制标准体系，推动企业完善治理结构和内部约束机制。

2007年3月，财政部公布《企业内部控制规范（征求意见稿）》，重点引导企业加强以财务报告内部控制为主线的相关标准建设。《企业内部控制规范（征求意见稿）》由基本规范和具体规范构成。其中，具体规范的设计主要以财务报告内部控制为主线，初步拟定为26项，完成货币资金、采购与付款、对外投资、担保、财务报告编制等17项具体规范的起草工作并对外征求意见。财政部准备会同有关部门，在3～5年间基本建立一套以防范风险和控制舞弊为中心，以控制标准和评价标准为主体的内部控制制度体系，以及以监管部门为主导、各单位具体实施为基础、会计师事务所等中介机构咨询服务为支撑、政府监管和社会评价相结合的内部控制实施体系，以推动公司、企业和其他非营利组织完善治理结构和内部约束机制，不断提高经营管理水平和可持续发展能力。

这次新内部控制规范的征求意见稿与2001年财政部颁布的规范有一个明显的区别——以“内部控制规范”取代原有的“内部会计控制规范”，这也标志着我国的内部控制制度已脱离了原来的“内部控制结构阶段”，真正进入了以COSO报告要素为主导的“内部控制整体框架阶段”。

颁布的规范征求意见稿共有18个规范，其中1个基本规范、17个具体规范，包括货币资金、采购与付款、存货、对外投资、工程项目、固定资产、销售与收款、筹资、成本费用、担保、合同、对子公司的控制、财务报告的编制、信息披露、预算、人力资源、计算机信息系统，同时财政部准备研究和起草关联交易、资产减值、公允价值、企业合并与分立、衍生工具、中介机构聘用等9项具体规范和有关评价标准、实施办法（具体规范架构见图3-2）。原有内部会计控制规范共有12项——1个基本规范、11个具体规范：货币资金、采购与付款、销售与收款、工程项目、担保、对外投资、预算、成本费用、固定资产、存货、筹资。

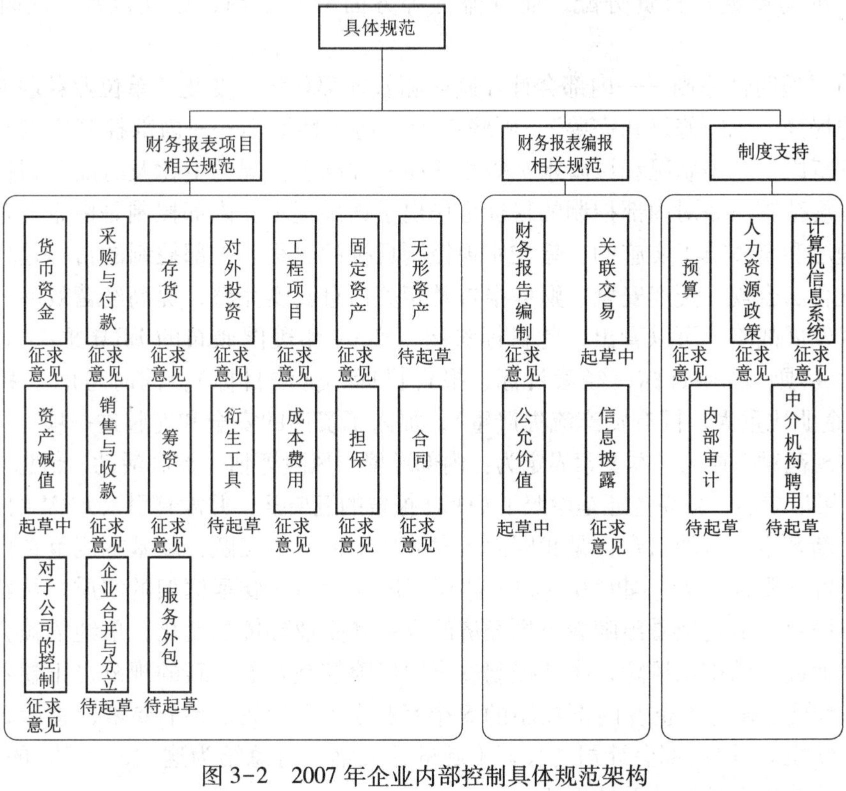

图3-2 2007年企业内部控制具体规范架构

新规范的征求意见稿与旧规范相比，首先是在数量上有了更大的扩展，由原来的12项增加到27项；其次是内容更加广泛和深入，原有的规范主要立足于会计项目，而新规范主要由3个层次构成：财务报表项目、财务报表编报和制度支持，增加了人力资源政策、计算机信息系统、信息披露等内容。由此可见，新规范除了强调业务循环外，更强调对风险控制薄弱环节的控制。

3.2.2 企业内部控制基本规范阶段

2008 年 6 月 28 日，财政部、证监会、审计署、银监会、保监会五部委联合发布《企业内部控制规范——基本规范》，自 2009 年 7 月 1 日起先在上市公司范围内施行（后又延迟到 2012 年执行）。它的发布标志着我国内部控制制度建设取得了重大突破，这是我国继实施与国际接轨的企业会计准则和审计准则之后，又一与国际接轨的重大改革。该规范的实施将有利于维护中国资本市场的长期发展，并且为上市公司内部控制信息披露的规范运作提供了重要的指导条件。新基本规范对内部控制的定义是：内部控制是由企业董事会、监事会、经理层和全体员工实施的，旨在实现控制目标的过程。

新基本规范中，企业建立和实施内部控制应遵循 5 个原则：全面性原则、重要性原则、制衡性原则、适应性原则、成本和效益原则。与旧会计控制基本规范相比，新基本规范删除了合法性原则，增加了一条重要性原则：内部控制应当在全面控制的基础上，关注重要业务和高风险领域。

原有的“不相容职务相分离的原则”被“制衡性原则”所替代，强调内部控制应当在治理机构、机构设置及权责分配、业务流程等方面相互制约、相互监督，同时兼顾运营效率。

原有的“适时性原则——内部会计控制应随着外部环境的变化、单位业务职能的调整和管理要求的提高，不断修订和完善”，则修订为“适应性原则——内部控制应当与企业经营规模、业务范围、竞争状况和风险水平等相适应，并随着情况的变化及时加以调整”。

新基本规范第三条对内部控制的目标也作出了详细规定：内部控制是由企业董事会、监事会、经理层和全体员工实施的，旨在实现控制目标的过程。内部控制的目标是合理保证企业经营管理合法合规、资产安全、财务报告及相关信息真实完整，提高经营效率和效果，促进企业实现发展战略。可以看出，此目标参照了 2004 年美国颁布的 ERM 框架（ERM 中内控的目标为 4 项：战略目标、经营目标、报告目标、合法目标），同时考虑了我国的国情（国有大型企业比重大，国有资产流失严重），加入了资产的安全和完整这一项。

新基本规范对内控的基本要素界定为：内部环境、风险评估、控制活动、信息与沟通、监督与检查。可以看出，新规范还是参照了 COSO 报告的五要素，并没有引入 ERM 的八要素。

总之，新基本规范的出台，是我国内控发展史上的一个飞跃，新基本规范在形式上借鉴了 COSO 报告五要素框架，同时在内容上体现了风险管理八要素框架的实质。从新基本规范制定的条款中可以清楚地看出随着市场经济的发展和企业环境的变化，单纯依赖会计控制已难以应对企业面对的市场风险，会计控制逐步向风险控制发展，新的规范也正朝着这个方面努力。“基本规范确定了企业内部控制的 5 个目标、5 个原则、5 个要素，总计 50 个项目，由 5 个部门签发。”财政部会计司司长刘玉廷的这句话，可总结为这“5 个 5”的基本规范，搭建了我国企业内部控制体系的框架。

3.2.3 企业内部控制的配套指引阶段

2010 年 4 月，财政部会同证监会、审计署、银监会、保监会制定了《企业内部控制应用指引第 1 号——组织架构》等 18 项应用指引、《企业内部控制评价指引》和《企业内部控制审计指引》（以下简称“企业内部控制配套指引”），与 2008 年颁布的内部控制基本规范，共同构建了中国企业内部控制规范体系，该配套指引和基本规范自 2011 年 1 月 1 日起于在境内外同时上市的公司中施行；自 2012 年 1 月 1 日起在上海证券交易所、深圳证券交易所主板上市公司中施行；在此基础上，择机在中小板和创业板上市公司中施行，并鼓励非上市大中型企业提前执行。《企业内部控制配套指引》的发布，标志着以防范风险和控制舞弊为中心，以控制标准和评价标准为主体，结构合理、层次分明、衔接有序、方法科学、体系完备的企业内部控制规范体系基本建成，是继我国企业会计准则、审计准则体系建成并有效实施之后的又一项重大系统工程。

企业内部控制配套指引的出台，与 2007 年出台的相关规范的征求意见稿相比，整个内部控制架构体系有了很大的改变（见表 3-2）。首先，从名字上看，不再称为“规范”，而是称为“指引”。其次，从结构上看，原有的征求意见稿是按财务报表项目、财务报表编报、制度支持 3 个方面来编制规范的，重点还是围绕着财务报表进行的。而新的配套指引则分为应用、评价、审计 3 个方面，实际上这就是对应着企业、管理层、注册会计师这 3 个主体的具体工作，即新的配套指引着眼于主体责任。最后，新的配套指引中，不再像以往那样对财务报表具体项目进行规范的制定，而是从内部环境、控制活动和控制手段这 3 个维度来编制。因此，可以看出，相关管理机构在构建整个内部控制框架时，思路和内容均作了相当大的修改。

表 3-2　内部控制规范的比较

2007 年	2008 年	2010 年
企业内部控制基本规范 （征求意见稿）	企业内部控制基本规范	
	企业内部控制评价指引 （征求意见稿）	企业内部控制评价指引
	企业内部控制鉴证指引 （征求意见稿）	企业内部控制审计指引
企业内部控制具体规范 （征求意见稿）（17 项）	企业内部控制应用指引 （征求意见稿）（22 项）	企业内部控制应用指引 （18 项）
货币资金　担保 采购与付款　合同 存货　对子公司的控制 对外投资　财务报告编制 工程项目　信息披露 固定资产　预算 销售与收款　人力资源政策 筹资　计算机信息系统 成本费用	资金　担保 采购　合同协议 存货　业务外包 销售　对子公司的控制 工程项目　财务报告编制与披露 固定资产　人力资源政策 无形资产　信息系统一般控制 长期股权投资　衍生工具 筹资　企业并购 预算　关联交易 成本费用　内部审计	组织架构　研究与开发 发展战略　工程项目 人力资源　担保业务 企业文化　业务外包 社会责任　财务报告 资金活动　全面预算 采购业务　合同管理 资产管理　内部信息传递 销售业务　信息系统

企业内部控制应用指引是企业按照内部控制原则和内部控制“五要素”建立健全本企业内部控制的指引，在配套指引乃至整个内部控制规范体系中占据主体地位；企业内部控制评价指引是为企业管理层对本企业内部控制有效性进行自我评价提供的指引；企业内部控制审计指引是为注册会计师和会计师事务所执行内部控制审计业务的执业准则。三者之间既相互独立，又相互联系，形成一个有机整体。

应用指引可以划分为三类，即内部环境类指引、控制活动类指引和控制手段类指引，基本涵盖了企业资金流、实物流、人力流和信息流等各项业务和事项。企业应用指引与内控要素对应表见表 3-3。

表 3-3 应用指引与内控五要素对应表

<table>
<tr><th>内控要素</th><th>指引分类</th><th>企业内部控制应用指引</th><th>业务导向</th></tr>
<tr><td rowspan="5">内部环境</td><td rowspan="5">内部环境</td><td>企业内部控制应用指引第 1 号——组织架构</td><td rowspan="5">公司层面控制，整体控制</td></tr>
<tr><td>企业内部控制应用指引第 2 号——发展战略</td></tr>
<tr><td>企业内部控制应用指引第 3 号——人力资源</td></tr>
<tr><td>企业内部控制应用指引第 4 号——社会责任</td></tr>
<tr><td>企业内部控制应用指引第 5 号——企业文化</td></tr>
<tr><td rowspan="9">控制活动</td><td rowspan="9">控制活动</td><td>企业内部控制应用指引第 6 号——资金活动</td><td>资金运营业务</td></tr>
<tr><td>企业内部控制应用指引第 7 号——采购业务</td><td rowspan="3">常规业务控制</td></tr>
<tr><td>企业内部控制应用指引第 8 号——资产管理</td></tr>
<tr><td>企业内部控制应用指引第 9 号——销售业务</td></tr>
<tr><td>企业内部控制应用指引第 10 号——研究与开发</td><td rowspan="2">特殊投资业务</td></tr>
<tr><td>企业内部控制应用指引第 11 号——工程项目</td></tr>
<tr><td>企业内部控制应用指引第 12 号——担保业务</td><td rowspan="2">特殊风险业务</td></tr>
<tr><td>企业内部控制应用指引第 13 号——业务外包</td></tr>
<tr><td>企业内部控制应用指引第 14 号——财务报告</td><td>控制活动报告</td></tr>
<tr><td rowspan="2">内部监督</td><td rowspan="4">控制手段</td><td>企业内部控制应用指引第 15 号——全面预算</td><td rowspan="4">整体业务管理</td></tr>
<tr><td>企业内部控制应用指引第 16 号——合同管理</td></tr>
<tr><td rowspan="2">信息与沟通</td><td>企业内部控制应用指引第 17 号——内部信息传递</td></tr>
<tr><td>企业内部控制应用指引第 18 号——信息系统</td></tr>
</table>

内部环境是企业实施内部控制的基础，支配着企业全体员工的内部控制意识，影响着全体员工实施控制活动和履行控制责任的态度、认识和行为。内部环境类指引有 5 项，包括组织架构、发展战略、人力资源、社会责任和企业文化等指引，主要是从企业层面重点阐释了控制环境、风险评估和控制活动等要素内容，控制重点是企业层面的风险，注重企业内外部环境的适应性和协调性。

企业在改进和完善内部环境控制的同时，还应对各项具体业务活动实施相应的控制。控制活动类应用指引包括资金活动、采购业务、资产管理、销售业务、研究与开发、工程项目、担保业务、业务外包、财务报告 9 个指引。

控制手段类指引偏重于“工具”性质，往往涉及企业整体业务或管理。此类指引有 4

项，包括全面预算指引、合同管理指引、内部信息传递指引和信息系统指引。控制活动和控制手段类指引主要是从业务层面重点阐释了风险评估、控制活动、信息与沟通和内部监督等要素内容，控制重点是企业业务层面的经营风险和财务风险。

内部控制评价是指企业董事会或类似决策机构对内部控制有效性进行全面评价并形成评价结论、出具评价报告的过程。在企业内部控制实务中，内部控制评价是极为重要的一环。《企业内部控制评价指引》的制定发布，为企业开展内部控制自我评价提供了一个共同遵循的标准，为参与国际竞争的中国企业在内部控制建设方面提供了自律性要求，有利于提高投资者、社会公众乃至国际资本市场对中国企业素质的信任度，主要内容是关于内部控制评价的内容和组织、内部控制缺陷的认定、内部控制评价报告、内部控制评价报告的披露或报送等。

内部控制审计是指会计师事务所接受委托，对特定基准日内部控制设计与运行的有效性进行审计。它是企业内部控制规范体系实施中引入的强制性要求，既有利于促进企业健全内部控制体系，又能增强企业财务报告的可靠性。内部控制审计指引，着重从以下方面就如何做好内部控制审计业务提出明确要求或强调说明：审计责任划分、审计范围、整合审计、利用被审计单位人员的工作、审计方法、评价控制缺陷、审计报告出具等。

企业内部控制基本规范及其配套指引于 2011 年 1 月 1 日在境内外同时上市的公司和部分在境内主板上市的公司中实施和试点，在实施过程中出现了一些新情况和新问题，因此财政部等五部委对这些问题进行了研究，并征求了相关意见，于 2012 年 2 月颁发了《企业内部控制规范体系实施中相关问题解释第 1 号》（以下简称解释公告第 1 号），同年 9 月颁发了《企业内部控制规范体系实施中相关问题解释第 2 号》（以下简称解释公告第 2 号）。解释公告是财政部会同证监会、银监会、保监会、审计署针对企业内部控制规范体系实施过程中出现的新情况和新问题的明确和解答，是政府监管机构对企业内控体系实施过程的监控和反馈。解释公告第 1 号对企业内部控制规范体系的十个重要问题进行了解释——规范体系的强制性与指导性的关系、规范体系的实施范围、规范体系与其他监管部门规定的关系、内部控制与风险管理的关系、规范体系的政策盲区、内部控制成本与效益、内部控制与其他管理体系的关系、内部控制缺陷的认定标准、内部控制机构设置、内部控制评价报告等。解释公告第 2 号解释的问题有内控组织的实施、内控实施的进度与重点、内控人才队伍培养、集团企业内部控制评价、中介机构工作、内控评价组织形式、内部控制缺陷处理、会计事务所工作、内部控制审计、小型企业内控建设等。

3.2.4　我国内部控制体系的整体架构

自 2006 年我国内部控制标准委员会的建立，2008 年、2010 年，五部委陆续颁布了企业内部控制基本规范及其配套指引，构成了我国企业内部控制的基本框架。这套体系分为三个层次。① 基本规范是内部控制的最高层次，属于总纲，起统驭作用。② 第二层次是配套指引。配套指引是内部控制体系的主要内容，是为促进企业建立、实施和评价内部控制，规范会计师事务所内部控制审计行为所提供的指引，包括应用指引、评价指引和审计指引。应用指引是对企业按照内控原则和内控“五要素”建立健全本企业内部控制所提供的指引，在配套指引乃至整个内部控制规范体系中占据主体地位，企业内部控制评价指引是为企业管理层对本企业内部控制有效性进行自我评价提供的指引，企业内部控制审计指引是注册会计师和会计师事务所执行内部控制审计业务的执业准则。③ 2012 年财政部陆续发布企业内部控制规范体系实施中相关问题解释第 1 号和第 2 号，是对内部控制规范体系的说明和补充。

总体来说，我国内部控制框架体系由两部分组成：一部分是企业内部控制规范，另一部分是针对行政事业单位的内部控制规范。《企业内部控制基本规范》及其配套指引是对不同行业、各类企业提出的一般性要求，具有普适性。行业主管或监管部门对所辖企业的内部控制管理规定，是不同行业内部控制的特殊要求，也是《企业内部控制基本规范》的重要补充。企业应当按照《企业内部控制基本规范》及其配套指引规定和行业管理、市场监管的要求，建设与实施内部控制。金融行业的三大监管机构：银监会、保监会、证监会，也纷纷出台了相应的规范和指引。同时针对规模的大小不同，财政部于 2016 年 4 月又颁布了小型企业内部控制规范。因此，我国整体内部控制框架架构见图 3-3。

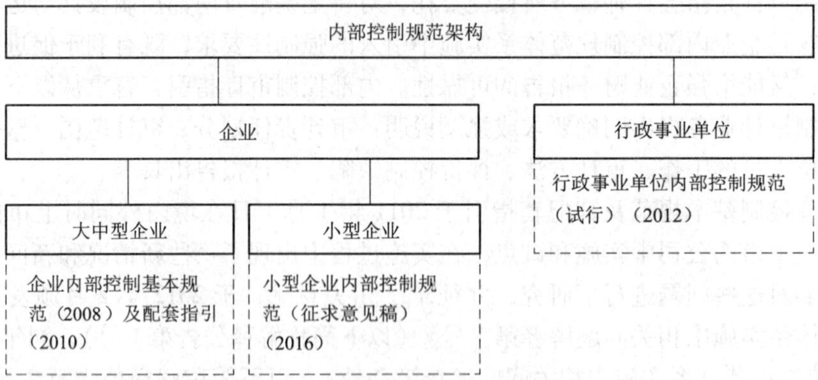

图 3-3　我国内部控制框架架构

1. 非金融企业

企业内部控制规范及其配套指引的规定都是指导性的，而每个行业有其自身的特点，因此，财政部针对国计民生的重要行业出台了具体的内部控制操作指南。2013 年 12 月 28 日，财政部颁布《石油石化行业内部控制操作指南》，2014 年 12 月 23 日，财政部颁布《电力行业内部控制操作指南》。这两份指南，属于参考性文件，并非强制性要求，目的是为指导不同规模、不同产业链中的石油石化行业和电力行业企业，开展企业内部控制体系的建立、实施、评价与改进工作，企业应根据内外部环境、发展阶段、业务规模等因素，建立符合企业实际的内控操作手册。行业内控操作指南实际上也是企业内控规范体系的一部分，相比于内控规范体系的原则导向，行业内控操作指南更强调目标导向、问题导向。更精准地实施企业内部控制已成为一种趋势，两个行业的内部控制操作指南开启了分行业的内控精细化规范和建设之路，并将推动中国企业内控数据库或最佳操作数据库的形成，可以预见未来会有更多行业的操作指南出现，以适合不同行业的特点，让企业的内控颗粒度更细。

2. 金融企业

2010 年 5 月，财政部会计司司长刘玉廷解读企业内部控制配套指引——《全面提升企业经营管理水平的重要举措》，指出应用指引应有 21 项，当时只发布了 18 项，涉及银行、证券和保险等业务的 3 项指引暂未发布。由于此三类金融企业有一定的特殊性，因此，作为金融机构的三大监管者：银监会、保监会和证监会也陆续发布了各自行业的内控规则或规范。需要注意的是，这些指引并不如18项应用指引那样由五大部委共同签发，而是由各自的行业监管方出台。然而，金融行业的内控并不是脱离企业内部控制规范及配套指引，而是在整个企业内控框架体系下，体现其业务和行业的特殊性，更加细化。

2010年11月，银监会出台《融资性担保公司内部控制指引》，2014年9月，银监会颁布《商业银行内部控制指引》（商业银行内部控制指引共修订了三次，分别为2002年、2007年和2014年）。

证监会于2011年颁布《证券公司融资融券业务内部控制指引》（此指引是对2006年证券公司融资融券业务试点内部控制指引的修订），《证券公司内部控制指引》于2001年出台，2003年进行了修订，颁布了企业内部控制规范及配套指引后，新的证券公司内控指引并没有修订完成。

2010年8月，保监会出台《保险公司内部控制基本准则》。2012年，保监会出台《保险公司非寿险业务准备金基础数据、评估与核算内部控制规范》，同年还印发《保险稽查审计指引第3号：公司层面内部控制分册》。2015年12月，保监会又颁布《保险资金运用内部控制指引》，一同出台的还有保险资金运用内部控制应用指引第1号——银行存款，第2号——固定收益投资，第3号——股票及股票型基金。

我国企业内部控制规范架构（针对大中型企业）见表3-4。

表3-4　企业内部控制规范架构（大中型企业）

企业内部控制基本规范（2008）及配套指引（2010）	
非金融行业	财政部： 石油石化行业内部控制操作指南（2013） 电力行业内部控制操作指南（2014） ……
金融行业	银监会： 融资性担保公司内部控制指引（2010） 商业银行内部控制指引（2014） ……
	证监会： 证券公司融资融券业务内部控制指引（2011） ……
	保监会： 保险公司内部控制基本准则（2010） 保险公司非寿险业务准备金基础数据、评估与核算内部控制规范（2012） 保险稽查审计指引第3号：公司层面内部控制分册（2012） 保险资金运用内部控制指引（2015） 保险资金运用内部控制应用指引第1号——银行存款（2015） 保险资金运用内部控制应用指引第2号——固定收益投资（2015） 保险资金运用内部控制应用指引第3号——股票及股票型基金（2015） ……

3. 小型企业

《企业内部控制基本规范》及其配套指引的发布实施对我国各类型企业特别是上市公司和国有大中型企业加强内部控制建设起到了重要的推动作用。但是，由于我国经济体量大，企业数量多，各类企业差别显著，小型企业在贯彻实施企业内部控制规范体系过程中存在适应性不强、实施成本高等问题。

《企业内部控制基本规范》及其配套指引主要适用于大中型企业，小型企业和其他单位只是参照执行。目前，在上市公司范围内，只有 1 400 余家主板上市公司实施了《企业内部控制基本规范》及其配套指引，1 100 余家中小板和创业板上市公司只是参照执行，5000 余家新三板挂牌公司没有建立和实施内部控制的相关要求。由于小型企业并不是现有企业内控规范体系的主要规范对象，因此，小型企业在执行现有的企业内控规范体系过程中存在诸多不适应之处。

2016 年 4 月 8 日，财政部出台《小型企业内部控制规范（征求意见稿）》（以下简称小企业内控规范），以引导和推动小型企业尤其是小型上市公司加强内控建设，降低因内部控制而带来的成本负担和效率损失，促进小型企业健康发展。小型企业内部控制规范采用定性与定量相结合的方法，由企业自行确定是否属于小型企业范畴，小规模企业的特征为：由拥有多数所有权的人员管理企业；机构设置简单，管理层级较少；业务线较少且每条业务线中产品较少；信息系统较为简单；员工数量较少，部分员工一人身兼多岗；其他法律法规有明确规定的。

小企业内控规范是企业内部控制基本规范及配套指引的一个补充，执行该规范的小型企业，如因企业发展壮大不再符合本规定的标准特征，应当自下一年度起转为执行《企业内部控制基本规范》及其配套指引。已经执行《企业内部控制基本规范》及其配套指引的企业，不得转为执行小企业内控规范。

小企业内控规范对内部控制的定义是，由企业全员共同实施的，以风险评估为基础，通过建立和实施内部控制措施、监督评价和保障机制，旨在实现控制目标的过程。内控目标包括经营的合法合规；资产的安全；经营的效率和效果；业务、财务和管理等相关信息的真实、准确、及时、完整。内控要素包括：控制环境、控制活动、风险评估、信息与沟通、内部监督。

小企业内控规范包括总则、内部控制建设、监督评价、实施保障机制和附则五章，共五十二条，对小型企业构建内部控制体系提出了完整的框架。总则主要阐明小型企业的特征、规范的适用范围、内部控制的定义、内部控制的目标和要素内涵、内部控制的原则、内部控制体系的总体要求，以及内部控制责任等内容。

内部控制建设具体分为内控建设基础要求、建设程序和内容两小节。内控建设基础要求部分主要阐明内部控制的管理制度要求、内控建设规划、内控阶段性目标设定、内控建设推进方式。建设程序和内容部分主要阐明以风险评估结果为依据，来指导控制活动设计和执行的过程。其中特别说明了风险评估相关工作方法和内容、控制活动设计的具体要求和重要的对象和环节，以及与现有管理体系的关系、小型企业的不相容职责、IT 系统、反舞弊、管理层逾越及内部控制的更新维护机制等内容。

监督评价主要阐明内控的监督机制，包括监督评价要求、人员能力要求、监督方式和方法、监督重点、缺陷认定、整改跟进、评价报告等内容。

实施保障机制主要是对企业文化、人力资源政策、问责和绩效机制以及信息沟通机制进行了集中阐述，以强调上述机制的存在及持续、有效运行，是有效内部控制体系的必要保障，企业在建设内部控制体系时应当特别加以重视。

附则主要阐述了《规范》的解释权归属和生效时点问题。

4. 行政事业单位

为了提高行政事业单位的内部管理水平，规范内部控制，加强廉政风险防控机制，财政部于2011年11月发布《行政事业单位内部控制规范（征求意见稿）》，经过调研、征求意见，2012年11月发布《行政事业单位内部控制规范（试行）》，该规范适用于各级党的机关、人大机关、行政机关、政协机关、审判机关、检察机关、各民主党派机关、人民团体和事业单位经济活动的内部控制。行政事业单位内部控制规范对内部控制的定义为：单位为实现控制目标，通过制定制度、实施措施和执行程序，对经济活动的风险进行防范和管控。单位内部控制的目标主要包括：合理保证单位经济活动合法合规、资产安全和使用有效、财务信息真实完整，有效防范舞弊和预防腐败，提高公共服务的效率和效果。

该规范自2014年1月1日起在全国各级行政事业单位正式实施，共六章六十五条，具体包括总则、风险评估和控制方法、单位层面内部控制、业务层面内部控制、评价与监督、附则等内容。行政事业单位内部控制主要内容有两个方面：一是单位层面内部控制，包括管理组织、决策机制、关键岗位、人员资质、会计核算、信息技术六个方面；二是业务层面内部控制，包括预算业务、收支业务、政府采购、建设项目、合同管理、资产管理六大业务领域。该规范要求从管理制度、机构岗位、业务程序、控制表单、信息化实施等方面建立健全单位内部控制体系。

行政事业单位内控规范的颁布和实施，标志着我国内控建设工作又上了一个新台阶，内控建设的范围进一步扩大，由原先的单一企业主体向行政事业单位领域拓展，必将进一步提高我国行政事业单位的内部管理水平，规范内部控制，加强廉政风险防控机制建设。

自2012年行政事业单位内部控制规范发布以来，行政事业单位的内部控制建设从部门和业务两个角度向纵深开展（我国行政事业单位内部控制规范架构见表3-5）。一是具体的行政事业单位或部门分别颁布了适合自己特点的内部控制规范或管理办法。外交部认真贯彻落实财政部《行政事业单位内部控制规范（试行）》，结合实际，分别制定《外交部经济活动内部控制规范（试行）》和《驻外外交机构经济活动内部控制规范（试行）》并已于2014年1月1日实施。2014年12月，财政部通过了财政部内部控制基本制度和八个专项内部控制办法——法律风险、岗位利益冲突风险、公共关系风险、机关运转风险、信息系统管理风险、预算编制风险、预算执行风险、政策制定风险的内部控制办法。2015年12月，为提高财政部门风险防控能力和内部管理水平，财政部发布《关于加强财政内部控制工作的若干意见》。

二是从具体业务角度，2015年12月，财政部颁布《关于全面推进行政事业单位内部控制建设的指导意见》，全面推进行政事业单位内部控制建设，规范行政事业单位内部经济和业务活动，强化对内部权力运行的制约，防止内部权力滥用，建立健全科学高效的制约和监督体系，促进单位公共服务效能和内部治理水平不断提高，为实现国家治理体系和治理能力现代化奠定坚实基础、提供有力支撑。为进一步指导和促进各单位有效开展内部控制建立与实施工作，财政部决定以量化评价为导向，开展单位内部控制基础性评价工作。2016年6月24日，财政部颁布《关于开展行政事业单位内部控制基础性评价工作的通知》，并且提供了行政事业单位内部控制基础性评价指标评分表以及评价报告的参考格式。2016 年 6 月 29 日，财政部发布《关于加强政府采购活动内部控制管理的指导意见》，强化采购人、集中采购机构和监管部门在政府采购活动中的内控管理责任，加强采购活动中的权力制约，看住乱伸的“权力之手”，对于政府采购各相关主体落实党风廉政主体责任、提升管理水平、推进依法采购具有重要意义，该指导意见提出了四个方面的内控措施。一是明晰事权，依法履职。要求采购人、集中采购机构和监管部门加强内部归口管理和内部监督；采购人与采购代理机构之间要明确委托代理的权利义务。二是合理设岗，权责对应。合理界定岗位职责和责任主体，梳理风险事项；采购需求制定与内部审核、合同签订与验收等不相容岗位要分开设置；评审现场组织、单一来源采购项目议价等相关业务原则上应由 2 人以上共同办理；采购及相关人员应当实行定期轮岗。三是分级授权，科学决策。主管预算单位应当加强所属预算单位管理；建立健全采购人、集中采购机构和监管部门采购事项内部决策机制和内部审核制度。四是优化流程，重点管控。要加强关键环节的控制，对不符合规定的及时纠正；要明确各个节点的工作时限要求，提高采购效率；要强化利益冲突管理，严格执行回避制度。

为进一步加强行政事业单位内部控制建设，规范行政事业单位内部控制报告的编制、报送、使用及报告信息质量的监督检查等工作，促进行政事业单位内部控制信息公开，提高行政事业单位内部控制报告质量，2017 年 1 月 25 日，财政部颁布《行政事业单位内部控制报告管理制度（试行）》，要求行政事业单位在年度终了，结合本单位实际情况，按照规定编制能够综合反映单位内部控制建立与实施情况的总结性文件。行政事业单位是内部控制报告的责任主体。单位主要负责人对本单位内部控制报告的真实性和完整性负责。行政事业单位编制内部控制报告应当遵循下列原则：一是全面性原则。内部控制报告应当包括行政事业单位内部控制的建立与实施、覆盖单位层面和业务层面各类经济业务活动，能够综合反映行政事业单位的内部控制建设情况。二是重要性原则。内部控制报告应当重点关注行政事业单位重点领域和关键岗位，突出重点、兼顾一般，推动行政事业单位围绕重点开展内部控制建设，着力防范可能产生的重大风险。三是客观性原则。内部控制报告应当立足于行政事业单位的实际情况，坚持实事求是，真实、完整地反映行政事业单位内部控制建立与实施情况。四是规范性原则。行政事业单位应当按照财政部规定的统一报告格式及信息要求编制内部控制报告，不得自行修改或删减报告及附表格式。

表 3–5　行政事业单位内部控制规范架构

<table>
<tr><td rowspan="2">行政事业单位
内部控制规范
（2012）</td><td>业务单位</td><td>外交部：
外交部经济活动内部控制规范（试行）（2013）
驻外外交机构经济活动内部控制规范（试行）（2013）
财政部：
财政部内部控制基本制度和八个专项内部控制办法（2014）
关于加强财政内部控制工作的若干意见（2015）
……</td></tr>
<tr><td>业务活动</td><td>关于全面推进行政事业单位内部控制建设的指导意见（2015）
关于开展行政事业单位内部控制基础性评价工作的通知（2016）
关于加强政府采购活动内部控制管理的指导意见（2016）
行政事业单位内部控制报告管理制度（试行）（2017）
……</td></tr>
</table>

3.3　我国企业内部控制的信息披露

从工作程序上看，与内部控制相关的工作内容依次如下：内部控制设计、内部控制执行、内部控制效率评价和内部控制信息披露。内部控制信息披露是建立在董事会和管理当局对内部控制效率评价的基础上的。本节将从我国内部控制信息披露的角度探讨内部控制的现实发展情况。

我国上市公司内部控制信息披露，也随着“内部控制”概念的逐步清晰，发展出了一条“自愿阶段—局部强制—整体强制”的路线。

1. 自愿阶段

我国无论理论界还是实务界对于内部控制概念的理解，最初是从“会计的角度”出发的，即“内部会计控制”。这一阶段，对于内部控制信息披露并无强制的规定，内部控制信息依然附属于会计信息的一部分，并没有单独分离。

2. 局部强制

局部体现为：①“局部行业”，即保险公司、证券公司、商业银行等金融机构；②“局部报告”，即重点体现在新股招股说明书方面，而对其他的行业及年度报告中没有强制性的说明。

2000年年底，证监会颁布《公开发行证券的公司信息披露编报规则》第1、3、5号，分别要求商业银行、保险公司和证券公司招股说明书应对内部控制制度的完整性、合理性和有效性作出说明，还应委托所聘请的会计师事务所对其内部控制制度，尤其是风险管理系统的完整性、合理性与有效性进行评价，提出改进建议，并出具评价报告。第7号和第8号还要求商业银行和证券公司的内部控制评价报告随年度报告一并报送中国证监会和证券交易所。可以看出，证监会对商业银行、证券公司和保险公司的内部控制信息披露的要求是强制性的，对一般上市公司的要求在此阶段仍属自愿，但这毕竟开创了上市公司内部控制信息披露“从无到有”的新纪元，具有划时代的意义。

2001年年初，证监会分别颁布了《公开发行证券的公司信息披露内容与格式准则第1号——招股说明书》和《公开发行证券的公司信息披露内容与格式准则第11号——上市公司发行新股招股说明书》，规定“发行人应披露公司管理层对内部控制制度完整性、合理性及有效性的自我评估意见。注册会计师指出以上‘三性’存在重大缺陷的，应披露并说明改进措施”。但是上述两个规定主要是关于上市公司发行新股的信息披露，并不是年度报告信息披露的要求。《公开发行证券的公司信息披露内容与格式准则第2号——年度报告》（2001年、2003年、2004年、2005年和2007年均有修订）中，前面的4个版本虽然说明在治理结构部分强调要披露独立董事执行情况，控股股东的职责分离，以及高管薪酬及激励机制与内部控制有着千丝万缕的关系，但是始终没有明确提出披露内部控制相关信息。只有2007年版本才对内部控制信息的披露有了强制性的规定：“公司应该说明生产经营控制、财务管理控制、信息披露控制等内部控制制度的建立和健全情况，包括内部控制制度建立健全的工作计划及其实施情况、内部控制检查监督部门的设置情况、董事会对内部控制有关工作的安排、与财务核算相关的内部控制制度的完善情况。同时鼓励央企控股的、金融类及其他有条件的上市公司披露董事会出具的、经审计机构核实评价的公司内部控制自我评估报告。”

3. 整体强制

2006年，上海证券交易所和深圳证券交易所分别发布《上海证券交易所上市公司内部控制指引》《深圳证券交易所上市公司内部控制指引》。这两个指引均要求上市公司在年报中披露内部控制制度的制定和实施情况，并明确了公司董事会要对内部控制制度负责，董事会应形成内部控制自我评价报告；注册会计师在对公司进行年度审计时，应出具内部控制评价意见；内部控制自我评价报告和注册会计师评价意见与公司年度报告同时对外披露。形式上这两个文件都是“指引”，即应该是指导性的，但仔细分析它们的具体条款可看出，几乎所有的规定都带有很大的强制性。而我国上市公司内部控制信息披露从此进入了一个强制性披露的阶段。2008年6月，五大机构共同发布内部控制基本规范，“内部控制”终于从“政出多门”走向了统一，而且新规范要求企业应结合内部监督情况，定期对内部控制的有效性进行自我评价，出具内部控制自我评价报告。内部控制自我评价报告成为上市公司年报中强制性的附件。我国内部控制信息披露规范演进如表3-6所示。

表3-6　我国内部控制信息披露规范演进

年份	发行人	文　件	内　容	形式	自愿或强制
2000年	证监会	《公开发行证券公司信息披露编报规则》第1、3、5、7、8号	要求商业银行、保险公司、证券公司建立健全内部控制制度，对内部控制制度的完整性、合理性和有效性作出说明	招股说明书中专设一部分。 年度报告中说明（7号、8号针对商业银行与证券公司） 注册会计师出具内部控制评价报告	强制
2001年	证监会	《公开发行证券的公司信息披露内容与格式准则第1号——招股说明书》及《第11号——上市公司发行新股招股说明书》	发行人应披露管理层对内部控制制度的完整性、合理性及有效性的自我评估意见。同时应披露注册会计师关于发行人内部控制制度评价报告的结论性意见，如注册会计师指出以上“三性”存在重大缺陷，发行人对相关内容应予详尽披露，并说明改进措施	新股招股说明书“治理结构”部分	强制
2001年	财政部	《内部会计控制规范—基本规范》	以单位内部会计控制为主，同时兼顾会计相关控制。单位可以聘请中介机构或相关专业人员对本单位的内部会计控制的建立健全及有效实施进行评价，接受委托的中介机构或相关专业人员应当对委托单位内部会计控制中的重大缺陷提出书面报告	评价报告	自愿

续表

年份	发行人	文　　件	内　　容	形式	自愿或强制
2006 年	上海证券交易所	《上海证券交易所内部控制指引》	如发现内部控制存在重大缺陷或风险，应及时向董事会报告，并及时发布公告。董事会应在年度报告披露的同时，披露年度内部控制自我评估报告，并披露会计师事务所对内部控制自我评估报告的核实评价意见	重大缺陷报告及公告 自我评估报告	强制
2006 年	深圳证券交易所	《深圳证券交易所内部控制指引》	董事会应依据公司内部审计报告，对公司内部控制情况进行审议评估，形成内部控制自我评价报告。公司监事会和独立董事应对此报告发表意见。如注册会计师对公司内部控制有效性表示异议的，公司董事会、监事会应针对该审核意见涉及事项作出专项说明	自我评价报告 独立审计及专项说明	强制
2007 年	证监会	《公开发行证券的公司信息披露内容与格式准则第 2 号——年度报告的内容与格式》（2007 年修订版）	公司应该说明生产经营控制、财务管理控制、信息披露控制等内部控制制度的建立和健全情况，包括内部控制制度建立健全的工作计划及其实施情况、内部控制检查监督部门的设置情况、董事会对内部控制有关工作的安排、与财务核算相关的内部控制制度的完善情况。同时鼓励央企控股的、金融类及其他有条件的上市公司披露董事会出具的、经审计机构核实评价的公司内部控制自我评估报告	年度报告 审计机构核实评价的内部控制自我评价报告	强制与自愿相结合
2008 年	财政部、审计署、证监会、银监会、保监会	《企业内部控制基本规范》	企业应结合内部监督情况，定期对内部控制的有效性进行自我评价，出具内部控制自我评价报告	自我评价报告	强制
2010 年	财政部、审计署、证监会、银监会、保监会	《企业内部控制评价指引》	企业应根据年度内部控制评价结果，结合内部控制评价工作底稿和内部控制缺陷汇总表等资料，按照规定的程序和要求，及时编制内部控制评价报告	内部控制评价报告	强制

续表

年份	发行人	文件	内容	形式	自愿或强制
2010年	财政部、审计署、证监会、银监会、保监会	《企业内部控制审计指引》	注册会计师应当对财务报告内部控制的有效性发表审计意见，并对内部控制审计过程中注意到的非财务报告内部控制的重大缺陷，在内部控制审计报告中增加“非财务报告内部控制重大缺陷描述段”予以披露	内部控制审计报告	强制

财政部最初的计划中，2009年7月1日是《企业内部控制基本规范》开始实施的时间点，然而就当最后期限即将来临之时，财政部悄然推后了《内控规范》实施的时间，改为2010年1月1日开始执行。2010年，五部委共同出台《内部控制评价指引》《内部控制审计指引》《内部控制应用指引》后，要求自2011年1月1日起在境内外同时上市的公司中施行；自2012年1月1日起在上海证券交易所、深圳证券交易所主板上市公司中施行；在此基础上，择机在中小板和创业板上市公司中施行，并鼓励非上市大中型企业提前执行。2012年8月，为稳步推进主板上市公司有效实施企业内部控制规范体系，确保内控体系建设落到实处、取得实效，防止出现走过场的情况，财政部会同证监会在充分考虑上市公司的公司治理基础、市值规模、业务成熟度、盈利能力等方面差异的情况下，决定在主板上市公司分类分批推进实施企业内部控制规范体系：① 中央和地方国有控股上市公司，应于2012年全面实施企业内部控制规范体系，并在披露2012年公司年报的同时，披露董事会对公司内部控制的自我评价报告以及注册会计师出具的财务报告内部控制审计报告；② 非国有控股主板上市公司，且于2011年12月31日公司总市值（证监会算法）在50亿元以上，同时2009年至2011年平均净利润在3 000万元以上的，应在披露2013年公司年报的同时，披露董事会对公司内部控制的自我评价报告以及注册会计师出具的财务报告内部控制审计报告；③ 其他主板上市公司，应在披露2014年公司年报的同时，披露董事会对公司内部控制的自我评价报告以及注册会计师出具的财务报告内部控制审计报告；④ 特殊情况：一是主板上市公司因进行破产重整、借壳上市或重大资产重组，无法按照规定时间建立健全内控体系的，原则上应在相关交易完成后的下一个会计年度年报披露的同时，披露内部控制自我评价报告和审计报告，且不早于参照上述①至③原则确定的披露时间；二是新上市的主板上市公司应于上市当年开始建设内控体系，并在上市的下一年度年报披露的同时，披露内部控制自我评价报告和审计报告，且不早于参照上述①至③原则确定的披露时间。

阅读与思考

票据风云

农业银行2016年1月22日发布的公告表示：“近日，农业银行北京分行票据买入返售业务发生重大风险事件，经核查，涉及风险金额为39.15亿元。目前，公安机关已立案侦查。农业银行正积极配合侦办工作，加强与相关机构沟通协调，最大限度保证资金的安全。”一般而言，银行为了控制风险，存兑纸质汇票是以1 000万元作为最高单张票面金额的，那么39.15亿元所代表的承兑汇票的数额也是极其巨大的。实际上，农行39.15亿元仅仅是票据江湖倒下的第一张多米诺骨牌。

农行票据案爆发不到一周，中信银行1月28日晚间公告称，公司兰州分行发生票据业务风险事件，经核查，涉及风险金额为人民币9.69亿元。同时公告称，目前公安机关已立案侦查，公司正积极配合侦办工作，加强与相关机构协调沟通，最大限度保证资金安全。

银监会于4月6日发布2016年的69号文件，通报了一起不法分子冒用龙江银行名义办理商业承兑汇票贴现、转贴现风险事件。涉案的商业承兑汇票共计9张，金额合计6亿元。根据银监会的通报，涉案的6亿元资金已全部收回，但是伪造的印章尚未被公安机关收缴、涉及的犯罪嫌疑人也未全部到案。

4月8日，登陆港交所没多久的天津银行公告称，天津银行上海分行票据买入返售业务发生一起风险事件，涉及风险金额为7.86亿元，目前公安机关已立案侦查。作为近年来赴港上市的内地城商行代表之一，天津银行3月30日在港交所挂牌交易，每股发行价7.39港元，募集资金近74亿港元，上市的所得款项净额将用于充实资本金，以满足天津银行业务持续增长需要。

7月7日午间，宁波银行发布公告称，公司在开展票据业务检查过程中，发现深圳分行原员工违规办理票据业务，共涉及3笔业务，合计金额为32亿元。目前该3笔票据业务已结清，银行没有损失。公告还称，经公司进一步检查发现，上述原员工还涉嫌金融票据违法犯罪行为，公安机关已对其进行立案侦查，公司将加强与相关机构沟通协调，积极配合公安机关的侦查工作。事实上，农行39.15亿元票据案中，宁波银行就曾与涉事的农行北京分行开展买入返售业务。当事件曝光后，宁波银行亦发布澄清公告称，该单业务属该公司开展的同业间正常的票据交易，没有通过票据中介，涉及交易量也仅是其中一部分，宁波银行未有任何损失。

票据江湖风起云涌，首先我们需要对票据知识做个基本了解。所谓票据，是指以支付金钱为目的的有价证券。在我国，票据即汇票、支票及本票的统称，支票可以看作汇票的特例。在目前的理财中，最常接触到的是汇票。按照出票人的不同，汇票可分为银行汇票（由出票银行签发）和商业汇票（由一般企业签发）；按承兑的人不同，又可分为银行承兑汇票和商业承兑汇票。商业承兑汇票和银行承兑汇票的区别在于，承兑人不同，决定了银行承兑汇票是银行信用，商业承兑汇票是商业信用，前者就是企业缺钱，到银行开张票，然后，无论是谁只要拿了这张票，就可以到银行去拿钱，银行必须无理由地给你钱。后者就是一般的商业公司自己开了一张票，任何人拿到这张票，都可以跑到这家公司去要钱，这家公司必须无条件给钱。

目前使用较多的是银行承兑汇票，它实质是一种贷款业务。如A企业需要购买B企业的货物，但资金不够，就可通过要求银行开具承兑汇票付款给B企业。A企业要想将银行存兑汇票开出，首先需要有银行给企业授信，企业缴纳一定保证金，或者有一定抵押物，银行会为企业开一张存兑汇票。承兑汇票最长期限为6个月。存兑汇票是银行开出的信用，B企业可能不希望到6个月后才拿到钱，就可到银行或者第三方机构贴现，提前拿到钱。由此衍生开来，票据可能多次转手，变成一种融资工具。

在票据市场，转贴现业务发生在银行之间。对于贴现完的票，银行会盖章，完成贴现的票据便会进入银行间市场，不再参与企业间流转。转贴现买卖方式有很多，市场上比较常见的有买入返售、卖出回购等。而所谓票据买入返售实质是银行同业间的资金拆借业务。当A银行手里有很多已贴现但未到期的承兑汇票，又需要资金时，就可到B银行开展买入返售业务，先用这些票据质押从B银行拆借资金，并约定A银行会以一定价格回购。在具体操作中，银行间往往会出现票据中介。这些质押票据可能再从B银行流出，中介持有这些票据重新到别的银行去贴现套取资金。

据财新网报道，农行案件的大致脉络是，农行北京分行与某银行进行银行承兑汇票转贴现业务，在回购到期前，汇票应存放在农行北京分行的保险柜里，不得转出。但实际情况是，汇票在回购到期前，就被某重庆票据中介提前取出，与另外一家银行进行了回购贴现交易，而资金并未回到农行北京分行的账上，而是非法进入了股市。据称，农行北京分行保险柜中的票据被换成报纸。

有媒体报道称，农行北京分行的两名员工已被立案调查，原因正是涉嫌非法套取票据。那么农行在买入返售持票中，真票据究竟是入库前、入库后还是上门取票封包时被盗的？

“在我之前待过的银行，票据、章子都跟着车一起运到金库，农行北京分行大概也不会例外。”有银行业内人士称，买入返售环节中，农行肯定要验票，验票以后封存。票据部的人如果想作案还需要串通会计，但银行是条线管理，会计部不可能听票据部摆布。

他表示，所以一开始入库的时候就是一包报纸的可能性不大。因为无论是移交、审验、保管，都要由会计部的两名同事在摄像头下完成，难度太大。如果是先入库再偷偷出库，这就更复杂了，因为出库也是双人出库，全部都有摄像头。

与入库前验票封存过程中被调换和入库后被盗出相比，上门取票封包受监控较少，如果票据交易员为了做手脚，可能避开票据在本行入库，提出携一名会计人员上门取票，年轻的会计人员受到利诱或工作疏忽被利用，最终封包带回一包报纸。这是可能性较大的一种情况。

不过，上述猜测是建立在上门取票封包不拆开看的基础上的，封包和入库是两个环节的两种风控程序。如果前面一道双人复核制度没有约束到位，被两个人串通好了，一旦封包后，后面一道程序就是进入库房，库房的人确实不知道封包里的东西是什么。每天省分行都有很多封包要入库，让库房的人挨个去查并不现实，目前银行也都不是这么做的。

通过对以上案情分析可以发现，农行与天津银行的性质较为类似，都是通过买入返售业务得到票据，票据最初并非由这两家银行签发，而是其他小银行（通常是村镇银行或信用社）签发，经过层层背书，票据逐渐由小银行流到大银行，农行与天津银行的上一家银行与之约定在票据到期之前按照约定价格购回。不过在到期之前，这两家银行的票据被挪作他用。

中信银行的问题则出在开票环节，也就是票据并没有真实的贸易背景，而是由银行“内鬼”伙同他人（票据中介）假造的票据。据财新报道，中信银行兰州分行跟杭州票据中介有长期合作关系，已经约定好利率和出票规模，开票企业也联系好了。但中介挪用了票据资金，银行的票据卖出去，资金却没有还给银行。中介挪用资金的用途之一，是去配置炒股。

与农业银行、天津银行票据转贴现中丢票丢钱不同，宁波银行公告的票据风险虽然涉案金额巨大，但钱已经被追回，没有产生损失。宁波银行的钱没有损失为何要发公告？相关知情人士称，本案中，宁波银行手中的商票为某上市公司旗下企业，由于金额巨大且发生逾期，所以宁波银行选择了报案。报案后，企业将钱兑付。但本案进一步牵出有宁波银行内部员工在该笔业务中存在“不检点”收取好处等违规行为。所以将该员工移交公安机关立案侦查。目前商票的钱已经全部兑付，但宁波银行作为上市公司，报案后依然需要公告披露。

这些案件都说明银行在监管方面存在重大漏洞，都是出现在票据贴现、转贴现过程之中，利用时间差获得低资本资金，挪作他用。银行承兑汇票原本是一种解决贸易双方信任问题的支付工具（带融资功能），最后被当成了中小企业的纯融资工具。

事实上，票据业务风波不断也跟票据业务的激进发展有关。央行数据显示，2016 年以来短期贷款和票据融资占新增人民币贷款的 63.2%。尤其是票据融资连续 5 个月增长，前 5 个月全国票据融资增加 7 302 亿元，占同期人民币各项贷款增加额的 18%，票据业务短期发展过快，然而与之相适应的风险管控手段并没有跟上发展步伐，导致票据中介盛行、违规操作频发。

资料来源：

经作者综合分析整理：

1. 农行惊爆 39 亿大案！为什么看上去很安全的票据业务也会出问题？
   http：//www. managershare. com/post/232582.
2. 农行 39 亿元票据变报纸 这水有多深.
   http：//money. sohu. com/20160125/n435693171. shtml.
3. 农行曝出 39. 15 亿元票据大案 已上报国务院.
   http：//news. youth. cn/gn/201601/t20160123_7558323. htm.
4. 农行：北分票据案涉 39 亿元 公安已立案.
   http：//finance. caixin. com/2016-01-22/100902910. html.
5. 宁波银行再曝 32 亿元票据风险事件.
   http：//finance. qq. com/a/20160708/010502. htm.
6. 宁波银行原员工 32 亿票据违规操作立案.
   http：//finance. ifeng. com/a/20160708/14574839_0. shtml.
7. 农行、中信、天津银行，三桩票据大案你看懂了吗？
   http：//mt. sohu. com/20160408/n443679835. shtml.
8. 银行票据大案暴风控管理漏洞 揭秘圈内“潜规则”.
   http：//bank. jrj. com. cn/2016/02/01075620514274-1. shtml.
9. 揭秘票据圈潜规则：玩家伙同小银行“一票两押”.
   http：//money. 163. com/16/0201/01/BEMUJVUV00253B0H. html.
10. 银监会通报 6 亿虚假商票贴现、转贴现案件.
    http：//mt. sohu. com/20160408/n443663178. shtml.
11. 天津银行爆发票据案 涉及资金 7. 86 亿元.
    http：//finance. qq. com/a/20160408/033404. htm.

思考题

1. 讨论主要存在哪些不完善的内部控制或缺陷才会导致资料中的票据案件？

2. 商业银行票据业务的关键环节、关键岗位以及关键控制点是什么？应如何设计？

3. 阅读《商业银行内部控制指引》，你认为建立完善的商业银行内部控制制度应关注哪些环节？

第4章 内部控制与公司治理

【本章导读】

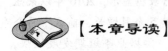

- 公司治理
- 公司治理与内部控制的关系
- 中国公司的治理框架

4.1 公司治理概述

奥利弗·哈特（Oliver Hart）在《公司治理理论与启示》一文中提出了公司治理理论的分析框架。他认为，只要以下两个条件存在，公司治理问题就必然在一个组织中产生：第一个条件是代理问题，确切地说是组织成员（可能是所有者、工人或消费者）之间存在利益冲突；第二个条件是交易费用之大使代理问题不可能通过合约解决。在没有代理问题的情况下，所有的人都会以利益最大化或成本最小化作为自己的行为准则，不需要治理结构来解决争端。如果出现代理问题并且合约不完全，则公司治理结构就至关重要，标准的委托代理人模型中假定签订一份完全合约是没有费用的，然而，实际签订合约的费用可能很大，如果这些交易费用存在，所有的当事人不能签订完全的合约，而只能签订不完全合约；或者，若初始合约模棱两可，当新的消息出现，合约将被重新谈判，否则就会引起法律争端。因此，哈特指出，在合约不完全的情况下（代理问题也将出现），治理结构确实有它的作用。

另一种对公司治理基本问题的解释是科克伦（Philip L. Cochran）和沃特克（Steven L. Wartick）提出的。他们在1988年发表的《公司治理——文献回顾》一文中指出：公司治理问题包括高级管理阶层、股东、董事会和公司其他利害相关者的相互作用中产生的具体问题。

英国牛津大学管理学院院长柯林·梅耶（Colin Mayer）在他的《市场经济和过渡经济的企业治理机制》一文中，把公司治理定义为：公司赖以代表和服务于他的投资者的一种组织安排。它包括从公司董事会到执行经理人员激励计划的一切东西。……公司治理的需求随市场经济中现代股份有限公司所有权和控制权相分离而产生。

国内学者吴敬琏教授认为："所谓公司治理结构，是指由所有者、董事会和高级执行人员即高级经理三者组成的一种组织结构。在这种结构中，上述三者之间形成一定的制衡关系。通过这一结构，所有者将自己的资产交由公司董事会托管；公司董事会是公司的决策机构，拥有对高级经理人员的聘用、奖惩和解雇权；高级经理人员受雇于董事会，组成在董事会领导下的执行机构，在董事会的授权范围内经营企业。"

公司治理是一个多角度、多层次的概念，可以从狭义和广义两个方面去理解。狭义的公司治理，是指所有者、主要是股东对经营者的一种监督与制衡机制，即通过一种制度安排，来合理地配置所有者与经营者之间的权利与责任关系。公司治理的目标是保证股东利益的最大化，防止经营者对所有者利益的背离，其主要特点是通过股东大会、董事会、监事会及管理层所构成的公司治理结构的内部治理。

广义的公司治理则不局限于股东对经营者的制衡，而是涉及广泛的利益相关者，包括股东、债权人、供应商、雇员、政府和社区等与公司有利益关系的集团。公司治理是通过一套包括正式或非正式的、内部的或外部的制度（机制）来协调公司与所有利益相关者之间的利益关系，以保证公司决策的科学化，从而最终维护公司各方面的利益。公司的治理结构如果形同虚设，缺乏科学决策、良性运行机制和执行力，可能导致企业经营失败，难以实现发展战略。

4.1.1 多级代理关系与多级控制系统

所有权和经营权的分离是现代企业最显著的特征之一，而由此引发的多级代理关系和代理问题成为制约企业可持续发展的重要原因，当前公司治理中，“内部人控制”问题突出。

“内部人控制”一词最早是由美国斯坦福大学青木昌彦教授于1994年8月提出的。他认为：“在私有化的场合，多数或相当大量的股权为内部人持有，在企业仍为国有的场合，在企业的重大决策中，内部人的利益得到有力的强调。”广义上来讲，“内部人控制”问题就是“委托—代理”问题，即代理人为了谋取自身利益的最大化，而做出违背委托人利益的事情来。根据现代企业理论，只要企业存在所有权与经营权的分离，就不可避免地要出现“内部人控制”现象。筹资权、投资权、人事权等都掌握在公司的经营者手中即内部人手中，股东很难对其行为进行有效的监督。股东利益与经营者利益在一定程度上存在冲突，如经营者的短期行为、过度投资、过分的在职消费等，都在不同程度上损害了股东的长远利益，提高了代理成本。而权力的过分集中又使“内部人”控制着会计信息的诚信程度，在经营者利益的驱动下势必会制造出诚信程度低的会计信息。

“内部人”是指公司的实际管理层，既包括公司经理层，也包括公司董事，有的公司也将监事划为内部人范围。内部人控制通常是企业的外部成员（如股东、债权人和主管部门等）监管不力，内部成员掌握了实际控制权，是一种在体制转换过程中产生的必然现象。

内部人控制的对象包括剩余控制权或剩余索取权，但主要是剩余控制权。对剩余控制权的掌握使内部人能够对公司的生产、经营、投资和分配等方面的活动产生较大甚至是决定性的影响，并使其满足这些内部人的利益偏好。

内部人控制问题的形成，实际上是公司治理中“所有者缺位”，控制权与剩余索取权不相配的问题。

1. 国有资产产权主体缺位

名义上，国有股的产权是清晰的，国有股也是明确的，可事实上，没有一个真正的主体对国家的这部分股权负责，包括国有资产管理公司。我国的国有资产一直实行的是“国家所有、分级管理”的原则，国有资产实际上由各级政府机构代表国家进行具体管理。事实上，从根本上说，国有企业不存在严格意义上的委托人。所以，当国有资产部门作为全民的代理人来监管和控制国有资产时，不仅激励不足，而且缺乏信息来发现和任命有能力的企业家，根本原因是官员无须为自己的选择承担任何风险或风险损失小于从内部人所获取的收益时，国有资产部门这个代理人的活动主体是缺位的。

2. 监督主体不明确

产权不明晰、委托—代理关系不明确，往往造成监督主体的不明确。例如，将财务监督的重任交给单位领导或财务人员，认为财务监督就是对单位发生的财务收支的合法性、合理性和有效性进行监督，这样就变成了代理人自己对自己进行财务监督，不但财务监督功能全部丧失，而且给大量道德低下的代理人侵犯委托人的财富开了方便之门。

3. 剩余索取权和控制权的不相配

拥有剩余索取权和承担风险的人应当拥有控制权，或者反之，拥有控制权的人应当承担风险。国有企业拥有剩余索取权，承担风险的股东与债权人主体缺失，因而导致其控制权成为一种廉价的控制权。而内部人作为企业的经营成员，他们对企业的经营决策有着“自然”的控制权，由于企业外部监督和控制权的弱化，导致了内部人控制问题的产生。

可以通过完善的公司治理，建立多级控制系统来规避内部人控制的问题，如图 4-1 所示。

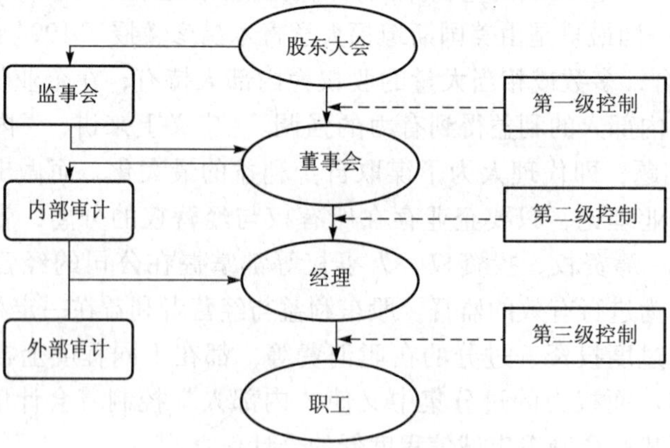

图 4-1 现代企业多级控制系统

资料来源：宋建波．企业内部控制．北京：中国人民大学出版社，2004.

第一级控制系统：所有者权益的利益保障系统。在不考虑其他控制环境因素的情况下，如果管理当局受少数人的支配，将会对企业产生不利影响。要使所有者的利益真正得到有效的保护，规范和健全这一级内部控制至关重要。这一级起决定作用的是股东大会、董事会和监事会的机构设置，以及权力制衡和监督。

第二级控制系统：公司决策和经营目标控制系统。公司的各项目标，从战略至生产经营的目标都是通过公司的各级经理来实现的。经理层是内部控制制度的执行者与执行情况的反馈者，对内部控制起着重要作用。同时，还应协调激励与监督机制，保持经理层的稳定性与公司政策的稳定性，保证内部控制制度的顺利实施。

第三级控制系统：预算执行和业务控制系统。公司的战略和经营目标需进行层层分解，以作为企业各个业务部门的目标，因此企业基层的业务和职能单位是企业目标的具体承担者和保证因素。而这一过程是通过公司总经理对下级经理，以及下级经理对其属下员工这条控制链来完成的，具体的控制方法是通过预算、责任会计、聘任和评价等体系来确保多级目标的实现。

知识链接

世通的破产

世通曾是美国第二大电信公司，在美国“财富 500 强”中曾排名前 100 位。然而就在 2002 年，世通被发现利用把营运性开支反映为资本性开支等弄虚作假的方法，在 1998 年至 2002 年间，虚报利润 110 亿美元。事发之后，世通的股价从最高的 96 美元暴跌至 90 美分。世通于 2002 年年末申请破产保护令，世通的 4 名主管（包括公司的 CEO 和 CFO）承认串谋讹诈，被联邦法院刑事起诉。美国证监会和法院在调查中发现：世通的董事会持续赋予公司的 CEO（Bernard Ebbers）绝对的权力，让他一人独揽大权，而 CEO 却缺乏足够的经验和能力领导世通。美国证监会的调查报告指出：世通并非制衡机制薄弱，而是完全没有制衡机制。世通的董事会并没有负起监督管理层的责任，该公司的审计委员会每年召开会议仅花 3～5 小时，会议记录草草了事，每年只审阅内审部门的最终审计报告或报告摘要，多年来从未对内审的工作计划提出过任何修改建议。由于世通为公司高级管理层提供的丰厚薪酬和奖金，远多于他们对公司的贡献，这使得他们形成了一个既得利益的小圈子。这种恶性循环，最终导致了世通的倒闭。

资料来源：艾亚．安永专家剖析八大风险管理案例．国际融资，2005（2）：43-46.

4.1.2　公司治理模式

1. 德、日治理模式

德、日（德国、日本）治理模式被称为银行控制主导型，其本质特征表现在以下几个方面。

1）商业银行是公司的主要股东，德、日两国的银行处于公司治理的核心地位

商业银行虽然是德、日公司的最大股东，呈现着公司股权相对集中的特征，但是二者仍然存在一些区别。在日本的企业集团中，银行作为集团的核心，通常拥有集团内企业较大的股份，并且控制了这些企业外部融资的主要渠道。德国公司则更依赖于大股东的直接控制，由于大公司的股权十分集中，使得大股东有足够的动力去监控经理阶层。另外，由于德国公司更多地依赖于内部资金融通，所以德国银行不像日本银行那样能够通过控制外部资金来源对企业施加有效的影响。

2）法人持股或法人相互持股

法人相互持股有两种形态：一种是垂直持股，如丰田、住友公司，它们通过建立母子公司的关系，达到生产、技术、流通和服务等方面相互协作的目的；另一种是环状持股，如三菱公司、第一劝银集团等，其目的是相互之间建立起稳定的资产和经营关系。总之，公司相互持股加强了关联企业之间的联系，使企业之间相互依存、相互渗透、相互制约，在一定程度上结成了“命运共同体”。

3）严密的股东监控机制

德、日公司的股东监控机制是一种“主动性”或“积极性”的模式，但两者也有所不同。

德国公司的业务执行职能和监督职能相分离，并成立了与之相对应的两种管理机构，即执行董事会和监事会，亦称双层委员会制，其源于荷兰的东印度公司。公司机关由股东会、监事会、执行董事会组成，三者为上下级关系，即股东会之下设监事会，监事会之下设执行董事会，监事会向股东会负责并汇报工作，执行董事会向监事会负责并汇报工作。德国公司治理是建立在“共同决定制”原则基础上的，以监督职能为中心构建委员会，由“股东代表”和“职工代表”共同组成第一层委员会——监事会，职工代表必须进入监事会，所占席位的比重与股东持平，但是，监事会的主席必须由股东出任，并享有额外的一票追加权，通常监事会副主席由职工代表担任。监事会负责监督，包括制定公司政策、拟定执行目标、监控执行过程、评价执行结果、任免执行董事会成员。监事会对执行董事会的提案有否决权，但终审权掌握在股东大会手中。执行董事会负责公司的日常运作，向监事会报告和负责。

日本公司中，由于日本银行的双重身份，决定了其必然在固定行使监控权力中发挥领导的作用。日本银行及其法人股东通过积极获取经营信息对公司主管实行严密的监督。日本的董事会与美国很相似，基本上是实行业务执行机构与决策机构合二为一。但是日本董事会的股东代表特别少，大部分都是内部高、中层的经理和管理人员等，从董事会成员构成可以看出，董事会不是股东真正行使监控权力的机构。从控制机制看，主银行（某企业接受贷款中所占比例排第一位的银行称为该企业的主银行，而由主银行提供的贷款叫作系列贷款，包括长期贷款和短期贷款）和经理会发挥着主要的监督与控制作用，主银行可以通过召开股东大会或董事会来更换公司领导层。公司发展所需要的资金主要来自银行贷款而不是发行股票或债券，股票市场对经理人员的影响很小。

2. 英、美治理模式

英、美公司的股东非常分散，而且相当一部分股东是只有少量股份的股东，其实施治理权的成本很高，因此，不可能将股东大会作为公司的常设机构，或者经常就公司发展的重大事宜召开股东代表大会，以便作出有关决策。在这种情况下，股东大会就将其决策权委托给一部分大股东或有权威的人来行使，这些人组成了董事会。股东大会与董事会之间的关系实际上是一种委托代理关系。

董事会是股东大会的常设机构，其职权是由股东大会授予的。董事会内部设立不同的委员会，以便协助董事会更好地进行决策。一般而言，英、美公司的董事会大都附设执行委员会、任免委员会、报酬委员会、审计委员会等一些委员会。公司的董事分成内部董事和外部董事。外部董事一般在公司董事会中占多数，但一般不在公司中任职；内部董事一般都在公司中担任重要职务，是公司经营管理的核心成员，美国大多数公司的内部董事人数为 3 人，很少有超过 5 人的。英、美公司中没有监事会，而是由公司聘请专门的审计事务所负责有关公司财务状况的年度审计报告。公司董事会内部虽然也设立审计委员会，但它只是起协助董事会或总公司监督子公司财务状况和投资状况等的作用。

美国 2002 年颁布的萨奥法案，强化了董事会下的审计委员会的监督职权，要求上市公司审计委员会的成员必须是独立的，并且必须有一个是财务专家。

在职权方面，审计委员会具有以下权力：① 直接指定、聘任、解聘、评价该上市公司的外部审计师，决定其报酬，并监督其工作（包括解决该审计师与管理层之间有关财务报告的意见分歧）；② 在 2005 年 7 月 31 日之前，建立相关程序，以接收、保留并处理职工关于会计、内部会计控制和审计事务的意见和投诉，或者职工匿名提出的对有疑问的会计和审计事务的意见；③ 向外部法律顾问、会计顾问或其他顾问提出咨询，而无须事先得到董事会的批准；④ 聘任独立律师和其他顾问；⑤ 对管理层遵循财务法律法规的情况进行监督；⑥ 审核并批准审计服务费用的标准；⑦ 审核并批准外部审计师向公司提供非审计服务的事项；⑧ 检查公司财务控制、内部控制及风险管理制度，与管理层讨论内部控制系统，确保管理层已履行职责，建立了有效的内部监控系统。

3. 东南亚家族治理模式

东南亚的新加坡、马来西亚和印度尼西亚等国家的企业具有鲜明的家族色彩，其公司治理形成了典型的家族治理模式，这一模式的特点是：企业的所有权与经营权不分离，企业与家族合二为一。在这一模式下，企业的所有权主要控制在由血缘、亲缘和姻缘为纽带而组成的家族成员手中，主要经营管理也由家族成员负责，因而企业的股权极其集中，企业决策家长化。家族治理模式的一大优点就是，公司的经营者受到家族利益和亲情的双重激励与约束。在这种模式中，董事会沦为一个虚设机构，几乎没有监督和决策作用，而家族长老则一统天下。东南亚模式的优点在于，由于家族和企业合二为一，企业的凝聚力较强，另外，家族成员控制企业所有权和经营权，企业受到亲情和家族伦理的双重规范，因而能够保持较强的稳定性。

综上所述，英、美模式为单层制模式，以外部监控型治理为主，内部控制是随机的、非连续的；德、日模式为双层制模式，以内部监控型治理为主，是金融资本和财阀的连续控制；东南亚模式为家族监控型治理模式。

东南亚国家的家族控制模式与德、日的股东监控模式有相似之处，两者的共同特点均表现为大股东的直接监控，只不过在德国和日本，大股东主要为银行或大财团，而在东南亚国家，大股东主要为控股家族。英、美模式主要根植于自由市场经济，崇尚自由竞争，信奉股东财富最大化；德、日模式则更多形成和发展于混合市场经济，长期利益与集体主义是其得以生长的文化理念支持。

4.2　公司治理与内部控制的关系

公司治理可以细分为外部公司治理和内部公司治理。

外部公司治理就是公司的出资者（股东和债权人）通过市场体系对经营者进行控制，以确保出资者收益的方式。外部公司治理机制主要包括以下方面。① 产品市场。市场压力是大部分自由市场经济防止商业公司滥用它们的权力和长期维持经营的基本机制。公司治理都要依赖产品市场。规范和竞争的产品市场是评判公司经营成果和经理人员管理业绩的基本标准，优胜劣汰的市场机制能起到激励和鞭策经理人员的作用。② 经理市场。功能完善的经理市场能根据经理人员的前期表现对其人力资本估价，因而能激励经理人员努力工作。③ 资本市场。资本市场的公司治理机制又可以划分为股权市场的治理机制和债权市场的治理机制两部分。④ 并购市场。从公司治理的角度而言，活跃的控制权市场作为公司治理的外部机制有其独特的作用，适度的接管压力也是合理的公司治理结构的重要组成部分。但并购机制的发挥需要支付较大的社会成本和法律成本，而且需要发达的具有高流动性的资本市场作为基础。⑤ 市场中的独立审计评价机制。这主要靠市场中立机构，如会计师、审计师、税务师和律师事务所等的客观、公正的评判与信息发布。外部治理机制作为一种非正式的制度安排，主要是利用市场机制让经理人员感受到持续的、无处不在的压力和威胁。

内部公司治理是指公司的出资者为保障投资收益，就控制权在出资者、董事会和高级经理层组成的内部结构之间的分配所达成的安排。公司的内部治理机制是直接通过股东大会、董事会和经理层等公司内部的决策与执行机制发生作用的。具体而言，内部公司治理机制主要包括：① 股东权利保护和股东大会作用的发挥；② 董事会的形式、规模、结构及独立性；③ 董事的组成与资格；④ 监事会的设立与作用；⑤ 薪酬制度及激励计划；⑥ 内部审计制度等。这些内部治理方面制度安排的目的是建立完善的监督、激励、约束和决策机制。内部治理也就是通常说的公司的治理结构。

对于公司治理与内部控制之间的关系，学术界和实务界有几种不同的看法。

1. 公司治理是内部控制的环境要素

阎达五（2001）认为，公司治理是内部控制有效运行的保障，内部控制是优化公司治理结构的必要条件。内部控制与公司治理是制度与环境因素，其外延拓宽正是由于治理机制变化所致。AICPA 的《审计准则第 55 号》，COSO 的《内部控制：整体框架》，《风险管理框架》这三个研究报告均把董事会及其对待内部控制的态度认定为内部控制的控制环境，而董事会又是现行公司治理结构的核心，因此人们自然将公司治理结构当作内部控制的制度环境来对待。我国 2008 年颁布的《企业内部控制基本规范》则把直接治理结构作为内部环境的一部分，第十一条“企业应当根据国家有关法律法规和企业章程，建立规范的公司治理结构和议事规则，明确决策、执行、监督等方面的职责权限，形成科学有效的职责分工和制衡机制。股东大会享有法律法规和企业章程规定的合法权利，依法行使企业经营方针、筹资、投资、利润分配等重大事项的表决权。董事会对股东（大）会负责，依法行使企业的经营决策权。监事会对股东大会负责，监督企业董事、经理和其他高级管理人员依法履行职责。经理层负责组织实施股东大会、董事会决议事项，主持企业的生产经营管理工作”，将公司治理视为内部控制的“内部环境”要素的一部分，能够体现公司治理结构对内部控制所起的制约作用。

2. 公司治理与内部控制嵌合关系

一部分学者认为，公司治理与内部控制是相互作用、相互影响的。程新生（2004）认为公司治理、内部控制和组织结构三者是互动的，指出对治理效率和经营效率的共同追求推动了内部控制演进，并建立治理型内部控制。杨有红（2004）认为内部控制系统局限性的克服不仅依靠系统本身的完善，还信赖于公司治理与内部控制两者间的无缝对接。公司治理与内部控制都产生于委托代理问题，但两者委托代理的层次是不同的。两者思想上的同源性与产生背景的差异性是对接的基础，公司治理规范的创新是实施对接的途径。李连华（2005）认为将公司治理与内部控制关系概括为主体与环境的关系，即所谓的制度环境论，不是非常准确，也降低了它们彼此之间的依赖性和对方所具有的重要意义，从而导致在内部控制建设中忽视公司治理结构的影响或者在构建公司治理结构时忽视内部控制的重要性，他认为两者的关系应描述为嵌合关系，二者存在交叉部分（见图 4-2）。

① 两者都产生于委托代理问题。公司治理和内部控制是决定公司经营效率和公司能否发展的关键要素。两者具有思想同源性：委托代理关系成为现实的情况下，实现不丧失控制的授权。公司治理产生于两权分离，是基于所有权、控制权、经营权相分离的事实而建立的约束、激励和监督机制，试图解决所有者与经营者的委托代理问题。内部控制则解决公司经营管理中不同层次经营者的委托代理问题。

② 两者的委托代理层次不同。公司治理处理的是股东（权利人）、董事会（决策层）和经理班子（执行层）三者之间的关系；内部控制处理的是董事会（决策层）、经理班子（执

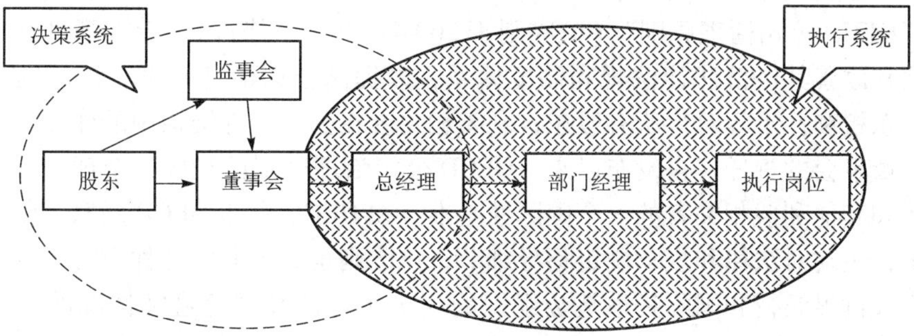

公司治理结构
目标：决策的合理性与效率
手段：监督与奖励
重心：董事会
程序：股东大会和董事会的分层决策制度
内容：重大投资决策，高层管理人员的人事决策，重大资本变更决策，财务报表的审批等

内部控制制度
目标：经营，可靠性，合规性，战略性目标
手段：岗位分离、请示与批准、记录与复核、检查与盘点等
重心：各个业务的执行岗位，而且越向下重要性越强
程序：预算、执行、检查、考核
内容：生产经营业务（会计核算、材料采购、产品生产、产品销售等）

图 4-2　公司治理结构与内部控制的关系

资料来源：李连华．公司治理结构与内部控制的链接与互动．会计研究，2005（2）：64-69.

行层）和次级执行层（各单位、部门）的关系。

3. 内部控制是公司治理的工具手段

弗雷德里克·温斯洛·泰勒的《科学管理原理》（1911 年）以及法约尔的《工业管理和一般管理》（1916 年）就已正式提出“控制”概念，法约尔甚至把“控制”作为五大管理职能之一（管理五大职能即计划、组织、指挥、协调和控制）。在管理学上，控制包括三个要素：衡量实际绩效；将实际绩效与标准进行比较；采取行动纠偏或不适当的标准。管理学上的控制也是针对组织内部的，实际上就是内部控制的概念，只不过是“小口径”内部控制概念。内部控制就是以控制论为基础，分析研究具体过程，对各个管理环节进行有效的调节和控制。而公司治理是对所有者、管理者和其他利益相关者之间责权利的制衡和安排，内部控制可以理解为一种工具手段，通过各种内部控制方法，有助于促进这种责权利的制衡安排，实现和保证其效力的发挥。

总之，内部控制与公司治理结构是不同的概念，不能相互替代，也不能相互覆盖，完善的公司治理结构有利于内部控制制度的建立和执行，健全的内部控制制度也将促进公司治理结构的完善和现代企业制度的建立。

4.3　中国公司的治理框架

自 20 世纪 90 年代以来，由于经济的日益全球化，公司的治理结构越来越受到世界各国的重视，形成了一个公司治理运动的浪潮。而推进公司治理改革的一项重要措施就是制定公司治理的基本原则和标准，其中最具有代表性的就是经济合作与发展组织（OECD）于1999年推出的“OECD公司治理原则”（该准则于2004年进行了修订），旨在帮助其成员国及非成员国评估和改善其经济法律法规和制度体系，以提高公司治理水平。该原则包括5个部分：保护股东权利；平等对待所有股东；利害相关者在公司治理结构中的作用；及时准确地披露信息；董事会的责任。自发布以来，OECD公司治理原则已经成为全球政策制定者、投资者、企业和其他利益相关者的一个国际性基准。在OECD和非OECD国家，都在为改善公司治理状况，主动对法律和规章制定指导细节，该准则也为企业的各种应对方案提供了一个基础，并构成世界银行和国际货币基金组织的《关于标准和规范遵守情况的报告》中有关公司治理的一部分。此后，各国在OECD治理原则的基础上也相继制定了适合本国特点的公司治理准则或最佳做法。中国公司的治理框架如图4-3所示。

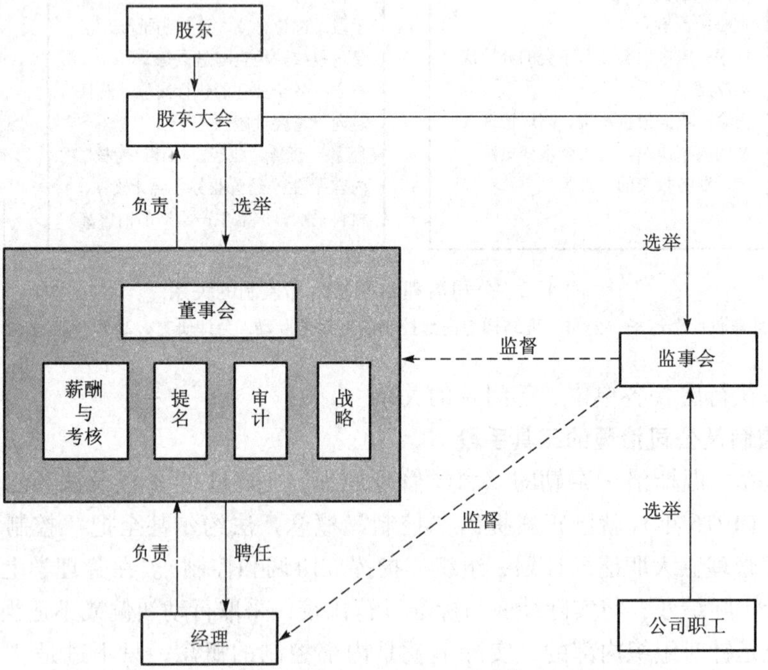

图4-3　中国公司的治理框架

注：① 董事会成员中，独立董事的比例不少于1/3；

② 监事会成员中，职工代表的比例不得低于1/3。

2002年，中国证监会和国家经贸委联合发布了《上市公司治理准则》。该准则参照国外公司治理实践中普遍认同的标准，针对我国上市公司治理方面存在的突出问题，提出了一套兼顾原则性与操作性的措施。该准则阐明了我国上市公司治理的基本原则，投资者权利保护的实现方式，以及上市公司董事、监事、经理等高级管理人员所应当遵循的基本的行为准则和职业道德等内容，该准则适用于中国境内的上市公司。

企业应当根据国家有关法律法规的规定，明确董事会、监事会和经理层的职责权限、任职条件、议事规则和工作程序，确保决策、执行和监督相互分离，形成制衡。董事会对股东（大）会负责，依法行使企业的经营决策权。可按照股东（大）会的有关决议，设立战略、审计、提名、薪酬与考核等专门委员会，明确各专门委员会的职责权限、任职资格、议事规则和工作程序，为董事会科学决策提供支持。监事会对股东（大）会负责，监督企业董事、经理和其他高级管理人员依法履行职责。经理层对董事会负责，主持企业的生产经营管理工作。经理和其他高级管理人员的职责分工应当明确。董事会、监事会和经理层的产生程序应当合法合规，其人员构成、知识结构、能力素质应当满足履行职责的要求。治理结构形同虚设，缺乏科学决策、良性运行机制和执行力，可能导致企业经营失败，难以实现发展战略。

4.3.1　股东和股东大会

股东是指公司的出资者，有自然人股东与企事业单位法人股东。股东按其持有的股份享有平等的权利，并承担相应的义务。股东大会是公司的最高权力机关，它由全体股东组成，对公司重大事项进行决策，有权选任和解除董事，并对公司的经营管理有广泛的决定权。股东大会既是一种定期或临时举行的由全体股东出席的会议，又是一种非常设的由全体股东所组成的公司制企业的最高权力机关。它是股东作为企业财产的所有者，对企业行使财产管理权的组织。企业一切重大的人事任免和重大的经营决策一般都得由股东大会认可和批准方才有效。股东大会的性质主要体现在以下两个方面。

1. 股东大会应体现全体股东意志

股东大会是由全体股东组成的权力机关，它是全体股东参加的大会，而不应是股东代表大会。现代企业股权分散，股东人数有上万甚至几十万，他们不可能全部出席股东大会。因此，股东不能亲自到会的，应委托他人代为出席投票，以体现全体股东的意志。

2. 企业最高权力机关

股东大会是企业经营管理和股东利益的最高决策机关，不仅要选举或任免董事会和监事会成员，而且企业的重大经营决策和股东的利益分配等都要得到股东大会的批准。但股东大会并不具体和直接介入企业生产经营管理，它既不对外代表企业与任何单位发生关系，也不对内执行具体业务，本身不能成为企业法人代表。

以下为股东大会的职权：

（1）决定公司的经营方针和投资计划；

（2）选举和更换董事，决定有关董事的报酬事项；

（3）选举和更换由股东代表出任的监事，决定有关监事的报酬事项；

（4）审议批准董事会的报告；

（5）审议批准监事会的报告；

（6）审议批准公司的年度财务预算方案、决算方案；

（7）审议批准公司的利润分配方案和弥补亏损方案；

（8）对公司增加或减少注册资本作出决议；

（9）对发行公司债券作出决议；

（10）对公司合并、分立、解散和清算等事项作出决议；

（11）修改公司章程。

在股权集中尤其是存在控制性股东的状态下，控制性股东与中小股东的利益冲突不可避免。我国股权高度集中，一些控股股东掌握了公司的实际控制权。这些控股股东凭借控制权去侵占公司和小股东的利益，获取了大量的控制权私有收益。经济学通常用“隧道行为”来描述大股东对中小股东利益的侵占。大股东的“隧道行为”主要有两种方式：一是通过关联交易转移公司资产或资源，或者将大股东的风险转移到上市公司，如以有利于控股股东的方式进行资产买卖、大股东无偿占用上市公司资金、上市公司为大股东提供贷款担保等；二是通过各种财务安排，使公司利益向大股东转移，如制定有利于大股东的分红政策、通过不公平的二次发行稀释其他股东权益等。股权分置改革后，我国上市公司“一股独大”的股权结构并没有改变，大股东通过“隧道行为”侵占中小股东利益已经成为制约中国证券市场发展的顽疾。

上市公司的治理结构应确保所有股东拥有平等地位，这种平等应为“实质上的平等”。在资本多数决定原则下，中小股东的意志被大股东的意志所遮蔽，他们的诉求常常得不到体现，大股东利用其股本优势和对董事会及管理层的控制，很容易作出有利于自身的决策，当大、小股东的利益发生冲突时，小股东的利益得不到保障。上市公司治理机制中引入“股东实质平等”原则，是坚持资本多数决定原则的同时对控股股东施加合理的限制，强调大股东对中小股东和其他利益相关者的受托责任和诚信义务，防止大股东对资本多数决定原则的滥用，以实现股东间的利益平衡。

上市公司的重大决策应由股东大会和董事会依法作出。控股股东不得直接或间接干预公司的决策及依法开展的生产经营活动，损害公司及其他股东的权益。控股股东与上市公司应实行人员、资产、财务分开，机构、业务独立，各自独立核算、独立承担责任和风险。上市公司人员应独立于控股股东。上市公司的经理人员、财务负责人、营销负责人和董事会秘书在控股股东单位不得担任除董事以外的其他职务。控股股东高级管理人员兼任上市公司董事的，应保证有足够的时间和精力承担上市公司的工作。

◉ 知识链接

一个人的股东大会

2000 年 9 月 11 日，一家叫“伊煤 B”的上市公司（全名“内蒙古伊泰煤炭股份有限公司”，代码 900948)，其举行的股东会议出席的股东只有 1 人。出席者就是公司国有股东伊煤集团，代表股权 20 000 万股，占总股本的 54.64%，因此会议“总表决票数”超过了出席会议股份总数的 1/2。“符合《公司法》及《公司章程》的有关规定，合法有效。”当然，参加股东会议的自然人远不止 1 人，包括 9 名董事、7 名监事，还有鉴证律师，全部到会，因此，会议还开得像模像样。在唯一的一名股东也就是现任董事长代表国有股投票时，照样有“一致推举”的一名股东代表（又是董事长，因为除他之外谁也没有资格)、两名监事，担任投票表决的监票和清理工作。

伊煤 B 的这次“股东会议”，共有两项议程：第一项是给予董事每人每月 1 000 元津贴，给予监事每人每月 600 元津贴，当然无异议；第二项是审议董事会及高管人员年薪报酬的议案，包括基础报酬和效益报酬，也有具体的计算公式和发放公式。毫无疑问，也是百分之百股东一致同意。相信这两项议程在一个月前董事会开会时已做过认真讨论，递交股东会议审议只是走走形式而已。

资料来源：李维安，武立东．公司治理教程．上海：上海人民出版社，2002.

4.3.2　董事和董事会

董事是指对外代表公司、对内执行业务的公司常设机构的成员。占据董事职位的人可以是自然人，也可以是法人。股份有限公司的董事由股东大会选举产生，可以由股东或非股东担任。董事的任期一般都是在公司内部细则中给予规定，有定期和不定期两种：定期是把董事的任期限制在一定的时间内，一般为 3 年左右；不定期是指从任期那天算起，满 3 年改选，但可连选连任。

董事会是依照有关法律、行政法规和政策规定，按公司或企业章程设立并由全体董事组成的业务执行机关。具有如下特征：董事会是股东大会这一权力机关的业务执行机关，负责公司或企业的业务经营活动的指挥与管理，对股东大会负责并报告工作。

董事会的主要职权如下：

（1）召集股东会会议，并向股东会报告工作；

（2）执行股东会的决议；

（3）决定公司的经营计划和投资方案；

（4）制订公司的年度财务预算方案、决算方案；

（5）制订公司的利润分配方案和弥补亏损方案；

（6）制订公司增加或者减少注册资本以及发行公司债券的方案；

（7）制订公司合并、分立、解散或者变更公司形式的方案；

（8）决定公司内部管理机构的设置；

（9）决定聘任或者解聘公司经理及其报酬事项，并根据经理的提名决定聘任或者解聘公司副经理、财务负责人及其报酬事项；

（10）制定公司的基本管理制度；

（11）公司章程规定的其他职权。

上市公司董事会可以按照股东大会的有关决议，设立战略、审计、提名、薪酬与考核等专门委员会。专门委员会成员全部由董事组成，其中审计委员会、提名委员会、薪酬与考核委员会中独立董事应占多数并担任召集人，审计委员会中至少应有一名独立董事是会计专业人士。

1. 审计委员会

在董事会各专业委员会中，审计委员会对内部控制的建立健全和有效实施发挥着尤其重要的作用。审计委员会对董事会负责并代表董事会对经理层进行监督，侧重加强对经理层提供的财务报告和内部控制评价报告的监督，同时通过指导和监督内部审计和外部审计工作，提高内部审计和外部审计的独立性，在信息披露、内部审计和外部审计之间建立起了一个独立的监督和控制机制。审计委员会的主要职能是监督上市公司的外部审计、指导内部审计和内部控制工作、审阅财务报表并对其发表意见，以促进上市公司完善治理结构、强化内部控制、确保外部审计机构的独立性、加强公司财务报告信息的真实性和可靠性。2013 年 12 月上海证券交易所发布《上市公司董事会审计委员会运作指引》，为上市公司提供可资借鉴的模式，以充分发挥审计委员会的作用，提升上市公司规范运作水平。

审计委员会的运作应遵循独立性、专业性和有效性的原则。独立性是审计委员会能否切实发挥作用的先决条件；审计委员会是董事会的下属委员会，又是公司治理中的监督和制衡力量。只有保证审计委员会成员相对于公司管理层的独立性，其设立的目的和作用才能得以实现。审计委员会成员由董事会从董事会成员中任命，并由3名或以上成员组成。审计委员会成员原则上须独立于上市公司的日常经营管理事务。审计委员会中独立董事委员应当占审计委员会成员总数的1/2以上。专业性是审计委员会能否充分履行职责的关键因素。审计委员会全部成员均须具有能够胜任审计委员会工作职责的专业知识和商业经验。审计委员会召集人须具备会计或财务管理相关的专业经验。审计委员会的工作职责涉及大量的财务及相关专业知识，缺乏专业胜任能力的成员难以在有限的工作时间内发现与财务报告相关的内外部审计、内部控制等问题。为促进审计委员会有效履职，《运作指引》采用了“不同意即解释”的做法，规定：审计委员会就其职责范围内事项向上市公司董事会提出审议意见，董事会未采纳的，上市公司须披露该事项并充分说明理由。在董事会各专业委员会中，审计委员会对内部控制的建立健全和有效实施尤其发挥着重要作用。

2. 战略委员会

战略委员会的主要职责是对公司长期发展战略和重大投资决策进行研究并提出建议。《企业内部控制应用指引第2号——发展战略》规定企业应当在董事会下设立战略委员会，或指定相关机构负责发展战略管理工作，履行相应职责。企业应当明确战略委员会的职责和议事规则，对战略委员会会议的召开程序、表决方式、提案审议、保密要求和会议记录等作出规定，确保议事过程规范透明、决策程序科学民主。战略委员会应当组织有关部门对发展目标和战略规划进行可行性研究和科学论证，形成发展战略建议方案；必要时，可借助中介机构和外部专家的力量为其履行职责提供专业咨询意见。战略委员会成员应当具有较强的综合素质和实践经验，其任职资格和选任程序应当符合有关法律法规和企业章程的规定。

3. 提名委员会

提名委员会是董事会按照股东大会的决议设立的专门工作机构，主要负责对公司董事和经理人员的人选、选择标准和程序进行选择并提出建议。

提名委员会的主要职责是：① 研究董事、经理人员的选择标准和程序并提出建议；② 广泛搜寻合格的董事和经理人员的人选；③ 对董事候选人和经理人选进行审查并提出建议。

4. 薪酬与考核委员会

薪酬与考核委员会是董事会按照股东大会决议设立的专门工作机构，主要负责制定公司董事（不含独立董事）、高级管理人员的考核标准并进行考核；负责制定、审查公司董事（不含独立董事）及高级管理人员的薪酬政策与方案，对董事会负责。

薪酬与考核委员会的主要职责是：① 研究董事与经理人员考核的标准，进行考核并提出建议；② 研究和审查董事、高级管理人员的薪酬政策与方案。

上市公司董事会下设的审计委员会、薪酬与考核委员会中，独立董事应当占多数并担任负责人，审计委员会中至少还应有一名独立董事是会计专业人士。各专门委员会可以聘请中介机构提供专业意见，有关费用由公司承担。各专门委员会对董事会负责，各专门委员会的提案应提交董事会审查决定。

5. 独立董事

董事分为外部董事与内部董事，或者非执行董事与执行董事。外部董事和非执行董事（独立董事）均是指本人目前不是公司雇员的董事。外部董事是美国的称谓，非执行董事是英国的称谓。与外部董事或非执行董事相对应的是那些既是董事会成员同时又在公司内担任管理职务的董事，这类董事被称为内部董事或执行董事。

独立董事最早出现在美国，1940 年美国颁布的《投资公司法》明确规定，投资公司的董事会中，至少要有 40% 的成员独立于投资公司、投资顾问和承销商。投资公司设立独立董事的目的，主要是克服投资公司董事为控股股东及管理层所控制从而背离全体股东和公司整体利益的弊端。独立董事的独立性一般体现在三个方面：与公司不存在任何雇佣关系；与公司不存在任何交易关系；与公司高层职员不存在亲属关系。

谁有资格当董事呢？真正关心股东和公司利益的人：公司股东、公司管理层、公司职工和中小股东代表——独立董事。

中国证监会 2001 年制定和实施的《上市公司独立董事制度指导意见》和 2002 年的《上市公司治理准则》有以下相关规定：

（1）2002 年 6 月以前设立 2 名独立董事，至少 1 名会计专业人士（指具有高级职称或注册会计师资格的人士）；2003 年 6 月以后独立董事占董事会比例不少于 1/3；

（2）独立董事负有“勤勉、尽责、诚信”义务，必须参加董事会，每年工作时间不少于 15 工作日；

（3）对董事会决定发表独立意见；发表不同意见应予公告；必要时可要求聘请中介机构进行评价；防止关联交易等损害中小股东利益的行为；

（4）独立董事可以组成薪酬、审计、聘任等专业委员会；

（5）独立董事可享有适当报酬；独立董事负有连带民事责任。

中国上市公司协会 2014 年 9 月 12 日发布《上市公司独立董事履职指引》，对上市公司独立董事的义务和职权等进行了界定。这是中国自 2001 年推行这项制度以来首个针对独立董事履职的制度性文件。该指引明确了独立董事需要履行的 11 项义务。根据要求，独立董事应当保持身份和履职的独立性，无法符合独立性条件的，应当提出辞职。独立董事的连任时间不能超过 6 年，原则上最多在 5 家上市公司兼任独立董事。

独立董事每年为所任职上市公司有效工作的时间原则上不少于十五个工作日，包括出席股东大会、董事会及各专门委员会会议，对公司生产经营状况、管理和内部控制等制度的建设及执行情况、董事会决议执行情况等进行调查，与公司管理层进行工作讨论，对公司重大投资、生产、建设项目进行实地调研等。每年到上市公司的现场工作时间原则上不应少于十个工作日。拟任独立董事在首次受聘上市公司独立董事前，原则上至少参加一次证券监管部门认可的相关机构组织的任职培训。在首次受聘后的两年内，建议至少每年参加一次后续培训。此后，应当至少每两年参加一次后续培训。

◉ 知识链接

郑百文的花瓶董事

郑百文的前身是一个国有百货文化用品批发站。1996 年 4 月，经中国证监会批准，郑百文成为郑州市的第一家上市企业和河南省首家商业股票上市公司。郑百文称：1986—1996 年的 10 年间，其销售收入增长了 45 倍，利润增长了 36 倍；1996 年实现销售收入 41

亿元，全员劳动生产率470万元，这些数字当时均名列全国同行业前茅。在被推举为改革典型的第二年，郑百文即在中国股市创下每股净亏2.54元的最高纪录，而上一年它还宣称每股盈利0.448元。1999年，郑百文一年亏掉了9.8亿元，再创沪深股市亏损之最。

郑百文弄虚作假事件披露后，2001年9月27日，证监会作出决定：对郑百文董事长李福乾、副董事长卢一德分别处以30万元和20万元罚款；对陆家豪等10名董事处以10万元罚款。这是中国证监会第一次对独立董事进行行政处罚。

然而，作为独立董事的陆家豪却大呼“冤枉”。陆家豪1956年毕业于北京外国语大学，是郑州大学外语部副教授。1994年，在参加河南省政协会议时，因为一个关于股份制的发言，被当时郑百文的董事长李福乾看中，请他做郑百文的董事。陆家豪认为，由于自己不参加郑百文的经营管理，又不拿取任何工资报酬，认为证监会处罚不当，因此将证监会告上法庭。后来，北京一中院裁定陆家豪的诉讼超过诉讼时效，驳回起诉。

资料来源：郑百文：独立董事在做什么？http：//www.doc88.com/p-8498590156134.html.

4.3.3 监事和监事会

监事是股份公司中常设的监察机关的成员，亦称“监察人”。监事会是公司的常设机构，负责监督公司的日常经营活动，以及对董事、经理等人员违反法律、章程的行为予以指正。监事会的设立目的是由于公司股东分散，专业知识和能力差别很大，为了防止董事会、经理滥用职权，损害公司和股东利益，需要在股东大会上选出这种专门监督机关，代表股东大会行使监督职能。

在现代公司制度中，所有权与控制权的事实分立使股东一般难以直接管理或控制公司，公司交由董事会治理。为了避免代表所有者的董事会因追求自身利益而损害公司、股东、债权人、职工的权益，必须通过一定的制度安排对董事会进行制约和监督。公司法当然可以通过规范性条款、股东大会等方式对董事会及董事进行监控，但这难以彻底防止董事和董事会滥用权力。为此，多数国家设置了监事会作为公司的专门监督机构，形成了股东会、股东、监事会对董事会及董事权力的多层监控机构。

对于监事的资格，各国公司立法多针对监事任职的特点，做了一些不同于董事任职的规定。《中华人民共和国公司法》（以下简称《公司法》）规定，监事会由股东代表和职工代表组成，其中职工代表的比例不得低于1/3；股东代表由股东会选举产生，职工代表由公司职工民主选举产生。有限责任公司中经营规模较大的，设立监事会，其成员不得少于3人；股东人数较少和规模较小的，可以设1～2名监事。《公司法》对监事任职资格的规定与董事相同。此外，还规定了董事、高级管理人员及财务负责人不得兼任监事，这是因为监事的职责是监督公司董事会的决策，以及董事、高级管理人员的经营活动和公司的财务状况的，为了保证监事的独立性，应避免监督者与被监督者有利益关系。

监事会成员的任期多为3年，一般可以连选连任；但也有的国家（如日本）规定监事不得连任，其主要目的在于避免监事任职时间过长，与公司董事之间相互熟识后，或者碍于情面，或者相互勾结，影响监督效用的发挥。监事会应在其组成人员中推选1名召集人。监事会的召集人多被称为监事会主席，监事会主席负责召集和主持监事会会议，其他方面的权限可由公司章程作出规定。《公司法》规定，监事的任期每届为 3 年；监事任期届满，可以连选连任。此外，监事还应具有法律、会计等方面的专业知识或工作经验；监事会的人员和结构应确保监事会能够独立有效地行使对董事、经理和其他高级管理人员及公司财务的监督与检查。

监事会依法行使以下职权：

（1）审查公司财务，可在必要时以公司名义另行委托会计师事务所独立审查公司财务；

（2）对公司董事、总裁、副总裁、财务总监和董事会秘书执行公司职务时违反法律、法规或公司章程的行为进行监督；

（3）当公司董事、总裁、副总裁、财务总监、董事会秘书的行为损害公司的利益时，要求前述人员予以纠正；

（4）核对董事会拟提交股东大会的财务报告、营业报告和利润分配方案等财务资料，发现疑问的可以以公司名义委托注册会计师、执业审计师帮助复审；

（5）可以对公司聘用会计师事务所发表建议；

（6）提议召开临时股东大会，也可以在股东年会上提出临时提案；

（7）提议召开临时董事会；

（8）代表公司与董事交涉或对董事起诉。

经中国证监会批准，2015 年 12 月中国上市公司协会发布《上市公司监事会工作指引》（简称《指引》）。《指引》共分五章七十四条，分别对适用范围、监事会设立与监事任免、监事会职权及其行使、监事会会议召开、监事的义务与法律责任、自律措施及处分等进行了规定，是面向所有上市公司的指导性自律规范，此次《指引》也进行了不少创新，除主干条款外，还设置了“倡导推荐事项”和“提醒关注事项”。当前《公司法》以及监管部门和证券交易所相关规定中对上市公司监事会和监事的职责、履职要求等，表述得都比较简略，上市公司在实际操作过程中，存在一定的困惑。在不与现行法律法规以及证券交易所相关规定发生冲突的情况下，中上协借鉴国外相关自律机构的做法，将一些上市公司监事会在实践中形成的好的、行之有效的经验做法，提炼、设置为“倡导推荐事项”，以供上市公司结合自身情况学习、借鉴。此外，为了方便公司使用《指引》，针对现行法律法规中一些重要的、较为细节的规定和事项，《指引》设置了“提醒关注事项”，提醒上市公司监事会和监事在履职过程中重点关注。

比如，第十七条提案权，指监事会在职权范围内拥有向公司股东大会提出提案的权力。此条款下为倡导推荐事项：建议监事会在股东大会召开前，在内部充分讨论是否进行提案，职工监事还可以适当的方式征求职工意见，如进行提案，则需在内部充分酝酿并达成基本一致（建议至少需二分之一以上监事同意）的基础上，按股东大会要求的时间和程序向股东大会提出。

第十八条报告权，指监事会发现公司董事、高级管理人员存在违反法律、法规或公司章程的行为，可以向证券监管机构、证券交易所或其他有关部门报告。该条款下则是提醒关注事项：① 监事被免职，认为理由非正常的，可以向证券监管机构、证券交易所或其他有关部门报告；② 监事或监事会认为公司未提供其履行监督职责所需的条件和配合，经多次反映未能改善和解决的，可以向证券监管机构、证券交易所或其他有关部门报告。

4.3.4 经理人员

经理人员及下层的工作人员，属于公司治理结构中最基层的一个单元，是具体工作和经营任务的执行者。上市公司经理人员的聘任，应严格按照有关法律、法规和公司章程的规定进行，任何组织和个人不得干预公司经理人员的正常选聘程序。上市公司应尽可能采取公开、透明的方式，从境内外人才市场选聘经理人员，并充分发挥中介机构的作用。上市公司应建立经理人员的薪酬与公司绩效和个人业绩相联系的激励机制，以吸引人才，保持经理人员的稳定。经理人员的薪酬分配方案应获得董事会的批准，向股东大会说明，并予以披露。上市公司应在公司章程中明确经理人员的职责。经理人员违反法律、法规和公司章程规定，致使公司遭受损失的，公司董事会应积极采取措施追究其法律责任。

在经理人员作用的发挥过程中，更多的是防止因信息不对称产生的“道德风险”与“逆向选择”。如何让经理人员更充分地发挥作用？如何对其违规行为及时发现和处理？实际上这部分也属于内部控制的覆盖范围，本书将在后面的章节中展开详细论述。

4.3.5 治理评价与我国上市公司治理现状

近年来，如何改善和提升公司治理水平成为资本市场关注的焦点。公司治理是否有效，不仅影响个别企业的市场价值，还影响整个资本市场的发展，甚至影响到整个宏观经济的健康运行。对公司治理的评价有利于了解公司治理的现状，发现问题症结，并寻找出解决思路和方案。

公司治理评价与指数的研究经历了一个公司治理的基础理论研究、公司治理原则与应用研究、公司治理评价系统与治理指数研究的过程，而且由商业性机构的公司治理评价发展到非商业性机构的公司治理评价。较早的商业性机构的公司治理评价是1998年标准普尔公司创立的公司治理服务系统，该评价系统于2004年进行了修订。非商业性机构或学者的公司治理评价萌芽于1950年杰克逊·马丁德尔提出的董事会绩效分析。最早的、规范的公司治理评价研究是由美国机构投资者协会在1952年设计的正式评价董事会的程序，随后出现了公司治理诊断与评价的系列研究成果，如Walter J. Salmon（1993）提出了诊断董事会的22个问题。Michael（2003）和Christian（2004）等学者探讨了公司治理评价方法。值得注意的是，在2001年以后，非商业性机构的公司治理评价研究在一些国家和地区迅速发展，如世界银行公司治理评价系统、中国公司治理指数系统、日本公司治理评价系统、中国香港和台湾地区学术机构对公司治理评价的研究等，如表4-1所示。

表4-1 非商业性机构或学者的公司治理评价系统

公司治理评价机构或个人	评价内容
杰克逊·马丁德尔	社会贡献、对股东的服务、董事会绩效分析、公司财务政策
世界银行公司治理评价系统	国家评价：责任、政治与社会稳定性、政府效率、规范质量、法律、腐败控制
中国公司治理指数系统 $CCGI^{NK}$	公司评分：股东权益、董事会、监事会、经理层、信息披露、利益相关者

续表

公司治理评价机构或个人	评价内容
宫岛英昭、原村健二、稻垣健一等日本公司治理评价系统（CGS）	公司评分：股东权利、董事会、信息披露及其透明性
日本公司治理研究所公司治理评价指标体系（JCGIndex）	公司评分：从绩效目标和经营者责任体制、董事会的机能和构成、最高经营者的经营执行体制，以及股东间的交流和透明性方面评价
韩国公司治理评价系统	公司评分：董事会结构与机制、信息透明度等
香港城市大学公司治理评价系统	公司评分：董事会结构，独立性或责任，对小股东的公平性、透明度及信息披露，利益相关者角色、权利及关系，股东权利

资料来源：南开大学公司治理研究中心．中国上市公司治理状况评价研究——来自2008年1 127家上市公司的数据：南开大学公司治理评价．

李维安教授带领的南开大学公司治理研究中心，于2003年4月经反复修正，提出中国上市公司治理评价指标体系。围绕公司治理评价指标体系，2003年11月，第二届公司治理国际研讨会征求国内外专家意见，根据前期的研究成果和公司治理专家的建议，最终将公司治理指标体系确定为6个维度，具体包括股东治理指数、董事会治理指数、监事会治理指数、经理层治理指数、信息披露指数、利益相关者治理指数，合计80多个评价指标，形成了中国公司治理指数（$CCGI^{NK}$，简称“南开治理指数”）。该指数是从公司治理的理论和实务出发，运用统计学、运筹学原理，采用一定的指标体系，按照合理的程序，通过定量分析与定性分析，以指数形式对上市公司治理状况作出的系统客观的评价。2003年首次发布《中国公司治理评价报告》，第一次对中国上市公司（2002年数据）进行大样本全面量化评价分析，此后每年均会发布年度公司治理报告。

中国公司治理指数（$CCGI^{NK}$）分值越高，表明治理状况越好。信息披露指数最高值为100，最低值为0，指数越高表明信息披露质量越高。$CCGI^{NK}$将分值划分为六级，即$CCGI^{NK}$Ⅰ（90%～100%）、$CCGI^{NK}$Ⅱ（80%～90%）、$CCGI^{NK}$Ⅲ（70%～80%）、$CCGI^{NK}$Ⅳ（60%～70%）、$CCGI^{NK}$Ⅴ（50%～60%）、$CCGI^{NK}$Ⅵ（<50%）①。该指数推动了我国公司治理研究的深化，它对判断我国公司治理的状况、完善我国上市公司治理结构与治理机制、降低投资者的投资风险、增强投资者的信心、强化上市公司的信用约束，以及提高上市公司治理质量与公司绩效，具有重要意义。

中国上市公司治理评价结果显示，中国上市公司治理水平在2003—2015年总体上不断提高，经历了2009年的回调，趋于逐年上升态势。

2015年评价排名中，分行业来看，金融、保险业的公司治理指数位居前列；紧随其后的是信息技术业、建筑业和制造业等，这些行业治理状况相对较好；而综合类和房地产业上市公司治理水平总体仍然偏低。不同地区的治理水平仍存在较大差异，其中北京市、广东省、浙江省、福建省、江苏省、江西省、河南省、重庆市等地区治理指数较高；而宁夏回族

① 李维安，张国萍．公司治理评价指数：解析中国公司治理现状与走势．经济理论与经济管理，2005（9）：58-64.

自治区、山西省等地区指数排名比较靠后。控股股东性质不同治理水平也表现出较大的差异，继2011年之后，2015年民营控股上市公司治理指数连续5年超过国有控股上市公司。不同市场板块的公司治理水平也存在较大差异，其中金融、保险业公司治理指数最高，其次为创业板，中小板紧随其后，排在最后面的为主板上市公司。

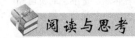

阅读与思考

万科风暴中的公司治理问题

万科之争引发了对诸多公司治理问题的讨论，其中最为核心，却被严重忽略了的关键问题是董事会的会议及决策规则。张利平“回避”投票，引出了中国《公司法》和公司治理规则中不可回避的一个关键问题。

2016年6月17日，万科召开第十七届董事会第十一次会议，11名董事（或授权）出席。会议讨论通过定向发行股份收购深圳地铁等12项议案，除“关于暂不召开临时股东大会的议案”外，其他11项议案表决结果均为“同意7票、反对3票、弃权0票”。万科公告称，张利平独立董事向董事会申明回避本次议案表决。万科据此认为，相关议案以10名董事中的7人赞成，比例超过三分之二，获得董事会通过。但公司股东华润（其三名“委派”董事均投了反对票）认为，该议案获公司全体11名董事中的7人赞成，比例不足三分之二，因此不能获得董事会通过。

根据我国《公司法》第112条：“董事会做出决议，必须经全体董事的过半数通过。”万科公司章程第152条第1款一字不落地明确了这条规定。其他国家通行的规则是，只要有符合法定人数（通常为全体董事过半数）的董事出席，出席会议的董事过半数通过即可形成有效的董事会决议。我国《公司法》“投赞成票的董事要占包括未出席董事在内的全体董事半数以上才能形成有效决议”这一更为严格的董事会议有效规则，初衷可能是防止少数董事滥用权力，但实际效果是严重限制了董事会的作为空间，增加了董事会议的难度，使董事会更少作为。

如按国外通行的“出席董事过半数通过”现代公司董事会会议决策规则，选择回避的张利平，可以看成是没有出席万科董事会会议，就可理所当然按7/10计算董事会投票（因为所议事项属董事会特别决议范畴，因此需要三分之二通过）。但如按我国《公司法》“全体董事过半数通过”规则，就要按7/11计算，就没有获得通过。

万科公司依据其章程第152条第2款，把回避投票的张利平排除在董事会计票的分母，得出了7/10的算法。该款原文是：“公司董事与董事会会议决议事项所涉及的企业有关联关系的，不得对该项决议行使表决权，也不得代理其他董事行使表决权。该董事会会议由过半数的无关联关系董事出席即可举行，董事会会议所作决议须经无关联关系董事过半数通过。”但万科公告给出的张利平选择回避的理由是：“由于其本人任职的美国黑石集团正在与公司洽售在中国的一个大型商业物业项目，带来潜在的关联与利益冲突。”

从字面看，这里的利益关系，是指黑石与万科公司之间有关联关系，而不是与“决议事项所涉及的企业”深圳地铁集团之间有关联关系。黑石“正在与公司洽售在中国的一个大型商业物业项目”，这会使张利平在万科收购深圳地铁的议案上，立场偏向深圳地铁吗？如果不会，这个回避理由就不成立，他的回避就可以被视为没有实际出席董事会会议，由此他就要被计入分母，就要按7/11来计算。

就公司治理原则来讲，关联人回避投票是公平交易义务，而不是权利，董事会和股东大会两个层面皆是如此。在股东大会层面，这个问题不大。各国法律都无法强制上市公司股东必须参加股东大会。参加股东大会是股东的权利，而不是义务。因此，各国法律也都未对股东大会的股东参与率做出下限规定。股东大会通过决议，都是以参加股东大会的股东所代表的投票权总数为分母来计，而与公司全体股东投票权总数无关。在股东大会层面，存在关联关系的股东有法定义务回避投票。如果该等股东没有回避，参与了投票，异议股东可据此申请法院判定该股东大会决议无效。

但在董事会层面，这个问题则至关重大。如何定性张利平的回避，直接决定了万科2016年6月17日董事会12项议案中11项的通过与否。作为董事，在与董事会所议事项所涉企业或人存在关联关系时，回避是法定的公平交易义务。作为一种公平交易义务，相关董事要将相关的关联关系事项在董事会会议正式开始之前，向董事会报告。如果相关董事没有报告，并参与了相关事项的董事会投票，则该董事会决议存在法律瑕疵，可被判定为无效。但是，这种情况，不能用于对抗不知情的善意第三人。

万科2016年6月17日董事会会议开始前，是否讨论过张利平的关联关系申明，并明确做出张利平需要回避的决定？如果是，则可进而在会议开始前，就明确本次董事会会议有投票权的总人数。在张利平"回避"引起华润和万科之间就董事会决议有效性的争议之后，包括学者、媒体和监管部门在内的各方，都没有就关联董事回避问题和该种情况下的董事会决策规则进行深入讨论，可说是一种遗憾。

舆论关注的焦点集中在张利平的独董身份上，还有万科独董以不拿报酬，作为更为独立的论据。其实，关联不关联跟独董身份无关。董事的关联和独立与否，都不是绝对和纯粹的，也不是个理论概念，而是相对的和实践性的概念。回避相关董事会会议中的关联，是就具体议案和事项而言的，跟他是否是独立董事无关。独立董事拿不拿报酬，跟其独立性和独立董事身份，以及作为公司董事的义务和权利等，也都没有关系。

放眼中国公司治理的进步历程，这场万科控制权之争，谁输谁赢都不重要。由此促进公司治理具体规则的改进，使某些模糊的原则有了清晰的界定，并使一些正确的公司治理理念和知识得到传播，才是最有意义的。

资料来源：仲继银．万科风暴中忽略了一个公司治理的大问题．上海证券报，2016-07-06.

思考题

1. 查阅相关资料，了解万科股权之争，其中是否存在"内部人控制"问题？
2. 万科之争反映的"公司治理"问题是什么？
3. 独立董事不拿报酬是否更加独立？请说明理由。
4. 公司治理的实质是什么？内部控制与公司治理的关系如何？
5. 治理结构的缺陷将会导致哪些风险？如何健全公司治理以促进内部控制的完善？

第5章　内部控制制度的设计

【本章导读】

- 内部控制设计的理念基础
- 内部控制设计原则
- 内部控制设计方法

5.1　内部控制设计的理念基础

5.1.1　内部控制的人性设计

1. 收银机中的内控机制

内部控制设计的基础是什么？为什么现代企业如此热衷于搞好内部控制的建设，就如第2章所讲到的，法律规则让人不敢做坏事，道德规范让人不愿做坏事，而内部控制让人不能做坏事。在讨论内部控制设计的思想基础之前，我们先从一个超市或店铺里最常见的装置收银机说起。

对于现金往来非常频繁的超市或商铺来说，收银机出现之前，店主们有两个很伤脑筋的问题：一是统计和计划，每天对销售量的统计和明日的进货计划安排是一个非常繁杂的劳动；二是现金收入的记载，稍微有些规模的店铺，往往要雇用外人来当店员，这些店中时时和现金打交道，经常有这样的情况出现，当钱箱里的零钱不够了，雇员掏出自己的钱包，先垫出一些零钱，然后再从钱箱里取回来。当一个雇员从钱箱取回钱的时候，他面对的将是一个巨大的诱惑。

当然，对待员工的偷窃和舞弊，有很多种解决方法，首先，法律制裁算是“杀鸡儆猴”式的事后惩戒，还有互相监督、突击检查、鼓励检举等事中预防，还有一种事前预防的方法，就是进行思想教育。人总是有弱点的、不可靠的，放在眼前唾手可得的现金，对人具有巨大诱惑是非常自然的事情。有没有一种机制或者制度来解决这个难题，一百多年前的一位美国人用这种思维方式解决了这个世界性的难题。

“南北战争”以后不久，俄亥俄州一位杂货店老板的儿子在自己开咖啡馆时，深为上述困难所苦，在轮船上记录螺旋桨转动的一个机器的启发下，设计了一架能够把每一笔交易结果显示出来的机器，伙计和顾客都能看到显示结果。通过显示，店员原有的小偷小摸的冲动就给打消不少，所以这种机器曾被叫作“廉洁出纳员”。经过改进，此机器功能迅速加强，不仅能够计算每笔交易的总金额，计算找头，还能把每天的每一笔账都记录下来。

之后，这位发明者卖掉了他的发明。然后，新的专利拥有者又使收银机有了一次关键性的改进。在收银机上设计了一个附有自动锁的放现金的抽屉，还有一个铃。伙计把每样东西的价格和数量打进去，机器自动相加得出总数，再把顾客递上的现金打入，机器自动计算找头，整个过程都显示出来。双方无异后按键，随着一声脆铃，现金抽屉就自动弹了出来。如果你没按规矩做，那么现金抽屉是想打也打不开的。机器把每笔交易的全过程都记录在纸带上，在收银机的机制、顾客监督以及店主复查的三重管理下，你还怎么可能小偷小摸而不当天就被发现呢？

可以看出，收银机作为一种机制，最大限度地保障了雇员的工作质量。人的行为可以是不可靠的，但是一个收银机却保障了对不可靠的人的筛选，以及对不可靠的行为的监督和控制。从这个角度上说，实际生活中，一台收银机，比所谓的加强思想教育更有效、更省事，也更可靠。所以收银机的出现不仅解决了收银的安全问题，也使得交易更加方便。收银机的发明也反映出了美国人的思维方式，人总是会犯错的，机制比人更可靠。

与我们从小学的三字经“人之初，性本善”所训导的不同，内部控制制度设计思想理念基础则是“人性本恶”，巴林投资银行前总裁彼得·诺里斯对巴林事件的总结是：最基本的一条，就是不要想当然地认为所有员工都是正直的、诚实的。根据第八次安永全球欺诈网络调查，大部分受访公司（55%）表示，在过去一年，他们曾经历过一次严重性的欺诈事件，接近 20% 的受访公司更表示，遭遇过多于十次的欺诈事件。在金钱损失方面，过半数的欺诈事件涉及多于 10 万美元的金额，而另外 13% 更超过 100 万美元。这些欺诈案件的犯案者有 85% 是公司的内部雇员。属于管理职级的犯案者占所有欺诈案犯案者的 55%，而属于较低层的员工则占 30%。再者，85% 涉及较大宗欺诈案的管理职级人士，其在职的时间短于一年。因此，堡垒最容易从内部攻破，20 世纪初银行家贼间的一句流行语就是“抢劫一家银行，不如拥有一家银行”。

制度的设计取决于企业的控制哲学。西方哲学强调“性本恶”，制度设计旨在“惩恶”，即使十恶不赦者亦无机可乘。中国的类似观念是“防家贼”。控制制度设计的假设前提就是：假定“家贼”想“投机”，想“冒险”，想钻空子“骗钱”，想“捞一把”，而非基于信任，假定“家贼”会“出于公心，谋求企业利益最大”。

2. X 理论与 Y 理论

人性，具体是指人类本性是什么？这是一个至今未有确定答案的难题。出于不同的角度，人们对人性形成了不同认识。亚当·斯密的“经济人”学说，影响至今，按此说法，人性为“自利”。除此以外，“政治人”“社会人”“文化人”假说分别对人性做出了不同认识。

X 理论与 Y 理论（theory X and theory Y），是人力资源管理、组织行为学和社会心理学中关于工作激励的理论，是由美国心理学家道格拉斯·麦格雷戈（Douglas McGregor）于 20 世纪 60 年代提出的，这是一对基于两种完全相反假设的理论，X 理论认为人们有消极的工作原动力，而 Y 理论则认为人们有积极的工作原动力。

X 理论又称“大棒政策”，X 理论假设：一般人的本性是懒惰的，工作越少越好，可能的话会逃避工作。大部分人对集体（公司、机构、单位或组织等）的目标不关心，因此管理者需要以强迫、威胁处罚、指导、金钱利益等诱因激发人们的工作原动力。一般人缺少进取心，只有在指导下才愿意接受工作，因此管理者需要对他们施加压力。X 理论与我国古代的性恶论类似，认为“人之初，性本恶”。在这种理论的指导下，对消极怠工的行为采取严厉的惩罚，以权力或控制体系来保护组织本身和引导员工。

Y 理论又称“胡萝卜政策”，其对人性的假设：一般人并不是天生就不喜欢工作的，大多数人愿意工作，愿意为社会、为他人做贡献，工作中体力和脑力的消耗就像游戏和休息一样自然，人具有自我指导、自我表现控制的愿望，人的自我实现的要求和组织要求的行为之间是不矛盾的，如果给人适当的机会，就能将个人目标和组织目标统一起来。一般人在适当条件下，不仅学会了接受职责，而且还学会了谋求职责。人具有独创性，每个人的思维都有独特的合理性，在解决组织的困难问题时，都能发挥较高的想象力、聪明才智和创造性，但是在现代工业生活的条件下，一般人的智慧潜能只是部分得到了发挥。Y 理论的观点与我国古代的性善论类似，认为“人之初，性本善”。以这一理论为指导，管理者的重要任务不再是监督控制，而是创造一个使人得以发挥才能的工作环境，发挥出员工的潜力，使员工在完成组织目标的同时也达到自己的个人目标；同时激励主要是给予来自工作本身的内在激励，让员工担当具有挑战性的工作，担负更多的责任，满足其自我实现的需要。

超 Y 理论是 1970 年由美国管理心理学家约翰·莫尔斯和杰伊·洛希根据“复杂人”的假定，提出的一种新的管理理论。它主要见于 1970 年《哈佛商业评论》杂志上发表的《超 Y 理论》一文和 1974 年出版的《组织及其他成员：权变法》一书中。该理论认为，没有什么一成不变的、普遍适用的最佳的管理方式，必须根据组织内外环境自变量和管理思想及管理技术等因变量之间的函数关系，灵活地采取相应的管理措施，管理方式要适合于工作性质、成员素质等。超 Y 理论是在对 X 理论和 Y 理论进行实验分析比较后，提出的一种既结合 X 理论和 Y 理论，又不同于 X 理论和 Y 理论，是一种主张权宜应变的经营管理理论，实质上是要求将工作、组织、个人、环境等因素做最佳的配合。

3. 内部控制的人性假设

内部控制从本质上看是人类社会的一种人造制度。实质上是利用授权审批、职责分离、资产接触控制、核对记录等强制约束手段达到防止差错和舞弊的目的，其基于 X 理论的人性消极理论，随着管理理论和内部控制的不断发展和完善，我们也必须认识到人是内部控制的主体和主导力量，内部控制中必须以人为核心。这也符合超 Y 理论对于人的认识，人的动机与需求的多样性和权变性，就要求我们的控制理论也有一定的弹性，不能是一成不变的。

内部控制设计的人性基础为 X 理论的人性本恶的思想，但在实施过程中，要发挥 Y 理论的人性本善的积极性，在内部控制过程中充分发挥人的主动性，达到人与机制的最优融合，才有利于内部控制目标的实现。

英国著名哲学家赫伯特·斯宾塞曾说过：“作为一种道德的生物，人的最重要的特性可不可以回答是自我控制机能？人是瞻前顾后的动物……他不易冲动，不是受轮流来到的每一最强的欲望驱使而走向这边或那边，而是自我克制、自我平衡，为集会上的各种感情的联合决定所支配，每一行动都要经过它们充分的辩论和冷静的决定，这正是道德教育所努力要造就的。”由此可见，追求理性即人性复归必然要求人类具有自我控制的天然禀赋，内部控制无非是自我控制这一每人都具备的天然禀赋外部化后形成的一种社会化制度。

5.1.2 欺诈与舞弊理论

如前文所述，COSO 报告将内部控制的目标定为经营目标、合规目标与报告目标。从另外的一个角度理解内部控制，则是防止欺诈和舞弊行为的发生，以合理保证企业的可持续发展，当欺诈发生或内控失效时，内部控制的3个目标往往也会受到干扰而不能实现。因此，企业经营者在进行内部控制设计时，必须了解有关欺诈的一些理论，理解为什么员工会进行各种各样的欺诈或舞弊行为，以便在机制或制度设计时进行预防性的考虑。《韦伯字典》将欺诈定义为："一种设圈套、要花招或欺骗的案例或行动，特别是与事实不符的相关陈述；一种故意的错误表述和伪装，或者诱导另一方依赖于该错误行为而放弃真正有价值的事物，或者屈从于某项法律权力而不进行披露。"

1. 欺诈三角理论

唐纳德·卡瑞塞博士，一个在欺诈研究领域的教师和先驱，一名重要的反舞弊专家，建立并发展了欺诈三角理论以解释为何人们会进行欺诈。卡瑞塞得出结论：当动机（pressure）、机会（opportunity）和借口（rationalization，自我的合理化）3个重要因素同时出现时，欺诈倾向就会出现。当人们真正进行欺诈时，3个因素中的每一项都是必要且相互关联的，缺少它们当中任何一项因素，都不会使人进行欺诈。

压力要素是企业舞弊者的行为动机。刺激个人为其自身利益而进行企业舞弊的压力大体上可分为4类：经济压力、恶癖的压力、与工作相关的压力和其他压力。据统计，前两种类型的压力大约占95%。恶癖的压力是指企业舞弊者因有诸如赌博、吸毒、酗酒等恶癖而导致的压力，往往与经济压力紧密相关。

机会要素是指可进行企业舞弊而又能掩盖起来而不被发现或能逃避惩罚的时机，主要有6种情况：缺乏发现企业舞弊行为的内部控制、无法判断工作的质量、缺乏惩罚措施、信息不对称、能力不足和审计制度不健全。建立有效的内部控制制度是企业预防和发现职员舞弊的最重要的方法之一；无法判断工作的质量是指对于专业性较强的工作，如律师、医生、会计师、汽车修理师等，一般人无法判断他们所做的工作是否与对他们的要求和偿付给他们的报酬相符，因此给从事这类工作的人员提供了舞弊的机会；缺乏惩罚措施是指企业舞弊行为被发现后往往不会受到应有的惩罚，对舞弊者缺乏威慑力，因此企业舞弊行为对当事人的低成本、高收益有推波助澜之嫌；信息不对称在这里主要是指被欺骗者掌握的信息往往没有欺骗者多，被欺骗者无法觉察自己正处于被欺骗的境地，不能发现企业的舞弊行为，因而成为舞弊者的可乘之机；在某些方面，无知、缺乏能力也会给企业舞弊者造成可乘之机，如许多投资欺骗的对象往往是上了年纪的老人，因为他们的防范意识不强，而且以他们的能力也无法明了某些金融业务的市场行情；企业舞弊者对审计在发现、调查企业舞弊方面的重要作用很清楚，因此不完善的会计系统、不严密的凭证和记录程序就成为他们可利用的机会。

在面临压力、获得机会后，真正形成企业舞弊的还有最后一个要素——借口（自我合理化），即企业舞弊者必须找到某个理由，使企业舞弊行为与其本人的道德观念、行为准则相吻合，无论这一解释本身是否真正合理。企业舞弊者常用的理由有：这是公司欠我的，我只是暂时借用这笔资金，肯定会归还的，我的目的是善意的、用途是正当的……

在20世纪80年代，史蒂夫·W. 阿尔伯察博士就研究并分析了欺诈行为。其研究表明，那些居住条件高于平均水平并有个人或赌博债务，有试图拥有个人地位的欲望，或者有从家庭及周围同伴身上得来的身份压力的工作者最容易进行欺诈。那些认为自己工资过低，不被重视的员工也更可能从其工作中行窃。阿尔伯察博士用"欺诈范围说"来解释进行欺诈的各种动机，类似于卡瑞塞的欺诈三角。根据阿尔伯察博士所述，进行欺诈的动机依赖于机会、动机和借口因素对一个雇员的影响强烈程度。这 3 个因素在每一种情况的混合程度都是十分复杂的。因而，阿尔伯察认为，欺诈比卡瑞塞阐述的更为复杂。

我国的《注册会计师审计准则 1141 号——财务报表审计中与舞弊相关的责任》对舞弊因素的确认实质上也是源自三角理论，2006 年版本的第十二条，舞弊包含以下因素：动机或压力、机会、借口。2010 年 11 月修订后，第十一条舞弊风险因素，是指表明实施舞弊动机或压力，或者为实施舞弊提供机会的事项或情况。这样做的原因，或许是因为借口这个因素关系到诚信和道德问题，属于道德风险的范畴，而审计工作很难触及道德领域，也无法就道德风险进行判断和测试。

我国内部控制基本规范第四十二条：企业应当建立反舞弊机制，坚持惩防并举，重在预防的原则，明确反舞弊工作的重点领域、关键环节和有关机构在反舞弊工作中的职责权限，规范舞弊案件的举报、调查、处理、报告和补救程序。

企业至少应当将下列情形作为反舞弊工作的重点：未经授权或者采取其他不法方式侵占、挪用企业资产，牟取不当利益；在财务会计报告和信息披露等方面存在的虚假记载、误导性陈述或者重大遗漏等；董事、监事、经理及其他高级管理人员滥用职权；相关机构或人员串通舞弊。

2. GONE 理论

GONE 理论认为，企业舞弊由 G、O、N、E 4 个因子组成，它们相互作用、密不可分，没有哪一个因子比其他的更重要，它们共同决定了企业舞弊风险的程度。GONE 由 4 个英语单词的开头字母组成。其中，G 为 greed，指贪婪；O 为 opportunity，指机会；N 为 need，指需要；E 为 exposure，指暴露。上述 4 个因子实质上表明了舞弊产生的 4 个条件，即舞弊者有贪婪之心且又十分需要钱财时，只要有机会并认为事后不会被发现，他就一定会进行舞弊。

O 因素与 E 因素均为组织风险（generic risk factors）：O 因素指为潜在犯罪者创造舞弊机会的组织风险，E 因素指能否揭露欺诈的组织风险，对任一从属于组织的个人或群体具有相对稳定的影响；在给定的环境下，对所有的人起同等作用；其制定和操作由组织控制，一般与个人的影响无关；不受雇员流动变化的影响。

G 因素与 N 因素为个人风险因素（individual risk factors）：指的是人的贪婪和需要会因个体的不同而有所差异，甚至同一人在不同时间有可能都不相同。因这种破坏因素存在于分离的个人而难以控制；个人风险因人而异、因人而变难以判断；一旦相对稳定的某人的个性、观点、环境或动机发生变化，则相关的风险要素亦可能因之改变。

伯洛格纳等人在 GONE 理论的基础上发展形成了企业舞弊的风险因子学说。它把舞弊风险因子分为个别风险因子与一般风险因子。个别风险因子是指因人而异，且在组织控制范围之外的因素，包括道德品质与动机；一般风险因子是指由组织或实体来控制的因素，包括舞弊的机会、舞弊被发现的概率，以及舞弊被发现后舞弊者受罚的性质和程度。当一般风险因子与个别风险因子结合在一起并且被舞弊者认为有利时，舞弊就会发生。舞弊风险因子理论与 GONE 理论的对应关系如表 5-1 所示。

表 5-1　舞弊风险因子理论与 GONE 理论的对应关系

舞弊风险因子理论		GONE 理论
个别风险因子	道德品质	G（贪婪）因子
	动机	N（需要）因子
一般风险因子	舞弊机会	O（机会）因子
	发现可能性	E（暴露）因子
	受惩罚的性质与程度	

3. 其他的理论

马丁 · T. 毕格曼在《防范欺诈与内部控制的执行路线图》一书中设计了一些新的理论，如冰山一角欺诈理论、薯条欺诈理论、烂苹果欺诈理论、低挂水果欺诈理论、加减法欺诈理论等。

（1）冰山一角欺诈理论。初次实行欺诈行为时，较少金额的欺诈无法显示其背后的真正内容及真正的损失金额。通常初次发现的欺诈只是事实诈骗的一部分，就如冰山隐藏在海面下只露出一角一样。例如，一个调查员在进行调查、采访群众、检查相关支持性文件，以及在进行其他相关步骤时，一个更大范围的欺诈行为就会被揭露出来。

（2）薯条欺诈理论。进行欺诈后又能逃脱指控能够使欺诈者上瘾。正如一个人很难仅吃一根薯条一样，一旦雇员开始进行欺诈，他们将无法停止。假如他们还没有被捕，他们将继续进行一项又一项的欺诈，甚至衍生出新的欺诈手段以获得利益。

（3）烂苹果欺诈理论。缺乏道德和诚信的领导者，转而进行欺诈和渎职，会使其领导的员工模仿，正如俗话说的“上梁不正下梁歪”。许多例子也表明，进行欺诈的员工是因为他们的管理者进行欺诈行为时没有被抓住，这就是所谓的“违法的氛围理论”，因为当没有遵守法律的氛围时，对规章、制度和责任的破坏就会发生。

（4）低挂水果欺诈理论。执行者往往对财务欺诈这种高风险的欺诈活动予以重视，但也不能忽略那些频频发生的低风险欺诈，如采购欺诈，这些低风险的欺诈就如那低挂的水果。应确保欺诈调查部门不会忽略容易进行欺诈的领域。这些领域中通常存在简单类型的欺诈且欺诈金额不够重大，阻止这些领域的欺诈行为，向其他员工传达了公司进行欺诈防范的坚决态度，这种威慑可以使企业减少欺诈损失，同时做到使这些欺诈的员工进行更为复杂和严重的欺诈之前被解雇。

（5）加减法欺诈理论。该理论是关于企业对欺诈检查和调查采取预先的行动后可获得益处的理论。当企业解雇了某个进行欺诈的员工后，个别欺诈风险将被解除，并将有益于企业，这属于加法；如果管理者看到手下的欺诈证据，由于这样或那样的原因对他进行姑息，则有损于企业，这属于减法。在欺诈者爬上企业更高职位或产生更严重的破坏行为之前解雇这个不诚实的员工，会使企业运转得更好。

◉ 知识链接

ACFE 发布《2016 年各国舞弊调查报告》

2016 年 3 月 30 日，ACFE 公布了其半年期报告——《2016 年各国舞弊调查报告》。该研究报告所报道的舞弊行为损失总额超过了 63 亿美元，其中有 23% 的案件超过了 100 万美元。通过所调查的样本组织推断，ACFE 估计潜在欺诈行为在全球范围内所造成的损失可能高达 37 000 亿美元。

研究审视了注册舞弊审核师于 2014 年 1 月至 2015 年 10 月之间调查的 2410 起职业舞弊案件，发现在所报道的舞弊案例中，有 18.7% 的舞弊行为发生在政府机构中。虽然所报道的政府机构舞弊行为在地方政府、州政府及联邦政府中的发生频率大致相当，但联邦政府层级所发生的舞弊行为的损失中位数为 194 000 美元，比地方政府和州政府层级的损失中位数高出很多，后二者分别为 80 000 美元和 100 000 美元。

对于雇员人数少于 100 人的组织以及雇员人数多于 100 人的组织而言，每起舞弊行为给二者所造成损失的中位数是一样的。但是，只有一半不到的小型组织实施了一些最为基本的反舞弊控制措施，如开通舞弊行为举报热线、制定管理审核制度和行为准则。然而，注册舞弊审核师指出，在调查所覆盖的组织中，60.1% 的组织都开通了舞弊行为举报热线，与 2010 年的调查结果相比，上升了 8.9%。

此外，该报告还详细罗列了调查结果，如各个行业所面临的舞弊风险存在何种差异、反舞弊控制措施的实施如何影响到舞弊行为的曝光、按照地理区域对舞弊统计数据加以分解以及舞弊者最为常见的行为特征。比如，舞弊者仍然依赖于编制虚假的纸质文件、篡改现有的纸质文件或销毁这些文件。

就研究所覆盖的所有舞弊案例而言，其造成的损失中位数为 150 000 美元，其中 23.2% 的舞弊案例造成的损失大于 100 万美元。迄今为止，资产挪用是最为常见的职业舞弊行为，在舞弊案件中的占比超过了 83%，但造成的损失最小，其中位数为 125 000 美元。

与此相反，财务报表舞弊行为在舞弊案件中的占比不到 10%，但是所造成损失的中位数却达到 975 000 美元。腐败案件居于上述二者之间，其在舞弊案件中的占比为 35.4%，损失中位数为 200 000 美元。

在各种形式的资产挪用行为中，账单舞弊行为和支票篡改舞弊行为的风险最大，因为它们发生的频率相对较高，造成的损失中位数相对较大。

资料来源：张翔. ACFE 发布《2016 年各国舞弊调查报告》中国会计视野. http://news.esnai.com/2016/0403/129950.shtml.

5.1.3 混沌理论与内部控制

1961 年的冬天，美国麻省理工学院气象学家爱德华·洛伦兹用一台相当原始的计算机——“皇家麦比”（Royal McBee）做天气的计算机模拟实验。程序采用了 13 个递归方程模拟天气的基本方面：每次运行时输入几个变量，观察这样的初始条件会产生什么类型的天气模式。有一天，为了更细致地考察结果，他把一个中间解 0. 506 取出，提高精确度到 0. 506 127 后再送回。当他到咖啡馆喝了杯咖啡回来再看时竟大吃一惊——得到的结果与以往大不相同，再次验算发现计算机没有毛病，这是因为误差会以指数形式增长，虽然只有千分之一的差异，但由于方程的递归性，极小的错误一步步扩大，最终会导致一种和预期完全不同的天气模式。1963 年，洛伦兹在《大气科学》杂志上发表了“决定性的非周期流”一文，指出在气候不能精确重演与长期天气预报者无能为力之间必然存在一种联系，这就是非周期与不可预见性之间的联系。他还发现了混沌现象“对初始条件的极端敏感性”，这可以生动地用“蝴蝶效应”来比喻：在做气象预报时，只要一只蝴蝶扇一下翅膀，这一扰动，就会在很远的另一个地方造成非常大的差异，将使长时间的预测无法进行。

“蝴蝶效应”反映了混沌运动的一个重要特征：系统的长期行为对初始条件的敏感依赖性。意思是说，初始条件的微小差别在最后的现象中产生了极大的差别，或者说，起初小的误差引起了灾难性后果。内部控制制度的行为者和作用者都是人，人是随时变动起伏的个体，而内部控制基本上依循一定的准则，并历经长期的互动，因此，这相当符合混沌理论的架构。内部控制本身就是在混沌中力图有序，即使设计得再完美，也有可能由于一个小的误差产生无法预期的结果。我国新颁布的《企业内部控制基本规范》和 COSO、ERM 框架，以及世界上很多国家的权威著作、规范指南，都强调了一个问题：内部控制不能绝对保证任何想要的结果总能达到，只能是合理保证。

从“合理保证”的角度来看，无关紧要的小错误是可以容忍的，然而依据混沌理论，正是小错误的累积，再加上其他异常，导致了大灾难。这样的事件有很多，如巴林银行、法兴银行、中航油，在这些大银行或大企业内部本身就制定了相应的内部控制制度，但由于小错误没有及时纠正导致了最后灾难性的结果。

西方有一句谚语：“丢失了一个钉子，坏了一只蹄铁；坏了一只蹄铁，折了一匹战马；折了一匹战马，伤了一位骑士；伤了一位骑士，输了一场战斗；输了一场战斗，亡了一个帝国。”谁也不知丢失的钉子最后会造成帝国的灭亡，也就如人们在工作时也不知自己的一个小小的行为对整个企业有多大的影响，从员工个人层面上而言，每个人都是微不足道的，而根据混沌理论，这些微不足道的人的一个普通行为会对整个企业造成巨大的影响。

一连串事件往往具有一个临界点，在那里小小的变化会被放大。例如，人行道上摆满自行车，导致行人走上机动车道，导致了一次车祸，又导致交通中断了几个小时，又导致了一连串的误事……然而，混沌意味着这种临界点比比皆是，它们无孔不入、无时不在。混沌理论表明：“通过内部控制消除小错误发生的可能性的努力是徒劳的。脱离常规的小偏差太多，而且效果不可预料。因此，要预见并采取充足的防范措施是不可能的。因此，在概念水平上，不能依赖内部控制防止大的不利后果的发生。”① 混沌理论的存在，并不会让人们对内部控制效果失去信心，也不是说内部控制面对灾难性的后果无能为力，它只从另一个角度提醒人们，内部控制中每个人、每个环节都只是其中的“小螺丝钉”，每个人总是认为自己这个“小螺丝钉”开开小差没有什么大的问题，但如果若干个小螺丝钉同时开小差，将导致大的不利后果的产生。下面这个“10 分钟与 3 亿欧元”的案例，很能说明这个问题。

---

① ROOT S J. 超越 COSO：加强公司治理的内部控制．付涛，等译．北京：清华大学出版社，2004.

知识链接

10分钟与3亿欧元

2008年9月15日上午10:00，拥有158年历史的美国第四大投资银行——雷曼兄弟公司向法院申请破产保护，消息转瞬间通过电视、广播和网络传遍地球的各个角落。令人匪夷所思的是，在如此明朗的情况下，德国国家发展银行上午10:10，居然按照外汇掉期协议的交易，通过计算机自动付款系统，向雷曼兄弟公司即将冻结的银行账户转入了3亿欧元。毫无疑问，这3亿欧元将是“肉包子打狗有去无回”。

转账风波曝光后，德国社会各界大为震惊，舆论哗然。人们普遍认为，这笔损失本不应该发生，因为此前一天，有关雷曼兄弟公司破产的消息已经满天飞，德国国家发展银行应该知道交易存在巨大的风险，并事先做好防范措施才对。销量最大的《图片报》在9月18日头版的标题中，指责德国国家发展银行是迄今“德国最愚蠢的银行”。此事惊动了德国财政部，财政部长佩尔·施泰因布吕克发誓，一定要查个水落石出并严厉惩罚相关责任人。

人们不禁要问，短短10分钟里，德国国家发展银行内部到底发生了什么事情，从而导致如此愚蠢的低级错误？一家法律事务所受财政部的委托，带着这个问题进驻银行进行全面调查。法律事务所的调查员先后询问了银行各个部门的数十名职员，几天后，他们向国会和财政部递交了一份调查报告，调查报告并不复杂深奥，只是记载了被询问人员在这10分钟内忙了些什么。然则，答案就在这里面。看看他们忙了些什么——

首席执行官乌尔里奇·施罗德：我知道今天要按照协议预先的约定转账，至于是否撤销这笔巨额交易，应该让董事会开会讨论决定。

董事长保卢斯：我们还没有得到风险评估报告，无法及时作出正确的决策。

董事会秘书史里芬：我打电话给国际业务部催要风险评估报告，可那里总是占线，我想还是隔一会儿再打吧。

国际业务部经理克鲁克：星期五晚上准备带上全家人去听音乐会，我得提前打电话预订门票。

国际业务部副经理伊梅尔曼：忙于其他事情，没有时间去关心雷曼兄弟公司的消息。

负责处理与雷曼兄弟公司业务的高级经理希特霍芬：我让文员上网浏览新闻，一旦有雷曼兄弟公司的消息就立即报告，现在我要去休息室喝杯咖啡了。

文员施特鲁克：10: 03，我在网上看到了雷曼兄弟公司向法院申请破产保护的新闻，马上就跑到希特霍芬的办公室，可是他不在，我就写了张便条放在他的办公桌上，他回来后会看到的。

结算部经理德尔布吕克：今天是协议规定的交易日子，我没有接到停止交易的指令，那就按照原计划转账吧。

结算部自动付款系统操作员曼斯坦因：德尔布吕克让我执行转账操作，我什么也没问就做了。

信贷部经理莫德尔：我在走廊里碰到了施特鲁克，他告诉我雷曼兄弟公司的破产消息，但是我相信希特霍芬和其他职员的专业素养，一定不会犯低级错误，因此也没必要提醒他们。

公关部经理贝克：雷曼兄弟公司破产是板上钉钉的事，我想跟乌尔里奇·施罗德谈谈这件事，但上午要会见几个克罗地亚客人，等下午再找他也不迟，反正不差这几个小时。

德国经济评论家哈恩说，在这家银行，上到董事长，下到操作员，没有一个人是愚蠢的，可悲的是，几乎在同一时间，每个人都开了点小差，加在一起结果就创造出了“德国最愚蠢的银行”。是疏忽？是马虎？是麻痹大意？是开小差？生活中，我们也常明知故犯，而将自己逼入绝境。实际上，只要当中有一个人认真负责一点，那么悲剧就不会发生。

演绎一场悲剧，短短 10 分钟就已经足够。

资料来源：一丝不苟的德国人开了个小差，10 分钟后 3 亿欧没了！http://mt.sohu.com/20161018/n470551366.shtml.

5.2　内部控制设计的原则与分类

5.2.1　内部控制设计的原则

1. 全面性原则

内部控制应当贯穿决策、执行和监督的全过程，覆盖企业及所属单位的各种业务和事项。内部控制是一个全方位的整体，针对所有的经营活动，所有的部门、所有的人，不能有人“凌驾”或“超越”，它渗透于企业经营活动整个过程并贯穿于经营活动的始终。企业也是一组有联系的元素的组合，是由相互联系、相互制约的若干元素组成的统一体。管理者应该针对各要素及各业务活动领域，在综合考虑自身的行业背景、经营规模、业务特点等基础上制定出相对全面的企业内部控制制度。内部控制制度应能实现对组织各层级（基层、中层、高层）中的所有岗位全员管控。组织中的每个岗位既是内控的责任单元，同时又是接受内控体系监控的控制节点。在设计对象上，内部控制制度应该包括对人的约束和激励及对各项业务活动的控制。在设计流程上，既应考虑各流程中的风险控制点，又应考虑各控制要素、控制过程之间的相互关联，使各业务循环或部门的子控制系统有机构成企业的一个科学、合理的管理系统，保证企业经营活动在预定的轨道上进行。在设计内部控制制度时还应关注制度的严谨性和完善性，讲究控制实效，把握控制要点，全面、准确地对企业经营的全过程作出有效的控制。始终需要明确的是，内部控制制度是针对所有人的，并不仅仅只是针对某一个群体。

2. 重要性原则

内部控制应当在全面控制的基础上，关注重要业务和高风险领域，关注关键的成本费用项目、关键的业务环节、重要的要素或资源。企业内部控制的重点应放在避免和减少效率低下、违法乱纪事件的发生上：哪一个控制点能够最好地衡量业绩？哪一个控制点能够反映重要的偏差？哪一个控制点能以最小的代价去纠正偏差？哪一个控制点最为有效？一个有效的内部控制系统，能够防止意外事件或不良后果的产生，具有及时发现和揭示出已经产生的差错、舞弊和其他不规范行为的能力，以及确保及时采取适当的纠正措施。

3. 制衡性原则

内部控制应当在治理机构、机构设置及权责分配、业务流程等方面相互制约、相互监督，同时兼顾运营效率。在横向联系上，一项业务至少要经过彼此独立的两个或多个部门或人员，以使该部门或人员的工作能够接受另一部门或人员的检查或制约。在纵向关系上，一项业务至少要经过互不隶属的两个或两个以上的岗位和环节，以便使上下级互相监督。

4. 适应性原则

内部控制应当与企业经营规模、业务范围、竞争状况和风险水平等相适应，并随着情况的变化及时加以调整。内控制度还要考虑国家在一定时期的经济发展水平和宏观调控政策。简而言之，内部控制也需要与时俱进，一些新的理论、新的方法、新的事物的出现，都将导致内部控制制度的改变，内部控制是个动态的平衡，如计算机的普及、互联网的出现、信息的迅速传递等。新环境下，要应用新的方式考虑内部控制制度可能出现的问题（密码保护、授权批准等）并设计出适应时代发展的内部控制制度，这要求企业内部控制的基本结构在相对稳定的同时保持一定的灵活性，以便适应未来的修订和补充。考虑到各种可能的情况而拟订各种应付变化的抉择方案和留有一定的后备力量，并采用多种灵活的控制方法，充分发挥各职能部门的积极性和能动性。允许各层级的管理人员在其业务领域，制定具体的执行措施或实施办法，并可根据变化的情况，自行修订已不适应的规章制度和控制措施。

5. 成本效益原则

内部控制应当权衡实施成本与预期效益，以适当的成本实现有效控制。因此，在实行内部控制花费的成本和由此而产生的经济效益之间要保持适当的比例，也就是说，因实行内部控制所花费的代价不能超过由此而获得的效益，否则应舍弃此项控制。成本效益原则的存在，也使得企业的内部控制只能是合理保证而不是绝对保证其目标的实现。这一原则在本书第 1 章中已有说明，这里不再赘述。

5.2.2 内部控制分类

1. 按控制内容可划分为一般控制和应用控制

（1）一般控制是指对企业经营活动赖以进行的内部环境所实施的总体控制，又称环境控制：一般控制包括组织控制、人员控制、业务记录和监督等。

（2）应用控制是指直接作用于企业生产经营活动的具体控制，通常称为操作性控制，如业务处理中的批准与授权、审查与复核、对实物接触的限制等。

一般控制通过建立企业常规性的控制制度，对企业所有环节都会产生影响；而应用控制是对业务操作过程进行具体的、有针对性的，能够在经营管理中直接发挥作用的控制。

2. 按控制地位可划分为主导性控制和补偿性控制

（1）主导性控制是指为实现某项控制目标而首先实施的控制。例如，凭证连续编号可以保证所有业务活动都得到记录和反映，因此，凭证连续编号对于保证业务记录的完整性就是主导性控制。在正常情况下，主导性控制能够防止错弊的发生，但如果主导性控制存在缺陷、不能正常运行，就必须有其他的控制措施进行补充。

（2）补偿性控制是指能够全部或部分弥补主导性控制缺陷的控制。就上例而言，如果凭证没有连续编号，有些业务活动就可能得不到记录。这时，实施凭证、账证、账账之间的严格核对，就可以基本上保证业务记录的完整性，避免遗漏重大的业务事项。因此，“核对”相对于凭证“连续编号”来说，就是保证业务记录完整性的一项补偿性控制。

3. 按照控制功能可划分为预防式控制和侦察式控制

（1）预防式控制是指为防止错误和非法行为的发生，或尽量减少其发生机会所进行的一种控制。它主要解决“如何能够在一开始就防止错弊的发生”这个问题。例如，对业务人员事先作出明确的指示和实施严格的现场监督，就能避免误解指令和发生错弊。进行预防控制首先应规定业务活动的规则和程序，并在企业内部设置有关的规章制度，保证业务活动能有条不紊地进行，同时尽量避免经济运行中的错误和舞弊现象。然而任何企业管理者并不能完全保证事先制定的规则、程序、制度等能够得到有效的执行。企业内部控制制度的设计，以预防为主，查处为辅。判断企业内部控制制度设计的标准，首先应根据其防止错弊发生的效果来衡量，其次再考虑对已发生的不法事件的揭露和处理情况。

（2）侦察式控制是指为及时查明已发生的错误和非法行为或增强发现错弊机会的能力所进行的各项控制。它主要是解决“如果错弊仍然发生，如何查明”的问题。因为预防系统并不能有效控制所有的错误和弊端，利用侦察式控制可以将某些在其发生以后才能发现的错误检查出来，并实施控制。例如，对现金的盘点，银行存款金额的核对，应收、应付账款的查询，对仓库物资进行的定期和不定期的盘点制度，以及进行账实核对和差异分析等。

4. 按照控制时序可划分为原因控制、过程控制和结果控制

（1）原因控制也称事先控制，是指企业为防止人力、物力、财力等资源在质和量上发生偏差，而在行为发生之前所实施的内部控制，如领取现金支票前的核准、报销费用前的审批等。

（2）过程控制也称事中控制，是指企业在生产经营活动过程中针对正在发生的行为所进行的控制，如对生产过程中使用材料的核算、对在制产品的监督和对加工工艺的记录等。

（3）结果控制也称事后控制，是指企业针对生产经营活动的最终结果而采取的各项控制措施，如对产品的质量进行检验、对产品数量加以验收和记录等。

5. 按控制手段可划分为硬控制和软控制

（1）硬控制是指内部控制制度中那些“必须”的和“硬性”的规定，要求无论何时何地，无论是谁都必须遵守的规定。硬性控制是容易识别、评估和记录的，如实物盘点制度、定期对账制度等，它客观上规范和约束着会计人员及其他管理者的工作行为。

（2）软控制主要是指那些属于精神层面的控制，涉及态度、感知及能力的控制。软控制往往难以计量和评估，如高级管理阶层的管理风格、管理哲学、企业文化及内部控制意识等，它主要靠理念、习惯、管理者的道德观、价值观等来维系，以发挥其作用。

硬控制是有形的，更经得起自动化检验；而软控制由于具有无形的特点，则要求更加关注人的行为。COSO 报告的贡献之一也在于其强调了“软控制”。企业在进行内部控制设计时，应“软硬兼施”，在保证硬性控制执行性的同时，不应忽视软控制对企业的影响。

5.3 内部控制设计的方法和步骤

5.3.1 内部控制设计的方法

内部控制制度的设计需要通过一些方法描述出来，基本方法主要有 3 种：文字记录法（narrative）、内部控制调查表法（internal control questionnaire）、内部控制流程图法（internal control flowchart）。

1. 文字记录法

所谓文字记录法，是将内部控制的运行情况、控制环节和控制方式以文字说明的方法记录下来，适合于控制范围较广、管理内容比较细致的制度。文字记录法的优点是可以对调查对象作出比较深入和具体的描述，可以描述内部控制制度中的任何特殊情况；其缺点是采用文字记录法进行描述时，文字叙述较为冗长，对业务处理流程及其控制的反映不够直观，特别是对于比较复杂的业务，有时不易说清楚。

采用文字记录法时，审计人员仅仅是询问该制度或活动的执行人员“他们做什么，怎么做的”，同时将他们的回答综合在这份叙事性的文字说明里。

审计人员通常会对工作人员询问以下问题：

（1）处理了什么业务或凭证？

（2）这些业务或凭证是怎么发生的？

（3）要求什么样的批准手续？

（4）要求什么会计分录？

（5）产生了什么样的记录？

◉ 知识链接

某公司费用报销流程

1. 报销人将原始凭证制作成报销单。

2. 报销人将报销单提交直接上级审核。

3. 直接上级对费用发生的真实性、合理性进行审核，若业务真实存在且费用未被夸大，予以审核通过，否则返回给报销人重新制作。

4. 直接上级审核后，如果金额在权限之内即签批，否则签署意见后由报销人交与上一级主管签批。

5. 报销人将已签批的报销单提交财务部。

6. 财务部对单证的有效性、费用是否超标、有无计算错误进行复核，如果无误，复核通过，否则交回报销人重新填制报销单。

7. 财务部判断报销金额是否超过主管领导的审批范围，如果不超过，直接报销，如果超过，退回报销人重新签批。

8. 财务部对已审批的报销单进行报销。
9. 财务部每周形成一个费用周报表交由总经理审阅。

2. 内部控制调查表法

调查表法也称“问卷法”，是以“问题调查表”的形式来了解和描述内部控制制度的一种方法。编制内部控制调查表，关键是针对需要调查了解的控制系统及控制点，设计拟调查的问题条款。

调查问题的提出，要紧紧围绕控制系统中各个控制点及其控制措施，即对控制点设置的各项控制措施，逐一设计调查问题条款，并补充控制环境、一般控制等调查问题条款。

设计调查问题的步骤如下：

（1）确定被审计单位内部控制系统的调查目标；

（2）根据调查目标，确定所要调查的控制点及其控制措施；

（3）根据控制点及其控制措施拟定具有针对性的调查问题。

调查表中为每个问题分设“是”“否”“不适用”“备注”四栏。其中，“是”表示肯定，“否”表示否定，还可在“否”这一栏中根据控制差的轻重程度，再细分“较轻”和“较重”两栏，“不适用”代表此项要求与被调查单位的具体业务不适应，“备注”栏用于记录对有关问题的说明。调查表中的问题，是针对内部控制是否严密、有效，综合考虑各方面因素提出的，如表 5-2 所示。

表 5-2　内部控制情况调查表

被调查单位：
调查内容：存货的内部控制
调查时间：××××年×月×日
被调查人：×××

序号	调查问题	调查结果				备注
		是	较轻	较重	不适用	
1	是否编制存货计划或进行存货预算控制？					
2	是否对存货计划执行情况进行检查？					
3	是否建立存货采购、领用、发出业务审批制度？					
4	是否建立存货入库的验收制度？					
5	销货退回是否按规定办理入库？					
6	记账凭证编制前的原始凭证是否存在复核程序，记账凭证入账前是否存在稽核程序？					
7	存货的采购、检验、收发是否由不同的部门和人员分别负责？					
8	存货是否定期盘点？					
9	存货的报损、报废是否按规定程序办理？					
10	财务部门的总账、明细账是否定期进行核对？					

续表

序号	调查问题	调查结果				备注
		是	较轻	较重	不适用	
11	财务部门的明细账是否与业务部门的存货账、仓储部门的保管账（卡）相核对？					
12	按实际成本进行存货的日常核算时，存货发出的计价方法是否前后期一致？					
13	按计划成本进行核算时，存货发出的成本差异核算是否符合规定？					

调查表法的优点如下：

（1）简便易行，即使没有较高的专业知识和专业技能的人员也能操作；

（2）概括性强，有利于分析人员作进一步的分析和评价；

（3）一目了然，省时省力；

（4）调查表“否”栏集中反映内部控制存在的问题，能引起检查人员的重视。

但是调查表法也有一定的缺陷：系统性差，往往难以提供一个完整的、系统的、全面的分析评价；由于格式固定，缺乏弹性，对于不同行业的被调查单位的特殊情况，往往“不适用”栏填得太多，难以将所有应调查事项包含在内，易于流于形式。

3. 内部控制流程图法

流程图法是采用特定的符号，以业务流程线加以连接，辅之以简要的文字和数字，将某项业务处理程序和内部控制反映出来的一种描述方法。流程图符号是流程图的语言，是由一系列的几何图形组成的。这种符号在美国、澳大利亚、日本等国家有统一规定，我国内部控制设计还缺乏统一的流程图符号，企业可以自行设计比较实用的流程图符号，基本原则应该是简易、形象和公识。基本的流程图符号至少应该有凭证、账簿、报表、作业（业务处理）、决策、保存、流程交叉、核对、流程线等，其中流程线是流程图的主要构成符号。

流程图有纵向流程图和横向流程图两种基本方式。

1）纵向流程图

纵向流程图的绘制方法是将业务处理的有关部门或有关的经办人员按业务处理的先后次序从上到下加以排列，各部门和各经办人员可随着业务处理的过程重复排几次。业务处理过程中所发生的单据、凭证、账簿等文件和处理步骤，用符号加以反映，依次排列在经办部门或经办人员旁边，并用一根垂直线从上至下予以连接。通过纵向流程图能够直观反映整个的处理过程以及控制的要求。这种纵向流程图绘制较为简单，并且易于理解，但难以清晰地反映各部门的相互联系。

2）横向流程图

将业务处理过程中各部门或各经办人横向排列在表的上方，以部门或有关人员的相互联系为基础，用符号表示凭证、单据在部门之间或部门内部的传递、记录和归档等情况，并辅之以简要的文字说明。横向流程图既能较好地反映业务处理的过程和控制要求，也能较好地反映各个部门和人员业务处理中的相互关系，便于反映业务处理的总体情况。

假设截取某个内部控制流程的一个简单的片段，如某项申请单由 A 部门申请，B 部门审核，C 部门复核，最后将该审核和复核完的申请单交给 A 部门后，才能进行后面的步骤。横向流程图和纵向流程图的对比如图 5-1 所示。

绘制流程图的要求：

（1）采用平面制图法，图中表明业务处理流程经过的部门及其负责人；

（2）流程图绘制应简单明了，业务处理程序自发生的起点至进入永久性档案的终点应充分完整地表达；

（3）少用叙事性说明，多用符号，符号使用要规范；

（4）当一个制度分布在几个方面时，应将最主要的路线画在主图上，其他路线画在分开的流程图上或用脚注说明；

（5）注明各种凭证、账册和报表的名称和份数及其归档、保存的情况；

（6）标明各项业务的关键控制点和核对情况。

流程图法的不足之处在于：编制流程图需要具备较娴熟的技术和较丰富的工作经验，同时颇费时间；流程图不能将内部控制中的控制弱点明显地标明出来，往往需要与其他两种方法相结合。

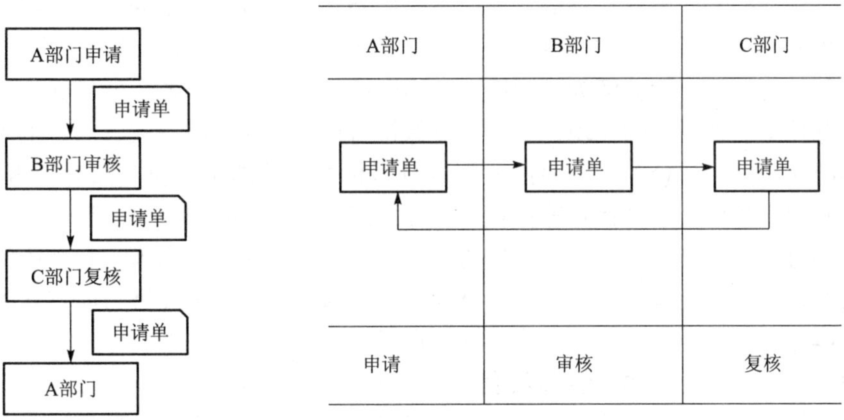

（a）纵向流程图　　（b）横向流程图

图 5-1　纵向流程图和横向流程图对比

5.3.2　内部控制设计的步骤

1. 界定内控设计需求，明确控制目标

内部控制设计，首先要对内部控制设计需求进行界定。内部控制设计需求因主体构建内部控制体系的动因不同而不同。为满足外部监管部门要求的内部控制设计要突出合规性和全面性，要以满足监管部门要求为内部控制设计的出发点；而为满足主体内部需要的内部控制设计则应突出针对性和有用性。同时，内部控制设计需求也会因主体及其运行特点而不同。不同的主体有自己的特点，主体运行的特点在一定程度上决定了内部控制设计的需求是有差别的。

主体进行内部控制设计的需求是复杂多样的。一般而言，内部控制设计需求包括：设计或完善整个内部控制体系；设计或完善重要项目或业务的内部控制制度，比如建设项目、采购业务等方面的内部控制；改进商业流程或绩效，有些企业进行内部控制设计就是为了改进特定商业流程或提高绩效。这种情况下的内部控制设计注重的是对商业流程的分析或影响绩效的诸多要素的分析。

界定设计的需求后，需要明确控制目标。控制目标，既是管理经济活动的基本要求，又是实施内部控制的最终目的，也是评价内部控制的最高标准。在实际工作中，管理人员和审计人员总是根据控制目标，建立和评价内部控制系统。因此，设计内部控制，首先应该根据经济活动的内容特点和管理要求提炼内部控制目标，然后据以选择具有相应功能的内部控制要素，组成该控制系统。

我国的《企业内部控制基本规范》对内部控制的目标规定如下：

① 企业经营管理合法合规；

② 资产安全；

③ 财务报告及相关信息真实完整；

④ 提高经营效率和效果；

⑤ 促进企业实现发展战略。

内部控制目标应当具体且便于理解，应当对内部控制整体目标进行分解，以便进行内部控制的设计。内部控制的基本目标应自上而下层层展开，把目标逐步分解落实到组织内部的各个单元，落实到每个员工。进行目标分解时要遵循以下要求：目标分解应按层层分解的原则进行，也就是将总体目标分解为不同层次、不同部门的分目标，各个分目标的综合要体现总体目标，并保证总体目标的实现；分目标要保持与总体目标方向一致，内容上下贯通，保证总体目标的实现；目标分解中，要注意到各分目标所需要的条件及其限制因素，如人力、物力、财力和协作条件、技术保障等；各分目标之间在内容与时间上要协调、平衡，并同步发展，不影响总体目标的实现；各分目标的表达也要简明、扼要、明确，有具体的目标值和完成时限要求；目标应留有余地，设定的目标应该使部门和员工经过努力能够达到，如果经过努力也难以达到，就会使人失去完成目标的积极性。

2. 梳理内控业务关系，整合控制流程

企业应根据各自行业及所涉及业务的具体特点，梳理业务关系，将自身的运营活动划分为不同的主要业务循环，比如销售及收款、采购及付款、生产、固定资产管理、货币资金交易、关联交易、担保、投资、筹资、研究与开发等。

内部控制设计人员要对企业各方面的业务进行认真梳理，按业务特点和复杂程度，划分业务流程。业务流程的划分从一级开始，逐步细化，目的是将企业的全部业务划分成各个单元，便于进行描述和分析。划分流程之后，需要对现行业务流程进行详细描述。设计者应当在制度分析和业务操作分析的基础上，采用流程图的形式，直观地反映各业务和管理活动的开展过程，为以后的风险控制分析打好基础。

控制流程，通常同业务流程相吻合，主要由控制点组成，依次贯穿于某项业务活动始终的基本控制步骤及相应环节。当企业的业务流程存在控制缺陷时，则需要根据控制目标和控制原则加以整合和优化。整合控制流程的目的，在于让企业抓住所有的风险控制点，删除不必要的环节，使整个内部控制更加有效率。整合控制流程，包括：① 取消不必要的控制点，或成本或效益不匹配的控制点。某个处理或流程，首先研究是否可以取消，这是改善工作程序，提高工作效率的最高原则。② 合并内控流程，控制流程不能取消，可进而研究能否合并。为了做好一项工作，自然要有分工和合作。分工的目的，或是由于专业需要，为了提高工作效率；或是因工作量超过某些人员的承受能力。③ 内控流程的合理重排，取消和合并以后，还要将所有内控流程按照合理的逻辑重排顺序，或者在改变其他要素顺序后，重新安排工作顺序和步骤，在这一过程中还可进一步发现可以取消和合并的内容，使作业更有条理，工作效率更高。④ 简化所必需的流程环节，对程序的改进，除去可取消和合并之外，余下的还可进行必要的简化，这种简化是对工作内容和处理环节本身的简化。

3. 识别内控风险因素，鉴别关键控制点

从内控的角度而言，有内部风险和外部风险，内部风险应关注的因素有：董事、监事、经理及其他高级管理人员的职业操守、员工专业胜任能力等人力资源因素；组织机构、经营方式、资产管理、业务流程等管理因素；研究开发、技术投入、信息技术运用等自主创新因素；财务状况、经营成果、现金流量等财务因素；营运安全、员工健康、环境保护等安全因素。实现控制目标，主要是控制容易发生偏差的业务环节。这些可能发生错弊因而需要控制的业务环节，通常称为控制环节或控制点。一方面对内控的风险因素进行识别，另一方面需要关注每一个单独业务流程容易发生风险的控制点。在风险识别和风险控制分析的基础上，对现有的业务流程进行讨论研究，鉴别关键内部控制环节，需要根据重要性原则，鉴别出关键控制点和一般控制点。

那些在业务处理过程中发挥作用最大、影响范围最广甚至决定全局成效的控制点，对于保证整个业务活动的控制目标具有至关重要的影响，即为关键控制点；相比之下，那些只能发挥局部作用、影响特定范围的控制点，则为一般控制点。如材料采购业务中的“验收”控制点，对于保证材料采购业务的完整性、实物安全性等控制目标都起着重要的保障作用，因此是材料采购控制系统中的关键控制点；相比之下，“审批”“签约”“登记”“记账”等控制点，即是一般控制点。需要说明的是，关键控制点和一般控制点在一定条件下是可以相互转化的。某个控制点在此项业务活动中是关键控制点，在另外一项活动中则可能是一般控制点。

4. 选择风险应对方案，确定控制措施

根据前期关键风险控制点的梳理与分析，选择风险应对措施和方案，通过设置具体的控制技术和手续而实现某一具体控制点的功能，这些为预防和发现错弊而在某控制点所运用的各种控制技术和手续等，通常被概括为控制措施。如现金收付款业务的“对账”这个控制点包括：现金日记账与现金付款业务的原始凭证及记账凭证互相核对，做到账证相符；现金日记账与现金总账核对，做到账账相符。而银行存款收付款业务的对账工作有三个环节：银行存款日记账与银行存款收付款业务的原始凭证及记账凭证互相核对，做到账证相符；银行存款日记账与银行存款总账核对，做到账账相符；银行存款日记账与银行对账单核对。虽然都是“对账”这个控制点，但两者由于其控制的业务内容不同，所要实现的控制目标不同，因而相匹配的控制措施也不相同。因此，实际工作中，必须根据控制目标和对象设置相应的控制技术和手续。

在确定各控制点和控制措施的基础上，将控制责任落实到相应的部门和岗位上，以保证责任到人。根据上述步骤，最后编制内部控制管理手册。内部控制管理手册没有固定的内容，一般包括总体框架、控制目标、控制依据、流程目录、风险描述、关键控制、控制措施、控制文档、权限指引等方面。管理手册有助于梳理和优化企业内部控制体系，提升风险管理水平，实现健康持续的发展。

阅读与思考

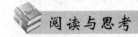

中南传媒内部控制规范实施方案

中南传媒是国有控股的上市公司，证券代码601098，公司控股股东为湖南出版投资控股集团有限公司。公司经营业务涵盖图书、报纸、期刊、音像、电子、网络、动漫、电视、手机媒体、框架媒体等多种媒介，集编辑、印刷、发行各环节于一体，是典型的多介质、全流程、综合性出版传媒集团，形成了出版、印刷、发行、报刊、新媒体五大产业格局。

公司以“全面深化改革”为主线，坚持双效统一，按照“线上与线下结合、文化与金融结合”的发展思路，不断整合资源、拓展产业、建设平台，在出版传媒核心领域深耕拓展，致力于发展为具有较强国际影响力的世界大型出版传媒集团。

一、2016年度内部控制规范建设工作计划

截至2015年年底，公司已经完成了总部及26家子（分）公司的内部控制建设工作，并逐步对总部及主要子（分）公司的制度规范、内控文档等进行更新，提升风险管控能力。

2016年度公司内部控制建设工作的主要任务是积极开展内控专员专题培训，完成新增控股子公司湖南泊富基金管理有限公司（以下简称“泊富基金公司”）的内控规范体系建设工作，稳步推进主要子（分）公司的优化更新工作。

2016年度公司内部控制建设工作由公司董事、董事会秘书、副总经理高军负责，牵头部门为法律事务部，责任人为刘星保，公司内部控制规范工作领导小组办公室成员予以配合。

主要工作任务：

2016年3—4月，拟订并通过内控建设方案。

2016年5—6月，总部及分子公司内控专员专题培训。

2016年7月，鉴于私募基金的特殊性，选聘泊富基金公司内控建设专业中介机构，与公司专业人员组成联合工作组，组织开展内控调研，发放问卷调查及资料清单。

2016年8月，根据问卷调查情况进行分析，并依据分析结果与泊富基金公司拟订具体的现场工作方案。

2016年9—10月，开展泊富基金公司内控现场工作和完成内控应用手册文档编制工作。

2016年11月，完成泊富基金公司的内控评价手册文档编制与内控缺陷整改计划，经确认后实施。

2016年11—12月，对湖南科学技术出版社有限责任公司、湖南省印刷物资有限责任公司进行全部流程的穿行测试。

2017年1—2月，根据穿行测试结果，更新湖南科学技术出版社有限责任公司、湖南省印刷物资有限责任公司的内控文档。

2017年3—4月，湖南科学技术出版社有限责任公司、湖南省印刷物资有限责任公司对更新后的内控文档进行确认后实施。

二、2016年内部控制自我评价工作计划

根据全面性、重要性、客观性原则，从定性及定量角度考虑、测试范围涵盖公司出版、印刷、发行、媒体及金融等产业板块，2016年度纳入测试范围的单位共12家，包括：中南出版传媒集团股份有限公司总部、中南出版传媒集团股份有限公司湖南出版中心分公司、湖南省新华书店有限责任公司、湖南天闻新华印务有限公司、湖南潇湘晨报传媒经营有限公司、湖南科学技术出版社有限责任公司、湖南美术出版社有限责任公司、湖南文艺出版社有限责任公司、天闻数媒科技（北京）有限公司、湖南出版投资控股集团财务有限公司、湖南省印刷物资有限责任公司、湖南省新教材有限责任公司。

评价内容涵盖公司治理、发展战略、人力资源、全面预算、财务报告、信息系统、关联交易与信息披露、内部审计、内部信息传递、资产管理、投资、资金营运、信贷业务、结算业务、存款业务、采购业务、销售业务、合同管理、生产管理、出版业务管理、产业运营监督、新技术新媒体业务管理等公司层面和业务活动层面流程。

内部控制自我评价工作由公司董事会审计委员会召集人、独立董事陈共荣与监事会主席彭兆平负责，审计部牵头，责任人为肖晴，公司内部控制规范工作领导小组办公室成员予以积极配合。

2016年度内部控制自我评价工作分为中期和期末两个阶段进行。中期测试抽取中南出版传媒集团股份有限公司湖南出版中心分公司和湖南美术出版社有限责任公司2家单位，采取“以子（分）公司自主测评、审计部指导审核”的模式开展，以逐步提高子（分）公司内部控制自我评价能力。期末测试纳入年度测试范围的12家单位，由审计部牵头组成内部控制评价工作组，按照《企业内部控制基本规范》和监管部门的有关规定，开展内部控制评价工作，出具内部控制评价报告并按要求进行披露。

三、内部控制审计工作计划

计划聘请瑞华会计师事务所为公司内部控制审计机构，内部控制审计工作范围为：中南出版传媒集团股份有限公司总部、湖南省新华书店有限责任公司、湖南天闻新华印务有限公司、湖南潇湘晨报传媒经营有限公司、中南出版传媒集团股份有限公司湖南出版中心分公司、湖南科学技术出版社有限责任公司、湖南美术出版社有限责任公司、湖南文艺出版社有限责任公司、湖南省印刷物资有限责任公司、湖南省新教材有限责任公司、湖南出版投资控股集团财务有限公司、天闻数媒科技（北京）有限公司。适用的相关法规为《企业内部控制基本规范》《内部控制评价指引》《内部控制应用指引》等，适用的审计准则为《内部控制审计指引》《中国注册会计师审计准则》。

在对被审计单位内部控制评估的基础上，特别关注财务报表生成相关重点内部控制环节，确定重点审计领域如下。

1. 整体层面的控制

（1）组织结构的设置及其运行的有效性，包括职责分工、授权、重大交易和事项（包括会计政策和会计估计变更、重大投资、重大资产处置、变更募集资金使用用途、证券期货等高风险业务、对外担保等）的审批流程；

（2）预算控制，包括生产经营预算、资金预算；

（3）关联方交易的批准和定价控制；

（4）信息系统控制，主要指财务信息系统控制；

（5）财务报告编制流程控制；

（6）内部审计和自我评价。

2. 拟进行控制测试的重要业务流程

（1）货币资金管理流程（包括投资、筹资、资金运营），所有样本单位均需测试；

（2）采购与付款流程，除财务公司外所有样本单位均需测试；

（3）销售与收款流程，除财务公司外所有样本单位均需测试；

（4）存货与成本流程、新华书店、物资公司、财务公司无须进行生产循环测试，其他样本单位均需测试；

（5）工薪与费用流程，重点测试工资总额控制和绩效工资控制；

（6）固定资产、无形资产流程，重点测试重大固定资产、无形资产项目的采购和处置；

（7）关联交易流程，重点实施关联方的识别、关联方交易是否公允并经适当审批、关联交易披露是否恰当；

（8）财务报表流程，重点测试财务报告编制流程中的数据输入、加工处理过程、数据输出是否均经过审核、审批，数据录入是否准确；

（9）税务流程，重点测试应税项目是否按税法规定及时计提缴纳税款；

（10）除上述流程外，财务公司重点执行资金结算流程、信贷流程的内部控制测试。

资料来源：上海证券交易所网站《中南出版传媒集团股份有限公司 2016 年内部控制规范实施工作方案》2016. 4. 26.

思考题

1. 内部控制设计的原则和要点是什么？
2. 中南传媒的内控实施方案是否符合我国内部控制规范要求？
3. 你认为下一步中南传媒的内部控制制度的实施方案应如何规范？
4. 中南传媒的关键业务流程有哪些，其中的关键控制点有哪些？
5. 如果请你为一家旅游公司设计内部控制制度，你将从哪几个角度来制订方案？

第 6 章　内部控制的评价

【本章导读】

- 注册会计师对内部控制的审计报告
- 注册会计师的管理建议书
- 管理层对内部控制的自我评价

6.1　概　　述

内部控制评价，是对企业现有的内部控制体系的设计和实施效果进行调查、测试和评价的活动，它既是内部控制中一个重要而且必要的系统性活动，又是评价、反馈、再评价的动态过程，能够促进内部控制的有效实施与持续改善。

对内部控制的建立、实施进行评价，是优化内部控制自我监督机制的一项重要制度安排，是内部控制的重要组成部分，与内部控制的建立、实施，共同构成有机循环。内部控制的评价来源于两个方面：一个是企业管理层的自评，这种评价应具有自觉性和持续性；另一个来源于中介机构的，这种评价更具有专业性和公正性。内外部评价结合在一起，更有助于发现并克服内部控制缺陷，寻找并改善内部控制的薄弱环节，促进企业健康发展。

无论是内部控制的自我评价，还是外部的内部控制审计意见，都是对现行实施的内部控制的有效性发表意见。所谓内部控制有效性，是指企业建立与实施内部控制对实现控制目标提供合理保证的程度，包括内部控制设计的有效性和内部控制运行的有效性。其中，内部控制设计的有效性，是指为实现控制目标所必需的内部控制要素都存在并且设计恰当；内部控制运行的有效性，是指现有内部控制按照规定程序得到了正确执行。评价内部控制设计的有效性，应充分考虑：① 是否为防止、发现并纠正财务报告重大错报而设计了相应的控制；② 是否为合理保障资产安全而设计了相应的控制；③ 相关控制的设计是否能够保证企业遵循适用的法律法规；④ 相关控制的设计是否有助于企业提高经营效率和效果，实现发展战略。评价内部控制运行的有效性，应当着重考虑以下几个方面：① 相关控制在评价期内是如何运行的；② 相关控制是否得到了持续一致的运行；③ 实施控制的人员是否具备必要的权限和能力。

需要强调的是，即使同时满足设计有效性和运行有效性标准的内部控制，受内部控制固有局限影响，也只能为内部控制目标的实现提供合理保证，而不能提供绝对保证，不应不切实际地期望内部控制能够绝对保证内部控制目标的实现，也不应以内部控制目标的最终实现情况和程度作为唯一依据直接判断内部控制设计和运行的有效性。

1. 内部控制审计与内部控制的自我评价

内部控制审计与内部控制的自我评价，是不同主体对内部控制的有效性发表的不同意见。因是来自内外不同的意见，故而两者有着本质区别。

内部控制的自我评价，是指企业董事会或类似权力机构对内部控制有效性进行全面评价、形成评价结论、出具评价报告的过程。内部控制审计，是指会计师事务所接受委托，对特定基准日内部控制设计和运行的有效性进行审计。

责任主体的不同。建立健全和有效实施内部控制，评价内部控制的有效性是董事会的责任；在实施审计工作的基础上对内部控制的有效性发表审计意见，是注册会计师的责任。

评价范围不同。内部控制审计是注册会计师对财务报告内部控制实施的审计评价；内部控制自我评价是对内部控制整体评价，包括财务报告内部控制和非财务报告内部控制。

评价结论不同。企业董事会对内部控制整体有效性发表意见，并在内部控制评价报告中出具内部控制有效性结论；注册会计师仅对财务报告内部控制的有效性发表意见，对内部控制审计过程中注意到的非财务报告内部控制的重大缺陷，在内部控制审计报告中增加“非财务报告内部控制重大缺陷描述段”予以披露。

虽然内部控制审计与内部控制评价具有上述区别，但两者往往依赖于同样的证据、遵循同样的测试方法、使用同一基准日，因此，也必然存在一些内在的联系。在内部控制审计过程中，注册会计师可以根据实际情况对企业内部控制评价工作进行评估，判断是否利用企业内部审计人员、内部控制评价人员和其他相关人员的工作以及可利用程度，从而相应减少本应由注册会计师执行的工作。

2. 内部控制审计与财务报表审计

内部控制审计报告与财务报表审计报告均为注册会计师出具，根据审计的主体对象不同所做出的审计意见。两者的终极目的一致，均为提高财务报告的可靠性，为利益相关者提供高质量的信息；两者了解和测试内部控制方法相同，采纳询问、检查、观察、穿行测试、重新执行等方法和程序；两者都采用风险导向审计方法。注册会计师首先实施风险评估程序，识别和评估财务报表重大错报风险（包括由于舞弊导致的重大错报风险），在此基础上，针对评估的重大错报风险，通过设计和实施恰当的应对措施，获取充分、适当的审计证据；两者确定重要性水平一致，在财务报告审计中确定重要性水平，旨在检查财务报告中是否存在重大错报，在内部控制审计中确定重要性水平，旨在检查财务报告内部控制是否存在重大缺陷，二者在审计中确定的重要性水平亦相同。

注册会计师可以单独进行内部控制审计，也可将内部控制审计与财务报表审计整合进行（简称整合审计）。两者审计过程中形成的审计证据可以相互利用和支持，为节约成本，提高效率，企业都是采用整合审计的方式。在整合审计中，注册会计师应当对内部控制设计与运行的有效性进行测试，以同时实现下列两个目标：① 获取充分、适当的证据，支持其在内部控制审计中对内部控制有效性发表的意见；② 获取充分、适当的证据，支持其在财务报表审计中对控制风险的评估结果。

内部控制审计是对内部控制的有效性发表审计意见，并对内部控制审计过程中注意到的非财务报告内部控制重大缺陷进行披露；财务报表审计是对财务报表是否在所有重大方面按照适用的财务报告编制发表审计意见。虽然内部控制审计和财务报表审计存在多方面的共同点，但财务报表审计是对财务报表进行审计，重在审计“结果”，而内部控制审计是对保证财务报表质量的内部控制的有效性进行审计，重在审计“过程”。发表审计意见的对象不同，使得两者存在区别。

两者的审计目标不同，内部控制审计是对被审计单位内部控制设计与运行的有效性进行审计，并重点就财务报告内部控制的有效性发表审计意见；财务报告审计是对财务报表是否按照国家统一的会计准则的规定编制，是否在所有重大方面公允地反映被审计单位的财务状况、经营成果和现金流量发表审计意见。

两者的审计报告意见类型不同。在财务报告审计中，注册会计师一般不对外报告内部控制的情况，除非内部控制影响到对财务报告发表的审计意见，报告意见类型有四种：无保留、保留、拒绝、否定意见。在内部控制审计中，注册会计师应报告财务报告内部控制的有效性，报告意见类型有三种：无保留（带强调事项段和不带强调事项段）、拒绝、否定意见。

知识链接

中国上市公司 2016 年内部控制白皮书

以“供给侧改革背景下的内控机制与风险管理创新”为主题的迪博·中国上市公司内部控制指数发布会暨中国内部控制与风险管理高峰论坛 2016 年 7 月 13 日在北京召开，《中国上市公司 2016 内部控制白皮书》同步发布。

按照迪博·中国上市公司内部控制指数四级八档分类标准，2015 年度中国上市公司内控评级为 AAA 的公司 0 家；评级为 AA 和 A 的公司占比共计 1.28%；评级为 BBB、BB 和 B 的公司占比共计 76.59%；评级为 C 和 D 的公司占比分别为 17.45% 和 4.68%。

根据《白皮书》针对上市公司内控评价报告披露情况进行的分析，2015 年度 2 670 家上市公司披露了内部控制评价报告，总体披露比例达 94.58%。其中，内部控制体系被认定为整体有效和非整体有效的上市公司占比分别为 93.45%、1.13%。

2015 年度，485 家上市公司总计披露内部控制缺陷 3 583 项，占比 18.16% 的公司同时披露了存在的内部控制缺陷。同时，披露的内控重大缺陷与重要缺陷总计 159 项，主要集中于资金活动、信息披露、关联交易、财务报告、销售业务、组织架构等领域。

《白皮书》综合分析历史数据发现，2011 年至 2015 年，上市公司内部控制重大缺陷、重要缺陷的披露比例逐年上升。其中，重大缺陷披露比例从 2011 年的 0.16% 上升到 2015 年的 1.54%；重要缺陷披露比例从 0.76% 上升到 2.10%。

《白皮书》提出，当前 A 股上市公司内控信息披露过程中主要存在五方面问题。包括：监管标准不一致导致报告格式与内容混乱，内控评价报告的信息含量较低，内控审计报告信息质量需要提升，中小板、创业板上市公司内部控制建设规范性亟待加强，资金活动、信息披露和关联交易领域是上市公司重大缺陷发生的重灾区。

为防止内部控制评价报告与内部控制审计报告中出现虚假披露、重大差错等情况，《白皮书》建议监管机构借鉴美国《萨班斯-奥克斯利法案》中 906 条款出台处罚规定，提升内部控制信息的真实性与准确性。

针对中小板、创业板上市公司内部控制建设规范性较弱的情况，建议扩大内部控制规范体系实施范围，逐步推动中小板、创业板上市公司开展内部控制规范体系建设，提高中小板、创业板上市公司内部控制水平和风险防范能力。

资料来源：中国上市公司 2016 年内部控制白皮书．上海证券报．2016-07-14.

6.2 管理层对内部控制的自我评价

6.2.1 内部控制自我评价的原则

根据《企业内部控制评价指引》第四条，企业应当根据本评价指引，结合内部控制设计与运行的实际情况，制定具体的内部控制评价办法，规定评价的原则、内容、程序、方法和报告形式等，明确相关机构或岗位的职责权限，落实责任制，按照规定的办法、程序和要求，有序开展内部控制评价工作。

内部控制评价应遵循以下原则。

1. 全面性原则

评价工作应当包括内部控制的设计和运行，涵盖企业及其所属单位的各种业务和事项。全面性原则体现的是“全员”“全业务”“全流程”，没有一个业务单元或群体能脱离评价监督之外。

2. 重要性原则

重要性原则是指在全面评价的基础上，评价工作着眼于风险，突出重点，具体来说，主要体现在制订和实施评价工作方案、分配评价资源的过程之中，体现在两个方面：① 坚持风险导向思路，着重关注那些影响内部控制目标实现的高风险领域和风险点；② 坚持重点突出，着重关注那些重要的业务事项和关键的控制环节，以及重要业务单位。重要业务单位一般以资产、收入、利润为判定标准。重大事项一般是指重大投资决策项目，兼并重组、资产调整、产权转让项目，期权、期货等金融衍生业务，融资、担保项目，重大的生产经营安排，重要设备和技术引进，采购大宗物资和购买服务，重大工程建设项目，年度预算内大额度资金调动和使用，以及其他大额度资金运作事项。高风险业务一般是指经过风险评估后确定为较高或高风险的业务，也包括特殊行业及特殊业务，国家法律、法规有特殊管制或监管要求的业务。

3. 客观性原则

客观性原则强调内部控制评价工作应当准确地揭示经营管理的风险状况，如实反映内部控制设计和运行的有效性。只有在内部控制评价工作方案制订、实施的全过程中始终坚持客观性，才能保证评价结果的客观性。

内部控制的自我评价涉及业务面广、专业性强的工作，包括日常检查评价和专项检查评价。企业可以授权内部审计机构具体实施内部控制有效性的定期评价工作。由于内部审计机构在企业内部处于相对独立的地位，该机构的工作内容、性质和人员的业务专长与内部控制评价工作有着密切的关联，因此内部审计机构可以负责内部控制评价的具体实施工作。成立了专门的内部控制机构的企业，由内部控制机构负责组织协调内部控制的建立实施及日常管理工作，其工作直接向董事会或类似权力机构负责。企业的内部控制机构可以组织实施内部控制评价工作。内部控制机构可以组织审计、财务、生产管理等专业人员，对内部控制全面或某一方面进行日常和专项检查评价，也可以对认定的重大风险进行专项监督，定期出具内部控制评价报告，报董事会或类似权力机构审核。

企业也可以根据自身特点，成立内部控制评价工作的非常设机构，比如，抽调内部审计、内部控制等相关机构的人员组成内部控制评价小组，具体组织实施内部控制评价工作。

此外，企业可以委托中介机构实施内部控制评价。选择中介机构协助开展工作，可重点考虑以下几个因素：一是中介机构的专业性，如内控咨询团队的专业知识及项目管理经验等；二是服务内容与企业需求的匹配程度，如实施方案是否符合企业实际情况等；三是团队的配置水平，如人员数量是否适当、团队的整体知识结构、过去的成功案例情况及客户评价等；四是服务报价合理性等，企业对收费明显偏离合理性的中介机构，应防范服务质量风险。

企业在聘请中介机构协助开展内部控制体系建设与实施工作中，应当采取有效的方式保护企业核心商业秘密和国家机密，防范泄密风险。

6.2.2 内部控制自我评价的程序

内部控制评价的内容，是围绕着内部环境、风险评估、控制活动、信息与沟通、内部监督五大要素，确定内部控制评价的具体内容，对内部控制设计与运行情况进行全面评价。

内部控制评价程序一般包括：制订评价工作方案、组成评价工作组、实施现场测试、认定控制缺陷、汇总评价结果、编报评价报告。如图6-1所示。

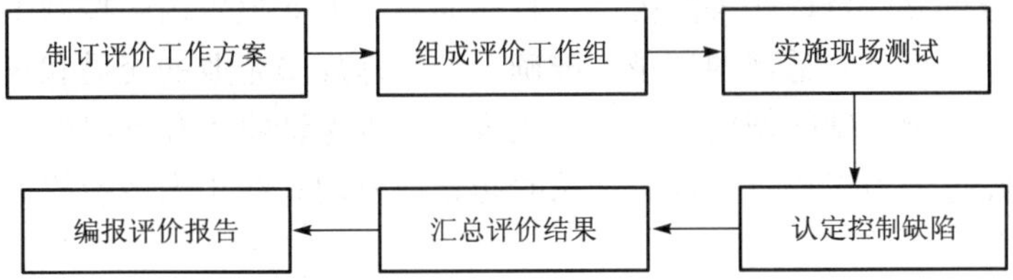

图6-1 内部控制评价的程序

企业可以授权内部审计部门或专门机构，负责内部控制评价的组织实施工作。企业也可以委托中介机构实施内部控制评价。为企业提供内部控制审计服务的会计师事务所，不得同时为同一企业提供内部控制评价服务。

董事会是公司内部控制评价的最高决策机构和最终责任者，其主要职责包括：

（1）审阅和批准由公司管理层提交的内部控制自我评价报告；

（2）批准由公司管理层提交的涉及内部控制整改的重大决策、重大风险、重大事项；

（3）审议和批准按照公司章程规定由董事会批准的内部控制管理相关制度和规章。

6.2.3 内部控制缺陷的认定

内部控制缺陷是描述内部控制有效性的一个负向的维度，是内部控制在设计和运行中存在的漏洞，这些漏洞将不同程度地影响内部控制的有效性，影响控制目标的实现。衡量内部控制有效性的关键步骤就是查找内部控制在设计或运行环节中是否存在重大缺陷。

1. 内部控制缺陷的分类

1）设计缺陷和运行缺陷

内部控制缺陷按照其成因分为设计缺陷和运行缺陷。设计缺陷是指企业缺少为实现控制目标所必需的控制，或现存控制设计不适当，即使正常运行也难以实现控制目标。运行缺陷是指设计有效的内部控制由于运行不当，比如包括由不恰当的人执行、未按设计的方式运行、运行的时间或频率不当、没有得到一贯有效运行等，而形成的内部控制缺陷。

2）重大缺陷、重要缺陷和一般缺陷

按照影响企业内部控制目标实现的严重程度，内部控制缺陷分为重大缺陷、重要缺陷和一般缺陷。

重大缺陷，是指一个或多个控制缺陷的组合，可能导致企业严重偏离控制目标。当存在任何一个或多个内部控制重大缺陷时，应当在内部控制评价报告中做出内部控制无效的结论。重要缺陷，是指一个或多个控制缺陷的组合，其严重程度低于重大缺陷，但仍有可能导致企业偏离控制目标。重要缺陷的严重程度低于重大缺陷，不会严重危及内部控制的整体有效性，但也应当引起董事会、经理层的充分关注。一般缺陷，是指除重大缺陷、重要缺陷以外的其他控制缺陷。

3）财务报告内部控制缺陷和非财务报告内部控制缺陷

按照具体影响内部控制目标的具体表现形式，将内部控制缺陷分为财务报告内部控制缺陷和非财务报告内部控制缺陷。

财务报告内部控制，即由公司的董事会、监事会、经理层及全体员工实施的旨在合理保证财务报告及相关信息真实、完整而设计和运行的内部控制，以及用于保护资产安全的内部控制中与财务报告可靠性目标相关的控制。具体而言，财务报告内部控制主要包括下列方面的政策和程序：保存充分、适当的记录，准确、公允地反映企业的交易和事项；合理保证按照适用的财务报告编制基础的规定编制财务报表；合理保证收入和支出的发生以及资产的取得、使用或处置经过适当授权；合理保证及时防止或发现并纠正未经授权的、对财务报表有重大影响的交易和事项。

财务报告内部控制以外的其他内部控制，属于非财务报告内部控制。财务报告内部控制是指针对财务报告目标而设计和实施的内部控制，非财务报告内部控制是指针对除财务报告目标之外的其他目标的内部控制。这些目标一般包括战略目标、资产安全、经营目标、合规目标等。考虑某一控制是否是财务报告内部控制的关键依据是控制目标，财务报告内部控制是那些与企业的财务报告可靠性目标相关的内部控制。财务报告内部控制的缺陷主要是指不能合理保证财务报告可靠性的内部控制设计和运行缺陷，而非财务报告内部控制缺陷指不能合理保证其余四项目标可靠性的内部控制设计和运行缺陷。

当然，相当一部分的内部控制能够实现多种目标，主要与经营目标或合规性目标相关的控制可能同时也与财务报告可靠性目标相关。因此，不能仅仅因为某一控制与经营目标或合规目标相关而认定其属于非财务报告内部控制，注册会计师需要考虑特定控制在特定企业环境中的目标、性质及作用，根据职业判断考虑该控制在具体情况下是否属于财务报告内部控制。

2. 内部控制缺陷的认定

将内部控制评价中发现的内部控制缺陷划分为重大缺陷、重要缺陷和一般缺陷，需要借助一套可系统遵循的认定标准，认定过程中还需要内部控制评价人员充分运用职业判断。一般而言，如果一个企业存在的内部控制缺陷达到了重大缺陷的程度，我们就不能说该企业的内部控制是整体有效的。

1）财务报告内部控制缺陷的认定标准

认定标准直接取决于由于该内部控制缺陷的存在可能导致的财务报告错报的重要程度。

这种重要程度主要取决于两个方面的因素。① 该缺陷是否具备合理可能性导致企业的内部控制不能及时防止或发现并纠正财务报告错报。合理可能性是指大于微小可能性（几乎不可能发生）的可能性，确定是否具备合理可能性涉及评价人员的职业判断。② 该缺陷单独或连同其他缺陷可能导致的潜在错报金额的大小。

如果一项内部控制缺陷单独或连同其他缺陷，具备合理可能性导致不能及时防止或发现并纠正财务报告中的重大错报，就应将该缺陷认定为重大缺陷。重大错报中的“重大”，涉及企业管理层确定的财务报告的重要性水平。一般而言，企业可以采用绝对金额法或相对比例法来确定重要性水平。一旦出现重大缺陷，就不能得出该企业的财务报告内部控制有效的结论。财务报告内部控制重大缺陷的认定十分关键，而区分一项内部控制缺陷是否构成了重大缺陷的分水岭是“重要性水平”，重要性水平之上的为重大缺陷，重要性水平之下的为重要缺陷或者一般缺陷。

一项内部控制缺陷单独或连同其他缺陷具备合理可能性，导致不能及时防止或发现并纠正财务报告中虽然未达到和超过重要性水平但仍应引起董事会和管理层重视的错报，就应将该缺陷认定为重要缺陷。

不构成重大缺陷和重要缺陷的内部控制缺陷，应认定为一般缺陷。

需要说明的是，内部控制缺陷的严重程度并不取决于是否实际发生了错报，而是取决于该控制不能及时防止或发现并纠正潜在缺陷的可能性。即只要存在这种“合理可能性”，不论企业的财务报告是否真正发生了错报，都意味着财务报告内部控制存在缺陷。

2）非财务报告内部控制缺陷的认定标准

非财务报告内部控制缺陷认定具有涉及面广、认定难度大的特点。企业可以根据自身情况，参照财务报告内部控制缺陷的认定标准，合理确定非财务报告内部控制缺陷的定量和定性的认定标准。根据其对内部控制目标实现的影响程度认定为一般缺陷、重要缺陷和重大缺陷。其中：定量标准，即涉及金额大小，既可以根据造成直接财产损失绝对金额制定，也可以根据其直接损失占本企业资产、销售收入及利润等的比率确定；定性标准，即涉及业务性质的严重程度，可根据其直接或潜在负面影响的性质、影响的范围等因素确定。

以下迹象通常表明非财务报告内部控制可能存在重大缺陷：① 国有企业缺乏民主决策程序，如缺乏“三重一大”决策程序；② 企业决策程序不科学，如决策失误，导致并购不成功；③ 违犯国家法律、法规，如环境污染；④ 管理人员或技术人员纷纷流失；⑤ 媒体负面新闻频现；⑥ 内部控制评价的结果特别是重大或重要缺陷未得到整改；⑦ 重要业务缺乏制度控制或制度系统性失效。为避免企业操纵内部控制评价报告，非财务报告内部控制缺陷认定标准一经确定，必须在不同评价期间保持一致，不得随意变更。

总之，理想化的、没有任何瑕疵的内部控制是不存在的，判断内部控制是否存在缺陷的标准不是仅仅看控制系统是否存在缺点或不足，而是看这种缺点或不足是否阻碍其为控制目标的实现提供合理保证。

企业内部控制评价部门应当编制内部控制缺陷认定汇总表，结合日常监督和专项监督发现的内部控制缺陷及其持续改进情况，对内部控制缺陷及其成因、表现形式和影响程度进行综合分析和全面复核，提出认定意见，并以适当的形式向董事会、监事会或者经理层报告。重大缺陷应当由董事会予以最终认定。

企业对于认定的重大缺陷，应当及时采取应对策略，切实将风险控制在可承受度之内，并追究有关部门或相关人员的责任。

知识链接

汤臣倍健的2015年度内部控制缺陷认定标准

公司依据企业内部控制规范体系的要求，结合公司的内部控制相关制度和评价办法组织开展内部控制评价工作。内部控制缺陷分为重大缺陷、重要缺陷和一般缺陷。公司董事会参照基本规范和相关配套指引对内部控制缺陷的认定要求，结合公司规模、运营情况、行业特征、风险水平等因素，研究确定了适用本公司的内部控制缺陷认定标准，具体认定标准如下：

1. 财务报告内部控制缺陷认定标准

财务报告内部控制缺陷的认定标准直接取决于由于该内部控制缺陷的存在可能导致的财务报告错报的重要程度。

（1）定性标准

该缺陷是否具备合理可能性导致公司的内部控制不能及时防止或发现并纠正财务报告错报；该缺陷单独或连同其他缺陷可能导致的潜在错报金额的大小。以下情况的产生，可能表明公司存在财务报告相关内部控制的重大缺陷：

A. 董事、监事和高级管理人员舞弊；

B. 公司更正已公布的财务报告；

C. 注册会计师发现当期财务报告存在重大错报，而内部控制在运行过程中未能发现该错报；

D. 公司审计委员会和内部审计机构对内部控制的监督无效。

出现上述情况之一，即可认定公司存在需要对外披露的重大缺陷。

（2）定量标准

在执行内部控制缺陷的定量评价时，需要结合公司年度合并财务报表层次的重要性水平与可容忍误差，对所发现的缺陷进行量化评估。

A. 重要性水平：公司采用年度合并报表利润总额的5%作为重要性水平的量化指标。根据本年度经审计的合并报表利润总额计算的重要性水平为3 699.79万元。

B. 可容忍误差：公司采用本年度重要性水平的75%作为可容忍误差的量化指标。本年度经审计的合并报表利润总额计算的可容忍误差为2 774.85万元。

在内部控制缺陷评价过程中，公司参照上述定性和定量指标对所发现的内部控制缺陷进行分析和评价。当内部控制缺陷对财务报表产生的潜在影响金额超过重要性水平时，该缺陷被认定为重大缺陷；当内部控制缺陷对财务报表产生的潜在影响金额超过可容忍误差但低于重要性水平时，该缺陷被认定为重要缺陷；否则，该缺陷被认定为一般缺陷。

2. 非财务报告内部控制缺陷认定标准

非财务报告内部控制是指针对除财务报告目标之外的其他目标的内部控制。

这些目标一般包括合法合规、战略经营目标、资产安全等。

(1) 定性标准

A. 重大缺陷：严重违反法律、法规、规章制度等，导致相关部门和监管机构的调查，并被限令退出行业或吊销营业执照；无法达到所有营运目标或关键业务指标，违规操作使作业受到中止，在时间、人力或成本方面严重超出预算；出现无法弥补的安全生产事故或出现严重质量问题，造成资产重大损失，导致潜在的大规模法律诉讼。

B. 重要缺陷：违反法律、法规、规章制度等，导致相关部门和监管机构的调查，并被责令停业整顿；无法达到部分营运目标或关键业务指标，受到监管部门的限制，在时间、人力或成本方面大幅超出预算；出现较大的安全生产事故或普遍质量问题，造成资产损失，需要执行大量的补救措施。

C. 一般缺陷：违反法律、法规、规章制度等，导致相关部门和监管机构的调查，并受到处罚；营业运作受到一定影响，在时间、人力或成本方面超出预算；出现安全生产事故或个别质量问题，需要执行补救措施。

(2) 定量标准

在执行内部控制缺陷的定量评价时，需要结合公司年度合并财务报表层次的重要性水平与可容忍误差，对所发现的缺陷进行量化评估。

A. 重要性水平：公司采用年度合并报表利润总额的5%作为重要性水平的量化指标。根据本年度经审计的合并报表利润总额计算的重要性水平为3 699.79万元。

B. 可容忍误差：公司采用本年度重要性水平的75%作为可容忍误差的量化指标。本年度经审计的合并报表利润总额计算的可容忍误差为2 774.85万元。

在内部控制缺陷评价过程中，公司参照上述定性和定量指标对所发现的内部控制缺陷进行分析和评价。当内部控制缺陷对财务报表产生的潜在影响金额超过重要性水平时，该缺陷被认定为重大缺陷；当内部控制缺陷对财务报表产生的潜在影响金额超过可容忍误差但低于重要性水平时，该缺陷被认定为重要缺陷；否则，该缺陷被认定为一般缺陷。

资料来源：深圳证券交易所．汤臣倍健2015年度内部控制自我评价报告．

6.2.4　内部控制自我评价报告

企业应当根据年度内部控制评价结果，结合内部控制评价工作底稿和内部控制缺陷汇总表等资料，按照规定的程序和要求，及时编制内部控制评价报告。

内部控制评价报告至少应当披露下列内容。

(1) 董事会对内部控制报告真实性的声明。声明董事会及全体董事对报告内容的真实性、准确性、完整性承担个别及连带责任，保证报告内容不存在任何虚假记载、误导性陈述或重大遗漏。

(2) 内部控制评价工作的总体情况。明确企业内部控制评价工作的组织、领导体制、进度安排，是否聘请会计师事务所对内部控制有效性进行独立审计。

(3) 内部控制评价的依据。

(4) 内部控制评价的范围。描述内部控制评价所涵盖的被评价单位，以及纳入评价范围的业务事项，以及重点关注的高风险领域。内部控制评价的范围如有遗漏的，应说明原因及其对内部控制评价报告真实完整性产生的重大影响等。

（5）内部控制评价的程序和方法。描述内部控制评价工作遵循的基本流程，以及评价过程中采用的主要方法。

（6）内部控制缺陷及其认定情况。描述适用本企业的内部控制缺陷具体认定标准，并声明与以前年度保持一致或做出的调整及相应原因；根据内部控制缺陷认定标准，确定评价期末存在的重大缺陷、重要缺陷和一般缺陷。

（7）内部控制缺陷的整改情况及重大缺陷拟采取的整改措施。对于评价期间发现、期末已完成整改的重大缺陷，说明企业有足够的测试样本显示，与该重大缺陷相关的内部控制设计且运行有效。针对评价期末存在的内部控制缺陷，公司拟采取的整改措施及预期效果。

（8）内部控制有效性的结论。对不存在重大缺陷的情形，出具评价期末内部控制有效结论；对存在重大缺陷的情形，不得做出内部控制有效的结论，并需描述该重大缺陷的性质及其对实现相关控制目标的影响程度，以及可能给公司未来生产经营带来的相关风险。

与内部控制审计报告标准模板格式不同，证监会于 2011 年 4 月颁布的《上市公司实施企业内部控制规范体系监管问答》第 1 期、上海证券交易所于 2012 年 1 月颁布《上市公司 2011 年年度报告工作备忘录第一号内控报告的编制、审议和披露》、财政部于 2012 年 2 月颁布《企业内部控制规范体系实施中相关问题解释第 1 号》分别对内部控制自我评价报告的格式作了说明，但三者并不统一。

2014 年 1 月 3 日，证监会和财政部联合发布《公开发行证券的公司信息披露编报规则第 21 号——年度内部控制评价报告的一般规定》（以下简称 21 号规则），统一了证监会、财政部、交易所原 3 套格式指引。21 号规则明确了内部控制评价报告的构成要素，并针对核心构成要素，如重要声明、内部控制评价结论、内部控制评价工作情况、其他内部控制相关重大事项说明等，逐一说明了需要披露的主要内容及相关要求。年度自评报告中，不仅董事会要发表声明，还把监事会、监事，高级管理人员全囊括进来，要求进行对内部控制及自评报告的相关责任，以及内控目标和固有局限性做出声明。公司应当区分财务报告内部控制和非财务报告内部控制，分别披露重大缺陷、重要缺陷和一般缺陷的认定标准。内部控制缺陷认定及整改情况应当区分财务报告内部控制和非财务报告内部控制，分别披露报告期内部控制重大缺陷和重要缺陷的认定结果及缺陷的性质、影响、整改情况、整改计划等内容。内部控制评价结论应当分别披露对财务报告内部控制有效性的评价结论，以及是否发现非财务报告内部控制重大缺陷，并披露自内部控制评价报告基准日至内部控制评价报告发出日之间是否发生影响内部控制有效性评价结论的因素。公司对财务报告内部控制有效性的评价结论与注册会计师对财务报告内部控制有效性的审计意见存在差异的，以及公司与注册会计师对非财务报告内部控制重大缺陷的披露存在差异的，公司应在年度报告内部控制的相关章节中予以说明，并解释差异原因。21 号规则对年度内部控制自我评价报告的参考格式如下。

××股份有限公司××××年度内部控制评价报告

××股份有限公司全体股东：

根据《企业内部控制基本规范》及其配套指引的规定和其他内部控制监管要求（以下简称企业内部控制规范体系），结合本公司（以下简称公司）内部控制制度和评价办法，在内部控制日常监督和专项监督的基础上，我们对公司20××年12月31日（内部控制评价报告基准日）的内部控制有效性进行了评价。

一、重要声明

按照企业内部控制规范体系的规定，建立健全和有效实施内部控制，评价其有效性，并如实披露内部控制评价报告是公司董事会的责任。监事会对董事会建立和实施内部控制进行监督。经理层负责组织领导企业内部控制的日常运行。公司董事会、监事会及董事、监事、高级管理人员保证本报告内容不存在任何虚假记载、误导性陈述或重大遗漏，并对报告内容的真实性、准确性和完整性承担个别及连带法律责任。

公司内部控制的目标是合理保证经营管理合法合规、资产安全、财务报告及相关信息真实完整，提高经营效率和效果，促进实现发展战略。由于内部控制存在的固有局限性，故仅能为实现上述目标提供合理保证。此外，由于情况的变化可能导致内部控制变得不恰当，或对控制政策和程序遵循的程度降低，根据内部控制评价结果推测未来内部控制的有效性具有一定的风险。

二、内部控制评价结论

根据公司财务报告内部控制重大缺陷的认定情况，于内部控制评价报告基准日，不存在财务报告内部控制重大缺陷〔由于存在财务报告内部控制重大缺陷〕，董事会认为，公司已按照企业内部控制规范体系和相关规定的要求在所有重大方面保持了有效的财务报告内部控制〔公司未能按照企业内部控制规范体系和相关规定的要求在所有重大方面保持有效的财务报告内部控制〕。

根据公司非财务报告内部控制重大缺陷认定情况，于内部控制评价报告基准日，公司未发现〔发现　个〕非财务报告内部控制重大缺陷。

自内部控制评价报告基准日至内部控制评价报告发出日之间未发生影响内部控制有效性评价结论的因素〔若发生影响内部控制有效性评价结论的因素，则需描述相关因素的性质、对评价结论的影响及董事会拟采取的应对措施〕。

三、内部控制评价工作情况

（一）内部控制评价范围

公司按照风险导向原则确定纳入评价范围的主要单位、业务和事项以及高风险领域。纳入评价范围的主要单位包括：〔若单位或级次众多，可以考虑按照层级、业务分部、板块等形式披露〕，纳入评价范围单位资产总额占公司合并财务报表资产总额的　%，营业收入合计占公司合并财务报表营业收入总额的　%；纳入评价范围的主要业务和事项包括：〔具体描述纳入评价范围的主要业务和事项〕；重点关注的高风险领域主要包括〔具体描述重点关注的高风险领域〕。

上述纳入评价范围的单位、业务和事项以及高风险领域涵盖了公司经营管理的主要方面，不存在重大遗漏。〔如存在重大遗漏〕公司本年度由于〔原因〕未能对构成内部控制重要方面〔具体描述应纳入而未纳入评价范围的主要单位/业务/事项/高风险领域的名称〕进行内部控制评价，由于上述评价范围的重大遗漏，〔描述对内部控制评价范围完整性及对评价结论的影响〕。〔如存在法定豁免〕本年度，公司根据〔法律法规的相关豁免规定〕，未将〔具体描述未纳入评价范围的缘由及涉及单位/业务/事项/高风险领域的名称〕纳入内部控制评价范围。

（二）内部控制评价工作依据及内部控制缺陷认定标准

公司依据企业内部控制规范体系及〔具体描述除企业内部控制规范体系之外的其他内部控制评价的依据〕组织开展内部控制评价工作。

公司董事会根据企业内部控制规范体系对重大缺陷、重要缺陷和一般缺陷的认定要求，结合公司规模、行业特征、风险偏好和风险承受度等因素，区分财务报告内部控制和非财务报告内部控制，研究确定了适用于本公司的内部控制缺陷具体认定标准，并与以前年度保持一致〔做出调整的，应描述调整原因，具体调整情况，以及调整后标准〕。公司确定的内部控制缺陷认定标准如下：

1. 财务报告内部控制缺陷认定标准

公司确定的财务报告内部控制缺陷评价的定量标准如下：

〔按照重大缺陷、重要缺陷和一般缺陷分别描述公司财务报告内部控制缺陷的定量标准，若定量标准包括多个量化指标，需指出具体如何应用这些指标，如孰低原则或分别情形适用〕

公司确定的财务报告内部控制缺陷评价的定性标准如下：

〔按照重大缺陷、重要缺陷和一般缺陷分别描述公司财务报告内部控制缺陷的定性标准〕

2. 非财务报告内部控制缺陷认定标准

公司确定的非财务报告内部控制缺陷评价的定量标准如下：

〔按照重大缺陷、重要缺陷和一般缺陷分别描述公司非财务报告内部控制缺陷的定量标准，若定量标准包括多个量化指标，需指出具体如何应用这些指标，如孰低原则或分别情形适用〕

公司确定的非财务报告内部控制缺陷评价的定性标准如下：

〔按照重大缺陷、重要缺陷和一般缺陷分别描述公司非财务报告内部控制缺陷的定性标准〕

（三）内部控制缺陷认定及整改情况

1. 财务报告内部控制缺陷认定及整改情况

根据上述财务报告内部控制缺陷的认定标准，报告期内公司存在〔不存在〕财务报告内部控制重大缺陷〔数量　个〕、重要缺陷〔数量　个〕〔若适用〕（含上年度末未完成整改的财务报告内部控制重大缺陷、重要缺陷）。

具体的重大和重要缺陷分别为〔若适用，重大缺陷与重要缺陷分别披露〕：

缺陷1：

（1）缺陷性质及影响

〔具体描述重大缺陷的具体内容，缺陷分类（设计缺陷/运行缺陷），发生时间、产生原因及对实现控制目标的影响〕

（2）缺陷整改情况

〔整改开始时间、已采取的整改措施、整改后运行时间、整改后运行有效性的评价结论〕

（3）整改计划（适用于内部控制评价报告基准日未完成整改的情况）：

〔拟采取的具体整改计划、整改责任人、预计完成时间〕

经过上述整改，于内部控制评价报告基准日，公司发现〔未发现〕未完成整改的财务报告内部控制重大缺陷〔数量　个〕、重要缺陷〔数量　个〕。

2. 非财务报告内部控制缺陷认定及整改情况

根据上述非财务报告内部控制缺陷的认定标准，报告期内发现〔未发现〕公司非财务报告内部控制重大缺陷〔数量　个〕、重要缺陷〔数量　个〕〔若适用〕（含上年度末未完成整改的非财务报告内部控制重大缺陷、重要缺陷）。

具体的重大缺陷和重要缺陷分别为〔若适用，重大缺陷与重要缺陷分别披露〕：

缺陷 1：

（1）缺陷性质及影响

〔具体描述重大缺陷的具体内容，缺陷分类（设计缺陷/运行缺陷），发生时间、产生原因及对实现控制目标的影响〕

（2）缺陷整改情况

〔整改开始时间、已采取的整改措施、整改后运行时间、整改后运行有效性的评价结论〕

（3）整改计划（适用于内部控制评价报告基准日未完成整改的情况）

〔拟采取的具体整改计划、整改责任人、预计完成时间〕

经过上述整改，于内部控制评价报告基准日，公司存在〔不存在〕未完成整改的非财务报告内部控制重大缺陷〔数量　个〕、重要缺陷〔数量　个〕。

四、其他内部控制相关重大事项说明

〔若适用，需披露可能对投资者理解内部控制评价报告、评价内部控制情况或进行投资决策产生重大影响的其他内部控制信息。与内部控制无关的重大事项不需要在此披露〕

董事长（已经董事会授权）：〔签名〕

〔公司签章〕

××股份有限公司

20××年××月××日

6.3　注册会计师对内部控制的审计报告

建立健全和有效实施内部控制，评价内部控制的有效性是企业董事会的责任。在实施审计工作的基础上对内部控制的有效性发表审计意见，是注册会计师的责任。注册会计师在执行内部控制审计工作时，应当获取充分、适当的证据，为发表内部控制审计意见提供合理保证。注册会计师可以单独进行内部控制审计，也可以将内部控制审计与财务报表审计结合进行。

注册会计师对内部控制的审计过程如图 6-2 所示。

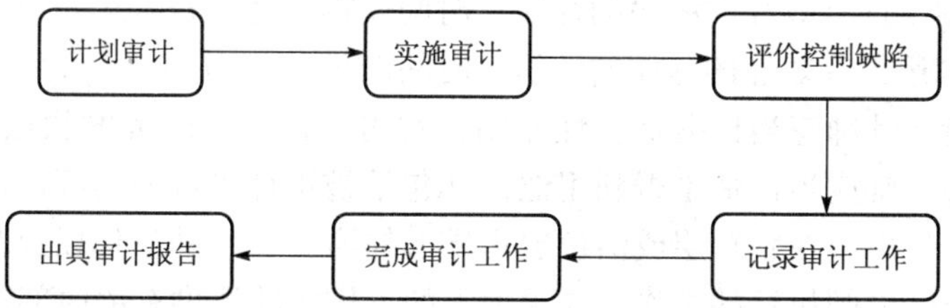

图 6-2　注册会计师对内部控制的审计过程

6.3.1 签订业务约定书

会计师事务所在受聘为企业提供有关内部控制咨询或审计服务时，应坚持独立性原则，严格遵守《中国注册会计师职业道德守则》要求，不得与具有网络关系的中介机构同时为同一企业提供内部控制咨询和审计服务。有的会计师事务所采取内部隔离方式，即在内部成立咨询部门和审计部门，两个部门之间相互独立，人员不交叉使用，在形式上建立了内部的“防火墙”。这种方式难以有效地将内部控制咨询和内部控制审计业务进行分离，不符合独立性要求。也有会计师事务所新设立了具有法人资格的咨询机构，如果新设立的咨询机构与原事务所构成网络关系，则违反独立性原则，也不能同时为同一家企业提供内控咨询和审计服务。

在确定内部控制审计的前提条件是否得到满足时，注册会计师应当：确定被审计单位采用的内部控制标准是否适当；就被审计单位认可并理解其责任与治理层和管理层达成一致意见。

如果决定接受或保持内部控制审计业务，会计师事务所应当与被审计单位签订单独的内部控制审计业务约定书。业务约定书应当至少包括以下内容：

（1）内部控制审计的目标和范围；

（2）注册会计师的责任；

（3）被审计单位的责任；

（4）指出被审计单位采用的内部控制标准；

（5）提及注册会计师拟出具的内部控制审计报告的形式和内容，以及对在特定情况下出具的内部控制审计报告可能不同于预期形式和内容的说明；

（6）审计收费。

6.3.2 计划审计

在计划审计工作阶段，注册会计师应评价以下事项对内部控制、财务报表以及审计工作的影响：与企业相关的风险；相关法律法规和行业概况；企业组织结构、经营特点和资本结构等相关重要事项；企业内部控制最近发生变化的程度；与企业沟通过的内部控制缺陷；重要性、风险等与确定内部控制重大缺陷相关的因素；对内部控制有效性的初步判断；可获取的、与内部控制有效性相关的证据的类型和范围。

注册会计师应当在具体审计计划中体现下列内容：

（1）了解和识别内部控制的程序的性质、时间安排和范围；

（2）测试控制设计有效性的程序的性质、时间安排和范围；

（3）测试控制运行有效性的程序的性质、时间安排和范围。

一方面，注册会计师应当根据重要性原则，对内部控制风险大的领域给予特别的关注；另一方面，注册会计师应当评估是否利用他人（包括被审计单位的内部审计人员、内部控制评价人员和其他人员以及在管理层或治理层指导下的第三方）的工作以及利用的程度，以减少可能本应由注册会计师执行的工作。如果他人的工作能够提供有关内部控制有效性的审计证据，注册会计师可以利用其工作或者提供的直接帮助。

注册会计师应当参照《中国注册会计师审计准则第 1411 号——利用内部审计人员的工

作》的规定，评价他人的专业胜任能力和客观性，以确定可利用的程度。

在评价他人的专业胜任能力时，注册会计师应当考虑其专业资格、专业经验与技能等相关因素。在评价他人的客观性时，注册会计师应当考虑是否存在某些因素，将削弱或者增强其客观性。无论他人的专业胜任能力如何，注册会计师都不应利用客观程度低的人员的工作。同样，无论他人的客观程度如何，注册会计师都不应利用专业胜任能力低的人员的工作。

被审计单位内部负责监督、稽核或合规工作的人员，如内部审计人员，通常拥有较高的专业胜任能力和客观性。他们的工作可能对注册会计师有用。注册会计师利用他人工作的程度还受到与所测试控制相关的风险的影响。与某项控制相关的风险越高，注册会计师应当越多地亲自对该项控制进行测试。在识别、了解和测试企业层面控制时，注册会计师不得利用他人的工作。

注册会计师应当对发表的审计意见独立承担责任，其责任不因为企业内部审计人员、内部控制评价人员和其他相关人员的工作而减轻。

6.3.3 实施审计

注册会计师在实施审计工作时，应遵循自上而下的思路，同时将企业层面控制和业务层面控制的测试结合进行，评价其是否足以应对舞弊的风险。

自上而下的方法始于财务报表层次，以注册会计师对内部控制整体风险的了解开始，然后，将关注重点放在企业层面的控制上，并将工作逐渐下移至重要账户、列报及其相关认定。随后，验证其对被审计单位业务流程中风险的了解，并选择能足以应对评估的每个相关认定的重大错报风险的控制进行测试。

自上而下的方法分为以下步骤：

（1）从财务报表层次初步了解内部控制整体风险；

（2）识别、了解和测试企业层面控制；

（3）识别重要账户、列报及其相关认定；

（4）了解潜在错报的来源并识别相应的控制；

（5）选择拟测试的控制。

企业层面控制应当关注与内部环境相关的控制，针对董事会、经理层凌驾于控制之上的风险而设计的控制，企业的风险评估过程，对内部信息传递和财务报告流程的控制，对控制有效性的内部监督和自我评价。

业务层面控制应当把握重要性原则，结合企业实际、企业内部控制各项应用指引的要求和企业层面控制的测试情况，重点对企业生产经营活动中的重要业务与事项的控制进行测试，应当关注信息系统对内部控制及风险评估的影响。

注册会计师在确定测试的时间安排时，应当尽量在接近企业内部控制自我评价基准日时实施测试，并且实施的测试需要涵盖足够长的期间。

企业应按照要求及时委托会计师事务所开展内部控制审计业务，保证按期对外披露或报送内部控制审计报告。首次进行内部控制审计时，企业和注册会计师应当在当期会计年度的上半年即开始准备该年度的内部控制审计工作，从而保证整改后的控制运行有足够长的时间。对于认定为缺陷的业务，如果企业在基准日前对其进行了整改，但整改后的业务控制尚没有运行足够长的时间，注册会计师应当将其认定为内部控制在审计基准日存在缺陷。注册会计师在接受或开展内部控制审计业务时，应当尽早与企业沟通内部控制审计计划，并合理安排内部控制测试的时间。在连续进行内部控制审计的过程中，注册会计师应当考虑以前年度执行内部控制审计时所了解的情况以及当年企业发生的相关变化，在此基础上确定适当的内部控制审计工作方案和时间安排。

在具体测试控制设计与运行的有效性时，采用的方法有以下几种。

1. 询问法

询问法是一种最为直接的方法，即对内部控制的状况向相关人员进行询问了解，具体包括调查问卷和现场访谈等。调查问卷是设计一套问卷，同时对于问卷不能解释清楚的部分在附注中用文字加以说明。对于问卷中的各个问题，评价人员可以根据需要，灵活采用多种方法（如询问、观察、抽样验证等）作出回答。现场访谈是指评价人员到现场向内部控制体系的有关各方了解被评价企业内部控制体系建立、执行和监督的实际情况。现场访谈是收集信息的一个重要手段，应当在条件许可并以适合于被访谈人的方式进行。但评价人员应当考虑：访谈人员应当来自被评价范围内实施活动或任务的适当的层次和职能；访谈应当在被访谈人正常工作时间（可行时）和正常工作地点进行；在访谈前和访谈过程中应当努力使被访谈人放松；应当解释访谈和做记录的原因；访谈可通过请被访谈人描述其工作开始；应当避免提出有倾向性答案的问题（引导性提问）；应当与被访谈人沟通评审访谈的结果。

2. 实地观察

审计人员亲临现场，实地观察被评价单位工作人员实际业务操作过程，以检查其是否执行规定的内部控制措施。这种方法主要用于测试某些不留线索的业务过程，以及测试执行控制的到位程度，前者如实物控制、职务分离等，后者如材料验收、门卫检查是否严格等。

3. 资料检查法

抽取一定数量的账表、凭证等书面资料和其他有关证据，检查其是否存在控制措施记录，以及是否按规定的程序和授权进行执行。因为被审计单位的内部控制执行过程总要在账表、凭证、合同和有关文件资料上以文字或数字的形式表现出来，因此抽取一定数量的书面证据，就可能证明被审计单位制定的内部控制是否在实际工作中得到了切实执行。比如，材料采购在验收入库时需附上货运单、装箱单、购货发票与合同副本等，从这些凭证上可以检查其是否按规定的内部控制程序执行，采购是否经过授权批准和签约，是否按采购计划采购，是否经过质检部门的验收等，由此可判断出“验收”程序是否按规定执行。

4. 穿行测试

穿行测试又称重复检查，就是抽取一定数量的业务，按照被审计单位规定的业务处理程序从头到尾重新执行一次，以检查这些经济业务在实际处理过程中是否按规定的控制程序进行。一般来说，先将公司规范某项经济业务行为的制度按业务流程的方式描述出来，这表明公司的该项经济业务应该都是按所描述的业务流程运行的，然后抽取某几笔业务样本，要求被审计的单位提供所有抽取业务样本的运行记录，按照流程环节，描述样本业务的实际运行情况，对照流程环节与要求，比较并记录没有做到位的地方。例如，某注册会计师针对销售交易，从订单处理—核准信用状况及赊销条款—填写订单并准备发货—编制货运单据—订单运送/递送追踪至客户或由客户提货—开具销售发票—复核发票的准确性并邮寄/送至客户—生成销售明细账—汇总销售明细账，并过账至总账和应收账款明细账等交易的整个流程，考虑之前对相关控制的了解是否正确和完整，并确定相关控制是否得到执行。

一般情况下，理论上穿行测试的整个过程没有必要全部重做，只要选择若干重要环节进行检验就可以了，而对那些特别重要的内部控制，必须进行全面的检查验证，重新执行，以免在评价中造成误判风险。

注册会计师应当按照《中国注册会计师审计准则第1131号——审计工作底稿》的规定，编制内部控制审计工作底稿，完整记录审计工作情况。审计工作底稿应记录下列内容：① 内部控制审计计划及重大修改情况；② 相关风险评估和选择拟测试的内部控制主要过程及结果；③ 测试内部控制设计与运行有效性的程序及结果；④ 对识别的控制缺陷的评价；⑤ 形成审计结论和意见；⑥ 其他重要事项。

6.3.4 内部控制有效性的认定

1. 内部控制的有效性

注册会计师应当测试内部控制设计的有效性。如果某项控制由拥有有效执行控制所需的授权和专业胜任能力的人员按规定的程序和要求执行，能够实现控制目标，从而有效地防止或发现并纠正可能导致财务报表发生重大错报的错误或舞弊，则表明该项控制的设计是有效的。

如果被审计单位利用第三方的帮助完成一些财务报告工作，注册会计师在评价负责财务报告及相关控制的人员的专业胜任能力时，可以一并考虑第三方的专业胜任能力。注册会计师获取的有关控制运行有效性的审计证据包括：① 控制在所审计期间的相关时点是如何运行的；② 控制是否得到一贯执行；③ 控制由谁或以何种方式执行。

2. 评价内部控制缺陷的严重程度

内部控制存在的缺陷，按其严重程度分为重大缺陷、重要缺陷和一般缺陷。注册会计师应当评价其识别的各项控制缺陷的严重程度，以确定这些缺陷单独或组合起来，是否构成内部控制的重大缺陷。控制缺陷的严重程度取决于：

（1）控制不能防止或发现并纠正账户或列报发生错报的可能性的大小；

（2）因一项或多项控制缺陷导致的潜在错报的金额大小。

控制缺陷的严重程度与错报是否发生无关，而取决于控制不能防止或发现并纠正错报的可能性的大小。

在评价一项控制缺陷或多项控制缺陷的组合是否可能导致账户或列报发生错报时，注册会计师应当考虑的风险因素包括：

（1）所涉及的账户、列报及其相关认定的性质；

（2）相关资产或负债易于发生损失或舞弊的可能性；

（3）确定相关金额时所需判断的主观程度、复杂程度和范围；

（4）该项控制与其他控制的相互作用或关系；

（5）控制缺陷之间的相互作用；

（6）控制缺陷在未来可能产生的影响。

评价控制缺陷是否可能导致错报时，注册会计师无须将错报发生的概率量化为某特定的百分比或区间。

如果多项控制缺陷影响财务报表的同一账户或列报，错报发生的概率会增加。在存在多项控制缺陷时，即使这些缺陷从单项看不重要，但组合起来也可能构成重大缺陷。因此，注册会计师应当确定，对同一重要账户、列报及其相关认定或内部控制要素产生影响的各项控制缺陷，组合起来是否构成重大缺陷。在评价因一项或多项控制缺陷导致的潜在错报的金额大小时，注册会计师应当考虑的因素包括：

（1）受控制缺陷影响的财务报表金额或交易总额；

（2）在本期或预计的未来期间受控制缺陷影响的账户余额或各类交易涉及的交易量。

在评价潜在错报的金额大小时，账户余额或交易总额的最大多报金额通常是已记录的金额，但其最大少报金额可能超过已记录的金额。通常，小金额错报比大金额错报发生的概率更高。

在确定一项控制缺陷或多项控制缺陷的组合是否构成重大缺陷时，注册会计师应当评价补偿性控制的影响。在评价补偿性控制是否能够弥补控制缺陷时，注册会计师应当考虑补偿性控制是否有足够的精确度以防止或发现并纠正可能发生的重大错报。

被审计单位有可能出现了一些迹象，审计时应保持适度的关注，下列迹象可能表明内部控制存在重大缺陷：

（1）注册会计师发现董事、监事和高级管理人员的任何舞弊；

（2）被审计单位重述以前公布的财务报表，以更正由于舞弊或错误导致的重大错报；

（3）注册会计师发现当期财务报表存在重大错报，而被审计单位内部控制在运行过程中未能发现该错报；

（4）审计委员会和内部审计机构对内部控制的监督无效。

3. 内部控制缺陷的整改

如果被审计单位在基准日前对存在缺陷的控制进行了整改，整改后的控制需要运行足够长的时间，才能使注册会计师得出其是否有效的审计结论。注册会计师应当根据控制的性质和与控制相关的风险，合理运用职业判断，确定整改后控制运行的最短期间（或整改后控制的最少运行次数）以及最少测试数量。整改后控制运行的最短期间（或最少运行次数）和最少测试数量参见表 6–1。

表 6–1　整改后控制运行的最短期间（或最少运行次数）和最少测试数量

控制运行频率	整改后控制运行的最短期间（或最少运行次数）	最少测试数量
每季 1 次	2 个季度	2
每月 1 次	2 个月	2
每周 1 次	5 周	5
每天 1 次	20 天	20
每天多次	25 次（分布于涵盖多天的期间，通常不少于 15 天	25

资料来源：中国注册会计师协会. 企业内部控制审计指引实施意见. 2011.

如果被审计单位在基准日前对存在重大缺陷的内部控制进行了整改，但新控制尚没有运行足够长的时间，注册会计师应当将其视为内部控制在基准日存在重大缺陷。

6. 3. 5　内部控制审计报告

注册会计师应当评价从各种来源获取的审计证据，包括对控制的测试结果、财务报表审计中发现的错报以及已识别的所有控制缺陷，形成对内部控制有效性的意见。在评价审计证据时，注册会计师应当查阅本年度涉及内部控制的内部审计报告或类似报告，并评价这些报告中指出的控制缺陷。在对内部控制的有效性形成意见后，注册会计师应当评价企业内部控制评价报告对相关法律法规规定的要素的列报是否完整和恰当。

注册会计师完成审计工作后，应当取得经企业签署的书面声明。书面声明应当包括以下内容：

（1）企业董事会认可其对建立健全和有效实施内部控制负责；

（2）企业已对内部控制的有效性作出自我评价，并说明评价时采用的标准以及得出的结论；

（3）企业没有利用注册会计师执行的审计程序及其结果作为自我评价的基础；

（4）企业已向注册会计师披露识别出的所有内部控制缺陷，并单独披露其中的重大缺陷和重要缺陷；

（5）企业对于注册会计师在以前年度审计中识别的重大缺陷和重要缺陷，是否已经采取措施予以解决；

（6）企业在内部控制自我评价基准日后，内部控制是否发生重大变化，或者存在对内部控制具有重要影响的其他因素。

企业如果拒绝提供或以其他不当理由回避书面声明，注册会计师应当将其视为审计范围受到限制，从而解除业务约定或出具无法表示意见的内部控制审计报告。

注册会计师在完成内部控制审计工作后，应当出具内部控制审计报告。标准的内部控制审计报告应当包括以下要素：① 标题；② 收件人；③ 引言段；④ 企业对内部控制的责任段；⑤ 注册会计师的责任段；⑥ 内部控制固有局限性的说明段；⑦ 财务报告内部控制审计意见段；⑧ 非财务报告内部控制重大缺陷描述段；⑨ 注册会计师的签名和盖章；⑩ 会计师事务所的名称、地址及盖章；⑪ 报告日期。

注册会计师出具的内部审计报告的类型有：无保留意见；带强调事项段的无保留意见；否定意见；无法表示意见。注册会计师对在审计过程中注意到的非财务报告内部控制缺陷，应当区别具体情况做以下处理：

（1）有一般缺陷的，应当与企业进行沟通，提醒企业加以改进，但无须在内部控制审计报告中说明；

（2）有重要缺陷的，应当以书面形式与企业董事会和经理层沟通，提醒企业加以改进，但无须在内部控制审计报告中说明；

（3）有重大缺陷的，应当以书面形式与企业董事会和经理层沟通，提醒企业加以改进；同时应当在内部控制审计报告中增加非财务报告内部控制重大缺陷描述段，对重大缺陷的性质及其对实现相关控制目标的影响程度进行披露，提示内部控制审计报告使用者注意相关风险。

1. 标准内部控制审计报告

如果符合下列所有条件，注册会计师应当对内部控制出具无保留意见的内部控制审计报告：① 在基准日，企业按照《企业内部控制规范》《企业内部控制应用指引》《企业内部控制评价指引》以及企业自身内部控制制度的要求，在所有重大方面保持了有效的内部控制；② 注册会计师已经按照《企业内部控制审计指引》的要求计划和实施审计工作，在审计过程中未受到限制。标准无保留意见的内部控制审计报告范例如下：

内部控制审计报告

××股份有限公司全体股东：

按照《企业内部控制审计指引》及中国注册会计师执业准则的相关要求，我们审计了××股份有限公司（以下简称××公司）××××年×月×日的财务报告内部控制的有效性。

一、企业对内部控制的责任

按照《企业内部控制基本规范》《企业内部控制应用指引》《企业内部控制评价指引》的规定，建立健全和有效实施内部控制，并评价其有效性是企业董事会的责任。

二、注册会计师的责任

我们的责任是在实施审计工作的基础上，对财务报告内部控制的有效性发表审计意见，并对注意到的非财务报告内部控制的重大缺陷进行披露。

三、内部控制的固有局限性

内部控制具有固有局限性，存在不能防止和发现错报的可能性。此外，由于情况的变化可能导致内部控制变得不恰当，或对控制政策和程序遵循的程度降低，根据内部控制审计结果推测未来内部控制的有效性具有一定风险。

四、财务报告内部控制审计意见

我们认为，××公司按照《企业内部控制基本规范》和相关规定在所有重大方面保持了有效的财务报告内部控制。

五、非财务报告内部控制的重大缺陷

在内部控制审计过程中，我们注意到××公司的非财务报告内部控制存在重大缺陷（描述该缺陷的性质及其对实现相关控制目标的影响程度）。由于存在上述重大缺陷，我们提醒本报告使用者注意相关风险。需要指出的是，我们并不对××公司的非财务报告内部控制发表意见或提供保证。本段内容不影响对财务报告内部控制有效性发表的审计意见。

××会计师事务所中国注册会计师：×××（签名并盖章）

（盖章）中国注册会计师：×××（签名并盖章）

中国××市××××年×月×日

2. 带强调事项段的无保留意见内部控制审计报告

如果认为内部控制虽然不存在重大缺陷，但仍有一项或多项重大事项需要提请内部控制审计报告使用者注意，注册会计师应当在内部控制审计报告中增加强调事项段予以说明。注册会计师应当在强调事项段中指明，该段内容仅用于提醒内部控制审计报告使用者关注，并不影响对内部控制发表的审计意见。

如果确定企业内部控制评价报告对要素的列报不完整或不恰当，注册会计师应当在内部控制审计报告中增加强调事项段，说明这一情况并解释得出该结论的理由。带强调事项段的无保留意见内部控制审计报告范例如下：

内部控制审计报告

××股份有限公司全体股东：

按照《企业内部控制审计指引》及中国注册会计师执业准则的相关要求，我们审计了

××股份有限公司（以下简称××公司）××××年×月×日的财务报告内部控制的有效性。

一、企业对内部控制的责任

按照《企业内部控制基本规范》《企业内部控制应用指引》《企业内部控制评价指引》的规定，建立健全和有效实施内部控制并评价其有效性是企业董事会的责任。

二、注册会计师的责任

我们的责任是在实施审计工作的基础上，对财务报告内部控制的有效性发表审计意见，并对注意到的非财务报告内部控制的重大缺陷进行披露。

三、内部控制的固有局限性

内部控制具有固有局限性，存在不能防止和发现错报的可能性。此外，由于情况的变化可能导致内部控制变得不恰当，或对控制政策和程序遵循的程度降低，根据内部控制审计结果推测未来内部控制的有效性具有一定风险。

四、财务报告内部控制审计意见

我们认为，××公司按照《企业内部控制基本规范》和相关规定在所有重大方面保持了有效的财务报告内部控制。

五、非财务报告内部控制的重大缺陷

在内部控制审计过程中，我们注意到××公司的非财务报告内部控制存在重大缺陷（描述该缺陷的性质及其对实现相关控制目标的影响程度）。由于存在上述重大缺陷，我们提醒本报告使用者注意相关风险。需要指出的是，我们并不对××公司的非财务报告内部控制发表意见或提供保证。本段内容不影响对财务报告内部控制有效性发表的审计意见。

六、强调事项

我们提醒内部控制审计报告使用者关注（描述强调事项的性质及其对内部控制的重大影响）。本段内容不影响已对财务报告内部控制发表的审计意见。

××会计师事务所中国注册会计师：×××（签名并盖章）

（盖章）中国注册会计师：×××（签名并盖章）

中国××市××××年×月×日

3. 否定意见内部控制审计报告

如果认为内部控制存在一项或多项重大缺陷，除非审计范围受到限制，注册会计师应当对内部控制发表否定意见。否定意见的内部控制审计报告还应当包括重大缺陷的定义、重大缺陷的性质及其对内部控制的影响程度。

如果重大缺陷尚未包含在企业内部控制评价报告中，注册会计师应当在内部控制审计报告中说明重大缺陷已经识别，但没有包含在企业内部控制评价报告中。如果企业内部控制评价报告中包含了重大缺陷，但注册会计师认为这些重大缺陷未在所有重大方面得到公允反映，注册会计师应当在内部控制审计报告中说明这一结论，并公允表达有关重大缺陷的必要信息。如果对内部控制的有效性发表否定意见，注册会计师应当确定该意见对财务报表审计意见的影响，并在内部控制审计报告中予以说明。否定意见内部控制审计报告范例如下：

内部控制审计报告

××股份有限公司全体股东：

按照《企业内部控制审计指引》及中国注册会计师执业准则的相关要求，我们审计了××股份有限公司（以下简称××公司）××××年×月×日的财务报告内部控制的有效性。

一、企业对内部控制的责任

按照《企业内部控制基本规范》《企业内部控制应用指引》《企业内部控制评价指引》的规定，建立健全和有效实施内部控制，并评价其有效性是企业董事会的责任。

二、注册会计师的责任

我们的责任是在实施审计工作的基础上，对财务报告内部控制的有效性发表审计意见，并对注意到的非财务报告内部控制的重大缺陷进行披露。

三、内部控制的固有局限性

内部控制具有固有局限性，存在不能防止和发现错报的可能性。此外，由于情况的变化可能导致内部控制变得不恰当，或对控制政策和程序遵循的程度降低，根据内部控制审计结果推测未来内部控制的有效性具有一定风险。

四、导致否定意见的事项

重大缺陷是指一个或多个控制缺陷的组合，可能导致企业严重偏离控制目标（指出注册会计师已识别出的重大缺陷，并说明重大缺陷的性质及其对财务报告内部控制的影响程度）。有效的内部控制能够为财务报告及相关信息的真实完整提供合理保证，而上述重大缺陷使××公司内部控制失去了这一功能。

五、财务报告内部控制审计意见

我们认为，由于存在上述重大缺陷及其对实现控制目标的影响，××公司未能按照《企业内部控制基本规范》和相关规定在所有重大方面保持有效的财务报告内部控制。

六、非财务报告内部控制的重大缺陷

在内部控制审计过程中，我们注意到××公司的非财务报告内部控制存在重大缺陷（描述该缺陷的性质及其对实现相关控制目标的影响程度）。由于存在上述重大缺陷，我们提醒本报告使用者注意相关风险。需要指出的是，我们并不对××公司的非财务报告内部控制发表意见或提供保证。本段内容不影响对财务报告内部控制有效性发表的审计意见。

××会计师事务所中国注册会计师：×××（签名并盖章）

（盖章）中国注册会计师：×××（签名并盖章）

中国××市××××年×月×日

4. 无法表示意见内部控制审计报告

注册会计师只有实施了必要的审计程序，才能对内部控制的有效性发表意见。如果审计范围受到限制，注册会计师应当解除业务约定或出具无法表示意见的内部控制审计报告，并就审计范围受到限制的情况，以书面形式与董事会进行沟通。

如果法律法规的相关豁免规定允许被审计单位不将某些实体纳入内部控制的评价范围，注册会计师可以不将这些实体纳入内部控制审计的范围。这种情况不构成审计范围受到限制，但注册会计师应当在内部控制审计报告中增加强调事项段或者在注册会计师的责任段中，就这些实体未被纳入评价范围和内部控制审计范围这一情况，做出与被审计单位类似的恰当陈述。注册会计师应当评价相关豁免是否符合法律法规的规定，以及被审计单位针对该项豁免做出的陈述是否恰当。如果认为被审计单位有关该项豁免的陈述不恰当，注册会计师应当提请其做出适当修改。如果被审计单位未做出适当修改，注册会计师应当在内部控制审计报告的强调事项段中说明被审计单位的陈述需要修改的理由。

在出具无法表示意见的内部控制审计报告时，注册会计师应当在内部控制审计报告中指明审计范围受到限制，无法对内部控制的有效性发表意见，并单设段落说明无法表示意见的实质性理由。注册会计师不应在内部控制审计报告中指明所执行的程序，也不应描述内部控制审计的特征，以避免报告使用者对无法表示意见的误解。

如果在已执行的有限程序中发现内部控制存在重大缺陷，注册会计师应当在内部控制审计报告中对重大缺陷做出详细说明。

只要认为审计范围受到限制将导致无法获取发表审计意见所需的充分、适当的审计证据，注册会计师不必执行任何其他工作即可对内部控制出具无法表示意见的内部控制审计报告。

无法表示意见内部控制审计报告范例如下：

内部控制审计报告

××股份有限公司全体股东：

我们接受委托，对××股份有限公司（以下简称××公司）××××年×月×日的财务报告内部控制进行审计。

一、企业对内部控制的责任

按照《企业内部控制基本规范》《企业内部控制应用指引》《企业内部控制评价指引》的规定，建立健全和有效实施内部控制并评价其有效性是企业董事会的责任。

二、内部控制的固有局限性

内部控制具有固有局限性，存在不能防止和发现错报的可能性。此外，由于情况的变化可能导致内部控制变得不恰当，或对控制政策和程序遵循的程度降低，根据内部控制审计结果推测未来内部控制的有效性具有一定风险。

三、导致无法表示意见的事项

（描述审计范围受到限制的具体情况）

四、财务报告内部控制审计意见

由于审计范围受到上述限制，我们未能实施必要的审计程序以获取发表意见所需的充分、适当的证据，因此，我们无法对××公司财务报告内部控制的有效性发表意见。

五、识别的财务报告内部控制重大缺陷（如在审计范围受到限制前，执行有限程序未能识别出重大缺陷，则应删除本段）

重大缺陷是指一个或多个控制缺陷的组合，可能导致企业严重偏离控制目标。

尽管我们无法对××公司财务报告内部控制的有效性发表意见，但在我们实施的有限程序的过程中，发现了以下重大缺陷：（指出注册会计师已识别出的重大缺陷，并说明重大缺陷的性质及其对财务报告内部控制的影响程度）。

有效的内部控制能够为财务报告及相关信息的真实完整提供合理保证，而上述重大缺陷使××公司内部控制失去了这一功能。

六、非财务报告内部控制的重大缺陷

在内部控制审计过程中，我们注意到××公司的非财务报告内部控制存在重大缺陷（描述该缺陷的性质及其对实现相关控制目标的影响程度）。由于存在上述重大缺陷，我们提醒本报告使用者注意相关风险。需要指出的是，我们并不对××公司的非财务报告内部控制发表意见或提供保证。本段内容不影响对财务报告内部控制有效性发表的审计意见。

××会计师事务所中国注册会计师：×××（签名并盖章）

（盖章）中国注册会计师：×××（签名并盖章）

中国××市××××年×月×日

另外，需要注意的是，在企业内部控制自我评价基准日并不存在，但在该基准日之后至审计报告日之前内部控制可能发生变化，或出现其他可能对内部控制产生重要影响的因素。注册会计师应当询问是否存在这类变化或影响因素，并获取企业关于这些情况的书面声明。注册会计师知悉对企业内部控制自我评价基准日内部控制有效性有重大负面影响的期后事项的，应当对财务报告内部控制发表否定意见。注册会计师不能确定期后事项对内部控制有效性的影响程度的，应当出具无法表示意见的内部控制审计报告。

6.4 注册会计师的管理建议书

管理建议书，是指注册会计师在完成审计工作后，针对审计过程中已注意到的、可能导致被审计单位财务报表产生重大错误报告的内部控制重大缺陷提出书面建议。注册会计师对审计过程中注意到的内部控制的一般问题，可以以口头或其他适当的方式向被审计单位有关人员提出。如有重大缺陷，则出具管理建议书。

管理建议书提及的内部控制重大缺陷，仅为注册会计师在审计过程中注意到的，并非内部控制可能存在的全部缺陷。

管理建议书不应被视为注册会计师对被审计单位内部控制整体发表的意见，也不能减轻或免除被审计单位管理当局建立健全内部控制的责任。注册会计师出具管理建议书，不应影响其应当发表的审计意见。管理建议书应当指明其仅供被审计单位管理当局内部参考。因使用不当造成的后果，与注册会计师及其所在会计师事务所无关。

管理建议书一般包括以下内容。

（1）标题。管理建议书的标题应当统一规范为“管理建议书”。

（2）收件人。管理建议书的收件人应为被审计单位管理当局。

（3）会计报表审计目的及管理建议书的性质。管理建议书应当指明审计目的是对会计报表发表审计意见。管理建议书仅指出了注册会计师在审计过程中注意到的内部控制重大缺陷，不应被视为对内部控制发表的鉴证意见，所提建议不具有强制性和公证性。

（4）内部控制重大缺陷及其影响和改进建议。管理建议书应当指明注册会计师在审计过程中注意到的内部控制设计及运行方面的重大缺陷，包括前期建议改进但本期仍然存在的重大缺陷。

（5）使用范围及使用责任。管理建议书应当指明其仅供被审计单位管理当局内部参考，因使用不当造成的后果，与注册会计师及其所在会计师事务所无关。

（6）签章。管理建议书应当由注册会计师签章，并加盖会计师事务所公章。

（7）日期。

管理建议书仅指出了注册会计师在审计过程中注意到的内部控制重大缺陷，不应被视为对内部控制发表的鉴证意见，所提建议不具有强制性和公证性。由于注册会计师的职业特点，在审计过程中按规定需要检查被审计单位的内部控制系统，能够了解被审计单位经营管理中的关键所在。一方面，通过管理建议书，可以针对内部控制弱点，提供进一步完善内部控制、改进会计工作、提高经营管理水平的参考意见。这种意见最及时、有效，能促使被审计单位注意加强控制、改善工作，以防止弊端的发生。另一方面，注册会计师借助管理建议书，事先提出了改进建议，可以把注册会计师的法律责任降到最低限度。

注册会计师在会计报表审计后就内部控制缺陷向被审计单位管理当局提供管理建议书，不是一种法定业务，没有法定责任。审计报告是法定的业务，具有法定的责任。管理建议书仅提供给被审计单位管理当局，供内部参考，不对外报送，对外不起鉴证作用，不应作为第三方依赖的佐证。审计报告要向外报送，对外起鉴证作用。

知识链接

管理建议书实例

××股份有限责任公司管理当局：

我们接受委托，对贵公司××××年的年度会计报表进行审计。我们的责任是根据我们的审计，对会计报表发表审计意见。我们提供的这份管理建议书，不在审计业务约定书约定项目之内，而是我们基于为贵公司服务的目的，根据审计过程中发现的内部控制问题而提出的。因为我们主要从事的是对贵公司年度会计报表的审计，所实施的审计范围是有限的，不可能全面了解贵公司所有的内部控制，所以，管理建议书中包括的内部控制重大缺陷仅是我们注意到的，不应被视为对内部控制发表的鉴证意见，所提建议不具有强制性和公正性。

在审计过程中，我们认为贵公司内部控制有些方面存在较严重的问题。现将我们发现的内部控制方面的某些问题和改进建议提供给你们，希望引起你们的注意，以便完善内部控制。

一、董事会对管理层的监管

贵公司的子公司不及时向母公司汇报重大事项，对部分子公司存在控制不力的情况，例如：子公司A不愿且未及时编制和提供财务报表及相关财务资料；子公司B没有及时上报该公司2010年度停产事件；子公司C自行从无关联关系的第三方借款的事情也没有向母公司上报。

对下面子公司监管的失控，有可能造成公司对子公司的投资遭受损失，以及造成一些信息披露的失误。

建议成立专门部门，由专人负责各子公司生产经营的监控工作，以达到集团内资源的最优配置和集团利益的最大化。

二、对外担保没有经过审批和监控

贵公司为其他公司提供的担保没有及时得到董事会批准，且贵公司没有对被担保方的财务和经营状况进行系统的评估并定期更新及实施监控。对外担保没有经过合理的审批和有效的监控，将不能有效地控制和管理风险，并可能导致不必要的损失。

建议贵公司在提供对外担保之前，应掌握被担保方的资信状况，并对担保事项的利益和风险进行充分分析，然后报董事会或股东大会，按照严格的审批程序审核批准。同时，贵公司应对被担保方进行持续跟踪，定期向被担保方索取财务报表或以其他方式及时了解其财务状况，控制由此而产生的风险。

…………

对于上述内部控制问题，我们已经与有关管理部门或人员交换过意见，他们已确认上述问题的真实性。

本管理建议书只提供给贵公司。另外，我们是接受贵公司董事会的委托进行审计工作的，根据他们的要求，请将管理建议书内容转达给他们。因使用管理建议书不当造成的后果，与注册会计师及其所在的会计师事务所无关。

中国注册会计师：××（签章）

××会计师事务所（印章）

××××年×月×日

阅读与思考

湘酒鬼与泸州老窖的亿元失踪案

2014年1月28日，酒鬼酒股份有限公司（000799）（以下简称“酒鬼酒”）发布重大事项公告：

“2013年11月29日，本公司子公司酒鬼酒供销有限责任公司（以下简称酒鬼酒供销公司）在中国农业银行杭州分行华丰路支行开立了户名为‘酒鬼酒供销有限责任公司’的活期结算账户，其后共计存入10 000万元人民币存款。

近日，通过中国农业银行杭州分行华丰路支行给酒鬼酒供销公司提供的《账户变动情况明细表》及酒鬼酒供销公司的初步了解，在2013年12月10日、12月11日，一名嫌疑人在酒鬼酒供销公司毫不知情的情况下先后向酒鬼酒供销公司的前述账户存现200元、300元，该嫌疑人并于2013年12月11日通过中国农业银行杭州分行华丰路支行柜台转取了酒鬼酒供销公司的3 500万元存款；2013年12月12日，同一嫌疑人又向酒鬼酒供销公司的前述账户存现500元，同时又通过中国农业银行杭州分行华丰路支行柜台转取了酒鬼酒供销公司的3 500万元存款；同年12月13日，同一嫌疑人还在中国农业银行杭州分行华丰路支行将酒鬼酒供销公司的3 000万元存款汇出。目前，酒鬼酒供销公司在中国农业银行杭州分行华丰路支行的账户余额仅剩1 176.03元。

公司发现10 000万元存款涉嫌被盗取后，已向公安机关报案，公安机关已受理并正在进行侦查。公司将全力配合公安机关侦查，最大限度保护公司的合法权益。此重大事项可能为公司带来较大损失，由于其正处于公安机关侦查阶段，具体影响金额难以确定。公司将就上述案件的进展持续进行披露。敬请广大投资者理性投资，注意投资风险。”

次日，酒鬼酒发布业绩预亏报告：2013年度预计亏损6 800万～7 800万元（2012年盈利49 544.96万元），变动幅度达-113.72%至-115.74%；每股收益亏损0.209 3～0.240 1元（2012年为每股收益为盈利1.525元）。亏损的原因有两个：一是受市场等因素影响，白酒行业进入调整期，公司本年度营业收入与去年同期相比出现大幅下降，导致净利润出现大幅下降；二是受本公司2014年1月27日披露的“重大事项”的影响，导致净利润出现亏损情况。

2014年4月8日晚，酒鬼酒发布公告称，“近日本公司从公安机关获悉，这起诈骗案侦破工作已取得重大进展。截至公告日，共追回涉案资金3 699万元。”

4月29日，酒鬼酒公布2013年年报，亏损3 688万元，每股收益为-0.112 9元。

2015年8月18日，湖南省湘西土家族苗族自治州中级人民法院公开开庭审理了酒鬼酒公司亿元资金被诈骗案。2016年1月20日，进行了一审宣判。

2013年11月至2014年1月，被告人寿满江、罗光、陈沛铭、唐红星、郭贤斌以非法占有为目的，与银行工作人员勾结，采取伪造金融凭证的手段，骗取酒鬼酒供销公司存入中国农业银行杭州华丰路支行的1亿元存款；被告人方振身为农行华丰路支行行长，明知寿满江等人使用不法手段骗取客户存款，为获取个人利益，积极出谋划策，利用自己职权提供帮助。

法院认为，寿满江等6人以非法占有为目的，采取伪造金融凭证的手段，骗取酒鬼酒供销公司存入农行华丰路支行的1亿元存款，其行为均构成金融凭证诈骗罪。寿满江、陈沛铭、罗光、唐红星、郭贤斌与方振内外勾结、相互配合，骗取客户存款1亿元，数额特别巨大，且有近6 000万元资金至今无法追回，造成特别重大损失。公诉机关指控寿满江等6名被告人均构成合同诈骗罪。经查，酒鬼酒供销公司1亿元资金已存入农行华丰路支行，客户存入金融机构的存款归金融机构占有、使用、支配，属于金融机构资金，寿满江等人系采用伪造金融凭证的手段从金融机构直接骗取。故公诉机关指控寿满江等6名被告人均构成合同诈骗罪的理由不能成立，法院不予支持。

法院以金融凭证诈骗罪判处寿满江无期徒刑，剥夺政治权利终身，并处没收个人全部财产；判处方振有期徒刑15年，剥夺政治权利3年，并处罚金人民币50万元；判处陈沛铭有期徒刑14年，剥夺政治权利3年，并处罚金人民币50万元；判处罗光有期徒刑13年，剥夺政治权利3年，并处罚金人民币50万元；判处唐红星有期徒刑11年，剥夺政治权利2年，并处罚金人民币40万元；判处郭贤斌有期徒刑5年，并处罚金人民币10万元。

2014年10月15日，泸州老窖股份有限公司（000568）（以下简称“泸州老窖”）发布重大诉讼公告：

“公司于2013年4月15日与中国农业银行长沙迎新支行（以下简称农行迎新支行）签订（湘）农银协定存款字（开福）第0012号《中国农业银行单位协定存款协议》等四份协议。其后，公司根据协议先后分四次以网银方式汇入公司在农行迎新支行开设的存款账户共计20 000万元。农行迎新支行向公司出具了存款证明书、对账单。2014年4月2日，第一笔5 000万元存款到期后，公司通过一般存款户转回了该笔存款及相应利息。

2014年9月25日，公司剩余15 000万元存款到期。次日，公司财务人员在转款时却被农行迎新支行告知：公司账户上已无该笔资金，不能按时划转。经多方协调多次磋商无果，公司决定以法律手段维护公司权益。公司将就此事项于近日向四川省高级人民法院提起诉讼。四川省高级人民法院受理情况公司将后续公告。”

2014年12月4日，泸州老窖收到四川省高级人民法院《受理案件通知书》，四川省高级人民法院已决定立案受理。

2015年1月10日，泸州老窖发布重大事项公告：

“2014年10月，公司发现在中国农业银行长沙迎新支行15 000万元存款出现异常（具体内容详见公司2014年10月15日发布的《重大诉讼公告》）。随后公司对全部存款展开风险排查，进一步发现公司在中国工商银行南阳中州支行（以下简称工行中州支行）等两处存款存在异常情况，共涉及金额35 000万元。为减少可能损失，保护公司及投资者利益，公司当即报请公安机关介入，采取相关资产保全措施。

2014年12月31日，公司在工行中州支行15 000万元存款到期。工行中州支行以公司的存款被南阳公安机关冻结为由拒不支付，并拒绝出示冻结手续。2015年1月4日，公司派员持正式函件前往中国工商银行总行（以下简称工行总行）交涉，工行总行答复需要调查。2015年1月8日，公司再次与工行总行交涉，仍无结果。为此，公司将依法通过法律途径保护我公司的合法权益。

另一处存款20 000万元，相关案侦和资产保全工作正在进行，目前公安机关保全资产已超过12 000万元。

除前述三处存款外，经核查，公司其余存款不存在风险隐患。公司预计将对前述三处50 000万元存款在2014会计年度按40%比例计提坏账准备（该事项将提交董事会审议）。敬请广大投资者注意投资风险。”

2015年2月10日，泸州老窖就与工行中州支行储蓄存款合同纠纷事项向四川省高级人民法院提起诉讼；2015年2月2日，公司收到四川省高级人民法院《受理案件通知书》，四川省高级人民法院已决定立案受理。

2015年3月31日，泸州老窖发布2014年年报，并进行风险提示：公司在中国农业银行长沙迎新支行、中国工商银行南阳中州支行三处储蓄存款50 000万元涉及合同纠纷，公司已报请公安机关介入，采取资产保全措施，并对其中两处储蓄存款合同纠纷提起了民事诉讼。结合公安机关保全资产情况以及律师出具的专业法律意见，公司对5亿元合同纠纷存款计提了2亿元坏账准备，今后随着案件进展，坏账准备金额可能进行调整，特提示广大投资者注意风险。2014年年度的净利润87 979万元，比上年下降74.41%，每股收益为0.63元。

2015年7月22日，泸州老窖发布重大诉讼进展公告：

“公司就该两起合同纠纷向四川省高级人民法院提起诉讼，四川省高级人民法院裁定将两案分别移送湖南省高级人民法院及河南省高级人民法院，湖南省高级人民法院和河南省高级人民法院已立案受理。2015年7月1日，湖南省高级人民法院以该案涉及刑事案件，且刑事案件审理尚未结案为由，裁定中止诉讼。2015年7月20日，公司收到河南省高级人民法院（2015）豫法民三初字第7-1号《民事裁定书》。因本案涉及刑事案件，其审理需以刑事案件的审理结果为依据，目前刑事案件尚未结案。河南省高级人民法院审理认为依照《中华人民共和国民事诉讼法》第一百五十条第一款第（五）项，及《最高人民法院关于审理存单纠纷案件的若干规定》第三条第二款之规定，裁定中止诉讼。”

资料来源：

经作者综合分析整理：

1. 根据深圳证券交易所酒鬼酒（000799）和泸州老窖（000568）发布的公告；

2. “酒鬼酒内鬼”案一审宣判.

http：//news. sina. com. cn/o/2016-01-23/doc-ifxnuvxc1685352. shtml.

思考题

1. 你认为酒鬼酒和泸州老窖的内部控制是否存在缺陷？
2. 如果你是董事长，你认为内控自评报告的意见应该如何？
3. 如果你是注册会计师，你认为内控审计报告的意见类型应是如何？

第 7 章　公司层面的内部控制设计

【本章导读】

- 企业文化与内部控制
- 内部控制组织架构设计
- 人力资源的管理
- 企业社会责任与内部控制

7.1　企业文化与内部控制

20 世纪 80 年代初，美国哈佛大学教育研究院的教授特雷斯·迪尔和麦肯锡咨询公司顾问阿伦·肯尼迪在长期的企业管理研究中积累了丰富的资料，他们在 6 个月的时间里，集中对 80 家企业进行了详尽的调查，写成了《企业文化——企业生存的习俗和礼仪》一书。该书在 1981 年 7 月出版后，就成为最畅销的管理学著作。后又被评为 20 世纪 80 年代最有影响的 10 本管理学专著之一，成为论述企业文化的经典之作。该书用丰富的例证指出：杰出而成功的企业都有强有力的企业文化，即为全体员工共同遵守，但往往是自然约定俗成的而非书面的行为规范；并有各种各样用来宣传、强化这些价值观念的仪式和习俗。在两个其他条件都相差无几的企业中，由于其文化的强弱，对企业发展所产生的后果也完全不同。

对于企业文化，不同的学者有着不同的理解。美国学者约翰·科特和詹姆斯·赫斯克特认为，企业文化是指一个企业中各个部门，至少是企业高层管理者们所共同拥有的那些企业价值观念和经营实践……是指企业中一个分部的各个职能部门或处于不同地理环境的部门所拥有的那种共同的文化现象。特雷斯·迪尔和阿伦·肯尼迪认为，企业文化是价值观、英雄人物、习俗仪式、文化网络、企业环境。威廉·大内认为，企业文化是进取、守势、灵活性——确定活动、意见和行为模式的价值观。

7.1.1　企业文化的内涵

《企业内部控制应用指引第 5 号——企业文化》对企业文化的定义为：企业在生产经营实践中逐步形成的、为整体团队所认同并遵守的价值观、经营理念和企业精神，以及在此基础上形成的行为规范的总称。

1. 企业价值观

企业价值观，是指企业在追求经营成功过程中所推崇的基本信念和奉行的目标。对于任何一个企业而言，只有当企业内绝大部分员工的个人价值观趋同时，整个企业的价值观才可能形成。与个人价值观主导个人的行为一样，企业所信奉与推崇的价值观，是企业的日常经营与管理行为的内在依据。价值观是企业文化的核心。菲利浦·塞尔日利克曾说过，“一个组织的建立，是靠决策者对价值观念的执着，也就是决策者在决定企业的性质、特殊目标、经营方式和角色时所做的选择……总之，组织的生存，其实就是价值观的维系，以及大家对价值观的认同。”企业文化是以价值观为核心的，价值观是把所有员工联系在一起的精神纽带；价值观是企业生存、发展的内在动力；价值观是企业行为规范制度的基础。例如，惠普公司的企业文化常常被人称为“HP Way”（惠普之道）。HP Way 有五个核心价值观，它们像是五个连体的孪生兄弟，谁也离不开谁：相信、尊重个人，尊重员工；追求最高的成就，追求最好；做事情一定要非常正直，不可以欺骗用户，也不可以欺骗员工，不能做不道德的事；公司的成功是靠大家的力量来完成的，并不是靠某个个人的力量来完成的；相信不断的创新，做事情要有一定的灵活性。

2. 企业精神

企业精神指企业员工所具有的共同内心态度、思想境界和理想追求，它表达着企业的精神风貌和企业的风气。美国著名管理学者托马斯·彼得曾说：“一个伟大的组织能够长期生存下来，最主要的条件并非结构、形式和管理技能，而是我们称之为信念的那种精神力量以及信念对组织全体成员所具有的感召力。”企业精神包括三个内容：① 员工对企业的特征、地位、形象和风气的理解和认同；② 由企业优良传统、时代精神和企业个性融合的共同信念、作风和行为准则；③ 员工对企业的生产、发展、命运和未来抱有的理想和希望。企业可以根据自己的情况提炼出能够充分显示自己特色的企业精神。企业精神一旦形成，就会产生巨大的有形力量，就能对企业成员的思想和行为起到潜移默化的作用。企业精神的形成受不同企业特殊的经营内容、经营方式的制约，这是企业精神个性特征和共性特征形成的基础。企业不同的经营内容和经营方式，就形成了企业不同的竞争观念、质量观念、劳动观念等意识，从而制约着企业精神的形成。因此，企业精神反映了企业独特经营的特殊本质，也正是对这种特殊本质的反映，才能形成每一个企业自己的企业精神。例如，美国 IBM 公司的企业精神是“IBM 就是服务”。波音公司的企业精神是“我们每一个人都代表公司”。日本松下电器公司的企业精神是“工业报国，光明正大，团结一致，奋发向上，礼节谦让，适应形势，感谢报恩”。

3. 经营理念

经营理念，就是管理者追求企业绩效的根据，是顾客、竞争者以及职工价值观与正确经营行为的确认，然后在此基础上形成企业基本设想与科技优势、发展方向、共同信念和企业追求的经营目标。经营理念是系统的、根本的管理思想。经营理念是企业的经营哲学、经营观念和行为规范。如闻名全球的麦当劳，他们的经营理念是“Q、S、C、V”，即“质量、周到的服务、清洁的环境、为顾客提供更有价值的食品”。Q 是 quality（品质），S 是 service（服务），C 是 clean（清洁），V 是 value（价值）。麦当劳的品质管理非常严格，不但材料的挑选非常严格，对汉堡的制作、烤、味、鲜度也非常重视。为了保持汉堡的鲜度、品味，制作后经过一定时间即丢掉不卖，彻底执行“Q”的原则。麦当劳对于服务也要求得非常周到，不但服务人员的着装、头发、指甲等要符合规定，还要经常面带笑容，向客人亲切服务，同时店里面的设备、装潢也求精简舒适，使进店的客人有一种愉快、舒适的感觉。麦当劳也很重视店里的清洁，经常会派人到各连锁店去巡视店里的清洁情况，以求店内的干净和清洁。除了上述的“Q、S、C”外，麦当劳也很关心客人花费代价后的价值观，所以在最后又加了一个“V”，以求时时刻刻都能提供品质高、价值高的商品给客人。

4. 企业文化与内部控制的关系

企业文化属于企业内部控制环节中一个重要的组成部分，企业文化为内部控制的设计和执行提供了一个良好的氛围。缺乏积极向上的企业文化，可能导致员工丧失对企业的信心和认同感，使企业缺乏凝聚力和竞争力；缺乏开拓创新、团队协作和风险意识，可能导致企业发展目标难以实现，影响可持续发展；缺乏诚实守信的经营理念，可能导致舞弊事件的发生，造成企业损失，影响企业信誉；忽视企业间的文化差异和理念冲突，可能导致并购重组失败……总之，企业文化的缺失将直接导致内部控制的运行偏离其目标。企业文化是一种企业的经营理念、经营制度依存于企业的共同价值观念和企业精神的组合。企业内部控制制度的贯彻执行有赖于企业文化建设的支持和维护，因为企业文化是培养诚信、忠于职守、乐于助人、刻苦钻研、勤勉尽责的一种制度约束。企业文化是将企业员工的思想观念、思维方式、行为方式进行的统一和融合，使员工自身价值的体现和企业发展目标的实现达到有机的结合。企业文化建设应当融入生产经营全过程，切实做到文化建设与发展战略的有机结合，增强员工的责任感和使命感，规范员工的行为方式，使员工自身价值在企业发展中得到充分体现。

企业应当采取切实有效的措施，积极培育具有自身特色的企业文化，引导和规范员工行为，打造以主业为核心的企业品牌，培育体现企业特色的发展愿景、积极向上的价值观、诚实守信的经营理念、履行社会责任和开拓创新的企业精神，以及团队协作和风险防范意识，形成整体团队的向心力，促进企业长远发展。

7.1.2 企业文化的评估

企业文化建设的必要性及操作性已经普遍获得企业的认同，并且已逐步在实践中开展不同程度的尝试。人们已经不再停留于文本式、口号化的文化形态，不再停留于纯粹思想政治工作层面的文化形态，而是期望能够建立一套能够支持公司战略的管理文化体系。现实工作中，企业主管常常被以下一些问题困扰：如何使企业文化真正融入企业的经营管理实践中去？如何建设落到实处的企业文化？当现有的企业文化不能支撑企业战略发展时，如何变革企业文化？当两家企业兼并或重组后，如何实现企业文化的融合、化解冲突？……因此，企业应当建立企业文化评估制度，明确评估的内容、程序和方法，落实评估责任制，避免企业文化建设流于形式。

企业文化评估应当重点关注董事、监事、经理和其他高级管理人员在企业文化建设中的责任履行情况，全体员工对企业核心价值观的认同感，企业经营管理行为与企业文化的一致性，企业品牌的社会影响力，参与企业并购重组各方文化的融合度，以及员工对企业未来发展的信心。企业应当重视企业文化的评估结果，巩固和发扬企业文化建设成果，针对评估过程中发现的问题，研究影响企业文化建设的不利因素，分析深层次的原因，及时采取措施加以改进。在此过程中，应当把握以下原则。①全面评估与重点评估相结合，注重评估指标的导向性。要突出关键指标，确保评估指标的可操作性。②定性与定量相结合，注重评估方法的科学性。要根据评估内容和指标功能，量身定制不同的评估标准。③内部评价与外部评价相结合，注重评估结果的有效性。既要引导企业通过对照评估标准，自我改进、自我完善，不断激发企业的积极性、主动性和创造性，又要兼顾社会公众及企业利益相关者，借助专业机构力量，提升企业文化评估专业水平和公信力。

20世纪90年代，国外的学者们便进入了组织文化的量化研究领域。1992年，罗杰·哈里森（Roger Harrison）和何贝·斯托克斯（Herb Stokes）出版了《诊断企业文化——量表和训练者手册》(*Diagnosing Organizational Culture Instrument and Trainer's Manual*)。他们确定了大部分组织共同具有的四种文化，并在此基础上，针对不同企业进行相应的变化，这种诊断可用于团队建设、组织发展、提高产量等。1998年，金·S. 凯美瑞（Kim S. Camerao）和罗伯特·E. 奎因（Robert E. Quinn）出版了《诊断和改变企业文化：基于竞争价值理论模型》(*Diagnosing and Changing Organizational Culture: Based on the Competing Values Framework*)，这部专著为诊断组织文化和管理能力提供了有效的测量工具，为理解企业文化提供了理论框架，同时也为改变组织文化和个人行为方式提供了系统的策略和方法。

国外经过多年研究开发出来的企业文化诊断工具，在直接应用于中国文化背景下的企业时，往往会发生解释上的困难。中国一些企业和咨询管理公司在努力摸索和实践中，致力于开发出一套适合自己企业特色或我国国情的企业文化评估系统。仁达方略管理咨询公司于2001年投入大量资金组建了面向中国企业的企业文化诊断评估工具研发团队，并开发出了中国第一套企业文化综合诊断评估系统（corporate-culture measurement and assessment system，CMAS）。企业文化评估矩阵包含12个维度（dimensionality），33个要素（factor）。利用CMAS系统所测定的企业文化的12个维度，包括工作环境、组织制度、管理方式、内部沟通、员工激励、领导和决策、培训与员工发展、员工工作动机、员工满意度、员工忠诚度、文化建设及理念与价值观，这12个维度涵盖了企业文化的理念层、制度层和行为层三个层次的内容。对12个维度进行总体分析，通过分值来描述企业文化的12个维度的总体状况，绝对得分反映了企业文化在各个方面的建设状况和重视程度，横向比较可以反映企业文化不同方面之间的差异，找出做得好的方面和表现差的方面，从而作出企业文化建设战略性调整。

在构建和评估企业文化时，应注意企业自身的特点，不能一味地照搬模型和工具，每个企业都处在不同的内部环境和发展阶段，企业应根据自身的特点建立企业文化评估制度。董事、监事、经理和其他高级管理人员应当在企业文化建设中发挥主导和典范作用，以自身的优秀品格和脚踏实地的工作作风，带动和影响整个团队，共同营造积极向上的企业文化环境。企业应当根据发展战略和实际情况，总结优良传统，挖掘文化底蕴，提炼核心价值，确定文化建设的目标和内容，形成企业文化规范，使其构成员工行为守则的重要组成部分。

◉ 知识链接

企业并购文化融合

浙江吉利控股集团有限公司收购享有“世界上最安全汽车”美誉的瑞典豪华品牌沃尔沃轿车，堪称“蛇吞象”故事的现代版。由此，人们自然会想起2004年联想集团收购IBM个人电脑事业部，它们之间不乏相同点。回顾收购后走过的历程，在肯定收购取得了初步成功的同时，联想集团董事长柳传志并不讳言联想曾经走过的弯路，经验之谈中包括，对境外并购交易中文化融合的难度，估计多高都不算过分，并由此发出感叹：“文化磨合决定收购的成败！”当初评估收购风险时，柳传志认为主要存在于四个方面：市场流失、员工流失、文化磨合和业务整合。其中，文化磨合是他最为担心的。收购后维持上至最高管理层、下至销售人员不变，只是迈出文化磨合的第一步。在收购后的日常管理中，两国复杂的国情和两个企业各具特色的企业文化，还是给联想集团带来了种种不和谐的尴尬。

根据国际著名咨询公司科尔尼公司的统计分析表明，企业并购失败的风险主要发生在两个阶段，即企业并购交易开始前的可行性研究阶段和并购完成后的整合阶段；而在约三成的失败案例中，风险均发生在并购前的可行性研究阶段。因此，企业在并购前，应当重视对并购双方企业文化的调查研究和分析评估，并将评估的重点放在并购双方在国家文化和企业文化之间的差异，以及文化能否相互融合等方面。企业并购完成后是否会发生文化冲突，应当作为可行性研究报告的重要内容。

企业并购完成后，应当特别注重文化整合。一要在组织架构设计环节考虑文化整合因素。如果企业并购采用的是吸收合并方式，则必然会遇到各参与并购企业员工“合并”工作的情况。为防止文化冲突，既要在治理结构层面上强调融合，也要在内部机构设置层级上体现“一家人”的思想，务必防止吸收合并方员工与被吸收合并方员工“分拨”现象。如果企业并购采用的是控股合并方式，则应在根据公司法组建企业集团时体现文化整合。要在坚持共性的前提下体现个性化，要以统一的企业精神、核心理念、价值观念和企业标志规范集团文化，保持集团内部文化的统一性，增强集团的凝聚力、向心力，树立集团的整体形象；同时允许子公司企业在统一性指导下培育和创造特色文化，为下属企业留有展示个性的空间。二要在并购交易完成后的企业运行中，进行深度的文化整合。可以考虑以下三种整合方式：① 以并购方的文化进行整合；② 以并购方的文化为主体，吸收被并购方文化中优秀的一面进行整合；③ 以并购双方的文化为基础创建全新的优秀的文化。无论采用哪种方式，其过程相对都会较长，境外并购尤其如此。不变的原则是，应当采取多种有效措施，促进文化融合，减少文化冲突，求同存异，优势互补，实现企业文化的有效对接，促进企业文化的整合与再造，确保企业并购真正成功。

资料来源：财政部会计司解读企业内控应用指引5——企业文化 . 2010.

7.2 内部控制组织架构设计

《企业内部控制应用指引》第1号文件就是关于组织架构的。组织架构就像是一个企业的骨架，只要基本结构搭好了，企业的内部控制制度才能得以有效和正确地实施。组织架构是指企业按照国家有关法律法规、股东大会决议和企业章程，结合本企业实际，明确股东大会、董事会、监事会、经理层和企业内部各层级的机构设置、职责权限、人员编制、工作程序和相关要求的制度安排。

关于组织架构的本质，可从治理结构和内部机构两个层面理解。其中，治理结构即企业治理层面的组织架构。它是企业成为可以与外部主体发生各项经济关系的法人所必备的组织基础，具体指企业根据相关的法律法规，设置不同层次、不同功能的法律实体及其相关的法人治理结构，从而使得企业能够在法律许可的框架下拥有特定权利、履行相应义务，以保障各利益相关方的基本权益。如果治理结构形同虚设，缺乏科学决策、良性运行机制和执行力，可能导致企业经营失败，难以实现发展战略。

内部机构则是企业内部机构层面的组织架构。它是指企业根据业务发展需要，分别设置不同层次的管理人员及其由各专业人员组成的管理团队，针对各项业务功能行使决策、计划、执行、监督、评价的权力并承担相应的义务，从而为业务顺利开展进而实现企业发展战略提供组织机构的支撑平台。企业应当根据发展战略、业务需要和控制要求，选择适合本企业的内部组织机构类型。内部机构设计不科学，权责分配不合理，可能导致机构重叠、职能交叉或缺失、推诿扯皮，运行效率低下。

7.2.1　治理结构

企业应当根据国家有关法律法规的规定，明确董事会、监事会和经理层的职责权限、任职条件、议事规则和工作程序，确保决策、执行和监督相互分离，形成制衡。

董事会对股东大会负责，依法行使企业的经营决策权。可按照股东大会的有关决议，设立战略、审计、提名、薪酬与考核等专门委员会，明确各专门委员会的职责权限、任职资格、议事规则和工作程序，为董事会科学决策提供支持。监事会对股东大会负责，监督企业董事、经理和其他高级管理人员依法履行职责。经理层对董事会负责，主持企业的生产经营管理工作。经理和其他高级管理人员的职责分工应当明确。董事会、监事会和经理层的产生程序应当合法合规，其人员构成、知识结构、能力素质应当满足履行职责的要求。

企业梳理治理结构，应当重点关注董事、监事、经理及其他高级管理人员的任职资格和履职情况，以及董事会、监事会和经理层的运行效果。治理结构存在问题的，应当采取有效措施加以改进。

治理结构与内部控制的关系，以及我国公司治理结构的搭建已在本书第4章阐述得比较清楚，这里就不再一一详述了。

7.2.2　内部机构的设计

1. 内部机构设计的整体思路

首先，企业应当按照科学、精简、高效、透明、制衡的原则，综合考虑企业性质、发展战略、文化理念和管理要求等因素，合理设置内部职能机构，明确各机构的职责权限，避免职能交叉、缺失或权责过于集中，形成各司其职、各负其责、相互制约、相互协调的工作机制。

内部机构的设计必须涵盖组织活动的全部形式：计划、执行、控制和监督。

计划：做什么的组织安排。

执行：落实计划的组织安排。

控制：保证控制有效的组织安排。

监督：保证正确执行计划的组织安排。

内部机构设计的哲学意义就是：做什么？如何做？——多一个冗余，少一个不行。

其次，企业应当对各机构的职能进行科学合理的分解，确定具体岗位的名称、职责和工作要求等，明确各个岗位的权限和相互关系。企业在确定职权和岗位分工过程中，应当体现不相容职务相互分离的要求。

最后，企业应当制定组织结构图、业务流程图、岗（职）位说明书和权限指引等内部管理制度或相关文件，使员工了解和掌握组织架构设计及权责分配情况，正确履行职责。值得特别指出的是，就内部机构设计而言，建立权限指引和授权机制是非常重要的。有了权限指引，不同层级的员工就知道该如何行使并承担相应责任，也利于事后考核评价。“授权”表明的是，企业各项决策和业务必须由具备适当权限的人员办理，这一权限通过公司章程约定或其他适当方式授予。企业内部各级员工必须获得相应的授权，才能实施决策或执行业务，严禁越权办理。按照授权对象和形式的不同，授权分为常规授权和特别授权。常规授权一般针对企业日常经营管理过程中发生的程序性和重复性工作，可以在由企业正式颁布的岗（职）位说明书中予以明确，或通过制定专门的权限指引予以明确。特别授权一般是由董事会给经理层或经理层给内部机构及其员工授予处理某一突发事件、做出某项重大决策、代替上级处理日常工作的临时性权力。

无论是上市公司还是其他企业发生的重大经济案件中，不少都牵涉“三重一大”问题，即“重大决策、重大事项、重要人事任免及大额资金使用”问题。为此，组织架构指引明确要求，企业的重大决策、重大事项、重要人事任免及大额资金支付业务等，应当按照规定的权限和程序实行集体决策审批或者联签制度。任何个人不得单独进行决策或者擅自改变集体决策意见。

2. 不相容职务相互分离

岗位之间的制衡性，在于不相容的职位相互分离，以防止出现贪污舞弊的现象。企业应当对各机构的职能进行科学合理的分解，确定具体岗位的名称、职责和工作要求等，明确各个岗位的权限和相互关系。企业在确定职权和岗位分工过程中，应当体现不相容职务相互分离的要求。不相容职务是指那些如果由一个人担任，既可能发生错误和舞弊行为，又可能掩盖其错误和弊端行为的职务。不相容职务分离的核心是“内部牵制”，它要求每项经济业务都要经过两个或两个以上的部门或人员的处理，使得单个人或部门的工作必须与其他人或部门的工作相一致或相联系，并受其监督和制约。常见的不相容职务有：

（1）授权进行某项经济业务和执行该项业务的职务要分离，如有权决定或审批材料采购的人员不能同时兼任采购员职务；

（2）执行某些经济业务和审核这些经济业务的职务要分离，如填写销货发票的人员不能兼任审核人员；

（3）执行某项经济业务和记录该项业务的职务要分离，如销货人员不能同时兼任会计记账工作；

（4）保管某些财产物资和对其进行记录的职务要分离，如会计部门的出纳员与记账员要分离，不能兼任；

（5）保管某些财产物资和核对实存数与账存数的职务要分离；

（6）记录明细账和记录总账的职务要分离；

（7）登记日记账和登记总账的职务要分离。

企业可以通过制定岗位说明书和权限指引等内部管理制度或相关文件，使员工了解和掌握组织架构设计及权责分配情况，正确履行职责。当公司业务发展较快、岗位变动频繁时，岗位说明书要进行及时更新，避免岗位说明书与真实情况相差甚远。同时岗位说明要与工作流程、绩效考核紧密联系在一起，新人来的时候要清楚自己的岗位需要做哪些方面的工作，并结合流程知道自己在哪个步骤来完成这些工作，然后知道自己完成得怎么样，会得到什么样的结果。如果没有这样的有机联系，岗位说明就必然束之高阁，没有发挥真正的作用。

例如，出纳岗位说明书如表 7-1 所示。

表 7-1　出纳岗位说明书

岗位名称	出纳员	岗位编号	000001
所在部门	财务部	岗位定员	2人
直接上级	财务部经理	直接下级	无
工资等级	××	日期	××××年×月×日
工作概述： 办理现金收付，支票手续，银行结算业务			
工作职责与任务： 1. 严格执行国家现金管理办法，严密手续，保护现金安全，防止丢失、被盗。 2. 每天报销所需的现金及时到位，每日库存不得超过银行核定的限额。超过部分及时存入银行，不得坐支，不得以白条抵充库存限额，更不得任意挪用现金。 3. 合理地办理各项收付业务，认真审查原始单据、记账凭证，发现问题及时反馈、妥善解决。抵制不合理的开支，保证会计凭证的真实性、合法性、完整性。对付出的现金单据加盖“付讫”戳记。 4. 账簿登记要及时，做到日清月结。每天下班前核对库存的现金和账目，并能够接受有关部门和领导不定期的检查。 5. 保管好库存现金和有价证券，保管好金库钥匙，不得任意转交他人。 6. 每月 15 日按时发放临时工工资、值班费，20 日按时发放津贴，并要经常于与有关部门协调、相互监督，避免出现漏洞。规定每星期一、二、四进行报销业务			
工作协作关系：内部：企业各部门 外部：银行			
任职资格： 教育水平：大专以上 专业：会计或财务管理专业 经验：1 年以上的工作经验 知识与能力：掌握会计基础知识，了解部分财务管理知识，能够熟练使用计算机和网络，能与人进行很好的沟通			
工作绩效标准： 出纳工作准确度，记账工作及时性，重要任务完成情况，考勤，服从安排，遵守纪律			
备注：			

完善的岗位责任制应当达到三个方面的效果：① 明确的职责界定，以保证经营中每个环节功能的实现；② 各岗位之间有效的沟通与协调，使各项工作流程顺利进行；③ 明确权、责、利，避免不必要的推诿。岗位责任应当是书面的，应尽量避免一些在实际工作中形成的事实分工或口头分工等形式。在确定职责时应尽可能地细化、明确、周全，应考虑到责任和权利的匹配。

职责分离可以避免舞弊和错误的风险，但同时也增加了一些控制成本，职责划分并不是越细越好。企业职责分离程度与风险分析如表 7-2 所示。

表 7-2 企业职责分离程度与风险分析

企业规模	职责分离程度	风险分析
小	小	由于过度的信任和授权带来的风险较大，但由于高效率、低成本而带来的高效益使分离程度变小，特别是家族企业尤为明显
中	小到中	风险可大可小
大	大	风险较小，但由于效率和人力成本问题而导致成本较高

通过职责划分，可以在一定程度上预防和及时发现业务执行中所产生的错误或舞弊行为。不相容职务相分离是从横向的角度考虑的，企业不仅应选择适当的结构以便于对各个级别的权力作出适当的分配，即处于不同层级的人应关注不同的事务，如韩非子所言“下君尽己之能，中君尽人之力，上君尽人之智”。处于金字塔最高层的董事长、董事，主要决定企业战略，应着眼于企业理念、企业目标和企业中长期计划的制订，而不能事无巨细一概包揽。中间阶层的经理和部长，主要是实现经营目标，应着力于组织生产经营和完成目标。处于金字塔最下层的科长和职员负责完成具体任务，应提高工作效率，解决具体的工作问题。每一个层级应关注自己所在层级的目标，如果上包或下揽，将会导致工作紊乱，从而阻碍目标的实现。

企业梳理内部机构设置，应当重点关注内部机构设置的合理性和运行的高效性等。内部机构设置和运行中存在职能交叉、缺失或运行效率低下的，应当及时解决。

知识链接

通用汽车公司的职权分割调查

萨奥法案颁布后，美国通用汽车公司采取了一系列措施改善公司的内部控制，以期达到萨奥法案 404 条款的要求。其中职权分割调查是其进行内部控制的又一个基本工具。每个季度，美国通用汽车公司的 500 多家子公司都要做职权分割调查。职权分割调查将帮助公司评估自己的内部控制环境的好坏及内部控制制度的有效性。

职权分割调查的主要内容包括以下几个循环：① 销售、应收账款、现金收款循环；② 应付账款、现金支付循环；③ 财务循环；④ 项目投资循环；⑤ 工资薪金循环等。各职能部门首先将职权调查人名字填在各个调查循环表中。如果一个人的名字出现在多栏，或其名字多次出现在同一栏，则意味着该处可能存在内部控制弱点，需要采取减弱职权/职能重叠的措施。并且各职能部门应将该措施写在职权分割调查的更正措施栏处。对于子公司的财务控制部门，需要对子公司的职权分割调查作出以下评价：职权或职能的分析是否经本公司适当的、独立的相关职能部门管理层签字认可；所有的财务报表是否与预测、预算及上一年财务报表进行对比分析；所有的重大差异是否均已分析出原因；重大差异的原因是否经过管理层审阅。

在完成职权分割调查的填写后，相关职能部门（通常是财务部门）需对公司的职权分割调查作出总评价，并报财务总监和总经理审阅签字。子公司的财务总监和总经理审阅签字后，报地区一级财务总监和总经理审阅签字。地区一级的财务总监和总经理审阅签字后，报总公司财务总监备案。

资料来源：陈艳红，王棣华．美国通用汽车公司内部控制：实施萨班斯法案404条款的案例分析．财会学习，2007（4）：51-54.

3. 组织机构的控制方式

组织机构所实施的控制方式一般有两种：集中控制和授权控制。

1）集中控制组织方式

集中控制的方式有多种，如按企业业务组织关系集中控制和按会计数据集中控制。

（1）按业务组织关系集中控制。是指以企业业务组织关系建立的，由企业直接控制业务而建立的控制网络。按业务组织关系集中控制又分为全公司集中综合控制和分业务集中控制。全公司集中控制是以企业总部作为控制中心，对企业中所有经济业务，如资金管理、产品生产、销售等均由企业直接进行控制；分业务集中控制通常是将企业发生的各种业务自上而下地进行集中控制。

（2）按会计数据集中控制。是指一般仅凭会计报表或数据实施全面的控制，即各所属或分支机构的分户账与会计记录均保管在企业总部，各项原始凭证仍分别留在分支机构。

实施集中控制时，应充分划清企业总部和各分支机构的职责与权限；注意各主要部门或业务机构所管辖业务范围的大小，以及部门之间距离的远近和分散程度；应注意集中控制的效力和效率是否不利企业的可持续发展。

2）授权控制组织方式

授权控制是指企业将部分或全部控制权下放给分支机构的组织控制方式。通过逐级授权、分层负责，可使企业的业务不至于受业务或地域改变的影响。

集中控制最大的优点就是能够保证组织的整体一致性。但是，集中控制容易造成下层管理人员缺乏积极性，出现官僚主义，甚至导致组织反应迟钝，也可能出现控制中心失误带来整个组织的坍塌。而授权控制有利于掌握适当的管理幅度与选择合适的作业程序，有利于在管理中实行自动牵制，并且有利于掌握有利时机与条件，及时控制，提高了企业的反应能力，减少了信息负载。但是授权控制往往会受到业务性质与范围的限制，组织设计无法完全恰到好处地协调，各作业人员的工作也很难做到适才适量，影响其业务绩效。

当企业面临重大决策、重大事项、重要人事任免及大额资金支付业务等时，应当按照规定的权限和程序实行集体决策审批或者联签制度，不应由一个人或一支笔来决定。任何个人不得单独进行决策或者擅自改变集体决策意见。重大决策、重大事项、重要人事任免及大额资金支付业务的具体标准一般由企业自行确定。

无论是集中控制还是授权控制，就如同一枚硬币的两面，企业应根据自身业务类型的特点、所处的环境等因素来考虑采取哪一种控制方式。近年来，分权理论提倡将非关键性活动外包出去，采用这一方法的前提是某些情况下由外包者提供服务可以比企业内部提供服务更好、更有效率，采用外包方式能够使企业将资源和精力集中在关键的价值链活动上，这一过程会降低内部等级制，并使组织结构扁平化。批评者则认为，外包过量会使企业成为皮包企业，从而受外部供应商的支配，并丧失主宰自身市场地位的技术和能力。关于企业外包的内部控制设计，本书将在第9章阐述。

4. 分支机构的设置

分支机构与总部在地理位置上通常相隔一定的距离。分支机构在不同的企业或行业有不同的名称，如在有些企业称为分公司，有些企业称为分厂，商业系统称为分店，银行系统称为分行等。

分支机构与销售代理处的区别主要体现在经营自主权上。销售代理处通常不直接经销商品，一切听从总部安排，不具有独立的经营自主权。而分支机构可以独立从事商品购销业务，比销售代理处有更多的经营自主权。但当分支机构只核算现金收支业务，而将销售、购货、收款等业务归于总部统一核算时，它与销售代理处就没有多少差别了。

企业应当建立科学的投资管控制度，通过合法有效的形式履行出资人职责，维护出资人权益，重点关注子公司特别是异地、境外子公司的发展战略，年度财务预决算，重大投融资，重大担保，大额资金使用，主要资产处置，重要人事任免，内部控制体系建设等重要事项。

对分支机构布局的控制重点有：一是要根据企业资金量的大小决定分支机构的数量；二是要根据企业发展战略目标决定分支机构的经营内容；三是分支机构的设置要适应企业综合控制管理。

分支机构组织形式的控制如下。

1）完全独立型

采用完全独立型分支机构会计，总公司和分支机构都应设置完整的账簿，分别独立进行核算。结账时，分支机构独立编制财务报表，送交总公司。

2）不完全独立型

采用不完全独立型分支机构会计，分支机构设有正式账簿，但没有完全独立的会计，通常将部分账项，如应收账款、应付账款和固定资产等，划归总公司直接处理和登记，分支机构不进行账务处理。

3）完全不独立型

采用完全不独立型分支机构会计，分支机构所有会计事项都应随时报告总公司，由总公司统一登记入账，分支机构只进行辅助或备查记录。

5. 组织结构的类型

全球管理界享有盛誉的管理学大师亨利·明茨伯格（Henry Mintzberg）认为，各种类型的组织结构均是由以下六个基本要素来构成的（见图7-1）。

（1）作业核心（operating core）。这是由组织成员组成的，他们直接参与商品生产和劳务供应。

（2）顶点（strategic apex）。这是指组织内的高层管理层。他们随组织的扩张而发展，其任务包括战略制定和边界管理。

（3）技术结构（techno structure）。这是指提供技术支持但不直接参与核心活动的员工。这一部分的成员对工作进行标准化，但其成员并不实际监督具体生产。这些成员包括会计人员和计算机专家。

（4）中间层（middle line）。这是位于顶点与作业核心之间的权力层。这一部分的人员

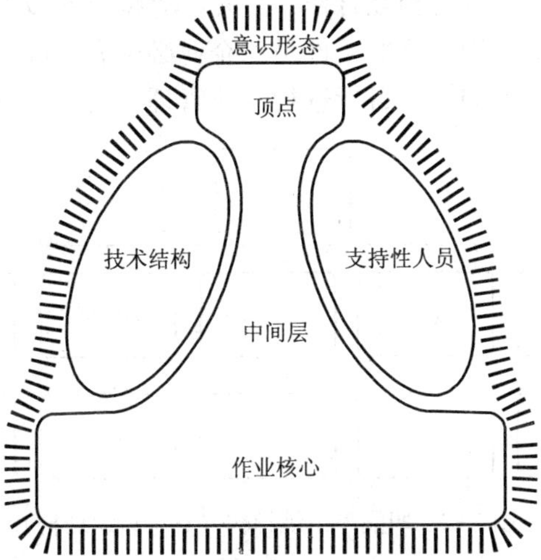

图 7-1 明茨伯格组织结构的六个组成要素

负责管理已完成的工作，从而将战略顶点的愿望转变为作业核心的工作。

（5）支持性人员（support staff）。支持性人员提供正常工作流程以外的支持，不属于作业核心但却是企业环境必不可少的部分，如律师、秘书、书记员及餐饮人员等。

（6）意识形态（ideology）。指宗教信仰和传统、规范、价值观念、文化等。

上述六个要素互相协调和搭配，形成了一个企业的组织结构。

组织结构就是表现组织各个部分排列顺序、空间位置、聚集状态、联系方式以及各要素之间相互关系的一种模式，它是执行管理和经营任务的体制。常见的组织结构类型有：直线型组织结构、职能型组织结构、事业部制组织结构、矩阵型组织结构、H 型组织结构等几种类型。

1）直线型组织结构

直线型组织结构是最简单的一种组织结构形式。组织中各个主管人员对所属下级拥有直接的一切职权，组织中每一个人只能向一个上级报告。其优点是比较简单、权力集中、责任分明、命令统一、联系便捷。这一结构类型的弹性不大并缺乏专业分工，其成功主要依赖于中心人员的个人能力。此外，每个部门只关心本部门的工作，因而部门之间的协调性差。这种简单结构通常适用于小型企业。

2）职能型组织结构

在职能型组织结构中：采用按职能分工、实行专业化的管理办法来代替直线型的全能管理者；各职能机构在自己的业务范围内可以向下级下达命令和指示，直接指挥下级，不同的部门有不同的业务职能。职能型组织结构也称 U 型组织结构、多线性组织结构，起源于 20 世纪初，是法约尔在其经营的煤矿公司担任总经理时所建立的组织结构形式，故又称“法约尔模型”。它是按职能进行组织部门分工的，即从企业高层到基层，均把承担相同职能的管理业务及其人员组合在一起，设置相应的管理部门和管理职务，如图 7-2 所示。

职能型组织能够通过集中单一部门内所有某一类型的活动来实现规模经济，如所有的服务工作均由后勤部门开展，而且由于任务为常规和重复性任务，可以使工作效率得到提高。该组织结构的缺点为容易导致职能间发生冲突，各职能机构往往从本单位的业务出发考虑工作，而不是出于企业整体利益进行相互合作，另外，等级层次以及集权化的决策制定机制会放慢反应速度。职能型组织结构实行的条件是：企业必须有较高的综合平衡能力，各职能部门按企业综合平衡的结果，为同一个目标进行专业管理，否则，就不宜采用该种组织结构。

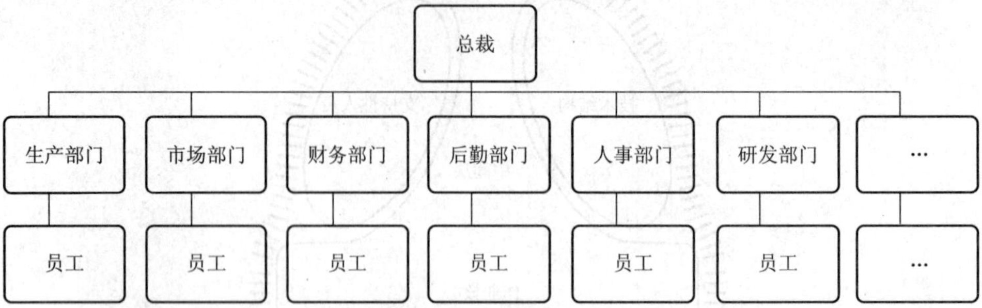

图 7-2 职能型组织结构（U 型组织结构）

3）事业部制组织结构

事业部制组织结构也称 M 型结构（multidivisional structure）或多部门结构，有时也称为产品部式结构或战略经营单位（见图 7-3）。即按产品或地区设立事业部（或大的子公司），每个事业部都有自己较完整的职能机构。事业部制最早是由美国通用汽车公司总裁斯隆于 1924 年提出的，故有“斯隆模型”之称，也叫“联邦分权化”，是一种高度（层）集权下的分权管理体制。当时，通用汽车公司合并收买了许多小公司，企业规模急剧扩大，产品种类和经营项目增多，而内部管理适应不了这种急剧的发展而显得十分混乱。时任通用汽车公司常务副总经理的斯隆参考了杜邦化学公司的经验，以事业部制的形式于 1924 年完成了对原有组织的改组，使通用汽车公司的整合与发展获得了较大成功，成为实行事业部制的典型。

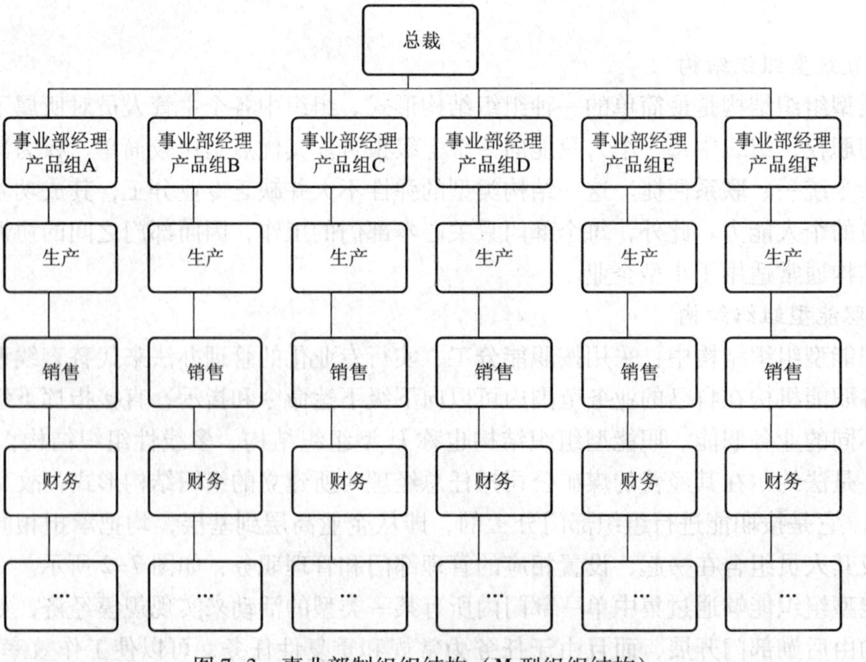

图 7-3 事业部制组织结构（M 型组织结构）

注：本图以产品作为划分事业部的标准，还可以按服务、市场或地区定义出不同的事业部。

事业部制结构可以按产品、服务、市场或地区定义出不同的事业部。企业总部负责计划、协调和安排资源，事业部则承担运营和职能责任。制定战略不仅仅是高层管理者和领导者的任务。企业层、业务层和职能层的管理者都应在各自的层级参与战略制定流程。

实行事业部制的机构，总公司领导可以摆脱日常事务，集中精力考虑全局问题；事业部实行独立核算，更能发挥经营管理的积极性，更利于组织专业化生产和实现企业的内部协作；各事业部之间有比较、有竞争，这种比较和竞争有利于企业的发展；事业部内部的供、产、销之间容易协调，不像在直线职能制下需要高层管理部门过问；事业部经理要从事业部整体考虑问题，这有利于培养和训练管理人才。然而，公司与事业部的职能机构重叠，造成了管理人员浪费；事业部实行独立核算，各事业部只考虑自身的利益，影响了事业部之间的协作。

4）矩阵型组织结构

矩阵型组织（matrix organization）即在一个机构为某种特别任务另外成立专案小组负责，此专案小组与原组织配合，在形态上有行列交叉的形式，即为矩阵型组织（见图7-4）。

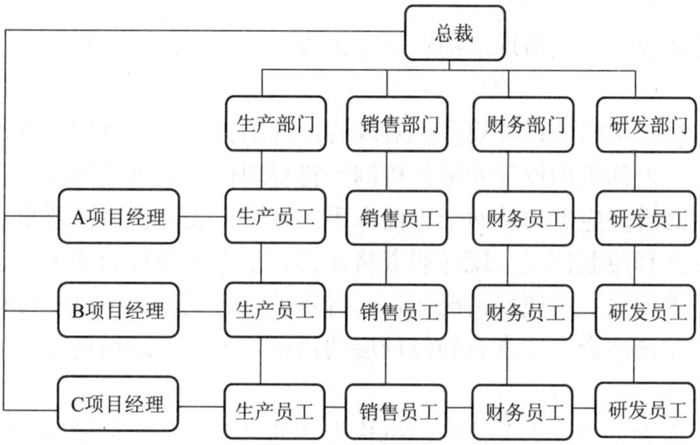

图7-4 矩阵型组织结构

矩阵型组织结构是把依据职能划分的部门和按产品（项目或服务）划分的部门结合起来组成一个矩阵，使同一名员工同原职能部门保持组织与业务上的联系，同时参加产品或项目小组的工作，为了保证完成一定的目标，每个项目小组都设有负责人，在组织的最高主管直接领导下工作。它的优点是加强了各职能部门的横向联系，具有较大的机动性和适应性，实行了集权与分权的结合，有利于发挥专业人员的潜力，有利于各种人才的培养。然而，矩阵型组织结构是一种具有两个或多个命令通道的结构，包含两条预算权力线以及两个绩效和奖励来源，组织形式是实行纵向、横向的领导，处理不当，会由于意见分歧而造成工作中相互扯皮的现象。同时，协调所有的产品和地区会增加时间成本和财务成本，从而导致决策的时间过长。

5）H型组织结构

H型组织结构（holding company，H-form）即控股公司结构，严格讲它并不是一个企业的组织结构形态，而是企业集团的组织形式。H型公司持有子公司或分公司部分或全部股份，下属各子公司具有独立的法人资格，是相对独立的利润中心。

控股公司依据其所从事活动的内容，可分为纯粹控股公司（pure holding company）和混合控股公司（mixed holding company）。纯粹控股公司是指其目的是只掌握子公司的股份，支配被控股子公司的重大决策和生产经营活动，而本身不直接从事生产经营活动的公司。混合控股公司指既从事股权控制，又从事某种实际业务经营的公司。

H型结构中包含了U型结构，构成控股公司的子公司往往是U型结构。H型组织结构较多地出现在由横向合并而形成的企业之中，这种结构使合并后的各子公司保持了较大的独立性。子公司可分布在完全不同的行业中，母公司对子公司的控制，主要是凭借股权，在股东会和董事会的决策中发挥作用，并通过任免董事长和总经理来贯彻实施母公司的战略意图。子公司与事业部不同，在法律上是具有法人地位的独立企业，它有自己的公司名称和公司章程，其财产与母公司的财产彼此独立注册，各有自己的资产负债表。子公司自主经营、独立核算、自负盈亏，独立承担民事责任。

采取该种类型的公司往往独立性过强，缺乏明确的发展、经营战略，其内部结构松散，因此，该类型公司的整体资源战略运用存在一定的难度。

7.2.3 组织架构的运行

组织架构运行涉及新企业治理结构和内部机构的运行，也涉及对存续企业组织架构的全面梳理。

企业应当根据组织架构的设计规范，对现有治理结构和内部机构设置进行全面梳理，确保本企业治理结构、内部机构设置和运行机制等符合现代企业制度要求。

从治理结构层面看，应着力从两个方面入手。其一，关注董事、监事、经理及其他高级管理人员的任职资格和履职情况。就任职资格而言，重点关注行为能力、道德诚信、经营管理素质、任职程序等方面。就履职情况而言，着重关注合规、业绩以及履行忠实、勤勉义务等方面。其二，关注董事会、监事会和经理层的运行效果。治理结构存在问题的，应当采取有效的措施加以改进。

从内部机构层面看，应着力关注内部机构设置的合理性和运行的高效性。内部机构设置和运行中存在职能交叉、缺失或运行效率低下的，应及时解决。从合理性角度梳理，应重点关注：内部机构设置是否适应内外部环境的变化；是否以发展目标为导向；是否满足专业化的分工和协作，有助于企业提高劳动生产率；是否明确界定各机构和岗位的权利和责任，不存在权责交叉重叠，不存在只有权利而没有相对应的责任和义务的情况等。从运行的高效性角度梳理，应重点关注：内部各机构的职责分工是否针对市场环境的变化做出及时调整，同时内外沟通充分有效，授权充分适当。特别是当企业面临重要事件或重大危机时，各机构间表现出的职责分工协调性，可以较好地检验内部机构运行的效率。

企业在对治理结构和内部机构进行全面梳理的基础上，还应当定期对组织架构设计和运行的效率与效果进行综合评价，其目的在于发现可能存在的缺陷，及时优化调整，此外，还应关注权力制衡的效率评估，包括机构权力是否过大并存在监督漏洞；机构权力是否被架空；机构内部或各机构之间是否存在权力失衡等。

企业拥有子公司的，应当建立科学的投资管控制度，通过合法有效的形式履行出资人职责、维护出资人权益，重点关注子公司特别是异地、境外子公司的发展战略、年度财务预决算、重大投融资、重大担保、大额资金使用、主要资产处置、重要人事任免、内部控制体系建设等重要事项。

总之，企业组织架构设计与运行不是一成不变的，应坚持动态调整的原则，根据发展战略、业务重点、市场环境、监管要求等因素的变化不断进行优化调整，企业应在对现行组织架构及其运行状况进行综合分析的基础上，结合企业内外部环境变化和企业不同发展阶段的要求调整组织架构。

知识链接

阿里巴巴的合伙人制度

2014年9月19日，阿里巴巴在美国纳斯达克上市，股票代码为BABA，其IPO发行价为68美元，上市将募集资金217.6亿美元，最高募集资金250.2亿美元。港交所曾有条件地批准阿里巴巴集团在香港上市，但是对港交所提出来的限制条件，马云拒绝，两者的焦点就是阿里巴巴的“合伙人制度”，最后阿里巴巴放弃香港选择了美国。

阿里巴巴合伙人制度是在2010年正式确定的。2010年7月，为了保持公司的这种合伙人精神，确保公司的使命、愿景和价值观的持续发展，阿里巴巴决定将这种合伙人协议正式确立下来，取名“湖畔合伙人”，取自马云和创始人创立阿里巴巴的地方——湖畔花园。

一般的公司都是由股东通过股东大会推选董事，并组成董事会作为股东的受托人来监督公司的日常运作，而推举、选举董事则是股东的重要权力之一。同时，董事会也应勤勉、尽职地承担对股东的信托义务，一旦有董事违背了相关义务，其行为损害股东权益，则股东有权对其提出罢免。

阿里巴巴提出的合伙人制度，就是以其内部若干合伙人组成的小团体取代全体股东，掌握提名董事的权力。根据阿里巴巴9月6日更新的上市招股书，显示阿里合伙人团队成员已由原来的27人增加至30人，最新加入的三人分别是来自阿里云技术团队的蔡景现、来自小微金服集团技术团队的倪行军，以及来自人力资源及组织文化团队的方永新。这三人均为“70后”，方永新现年40岁，蔡景现、倪行军均为37岁。这三人是近期选举产生的。阿里规定，每年都要选举一批新的合伙人加入团队。

合伙人团队里马云和蔡崇信为永久合伙人，其余合伙人在离开阿里巴巴集团公司或关联公司时，即从阿里巴巴合伙人中“退休”。每年合伙人可以提名选举新合伙人候选人，新合伙人需要满足在阿里巴巴工作或关联公司工作五年以上；对公司发展有积极的贡献；高度认同公司文化，愿意为公司使命、愿景和价值观竭尽全力等条件。合伙人拥有董事提名权、奖金分配权。新合伙人要获得四分之三以上的现任合伙人同意才能当选。合伙人投票实行一人一票。担任合伙人期间，每个合伙人都必须持有一定比例的公司股份。

阿里巴巴合伙人有权提名阿里巴巴过半数董事，提名董事需经股东会投票过半数支持方可生效。如果股东反对合伙人任何一名提名人选，合伙人无须股东投票，可指派另外一人选成为“过渡董事”，任期一年。

资料来源：

1. 杨来运. 阿里巴巴合伙人制度研究报告.
   https://wenku.baidu.com/view/e4f24ab8ce2f0066f4332255.html.
2. 阿里巴巴合伙人制度（名单）的前世今生解读.
   http://www.ebrun.com/20140619/102132.shtml.

7.3 人力资源的管理

人员素质的高低对企业内部控制的执行有重要的影响。内部控制制度作为一个规范的标准或者条例，具有既定性质，而企业经济活动环境经常处于变动之中，决定了制度执行者在执行制度中具有选择性。不同的选择将有不同的执行结果，完善制度执行的选择控制从实质上讲也是企业员工素质控制的内容之一。若员工素质良好，有信用，有正义感，即使某些控制措施缺失，企业也能行为规范、信用可靠；若员工油滑，无原则，无正义感，则即使有控制制度，企业也可能因此蒙受损失或名誉扫地。因此，人员控制也是内部控制的关键内容之一。

人员控制主要通过人力资源管理来实现。企业人力资源管理至少应当关注以下风险。

（1）人力资源缺乏或过剩、结构不合理、开发机制不健全，可能导致企业发展战略难以实现。这一风险侧重于企业决策层和执行层的高管人员。

（2）人力资源激励约束制度不合理、关键岗位人员管理不完善，可能导致人才流失、经营效率低下或关键技术、商业秘密和国家机密泄露。这一风险侧重于企业的专业技术人员，特别是掌握企业发展命脉——核心技术的专业人员。

（3）人力资源退出机制不当，可能导致法律诉讼或使企业声誉受损。这一风险侧重于企业辞退员工、解除员工劳动合同等而引发的劳动纠纷。

企业应当重视人力资源建设，根据发展战略，结合人力资源现状和未来需求预测，建立人力资源发展目标，制定人力资源总体规划和能力框架体系，优化人力资源整体布局，明确人力资源的引进、开发、使用、培养、考核、激励、退出等管理要求，实现人力资源的合理配置，全面提升企业的核心竞争力。

7.3.1 人力资源的引进与开发

企业应当根据人力资源总体规划，结合生产经营实际需要，制订年度人力资源需求计划，完善人力资源引进制度，规范工作流程，按照计划、制度和程序组织人力资源引进工作。根据人力资源能力框架要求，明确各岗位的职责权限、任职条件和工作要求，遵循德才兼备、以德为先和公开、公平、公正的原则，通过公开招聘、竞争上岗等多种方式选聘优秀人才，重点关注选聘对象的价值取向和责任意识。企业选拔员工时，应当切实做到因事设岗、以岗选人，避免因人设事或因人设岗，确保选聘人员能够胜任岗位职责要求。

人员招聘不仅要注重人员的专业能力，更要重视人员的综合素质。人员素质是构成“人”的能力的综合要素，它由人的思想、技能、行为交流能力等组成。个人品质由个人的思想意识、分析判断、职业操守、工作责任心等构成。

专业技能是每个人参与工作所具备的职业（或执业）能力条件，良好的专业技能应该具备熟练的技术水平和驾驭所从事工作的能力。

协作精神也称为团队精神，是指依靠集体力量，共同协作完成同一目标的境界。

沟通能力即交流能力，现代社会大生产、大流通决定了企业人员应基本具备沟通能力。

工作方法与工作绩效往往紧密联系，良好的工作方法通常会带来良好的工作业绩。

利用多渠道去发现应聘者，定期维护招聘渠道，可以与杰出的、针对性强的大学建立长期合作关系；也可以通过区域性人才交流会、人才市场、员工推荐、猎头公司和广告来招聘不同的人才。企业选聘人员应当实行岗位回避制度。

企业应当建立选聘人员试用期和岗前培训制度，对试用人员进行严格考察，促进选聘员工全面了解岗位职责，掌握岗位基本技能，适应工作要求。试用期满考核合格后，方可正式上岗；试用期满考核不合格者，应当及时解除劳动关系。

企业应当重视人力资源开发工作，建立员工培训长效机制，营造尊重知识、尊重人才和关心员工职业发展的文化氛围，加强后备人才队伍建设，促进全体员工的知识、技能持续更新，不断提升员工的服务效能。

知识链接

海尔的立体人才培训体系

一、海尔的培训体系

海尔的人才培训机构是多层次的，自下而上，所有的部门都有一个培训机构。

1. 首先是它的事业部，从基层事业部到班组都有一套培训体系。

培训体系包括：培训的部门，同时在培训部门里还有一个培训实践中心，并且有严格的一套考试程序。不管是什么样的培训，最后都要经过严格的考试颁发不同级别的结业证书。

2. 其次是集团的总部，海尔集团总部也设立了一系列的培训机构。

这些培训机构包括海尔大学、海尔文化中心。海尔所有的中层干部都要定期到海尔大学里去接受培训；海尔所有新入公司的新人也要到海尔大学里去接受培训，在培训的过程中，去认识海尔，去了解海尔，去熟悉海尔。另外，海尔还有一个人力资源的培训中心——海尔文化中心。在海尔文化中心设有《海尔人》报，针对一些具体问题、对集团有影响的问题，通过报纸发动全集团的人对问题公开地进行讨论，用这样的方式达成一种培训的效果。在集团总部的培训机构里同样设有严格的考试程序。任何一种形式的培训最终都要通过考试来论证是否通过，以达到结业。

3. 海尔还有一套培训体系，就是利用外部的一些高等院校、国外的大公司，以及科研机构进行培训。

海尔常年和25所高校有联系，将部分领导干部送到学校里去参加短期培训，还有半脱产的培训。多家国外公司也与海尔长期签订了人才交流、学习和培训项目计划。

二、海尔的多种培训形式

1. 岗前培训。对所有的新人进行业务知识、企业文化、经营哲学、组织目标、价值观的培训。不确定岗位时先轮流工作一定时间，在定岗后注重建立员工的组织归属感，倡导集体主义和合作精神，为以后的高效管理奠定基础。此项工作由集团中心负责。

2. 岗位培训。半年到一年之后，岗位培训主要是业务能力培训。对工作中容易出现的问题、解决方法及应尽的责任进行培训，此项工作由事业部负责。

3. 个人职业生涯规划培训。海尔所有的管理干部都有责任为下一级的干部及员工设计个性化的培训计划。一是对管理人员，二是对专业人员，三是对员工。

根据自己的情况每人定出一个升迁、发展的个人规划，要有目标地工作。

4. 转岗培训。为培养复合型人才，海尔采用转岗培训的方式使员工适应新的工作需要。

5. 半脱产培训。对于骨干员工和管理人员，有计划地安排人员以半脱产的方式参加各种培训班，如MBA培训班，高校进修，参加委培、学历教育。

6. 出国考察培训。为了掌握国际高科技发展的新动向，利用各种机会，派出有关人员到国内外参加各种专业研讨会、学术会议、科技博览会，以及出国进修。

三、海尔的培训内容

1. 德才教育。海尔最注重的培训体系是德才教育。首先是德的教育，对于海尔来说，它的教育第一条就是要与集团同心同德，按集团的思想去工作。其次是才的教育，海尔要求员工必须有能力正确地履行岗位职责，并且达到集团统一规定的目标标准。

2. 专业教育。干什么，学什么；缺什么，补什么；急用现学，立竿见影。在海尔的培训过程中，每一个车间的班组都有一个早会，利用早会进行培训。这个早会可能时间很短，10分钟或者15分钟，也可能更长一些。早会培训的目的主要是及时地解决问题，或者让员工在工作中总结出好的经验在早会上与大家分享。

3. 价值观教育。什么是对的，什么是错的；什么该干，什么不该干。全体员工要有一个共同的价值观。

资料来源：田娜．海尔的培训体系．http：//www.mie168.com/human-resource/2004-11/25189.htm.

7.3.2 人力资源的使用和退出

企业应当建立和完善人力资源的激励约束机制，设置科学的业绩考核指标体系，对各级管理人员和全体员工进行严格考核与评价，以此作为确定员工薪酬、职级调整和解除劳动合同等的重要依据，确保员工队伍处于持续优化状态。企业应当制定与业绩考核挂钩的薪酬制度，切实做到薪酬安排与员工贡献相协调，体现效率优先、兼顾公平。

1. 绩效考评

人力资源的激励和约束机制，可以通过企业的绩效考评来实现。首先，绩效考评可以建立员工认同的标准，解决管理上的问题：谁应该晋升，谁应该降薪，谁应该得到奖金，谁应该进行调动。其次，绩效考评可以帮助先进者持续发展，鼓励落后者前进，根据员工的职业路线、能力特点，确定谁适合做什么工作，谁需要补充基础知识，谁需要学习新的知识。最后，绩效考评可以使员工的目标和企业的目标保持一致，提高员工的责任感、企业凝聚力和工作效率。

绩效考评是管理者将员工应该做什么与实际做了什么两者进行比较，通过比较得出对该员工工作能力、业绩与态度的评定。绩效考评的目的不仅是区别员工绩效的优劣，最关键的是通过绩效考评发现员工的优点与不足，及时反馈给员工，并与其制订绩效改善计划，保持优点，弥补不足，最终达到提高企业整体绩效的目的。

2. 定期轮岗

企业应当制定各级管理人员和关键岗位员工定期轮岗制度，明确轮岗范围、轮岗周期、轮岗方式等，形成相关岗位员工的有序持续流动。例如，凡是直接保管或接触实物、资金的工作人员，每两年轮换一次工作岗位。在实行职务轮换制度时，原则上在同一专业领域内对换，不跨专业。在每一次职务轮换过程中，应重点办好相互交接，划清各自责任。如在交接过程中发现前任工作中的差错，应立即予以报告。职务轮换能使部门人员有机会接触到整个工作流程，使人员素质更全面。后任在接替前任工作后，有机会发挥自己的主观能动性，同时有利于发现前任工作中存在的问题。

◉ 知识链接

陈年旧事：NSFC会计卞中贪污、挪用公款2.28亿元

中国国家自然科学基金委员会（National Natural Science Foundation of China，NSFC）于1986年2月14日在国务院批准下成立，其主要职能是管理国家自然科学基金，促进和资助基础研究在中国的发展。NSFC的宗旨是秉承尊重科学、发扬民主、提倡竞争、促进合作、激励创新与引领未来的工作方针，持续不断地支持着中国的科学研究与教育事业的发展。

2003年2月，国家自然科学基金委员会财务局经费管理处一名出纳经核对银行对账单与单位的财务，出现2 000余万元差额，发现2003年1月7日一笔用支票转出的2 090万元账目有疑问，经核对该支票已由卞中登记为作废支票，出纳要求卞中出示作废支票，卞中无法出示，当晚出纳将此情况向单位领导作了汇报。后经该基金委员会审计部门审计，发现卞中把此款打到了一家私人公司的账号上用于经营活动。

经调查，卞中于1999年8月至2002年12月间，利用先后担任国家自然科学基金委员会综合计划局财务处出纳、财务局经费管理处会计等职务上的便利，并利用管理该委员会外事局账户的便利条件，多次以向申请国家自然科学基金拨款的单位支付退汇重拨项目款为名，分别采取伪造银行信汇凭证、电汇凭证、进账单作账等手段，将公款共计人民币1 262.37万元转入多家公司账户内非法占有。

2002年3月至2003年1月间，卞中多次采取伪造银行对账单、进账单，编造支票配售记录的手段，先后8次将公款共计人民币19 993.3万元挪出，转入北京汇人建筑装饰工程有限责任公司及其女友柴某家人开办的东方旭阳公司账内，用于上述两家公司的营利活动。为此，卞中收取汇人公司支付的利息款人民币8万元。

卞中第一次将黑手伸向科研经费是1995年8月，到2003年2月份东窗事发，前后差不多八年，其挪用最大一笔款项是6 000万元。2002年12月，卞中通过伪造银行进账单、编造银行对账单直接将6 000万巨款挪用至北京一家建筑装饰工程公司。这6 000万其实是经中央领导同意，基金委特批给中科院几位院士的专项资金。

北京市第一中级人民法院2004年11月9日对国家自然科学基金委员会（NSFC）财务局经费管理处会计卞中贪污、挪用巨额公款案做出一审判决，以贪污罪、挪用公款罪，判处被告人卞中死刑，缓期两年执行，剥夺政治权利终身，并处没收个人全部财产。

资料来源：

1. 国家自然科学基金会会计卞中.
   http://news.xinhuanet.com/legal/2004-11/10/content_2198935.htm.
2. 卞中贪污、挪用公款，吴锋挪用公款、玩忽职守案.
   http://pkulaw.cn/case/pcas_117508200.html?match=Exact.

3. 强制性的带薪休假

单位员工的带薪休假期包括法定节假日和年度休假两部分。法定节假日遵照国家有关规定执行，年度休假的天数则由单位自行设定。在员工带薪休假期间，其工作可交由同等职位、同等级别的人员担任。鼓励企业员工带薪休假可以使员工调整身体和精神状况，有助于提高员工工作效率。同时，从另一个角度来看，带薪休假期间，其他人担任该工作岗位的工作，有助于发现工作中存在的“惯性”问题，如果是企业重要或“敏感”的部门和岗位，可以让内部审计部门对该员工的工作进行审核，这样做可以减少内部审计工作人员的心理障碍与压力。

4. 退出机制

企业应当按照有关法律法规规定，结合企业实际，建立健全员工退出（辞职、解除劳动合同、退休等）机制，明确退出的条件和程序，确保员工退出机制得到有效实施。企业关键岗位人员离职前，应当根据有关法律法规的规定进行工作交接或离任审计。

企业对考核后不能胜任岗位要求的员工，应当及时暂停其工作，安排再培训，或调整工作岗位，安排转岗培训；仍不能满足岗位职责要求的，应当按照规定的权限和程序解除劳动合同。很多企业关注人力资源的引用与开发，但并没有真正把人员退出管理纳入正常的人力资源管理系统的工作，导致员工能进不能出，管理人员能上不能下，企业无法进行正常的人员代谢，员工队伍缺乏危机意识和竞争意识，各项管理制度难以发挥应有之功效，产生组织惰化和员工惰化。要保持企业的可持续发展，除了要不断改善人员结构和人员素质，使人力资源管理更好地配合企业战略的执行，也需要架构人员退出机制，保持企业人力资源的吐故纳新。

7.4 企业社会责任与内部控制

早在1924年，美国学者奥立佛·谢尔顿（Oliver Sheldon）在《管理的哲学》一书中就提出了“公司社会责任”的概念。1953年，“企业社会责任之父”霍华德·R. 博文（Howard R. Bowen）的著作《商人的社会责任》则掀起了对现代企业社会责任研究的热潮。尽管学界对社会责任的界定和原则有着种种不同的见解，然而不容争议的是，现代企业已意识到“盈利至上”并不是经营企业的唯一“金律”。随着经济和社会的进步，企业不仅要对盈利负责，而且要对环境负责，并承担相应的社会责任。

现代企业的“社会责任感”首先应是“行为表率”，即在产品和设计、组织和管理以及社会公益等方面体现社会责任意识和诉求，同时需要通过财务报告中的相关文本信息来体现这种“表率”作用，而社会责任报告则是其主要的载体之一。

1992年，全球范围内发布的社会责任报告只有26份，2001年发布的报告达到1 781份，而2006年发布的报告共计2 387份。从1992年开始到2001年，历经10年才实现年度发布报告数量突破千份，而第二个千份突破只用了5年时间，社会责任报告数量增长呈现加速趋势。

全球报告倡议组织（Global Reporting Initiative，GRI）成立于1997年，是由美国的一个非政府组织“对环境负责的经济体联盟”（Coalition for Environmentally Responsible Economies，CERES）和联合国环境规划署（United Nations Environment Programme，UNEP）共同发起的，

秘书处设在荷兰的阿姆斯特丹。1997年到1998年间，CERES逐步形成为可持续发展信息的披露提供一个框架的想法，于是最先发起了“全球报告倡议”项目，并开始招募人员、筹集资金。2000年，GRI发布了第一代《可持续发展报告指南》，这是全球第一个关于经济、环境和社会问题的“三重底线”可持续报告的框架，在全球的影响已经遍布南美、北美、大洋洲、欧洲、南亚和日本，50个机构在GRI报告指南的基础上发布他们的可持续发展报告。

2002年，GRI的新版《可持续发展报告指南》（简称G2指引）在南非约翰内斯堡的世界可持续发展峰会上正式发布。2006年10月5日，GRI在荷兰阿姆斯特丹召开大会，发布了第三代《可持续发展报告指南》（称为G3指引），2011年3月发布了G3.1版本。2013年5月22日，全球报告倡议组织（GRI）在荷兰阿姆斯特丹举行了可持续发展大会，24日，大会发布了最新版本的可持续发展报告指南G4。从内容上看，核心的、原则性的内容如内容界定原则（利益相关方包容、可持续发展背景、实质性、完整性）和报告质量原则（平衡性、可比性、准确性、及时性、清晰性、可靠性）均有所保留，无太大变化。G4版本新增了标准披露部分，包括企业常规标准和分类标准的披露。

2010年11月1日，国际标准化组织（ISO）正式发布了《社会责任指南》（ISO 26000）国际标准。作为ISO将标准制定视角从传统的工程技术领域转向国际社会政治经济和伦理道德领域的里程碑性标准，统一了对社会责任的理解，确定了社会责任的核心主题和议题，在全球得到了广泛应用。在ISO 26000中，社会责任被定义为“通过透明和道德行为，组织为其决策和活动给社会和环境带来的影响承担的责任。这些透明和道德行为有助于可持续发展，包括健康和社会福祉，考虑到利益相关方的期望，符合适用法律并与国际行为规范一致，融入整个组织并践行于其各种关系之中”，其主要内容包括：①与社会责任有关的术语和定义；②与社会责任有关的背景情况；③与社会责任有关的原则和实践；④社会责任核心主题和问题；⑤社会责任的履行；⑥处理利益相关方问题；⑦社会责任相关信息的沟通。

改革开放初期，我国企业的社会责任意识相对淡薄，但随着规范的推进，这一状况在近十年尤其是在2008年之后得到了明显的改观。2008年以来，上海证券交易所在推动上市公司社会责任信息披露方面制定了一系列规则。2008年5月14日，上交所发布了《关于加强上市公司社会责任承担工作暨发布〈上海证券交易所上市公司环境信息披露指引〉的通知》，倡导上市公司承担社会责任，促进社会、环境和经济可持续发展，披露社会责任报告和环境保护信息。同年12月31日，上交所发布《关于做好上市公司2008年年度报告工作的通知》，要求在上交所上市的三类公司必须披露履行社会责任的报告。这三类公司分别是“上证公司治理板块”样本公司、发行境外上市外资股的公司以及金融类公司。同时，上交所鼓励有条件的公司披露社会责任报告，鼓励上市公司在社会责任报告中披露“每股社会贡献值”，并聘请第三方验证公司履行社会责任的情况。2009年8月5日，上交所正式发布上证社会责任指数，以反映上证公司治理板块中在社会责任的履行方面表现良好的公司股票的价值。上证社会责任指数是上证公司治理指数的主题衍生指数之一，指数样本股是由从已披露社会责任报告的上证公司治理指数样本股中每股社会贡献值最高的100家公司股票组成。上证社会责任指数的推出，促使企业更加关注和履行其所承担的社会责任，同时也为社会责任价值证券化奠定了基础。

2015年6月2日，GB/T 36000—2015《社会责任指南》、GB/T 36001—2015《社会责任报告编写指南》和GB/T 36002—2015《社会责任绩效分类指引》三项国家标准由国家质量监督检验检疫总局、国家标准化管理委员会正式批准发布，2016年1月1日实施。标准从业内呼吁到部委推动、从专家起草到意见征求，历时近三年时间，这也成为中国企业社会责任领域的又一里程碑事件。

社会责任系列国家标准由三个标准组成：《社会责任指南》《社会责任报告编写指南》《社会责任绩效分类指引》。第一个标准的内容是“什么是社会责任、包含哪些内容、如何履行”；第二个标准是对组织如何编制社会责任报告给出指导；第三个标准为组织评价社会责任绩效提供了指标分类框架。

社会责任国家系列标准中，《社会责任指南》是最核心的标准，主要对什么是社会责任、包含哪些内容、如何履行给出指导。其内容基本沿袭了ISO 26000的理念，但也根据我国的实际情况进行了调整。该标准结构如表7-3所示。

表7-3 社会责任指南国家标准的主要内容

章节	内容描述
第1章 范围	明确本国家标准的适用范围及特定限制
第2章 规范性引用文件	罗列本标准所引用的规范性文件
第3章 术语和定义	给出本标准所用关键术语的定义，有助于理解社会责任和使用本标准
第4章 理解社会责任	阐述社会责任的历史背景和发展趋势。同时阐述社会责任的基本特征，包含利益相关方的重要作用及社会责任融入组织，还包括中小组织使用本标准的指南
第5章 社会责任原则	介绍和阐释社会责任原则
第6章 社会责任基本实践	阐述组织社会责任两大基本实践：社会责任辨识，利益相关方的识别和参与。本章对组织、利益相关方和社会三者间关系，认识社会责任核心主题和议题，以及组织的影响范围提供了指导
第7章 关于社会责任核心主题的指南	阐述社会责任核心主题和议题，针对每一个核心主题，本章对其与社会责任的关系、相关原则与考虑，以及相关行动与期望提供了指导
第8章 关于将社会责任融入整个组织的指南	提供社会责任在组织中付诸实践的指南。本章包括：理解组织的社会责任，将社会责任融入整个组织，社会责任沟通，提升组织的社会责任可信度，评价进展、提高绩效
附录A 缩略语	包括本标准所用的缩略语
附录B 本标准与ISO 26000：2010章节编号变化对照一览表	本标准与ISO 26000相关内容的章节号对照
附录C 本标准与ISO 26000：2010的技术性差异及其原因一览表	本标准相对于ISO 26000的实质性变动

2015年12月22日，《中国企业社会责任报告白皮书（2015）》在北京发布，白皮书显示从2006年中国企业社会责任元年到2015年这十年间，社会责任报告的总量从32份增长到了1 703份，实现了迅速的增长。从报告发布的主体来看，上述公司国有企业是主力军。另外，上市公司占到了发布报告数量的3/4，而具体来看，上交所企业发布报告最多，为423份，其次为深交所企业，发布了297份社会责任报告。发布社会责任报告的企业分布于

47 个行业中，其中混业企业以及机械设备制造业的企业数量，比其他行业稍微领先。从企业报告连续性来看，有 12 家企业已经连续第 10 次进行了发布，连续第 7 次发布企业报告的数量最多，达 192 家，占了发布报告企业总量的 23.4%。

《企业内部控制应用指引第 4 号——社会责任》中对社会责任的定义是指企业在经营发展过程中应当履行的社会职责和义务，主要包括安全生产、产品质量和服务、环境保护、资源节约、促进就业、员工权益保护等。

安全生产措施不到位，责任不落实，可能导致企业发生安全事故；产品质量低劣，侵害消费者利益，可能导致企业巨额赔偿、形象受损，甚至破产；环境保护投入不足，资源耗费大，造成环境污染或资源枯竭，可能导致企业巨额赔偿、缺乏发展后劲，甚至停业；促进就业和员工权益保护不够，可能导致员工积极性受挫，影响企业发展和社会稳定。企业应当重视履行社会责任，切实做到经济效益与社会效益、短期利益与长远利益、自身发展与社会发展相互协调，实现企业与员工、企业与社会、企业与环境的健康和谐发展。

◉ 知识链接

央行将加快构建中国绿色金融体系

中国人民银行副行长陈雨露在日前举行的“2016 年中国绿色金融论坛暨中国金融学会绿色金融专业委员会年会”上表示，推动经济社会绿色发展是“十三五”乃至更长时期的一项重要任务，为此，人民银行将会同有关方面加快构建中国绿色金融体系。

陈雨露说，改革开放以来我国经济社会发展取得了巨大成就，但也积累了大量的生态环境问题，成为明显的发展短板，加强环境保护和生态治理建设，已成为国家重大的发展战略。十八届五中全会提出了创新、协调、绿色、开放、共享的新发展理念，推动经济社会绿色发展是“十三五”乃至更长时期的一项重要任务。作为一种市场化的制度安排，金融发挥着筹措资本、配置资源、管理风险、提供信息、解决激励问题等核心功能。在促进环境保护和生态建设方面也发挥着重要的功能。前不久颁布的“十三五”规划纲要也明确提出，要建立绿色金融体系，发展绿色信贷、绿色债券、设立绿色发展基金，为我国绿色金融的发展指明了中期发展方向。

陈雨露指出，在 2016 年，我国绿色金融的发展步伐明显加快，在多个领域实现了创新和突破。

一是绿色金融的政策框架逐步明晰。2015 年 12 月，中国人民银行和绿色金融专业委员会发布了《绿色金融债公告》和《绿色债券项目目录》，我国绿色债券市场正式启动。2016 年 3 月，上海证券交易所发布的《关于开展绿色公司债试点的通知》积极引导公司债市场，支持绿色产业发展，目前人民银行正在推动绿色金融的地方试点工作。

二是绿色金融产品日趋丰富。农业银行、兴业银行等商业银行在境内外市场成功发行绿色金融债券，2015 年一季度我国绿色债券的发行量超过了 500 亿元，占同期全球绿色债券发行总量的近一半，各地也纷纷加快建立健全绿色信贷政策制度，把绿色信贷的标准纳入全流程管理。中国工商银行率先开展了环境压力测试，走在了绿色金融实践的国际前沿。

社会资本进入绿色金融的渠道不断拓宽。

三是绿色金融国际合作不断深化。我国是今年 G20 峰会的主席国，在中国的倡议下，G20 成立了绿色金融研究小组，由人民银行和英格兰银行任共同主席国。目前，研究小组已经召开了三次会议，就各国绿色金融发展的最佳实践，面临的主要障碍和促进全球经济绿色转型政策举措等问题进行了深入研究。2016 年 3 月份上海召开的 G20 财长和央行行长会议上，绿色金融也首次作为重点议题写入 G20 公报。

陈雨露强调，中国的绿色金融的发展总体上仍处于起步阶段。无论是制度框架和政策体系的设计，还是绿色金融产品创新和绿色金融理念的普及推广都还有大量的工作要做。绿色金融在中国的发展前景非常广阔，市场潜力巨大，人民银行将按照党中央、国务院的决策部署，会同有关方面加快构建中国绿色金融体系，推动绿色金融产品创新，普及绿色金融理念，共同促进我国绿色金融持续健康发展和经济转型升级。

资料来源：金辉 . 央行副行长陈雨露：央行将加快构建中国绿色金融体系 . http：//jjckb. xinhuanet. com/2016-04/28/c_135318533. htm.

7.4.1 安全生产和产品质量的控制

1. 全面质量管理

20 世纪 50 年代末，美国通用电气公司的费根堡姆和质量管理专家朱兰提出了“全面质量管理”（total quality management，TQM）的概念，认为“全面质量管理是为了能够在最经济的水平上，并考虑到充分满足客户要求的条件下进行生产和提供服务，把企业各部门在研制质量、维持质量和提高质量的活动中构成为一体的一种有效体系”。全面质量管理是一种预先控制和全面控制的制度，认为更高的预防支出将导致更低的总质量成本，在开始时就应把事情做好，设计出好的产品或服务。

全面质量管理强调一个过程和四个阶段。

一个过程，即企业管理是一个过程。企业在不同时间内应完成不同的工作任务。企业的每项生产经营活动，都有一个产生、形成、实施和验证的过程。

四个阶段，根据管理是一个过程的理论，美国的戴明博士把它运用到质量管理中来，总结出“计划（plan）—执行（do）—检查（check）—处理（action）”四阶段的循环方式，简称“PDCA 循环”，又称“戴明循环”。

（1）计划阶段。分析现状，找出存在的质量问题；分析产生质量问题的各种原因或影响因素；找出影响质量的主要因素；针对影响质量的主要因素，提出计划，制定措施。

（2）执行阶段。执行计划，落实措施。

（3）检查阶段。检查计划的实施情况。

（4）处理阶段。总结经验，巩固成绩，工作结果标准化；提出尚未解决的问题，转入下一个循环。

2. 6σ 管理法

1986 年，由摩托罗拉公司的比尔·史密斯提出的“六西格玛”（6σ）概念，成为质量管理发展的里程碑之一。6σ 管理法是一种统计评估法，其核心是追求零缺陷生产，防范产品责任风险，降低成本，提高生产率和市场占有率，提高顾客满意度和忠诚度。6σ 管理既着眼于产品、服务质量，又关注过程的改进。“σ”是希腊文的一个字母，在统计学上用来表示标准偏差值，用以描述总体中的个体离均值的偏离程度，测量出的 σ 表征着诸如单位缺陷、百万缺陷或错误的概率牲，σ 值越大，缺陷或错误就越少。

DPMO（defects per million opportunities）是指100万个机会里面出现缺陷的机会是多少。如果DPMO是百万分之三点四，即达到99.999 66%的合格率，那么这就叫“6σ”。（DPMO与 σ 的对应关系见表7-4）。6σ 是一个目标，这个质量水平意味着所有的过程和结果中，99.999 66%是无缺陷的，也就是说，做100万件事情，其中只有3.4件是有缺陷的，这几乎趋近人类能够达到的最为完美的境界。6σ 的中心思想是：如果你能“测量”一个过程有多少个缺陷，你便能有系统地分析出怎样消除它们和尽可能地接近“零缺陷”。

表7-4　DPMO与 σ 的对应关系

σ	正品率/%	DPMO值	含　义
1σ	31	691 000	每天有三分之二的事情做错的企业无法生存
2σ	69.1	309 000	企业资源每天都有三分之一的浪费
3σ	93.32	66 800	平平常常的管理，缺乏竞争力
4σ	99.379	6 210	较好的管理和运营能力，满意的客户
5σ	99.976 7	233	优秀的管理、很强的竞争力和比较忠诚的客户
6σ	99.999 66	3.4	意味着卓越的管理、强大的竞争力和忠诚的客户

一般企业的瑕疵率大约是3到4个 σ，以 4σ 而言，相当于每一百万个机会里有6 210次误差。如果企业不断追求品质改进，达到 6σ 的程度，绩效就几近于完美地达成顾客要求，在一百万个机会里，只找得出3.4个瑕疵。企业从 3σ 开始，然后是 4σ、5σ，最终达到 6σ。对国外成功经验的统计显示：如果企业全力实施 6σ 革新，每年可提高一个 σ 水平，直到达到 4.7σ，无须大的资本投入。这期间，利润率的提高十分显著。而当达到 4.8σ 以后，再提高 σ 水平需要对过程重新设计，资本投入也会增加，但此时产品、服务的竞争力提高，市场占有率也相应提高。

3. 安全生产与产品召回

安全生产和产品的质量，不仅关系到企业的社会责任，也关系企业的生死存亡。企业应当重视安全生产投入，在人力、物力、资金、技术等方面提供必要的保障，健全检查监督机制，确保各项安全措施落实到位，不得随意降低保障标准和要求。贯彻预防为主的原则，采用多种形式增强员工安全意识，重视岗位培训，对于特殊岗位实行资格认证制度，加强生产设备的经常性维护管理，及时排除安全隐患。

另外，企业应当根据国家和行业相关产品质量的要求从事生产经营活动，切实提高产品质量和服务水平，努力为社会提供优质、安全、健康的产品和服务，最大限度地满足消费者的需求，对社会和公众负责，接受社会监督，承担社会责任，同时加强产品的售后服务。售后发现存在严重质量缺陷、隐患的产品，应当及时召回或采取其他有效措施，最大限度地降低或消除缺陷、隐患产品的社会危害。

产品召回制度是指产品的生产商、销售商或进口商在其生产、销售或进口的产品存在危及消费者人身、财产安全的缺陷时，依法将该产品从市场上收回，并免费对其进行修理或更换的制度。缺陷产品召回的程序是由生产者或政府启动的，召回的方式可分为两种：一种是主动召回，另一种是指令召回。在主动召回中，厂商需要承担的责任方式主要是主动对其制造的缺陷产品进行免费修理、更换、收回等，当这些方式仍无法解决产品存在的缺陷时，厂商则可以采取退赔的方式来消除缺陷产品给公共安全带来的隐患。在指令召回中，厂商不仅要承担主动召回时所要承担的一切责任，还要承担由于没有主动召回而应有的惩罚。生产商应当为其行为给国家市场经济秩序、社会经济利益所造成的伤害付出相应的代价，并与其在这方面所造成危害的性质、后果和程度相当。召回是一种事后处理的积极方法，然而频频召回会使企业陷入信任危机，因此，最好的方法还是事前预防。

◉ 知识链接

宜家的区别召回

2016年6月29日凌晨，宜家（IKEA）宣布召回3 560万个“夺命抽屉柜”。这些抽屉柜，已经至少让6名孩子失去生命、给36名孩子造成了伤害。

美国消费品安全委员会表示，涉及颇为畅销的MALM（马尔姆系列）抽屉柜，宜家已收到41份倾覆事故报告，这些事故造成3名儿童死亡，17名儿童受伤；此外，还收到另外41起涉及其他系列抽屉柜的事故报告，这些事故造成3名儿童死亡，19名儿童受伤。

召回行动中，北美消费者有两种解决方案：一种是选择直接退货退款，另一种则是接受宜家提供的免费固定柜体服务。但是，此次“夺命抽屉柜”的召回范围仅限北美的美国、加拿大，中国并不在召回范围内。

从6月29日起，中国的消费者、媒体、消费者权益部门、质检部门就在质疑，为何同样的柜子，在美国已经召回，但在中国却没有召回。由于宜家对于同样商品的处理方法在中美不同，此举引发了舆论高度关注。“帮助更多人创造更好的家居生活”，这句写在宜家中国官网上的话如今显得格外刺眼。

在7月12日之前，宜家的回复都是，在中国不召回，因为“在中国销售的抽屉柜符合中国国家标准中的家具力学性能实验——柜类稳定性的标准”。

7月12日，经国家质检总局约谈后，宜家（中国）投资有限公司（以下简称宜家）向国家质检总局提交了召回计划，决定在中国市场上召回1999年至2016年间销售的马尔姆等系列抽屉柜。

资料来源：

1. 宜家召回3 500万个“夺命抽屉柜”.
   http：//money. 163. com/16/0630/08/BQPUC76T00253B0H. html.
2. 宜家拖沓召回引网友反感：区别对待中外消费者.
   http：//finance. sina. com. cn/chanjing/gsnews/2016-07-19/doc-ifxuapvs8863120. shtml.

7.4.2 环境保护与资源节约

1972年6月5日至16日，由联合国发起、在瑞典斯德哥尔摩召开的“第一届人类环境大会”，是环境保护事业正式引起世界各国政府重视的开端。环境保护指人类有意识地保护自然资源并使其得到合理的利用，防止自然环境受到污染和破坏；对受到污染和破坏的环境必须做好综合治理，以创造出适合人类生活、工作的环境。环境保护是指人类为解决现实的或潜在的环境问题，协调人类与环境的关系，保障经济社会的持续发展而采取的各种行动的总称。企业作为社会经营活动的主体单元，对环境保护和资源节约更是负有不可以推卸的责任和义务。

1. 环境保护与资源节约制度

企业应当按照国家有关环境保护与资源节约的规定，结合企业自身实际情况，建立环境保护与资源节约制度，认真落实节能减排责任，积极开发和使用节能产品，发展循环经济，降低污染物排放，提高资源综合利用效率。企业应当通过宣传教育等有效形式，不断提高员工的环境保护和资源节约意识。

2. 生产流程的环保改进

企业应当重视生态保护，加大对环保工作的人力、物力、财力的投入和技术支持，不断改进工艺流程，降低能耗和污染物排放水平，实现清洁生产。企业应当加强对废气、废水、废渣的综合治理，建立废料回收和循环利用制度。

3. 不可再生资源的节约和保护

我国将可再生能源开发利用的科学技术研究和产业化发展列为科技发展与高技术产业发展的优先领域，纳入国家科技发展规划和高技术产业发展规划，并安排资金支持可再生能源开发利用的科学技术研究、应用示范和产业化发展，促进可再生能源开发利用的技术进步，降低可再生能源产品的生产成本，提高产品质量。企业应当重视资源节约和资源保护，着力开发利用可再生资源，防止对不可再生资源进行掠夺性或毁灭性开发。根据国家产业结构相关政策，应特别关注产业结构调整的发展要求，加快高新技术开发和传统产业改造，切实转变发展方式，实现低投入、低消耗、低排放和高效率。

4. 环境保护和资源节约的监控制度和应急制度

定期开展监督检查，发现问题，及时采取措施予以纠正。污染物排放超过国家有关规定的，企业应当承担治理或相关法律责任。发生紧急、重大环境污染事件时，应当启动应急机制，及时报告和处理，并依法追究相关责任人的责任。

建立环境保护和资源节约监测考核体系，完善激励与约束机制，明确职责，各司其职、各尽其责，严格监督，落实岗位责任制，才能保证环境保护和资源节约等各项工作落到实处。企业要加强日常监控，定期开展监督检查，发现问题，及时采取措施予以纠正。发生紧急、重大环境污染事件时，应当立即启动应急机制，同时根据国家法律法规规定，及时上报，并依法追究相关责任人的责任。

环境保护和资源节约的内控制度的建立很容易，如何促进企业真正把环保和资源的节约当作“自己”的事，而并不是浮于表面的形式主义，这才是关键的问题。然而有些企业为了通过环保标准，进行数据做假。2015年6月环境保护部组织各地污染源自动监控管理部门加大对污染源自动监控设施运行管理情况的监督检查，对发现的数据弄虚作假等违法行为进行了严肃查处，通报了7家企业环保数据造假案例。其中A股上市公司华泰股份旗下华泰化工存在大气污染源自动监控设施数据造假问题，海螺水泥旗下中国水泥厂遭群众投诉涉嫌排放废气超标、污染环境。环保切实实施的关键瓶颈在于外部成本和内部利益的协调，企业目标是股东财富最大化。环境保护有利于企业长期利益，然而在短期来说，则需要投入成本，获得的收益却是全社会享用。企业在短期和长期利益、外部利益和内部成本之间进行博弈和协调，因此，真正促使企业开展环保和资源节约，需要外部力量去督促，促使其从外在压力变为自身的动力。

7.4.3 促进就业与员工权益保护

抛开最表层的企业与员工的雇佣和被雇佣的关系，企业和员工的原始出发点都是实现自身利益的最大化。而双方利益的来源应该是企业和员工共同创造的价值。因此，从这个意义上来说双方是一种合作的关系。企业是员工创造自我价值的平台，是员工展示自我的舞台，没有企业，也就没有员工的概念。员工是企业创造价值的根本元素，没有员工，企业的价值也无法实现。站在企业的角度，除了要做到前面所说的人力资源管理政策的有效实施外，企业还担负着促进就业和员工权益保护的社会责任。

企业应当依法保护员工的合法权益，贯彻人力资源政策，保护员工依法享有劳动权利和履行劳动义务，保持工作岗位相对稳定，积极促进充分就业，切实履行社会责任。企业应当避免在正常经营的情况下批量辞退员工，增加社会负担。

1. 签订劳动合同，足额交纳社会保险费，保障员工的合法权益

劳动关系的确定，应订立书面合同，劳动合同是对员工权益的基本保障，新劳动合同法规定：劳动合同分为固定期限劳动合同、无固定期限劳动合同和以完成一定工作任务为期限的劳动合同。

无固定期限劳动合同是指用人单位与劳动者约定无确定终止时间的劳动合同。用人单位与劳动者协商一致，可以订立无固定期限劳动合同。有下列情形之一的，劳动者提出或者同意续订、订立劳动合同的，除劳动者提出订立固定期限劳动合同外，应当订立无固定期限劳动合同：

（1）劳动者在该用人单位连续工作满10年的；

（2）用人单位初次实行劳动合同制度或者国有企业改制重新订立劳动合同时，劳动者在该用人单位连续工作满10年且距法定退休年龄不足10年的；

（3）连续订立二次固定期限劳动合同，且劳动者没有劳动合同法第三十九条和第四十条第一项、第二项规定的情形（在试用期间被证明不符合录用条件的；严重违反用人单位规章制度的；劳动者患病或者非因工负伤，在规定的医疗期满后不能从事原工作，也不能从事由用人单位另行安排的工作的；劳动者不能胜任工作，经过培训或者调整工作岗位，仍不能胜任工作的），续订劳动合同的。

用人单位自用工之日起满1年不与劳动者订立书面劳动合同的，视为用人单位与劳动者已订立无固定期限劳动合同。

2. 科学的员工薪酬制度和激励机制

企业建立科学的员工薪酬制度和激励机制，不得克扣或无故拖欠员工薪酬，同时建立薪酬的正常增长机制，切实保持合理水平，维护社会公平。薪酬的高低，无疑是吸引和争夺人才的一个关键性因素。企业应当遵循按劳分配、同工同酬的原则，结合内外部因素和员工自身表现等，建立科学有效的薪酬正常增长机制，最大限度地激发员工工作热情、敬业精神和工作绩效。员工工资等薪酬应当及时发放，员工各类社会保险应当及时足额缴纳，不得无故拖欠和克扣。企业应当重视和关注，积极缩小高管薪酬与员工的收入差距，促进企业高管人员与员工的薪酬有机协调统一。

3. 健康管理

现代社会的激烈竞争和快节奏，导致员工身心高度紧张，承受过重的职业压力，很多员工处于亚健康状态。企业应当按照有关规定做好健康管理工作，预防、控制和消除职业危害；按期对员工进行非职业性健康监护，对从事有职业危害作业的员工进行职业性健康监护。

4. 确保员工休假权利

企业应当遵守法定的劳动时间和休息休假制度，确保员工的休息休假权利。

5. 加强职工代表大会和工会组织建设

企业应当加强职工代表大会和工会组织建设，维护员工合法权益，积极开展员工职业教育培训，创造平等发展机会。企业应当尊重员工人格，维护员工尊严，杜绝性别、民族、宗教、年龄等各种歧视，保障员工身心健康。

职工代表大会和工会是代表劳动者利益的组织，维护的是劳动者的权益。成立工会体现了劳动者自己的权利，即劳动者在企业不仅仅是一个被动的劳动力，他们还有权利参与工资等劳动条件的决定，即劳动力的议价权。用人单位在制定、修改或者决定有关劳动报酬、工作时间、休息休假、劳动安全卫生、保险福利、职工培训、劳动纪律以及劳动定额管理等直接涉及劳动者切身利益的规章制度或者重大事项时，应当经职工代表大会或者全体职工讨论，提出方案和意见，与工会或者职工代表平等协商确定。

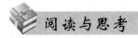

阅读与思考

百度和谷歌的选择

百度（Nasdaq：BIDU）是全球最大的中文搜索引擎，2000年1月由李彦宏、徐勇两人创立于北京中关村，百度致力于向人们提供“简单，可依赖”的信息获取方式。“百度”二字源于中国宋朝词人辛弃疾的《青玉案》诗句：“众里寻他千百度”，象征着百度对中文信息检索技术的执着追求。

Google公司（中文译名：谷歌），是一家美国的跨国科技企业，致力于互联网搜索、云计算、广告技术等领域，开发并提供大量基于互联网的产品与服务，主要利润来自于AdWords等广告服务。Google由当时在斯坦福大学攻读博士的拉里·佩奇（Larry Page）和谢尔盖·布林（Sergey Brin）共同创建，因此两人被称为“Google Guys”。1998年9月4日，Google以私营公司的形式创立，设计并管理一个互联网搜索引擎“Google搜索”，Google网站则于1999年下半年启用。Google第一个被公认为全球最大的搜索引擎，在全球范围内拥有无数的用户。

谷歌和百度都是以搜索为主的互联网技术公司，两家公司相继上市。2004年Google上市，2005年百度上市。从最初看，两者的差距似乎并不大，然而十来年过去了……

十余年后的今天Google成了全球访问量最高的站点，并在浏览器、云存储、操作系统、无人车、太空探索、可穿戴设备等多项领域取得成就。2015年8月，Google宣布重组，被纳入新成立的Alphabet公司旗下，从而将Google和其他新兴业务剥离开来。Google创始人拉里·佩奇这样解释Alphabet名称的由来：“Alphabet是字母表，代表着人类最重要的发明之一——语言，也是 Google 搜索索引的核心！Alphabet 也可以理解为‘alpha-bet’，意味着投资回报高于基准，这是我们一直以来奋斗的目标！”目前，Alphabet 公司旗下包括：研究生命科学的 Verily，主要研究智能隐形眼镜、可分析注射进血液中纳米粒子的手腕电脑、让生命避免死亡的抗衰老研究等；Sidewalk 实验室，这个团队想把月球探测器应用到城市生活中；Titan 无人机项目……

Google 的另一名创始人谢尔盖·布林亲自领导了一个秘密实验室——Google X，这座实验室位于加州旧金山湾区某处，研究项目包括太空电梯、谷歌眼镜、Google Driverless Car、Project Loon 在内的众多科技产品。

百度这十年在干啥呢？推出了百度地图、百度国学、百度百科、百度旅游等，投资了“去哪儿网”“糯米网”等。

为什么 15 年前几乎同时起步、10 年前先后上市的两家相似企业，差距会越走越大？

亚马逊的创始人杰夫·贝佐斯（Jeff Bezos）曾受邀在母校普林斯顿大学的毕业典礼上发表演讲，他说：“善良比聪明重要。聪明是一种天赋，而善良是一种选择。天赋得来容易，因为它们与生俱来，但选择往往很困难。”然后，贝佐斯问了学生们一个问题：有朝一日，你，将以什么为自豪，你的才智？还是你的选择？

百度过去几年稳居国内搜索引擎的第一把交椅，身处“舒适区”，创新乏力，利润快速增长。2015 年 6 月，李彦宏在百度糯米“会员+”战略发布会上表示，百度账上有 500 多亿现金，拿 200 亿元投给糯米。

2016 年一个名叫“魏则西”的年轻人，则把百度又推到了舆论的风口浪尖上。一个 21 岁的年轻人魏则西因轻信了百度搜索中关于“滑膜肉瘤”的广告信息，在武警北京总队第二医院尝试了一种号称与美国斯坦福大学合作的肿瘤生物免疫疗法。在花费了 20 多万元医疗费后，才得知这个疗法在美国早已宣布无效被停止临床。最终肿瘤已经扩散至肺部，魏则西终告不治。魏则西曾经在知乎上回答过一个问题，叫“你认为人性最大的‘恶’是什么?”，讲述了他在武警北京总队第二医院求医的始末。中间提到，他对武警北京总队第二医院就医，是由于无望之际，在百度搜索看到了新疗法的推荐。当时他并未意识到那是推广信息。经过层层扒皮，武警北京总队第二医院的肿瘤科，相当于是外包给了莆田系。在他的就医过程中，牵扯出百度医疗竞价排名、部队医院外包、莆田系、医疗监管漏洞……太多的医疗乱象浮出水面。

百度的核心盈利模式是竞价排名，最大的问题也出在竞价排名。砸钱占据垄断性的信息入口，会造成劣币驱逐良币的挤压效应，但也正是竞价排名成就了互联网巨头百度。2005 年 7 月百度的上市招股书显示，其收入超过 90% 来自网络推广，即竞价排名的收入。2011 年至 2015 年，百度网络营销收入分别占年度总收入的 99.92%、99.73%、99.56%、98.86%、96.92%。也就是说，百度最大的问题是，几乎全部收入来源于网络营销，而且一直没能有所突破。

2015 年 10 月底的一个场合中，百度新兴业务对外合作总负责人李政就说，医疗健康在百度收入中的占比已经达到了 35%。他说的另外一句话是：“虽然之前的商业变现模式广受诟病，但医疗仍是百度输不起的行业。”莆田系医院的广告费对百度来说有多重要呢？莆田市委书记梁建勇曾经说过，2013 年百度全年广告总量 260 亿元，莆田民营医院就做了 120 亿元，据此推测，2015 年莆田系贡献的收入不会低于 120 亿元，贡献了百度五分之一的营收。

虽然国家对医疗机构监管越来越严，但这部分营收实在太集中、占比太重，所以百度即便背着骂名也要挣这笔钱。

国家网信办会同国家工商总局、国家卫生计生委和北京市有关部门成立联合调查组进驻百度公司，集中围绕百度搜索在“魏则西事件”中存在的问题、搜索竞价排名机制存在的缺陷进行了调查取证。调查组认为，百度搜索相关关键词竞价排名结果客观上对魏则西选择就医产生了影响，百度竞价排名机制存在付费竞价权重过高、商业推广标识不清等问题，影响了搜索结果的公正性和客观性，容易误导网民，必须立即整改。处理的结果，被公众认为是“从轻发落”，把按竞价排名改成按信誉度排名，每个页面还能保留30%的广告。这给百度整改留出了缓冲时间。现在，百度被迫放弃“输不起的行业”。即便只砍掉七成，也是一笔巨额收入。剩下的三成推广，百度也得掂量一下。

百度自曝的阶段性“整改成果”可以知道，“在调查期间，百度公司在联合调查组监督下，已对全部医疗类（含医疗机构、医药器械、药品等）机构的资质进行了重新审核，对2 518家医疗机构、1.26亿条推广信息实现了下线处理。”这1亿多条推广信息让人感到非常的恐怖。

2004年，Google的招股书（Google创始人的一封信，后来被称为“不作恶宣言”）曾说：“不要作恶。我们坚信，作为一个为世界做好事的公司，从长远来看，我们会得到更好的回馈——即使我们要放弃一些短期收益。”据说，一开始，人们普遍认为“不作恶”这个口号毫无意义，毕竟哪个公司的目标也不是作恶，而是赚钱好吗？但随着公司的发展，当短期利益和作恶捆绑着出现时，Google价值观的优势便显现无遗。

百度百科对“百度公司使命”的描述是“让人们最平等、便捷地获取信息，找到所求”，对“百度核心价值观”的描述是“简单可依赖”。基本还停留在技术层面，或者说，这也代表了某种强调实用性的价值观？

谷歌第一笔融资为2 500美元，百度第一笔融资为120万美元，在之后的5年内还拿到了2 000万美元；2004年，谷歌上市筹集了16.66亿美元；2005年，百度上市筹集了1.09亿美元。2016年，谷歌的市值一度超越苹果，以5 650亿美元的市值位列科技公司榜首。再看百度，经历了“魏则西事件”后市值一度跌至400亿美元。在起跑阶段并驾齐驱的Google和百度，今天之所以相去甚远，很大程度上，也许是因为它们选择了不同的路。

诚然这是一个注重物质的时代，尤其在中国，但时代总是在变的，纠结于一时小利，很容易“丢西瓜捡芝麻”，相反，顺应人类社会进步的大潮流，做有益社会的事，自己也会成为受益的人。

资料来源：

经作者综合分析整理：

1. 十年前并驾齐驱，是什么成全了谷歌磨灭了百度.
http：//mt. sohu. com/20160507/n448164527. shtml.

2. 决定谷歌和百度的命运，答案在这里！
http：//mt. sohu. com/20161104/n472273691. shtml.

3. 魏则西事件后，百度改也是死，不改也是死？
http：//it. sohu. com/20160510/n448685209. shtml.

4. 国家网信办联合调查组公布进驻百度调查结果.
http：//news. xinhuanet. com/2016-05/09/c_1118833546. htm.

5. 百度会不会变，不看明天看明年.
http：//finance. ifeng. com/a/20160509/14372826_0. shtml.

思考题

1. 百度和谷歌的企业文化有什么不同?

2. 你认为产生百度和谷歌的差距的最主要原因是什么?

3. 企业文化与内部控制的关系是什么?

4. 社会责任中的内部控制应关注哪些问题?

5. “魏则西事件”后，百度公司董事长兼 CEO 李彦宏向全体员工发出内部信件“勿忘初心，不负梦想”。李彦宏在内部邮件中指出，“公司从管理层到员工对短期 KPI 的追逐，使百度的价值观被挤压变形，辜负了多年来用户的支持与期望，并向全员强调，离百度破产只有 30 天。”你认为未来百度应从哪些方面改进?

第 8 章　业务层面的内部控制（上）

【本章导读】

- 采购业务的内部控制
- 销售业务的内部控制
- 筹资业务的内部控制
- 投资业务的内部控制
- 担保业务的内部控制

8.1　采购业务的内部控制

8.1.1　采购业务概述

采购，是指企业购买物资、接受劳务及支付款项等的相关活动。其中，物资主要包括企业的原材料、商品、工程物资、固定资产等。采购是企业生产经营的起点，既是企业的“实物流”的重要组成部分，又与“资金流”密切关联。在社会化大生产的环境下，任何单位要维持正常的生产或经营，都必须进行采购经济业务活动，可以说，采购是各单位经济活动中最频繁的、最常见的表现形式之一。采购计划安排不合理，市场变化趋势预测不准确，造成库存短缺或积压，可能导致企业生产停滞或资源浪费；供应商选择不当，采购方式不合理，招投标或定价机制不科学，授权审批不规范，可能导致采购物资质次价高，出现舞弊或遭受欺诈；采购验收不规范，付款审核不严，可能导致采购物资资金损失或信用受损。采购业务同生产和销售计划密切相关，而采购业务完成的好坏直接涉及其他部门是否能相互协调配合，这主要涉及申购单位是否明确申购物资的质量、数量等，采购部门是否能根据生产计划编制采购计划、确定物资库存限额，仓储部门能否准确验收、妥善保管，会计部门是否能及时核算和监督。

采购业务的内部控制目标如下。

（1）保证采购业务合法有效。企业的采购活动要遵循国家的法律法规，不得套购紧俏物资，所有采购业务的发生必须经过适当的授权与批准，不得越权采购。

（2）保证购进的货物与生产、销售的要求相一致。采购物资的品种、数量、质量和价格在某种程度上决定了企业未来生产和销售的成败，决定了企业的盈亏。采购活动应按照生产和销售的要求进行，防止不当的采购行为的发生，如盲目采购、超储积压和舞弊行为。

（3）保证资金支付后获得相应的货物或劳务。采购环节的现金支付应以获得相应原材料、商品和劳务为条件。对那些确实需要预付款才能采购的材料、商品和劳务，应制定严格的报批、审核制度，以杜绝人为地以预付款名义挪用企业资金的行为发生，保证账面记录的数字与实际获得的物品和劳务相一致。

（4）保证应付账款的真实性，提高企业的资信度。防止交易活动发生后，应付账款被少计或漏计，避免企业财务实力的虚增。加强采购业务的控制，监督应付账款的及时偿还，可以保证企业的信誉，为日后的交易活动提供便利。

（5）合理揭示采购业务所享有的折扣与折让。防止有人将企业享有的各种折扣、折让隐匿不报，据为己有。

（6）保证应计负债的合理计算。企业应当结合实际情况，全面梳理采购业务流程，完善采购业务相关管理制度，统筹安排采购计划，明确请购、审批、购买、验收、付款、采购后评估等环节的职责和审批权限，按照规定的审批权限和程序办理采购业务，建立价格监督机制，定期检查和评价采购过程中的薄弱环节，采取有效控制的措施，确保物资采购满足企业生产经营需要。

8.1.2　岗位责任制和不相容职务相互分离

企业应当建立采购业务的岗位责任制，明确相关部门和岗位的职责、权限，确保办理采购与付款业务的不相容岗位相互分离、制约和监督。

采购业务不相容的职务有：

（1）请购和采购应分离；

（2）采购合同的洽谈、订立不能由同一部门或同一人（生产、销售、财务）完成；

（3）合同的谈判与审批应分离；

（4）确定供应商和询价人员应分离；

（5）货物的采购人员不能同时担任货物的验收工作；

（6）货物的采购、储存和验收人员不能担任账务的记录工作；

（7）付款审批人员应同付款人员职务分离；

（8）付款执行人与付款审批人员应分离。

企业不得由同一部门或个人办理采购业务的全过程，应当根据具体情况对办理采购业务的人员进行岗位轮换。企业应当对采购业务建立严格的授权批准制度，明确审批人对采购业务的授权批准方式、权限、程序、责任和相关控制措施，规定经办人办理采购与付款业务的职责范围和工作要求。重要的和技术性较强的采购业务，由专家进行论证，实行集体决策和审批。整个采购业务内部控制基本流程如图 8-1 所示。

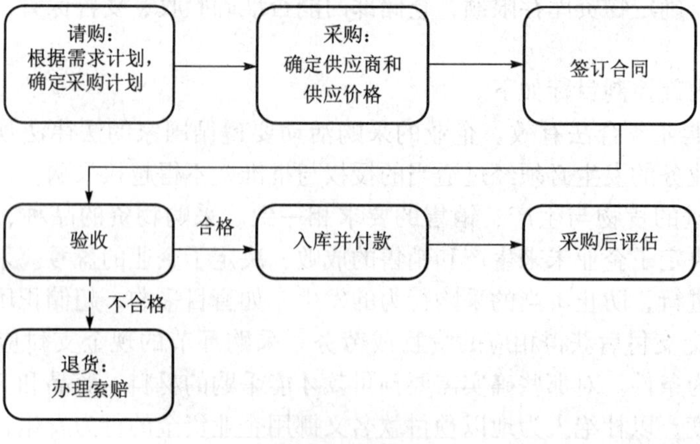

图 8-1　采购业务内部控制基本流程

8.1.3 关键控制环节

采购业务包括以下关键控制环节。

1. 需求计划和采购计划

采购业务从计划开始，包括需求计划和采购计划。企业实务中，需求部门一般根据生产经营需要向采购部门提出物资需求计划，采购部门根据该需求计划归类、汇总、平衡现有库存物资后，统筹安排采购计划，并按规定的权限和程序审批后执行。

生产、经营、项目建设等部门，应当根据实际需求准确、及时地编制需求计划。需求部门提出需求计划时，不能指定或变相指定供应商。对独家代理、专有、专利等特殊产品应提供相应的独家、专有资料，经专业技术部门研讨后，由具备相应审批权限的部门或人员审批。采购计划是企业年度生产经营计划的一部分，在制订年度生产经营计划过程中，企业应当根据发展目标的实际需要，结合库存和在途情况，科学安排采购计划，防止采购量过高或过低。采购计划应纳入采购预算管理，经相关负责人审批后，作为企业刚性指令严格执行。

2. 请购

企业应当建立采购申请制度，依据购买物资或接受劳务的类型，确定归口管理部门，授予相应的请购权，明确相关部门或人员的职责权限及相应的请购和审批程序。

企业可以根据实际需要设置专门的请购部门，对需求部门提出的采购需求进行审核，并进行归类汇总，统筹安排企业的采购计划。需求部门的采购需求通常是以请购单（见表8-1）的形式进行申请的，请购单一般需要多个部门共同签字审核，各个部门审核的重点也不太一样。

表8-1 请购单样本

<table>
<tr><th>项 目</th><th>品 名</th><th>数 量</th><th>单位价格</th><th>金 额</th></tr>
<tr><td>1</td><td></td><td></td><td></td><td></td></tr>
<tr><td>2</td><td></td><td></td><td></td><td></td></tr>
<tr><td>3</td><td></td><td></td><td></td><td></td></tr>
<tr><td colspan="2">总金额</td><td colspan="3"></td></tr>
<tr><td></td><td>供应商名称及联系电话</td><td colspan="3">报价</td></tr>
<tr><td>1</td><td></td><td colspan="3"></td></tr>
<tr><td>2</td><td></td><td colspan="3"></td></tr>
<tr><td colspan="5">到货时间及付款条件</td></tr>
<tr><td colspan="5"></td></tr>
<tr><td colspan="2">审批（所有申请）部门经理</td><td colspan="3">审批（人民币1万元以下）总监</td></tr>
<tr><td colspan="2">审核（所有申请）财务经理</td><td colspan="3">审批（人民币1万元以上）总经理</td></tr>
<tr><td colspan="5">最终审批（人民币15万元以上）（总裁）</td></tr>
</table>

（1）请购部门负责人：保证所请购的物资品种、质量满足生产经营的要求。

（2）仓储部门负责人：根据库存量核准采购数量。

（3）采购部门负责人：防止重复采购，预计采购价格。

采购部门根据经审核后的请购单组织订货，签订购货合同后，将请购单的一联退还给请购部门，并加盖“已购”字样章，或将请购单仍保留在采购部门，而将“订货单”的一联转交给请购部门，以示订货完成。

具有请购权的部门对于预算内采购项目，应当严格按照预算执行进度办理请购手续，并根据市场变化提出合理的采购申请。对于超预算和预算外采购项目，应先履行预算调整程序，由具备相应审批权限的部门或人员审批后，再行办理请购手续。

3. 采购

企业的采购业务应当集中，避免多头采购或分散采购，以提高采购业务的效率，降低采购成本，堵塞管理漏洞，应当根据市场情况和采购计划合理选择采购方式。企业除小额零星物资或服务外，不得安排同一机构办理采购业务全过程。

（1）大宗采购应当采用招标方式，合理确定招投标的范围、标准、实施程序和评标规则；

（2）一般物资或劳务等的采购可以采用询价或定向采购的方式并签订合同协议；

（3）小额零星物资或劳务等的采购可以采用直接购买等方式。

请购单经过审核批准后，企业进入采购环节，采购环节主要解决两个问题：采购价格的确定和供应商的选择。

1）采购价格的确定

企业应当建立采购物资定价机制，采取协议采购、招标采购、谈判采购、询比价采购等多种方式合理确定采购价格，最大限度地减小市场变化对企业采购价格的影响。大宗采购等应当采用招投标方式确定采购价格，其他商品或劳务的采购，应当根据市场行情制定最高采购限价，并对最高采购限价适时调整。建立采购价格数据库，定期开展重要物资的市场供求形势及价格走势商情分析并合理利用。

（1）协议采购。协议采购在西方发达国家有比较长的历史。大宗标准化商品的采购者和供应商通过长期商业往来，形成了比较可靠的商业信用的基础，采购者同意和供应商通过协议，达成长期供货合同，为此建立了此种采购方式。在供货合同中，规定了商品的品种、规格、数量、供货期限、付款方式、索赔等条款。

（2）招标采购。招标采购是指通过招标的方式，邀请所有潜在的供应商参加投标，采购单位通过某种事先确定并公布的标准从所有投标者中评选出中标供应商，并与之签订合同的一种采购形式。招标分为公开招标和邀请招标。公开招标是指招标人以招标公告的方式邀请不特定的法人或者其他组织投标；邀请招标是指招标人以投标邀请书的方式邀请特定的法人或者其他组织投标。

（3）谈判采购。谈判采购指直接邀请供应商就采购事宜进行谈判的采购方式。谈判采购分为竞争性谈判采购和非竞争性谈判采购。非竞争性谈判采购，指只与一家供应商进行谈判，即单一来源采购。一般而言，该方式的采用是出于紧急采购的时效性或者只能从唯一供应商或承包商处取得货物、工程或服务。非竞争性谈判采购往往是适用于招标失败、采购标的来源单一、紧急采购时效之需要等情况。竞争性谈判采购指采购人或者采购代理机构直接邀请三家以上（包括三家）供应商就采购事宜进行谈判，在谈判的基础上，从参与谈判的供应商中确定出成交供应商。一般来说，谈判采购常常适用于质量比价格更为重要的服务采购，或当采购实体不知道如何解决其问题，或试图解决某个特殊问题，或在招标失败时及紧急情况下才适用。

（4）询比价采购。询比价采购是指采购方同时向一家或多家供应商发出询价单，多家供应商报价后，采购方通过比质比价，从而确定最终合同供应商的采购方式。

2）供应商的选择

建立科学的供应商评估和准入制度，对供应商资质信誉情况的真实性和合法性进行审查，确定合格的供应商清单，健全企业统一的供应商网络。企业新增供应商的市场准入、供应商新增服务关系以及调整供应商物资目录，都要由采购部门根据需要提出申请，并按规定的权限和程序审核批准后，纳入供应商网络。企业可委托具有相应资质的中介机构对供应商进行资信调查。采购部门应当按照公平、公正和竞争的原则，择优确定供应商，在切实防范舞弊风险的基础上，与供应商签订质量保证协议。建立供应商管理信息系统和供应商淘汰制度，对供应商提供物资或劳务的质量、价格、交货及时性、供货条件及其资信、经营状况等进行实时管理和考核评价，根据考核评价结果，提出供应商淘汰和更换名单，经审批后对供应商进行合理选择和调整，并在供应商管理系统中作出相应记录。

企业应当根据确定的供应商、采购方式、采购价格等情况拟订采购合同，准确描述合同条款，明确双方权利、义务和违约责任，按照规定权限签订采购合同。严格合同控制，签订合同时，会计部门要参加会签，并把其副本留存于会计部门。零星物资用品采购采用直接采购的方式，但在发票上必须有购货人、收货人和部门负责人签字。

对供应商选择问题研究最早、影响也最大的是 G. W. Dickson（1966）。他通过分析 170 份对美国采购经理协会的采购代理人和采购经理的调查结果，得到了 23 项供应商绩效评价标准。Dickson 认为，质量、成本和历史配送水平是供应商选择最重要的三个标准。自 Dickson 之后，大量的学者对供应商的选择准则问题进行了广泛、深入的研究。Weber、Current 和 Benton 综述了 74 篇有关供应商选择的文献，他们发现，质量是最重要的一项准则，接下来依次是配送作业水平和成本（Weber and Current，1991）。

供应商分为交易型供应商、战略型供应商和大额型供应商。一般来讲，交易型供应商是指为数众多，但交易金额较小的供应商；战略型供应商是指企业战略发展所必需的少数几家供应商；大额型供应商是指交易数额巨大、战略意义一般的供应商。各个企业在选择供应商时，应根据本企业的自身情况和战略目标来选择不同的供应商。

◉ 知识链接

某企业供应商考核程序

1. 主管副总裁在每年年初根据过去一年所有供应商的表现情况和新一年公司的发展规划，制订供应商资格重新评估的名单和时间计划。该名单和计划至少每年要审查和更新一次。

2. 各事业部的采购人员可随时向各事业部总监汇报供应商的异常情况，必要时经理有权决定对供应商的资格进行临时性评估。各事业部的采购人员应在年终对所有供应商的实际表现进行总结和评分。

各事业部门根据每年的总结和评分结果，按以下标准对所有供应商进行分类和管理：

(1) 综合评分为A类，购货数量适当增加，免检所提供的物料；

(2) 综合评分为B类，购货数量不变，免检和应检状况不变；

(3) 综合评分为C类，购货数量减少，加强对供应商的全面管理，对不合格项目要求改善。

3. 各事业部技术专家负责对不合格物料问题进行分析。经确认属于供应商的原因而造成不合格项目的，由各事业部技术专家起草“要求供应商改善措施报告”。“要求供应商改善措施报告”在发出前要予以记录，登记该报告的序号、要求回复期限、发出人姓名、供应商名和内容简述。

同一问题若连续两次发出“要求供应商改善措施报告”后仍未解决，应对该供应商的资格进行重新评估。对于重新评估不合格的供应商应减少定购数量甚至取消其资格。

4. 验收

制定明确的采购验收标准，结合物资特性确定必检物资目录，规定此类物资出具质量检验报告后方可入库。

验收机构或人员应当根据采购合同及质量检验部门出具的质量检验证明，重点关注采购合同、发票等原始单据与采购物资的数量、质量、规格型号等核对一致。对验收合格的物资，填制入库凭证，加盖物资“收讫章”，登记实物账，及时将入库凭证传递给财务部门。物资入库前，采购部门须检查质量保证书、商检证书或合格证等证明文件。

涉及大宗和新、特物资采购的，还应进行专业测试，必要时可委托具有检验资质的机构或聘请外部专家协助验收。对于验收过程中发现的异常情况，如无采购合同或大额超采购合同的物资、超采购预算的物资、毁损的物资等，验收机构或人员应当立即向企业有权管理的相关机构报告，相关机构应当查明原因并及时处理。对于不合格物资，采购部门依据检验结果办理让步接收、退货、索赔等事宜。对延迟交货造成生产建设损失的，采购部门要按照合同约定索赔。

验收程序控制的关键在于以下几个方面。

(1) 职务分离。验收必须与请购、采购、会计记录相分离。

(2) 凭证审核。订货单以及货运单，装箱单等应核对一致。

(3) 数量验收。计数、过磅、测量。

(4) 质量检验。常规性检查、专业性检查。

(5) 交货时间检查。与订货单是否一致。

总之，企业应当加强物资采购供应过程的管理，依据采购合同中确定的主要条款跟踪合同履行情况，对有可能影响生产或工程进度的异常情况，应出具书面报告并及时提出解决方案，实行全过程的采购登记制度或信息化管理，确保采购过程的可追溯性。

知识链接

致命的玩偶

2007 年 8 月 2 日，美国最大玩具商美泰公司向美国消费者安全委员会提出召回佛山利达生产的 96.7 万件塑胶玩具，理由是“回收的这批玩具表漆含铅量超标，对儿童的脑部发展会造成很大影响”。事发前，佛山利达的产量已居佛山玩具制造业第二。一夜之间，这家拥有十多年良好生产记录的合资企业成为众矢之的。利达被迫停产，利达公司合伙人张树鸿承受重大压力，最终一死了之。张树鸿死后 3 日，美泰第二次宣布，召回的中国产玩具数量增加到 1 820 万件。

利达属于来样加工型企业，即为美泰公司生产并供应玩具。为了保证玩具质量，美泰公司给利达提出两种选择油漆供应商的办法：一是由美泰自行指定，二是由美泰提供质量标准后，由利达自行决定，利达选择了后者，东兴公司为其油漆供应商。合作四年多，一直没有问题，两家工厂相邻而建，东兴的法人代表梁树彬也是张树鸿的好朋友。

2007 年 4 月初，东兴生产油漆的黄色色粉短缺，为尽快采购，东兴在网上查找到东莞众鑫色粉厂，该厂向东兴提供了无铅色粉证书、认证资料、相关执照等，东兴便于 4 月 10 日进货。按规定，采购的色粉要到检测机构认定，但佛山没有相关的检测机构，只有到广州检验，并需要 5～10 个工作日才能做出检测结果。东兴为了尽快给利达公司供货，就省略了检测环节。但没料到正是这批色粉含铅量超标，众鑫当初提供的无铅色粉证书、认证资料等都是假的。

资料来源：刘素贞．采购质量管理、内部控制与企业生存：基于利达公司致命玩偶案例的思考．现代经济，2008，7（8）：83.

5. 付款

企业应当加强采购付款的管理，完善付款流程，明确付款审核人的责任和权力，严格审核采购预算、合同、相关单据凭证、审批程序等相关内容，审核无误后按照合同规定及时办理付款。企业在付款过程中，应当严格审查采购发票的真实性、合法性、合规性、完整性。

（1）真实性。原始凭证的真实性及其所反映经济业务事项的真实性。

（2）合法性。是否符合国家法律、法规和统一的会计制度。

（3）合规性。是否符合有关规定，如是否符合预算，是否符合有关合同，是否符合有关审批权限和手续。

（4）完整性。审核原始凭证的内容是否完整、手续是否齐备、填写项目是否齐全、有关签章是否具备等。

企业应当重视采购付款的过程控制和跟踪管理，发现异常情况的，应当拒绝付款，避免出现资金损失和信用受损。企业应当合理选择付款方式，并严格遵循合同规定，防范付款方式不当带来的法律风险，保证资金安全。对于应付账款，付款时应检查付款凭证和付款是否经授权人批准，任何付款都必须经财务经理签字批准。对于现金支付的交易，付款部门付款前首先必须要检查卖主的发票是否盖过“款已付讫”戳记，以防止已经支付的账款被第二次支付；其次应审查支付款项是否具备与该款项有关并已得到审核认可的收货报告单。对于支票付款的交易，应注意对支票的实物控制，如应保证已签字支票由签字本人寄送，核准或处理付款的人员不得接触。未签发的支票应予以安全保管，作废的支票应予以注销或另外控制，并且要制定一个注销已签发支票的方法，如在卖方发票上注明已签发支票号码，或加盖“款已付讫”的戳记，防止重复开具发票。

付款时还应注意：① 应付账款的记录必须由独立于请购、采购、验收、付款的职员来进行，以保持采购环节中的控制得到有效的实施，防止错误和欺诈行为的发生。② 应付账款的入账还必须在取得和审核各种必要的凭证以后才能进行。这些凭证主要是供应商的发票，以及为核对发票正确性的其他凭证。企业应当加强对购买、验收、付款业务的会计系统控制，详细记录供应商情况、请购申请、采购合同、采购通知、验收证明、入库凭证、商业票据、款项支付等情况，确保会计记录、采购记录与仓储记录核对一致。③ 对于有预付货款的交易，在收到供应商发票后，应将预计金额冲抵部分发票金额后计入应付账款。④ 对于享有折扣的交易，良好的控制制度要求将供应商发票金额减去折扣金额来登记应付账款，以防日后有人在付款时贪污折扣。⑤ 每月月末来自供应商的对账单必须同应付账款明细账余额相核对。这项工作应由财务经理或其授权的、独立于应付账款明细记录的职员办理。

6. 退货（可能发生的）

企业应当建立退货管理制度，对退货条件、退货手续、货物出库、退货货款回收等作出明确规定，并在与供应商的合同中明确退货事宜，及时收回退货货款。涉及符合索赔条件的退货，应在索赔期内及时办理索赔。

7. 采购业务的后评估

由于采购业务对企业生存与发展具有重要影响，《企业内部控制应用指引第 7 号——采购业务》强调企业应当建立采购业务后评估制度。因此，企业应当定期对物资需求计划、采购计划、采购渠道、采购价格、采购质量、采购成本、协调或合同签约与履行情况等物资采购供应活动进行专项评估和综合分析，及时发现采购业务的薄弱环节，优化采购流程，同时将物资需求计划管理、供应商管理、储备管理等方面的关键指标纳入业绩考核体系，促进物资采购与生产、销售等环节的有效衔接，不断防范采购风险，全面提升采购效能。

8.2 销售业务的内部控制

8.2.1 销售业务概述

销售，是指企业出售商品（或提供劳务）及收取款项等的活动。企业的销售业务并不是简单的一手交钱一手交货的过程，而是分步骤地进行的，从接受对方订单开始，到洽谈交易，到货物的交接、付款，以及可能发生的退货和折让。销售的整个过程比较复杂，是一个存在较大风险的系统工程，销售政策和策略不当、市场预测不准确、销售渠道管理不当等，可能导致销售不畅、库存积压、经营难以为继。客户信用管理不到位，结算方式选择不当，账款回收不力等，可能导致销售款项不能收回或遭受欺诈。销售过程存在舞弊行为，可能导致企业利益受损。

企业销售业务的内部控制目标如下。

（1）保证商品的安全完整。交付已销售的产品应该数量准确，与订单和合同要求一致，同时注意产品在运输过程中的安全，保证质量不变，数量完整。未经授权就发送货物会造成企业资产流失，使销售处于难以监控的状态。

（2）保证销售业务顺畅有效地运行。

（3）保证货款的及时收回及货币资金的安全完整。货款的及时收回，是销售控制中最关键的一点，如果仅仅是销售出去，但货款没法及时足额收回，企业的获利要求也无法实现。

（4）确保销售与收款业务的真实合法。

（5）保证销售退回、折扣与折让手续齐备，记录真实完整。销售过程中可能由于各种原因，导致货物的数量、品种与客户要求的不一致，因而要给予客户一定的折让或货物的退回。发生这些情况时，企业应检查理由是否恰当、金额是否正确，保证折扣、折让和退回的手续齐备，并在相关会计资料上予以体现。

企业应当结合实际情况，全面梳理销售业务流程，完善销售业务相关管理制度，确定适当的销售政策和策略，明确销售、发货、收款等环节的职责和审批权限，按照规定的权限和程序办理销售业务，定期检查分析销售过程中的薄弱环节，采取有效的控制措施，确保实现销售目标。

8.2.2　岗位责任制和不相容职务相互分离

单位应当建立销售业务的岗位责任制，明确相关部门和岗位的职责、权限，确保办理销售与收款业务的不相容岗位相互分离、制约和监督。销售业务中不相容的职务有：

（1）销售业务的经办、审核和销售通知单的签发 3 个岗位应分离；

（2）财务部门的开票、出纳、记账应分离；

（3）收款、管理应收账款、向欠款客户发放对账单这三个岗位应分离；

（4）应收票据及票据抵押物或质押物的保管岗位与应收票据的记录岗位应分离；

（5）信用管理岗位与销售业务岗位应分离。

销售部门、发货部门和财务部门在销售业务中承担不同的责任。

（1）销售部门。处理订单、签订合同、执行销售政策和信用政策、催收货款。

（2）发货部门。审核销售发货单据是否齐全并办理发货的具体事宜。

（3）财务部门。销售款项的结算和记录、监督管理货款回收。

有条件的单位应当建立专门的信用管理部门或岗位，负责制订单位信用政策，监督各部门信用政策执行情况。信用管理岗位与销售业务岗位应分设。

企业应当对销售业务建立严格的授权批准制度，明确审批人员对销售业务的授权批准方式、权限、程序、责任和相关控制措施，规定经办人的职责范围和工作要求。审批人超越授权范围审批的销售业务，业务人员有权拒绝办理，并及时向审批人的上级授权部门报告。超过单位既定销售政策和信用政策规定范围的特殊销售业务，实行集体决策和审批。销售业务内部控制基本流程如图 8-2 所示。

8.2.3　关键控制环节和内控制度

销售业务关键控制环节如下。

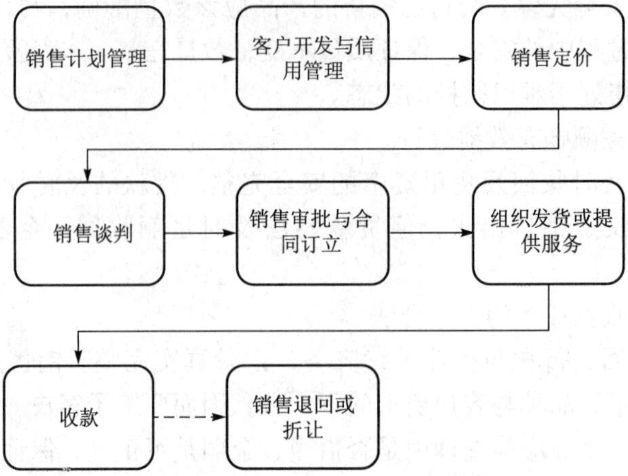

图 8-2　销售业务内部控制基本流程

1. 制订销售计划

根据企业的生产能力和对市场的调查，确定销售计划。销售业务应当建立严格的预算管理制度，制定销售目标，确定销售管理责任制。销售计划把费用与销售目标的实现联系起来，包括完成销售计划的每一个目标所需要的费用，以保证公司销售利润的实现。

销售费用预算是指完成销售计划的每一个目标的费用分配。完成一定的销售业务需要一定的销售费用支撑，销售费用预算的目的就是要明确表现出收入、成本和销售费用、销售利润之间的关系。

销售目标不仅是指销售数量或市场占有率达到某一标准，还包括销售利润或销售活动的目标，销售活动的目标包括访问新顾客数、营业推广活动、访问顾客总数、顾客满意率等。销售目标可按地区、销售人员、时段来划分，可分成各个子目标，在设定这些目标时，必须与企业的销售策略相结合。

制订销售计划，也就是将销售目标和销售预算的各项指标尽量细分到每个销售区域、每个销售人员及每个月份，让每个销售人员都非常明确所要完成的目标。

企业应当加强市场调查，合理确定定价机制和信用方式，根据市场变化及时调整销售策略，灵活运用销售折扣、销售折让、信用销售、代销和广告宣传等多种策略和营销方式，促进销售目标的实现，不断提高市场占有率。

企业主管还应定期召开由销售部门、信用部门、财务部门经理参加的会议，讨论公司的销售趋势，以便及时修正销售预算和不断激励销售部门开拓新的销售市场；讨论各种重大的拖欠账款，以便及时采取相应的措施等。

2. 订单处理与客户信用评价

销售业务的起点是收到客户的订单。从客户那里收到的购货订单的格式是多种多样的，要使企业内部的销售业务得到有效的控制，应对每个客户不同格式的购货订单转录登记在企业内部统一格式的销货通知单上，并用销货通知单来控制整个销售业务的执行程序，在编制销货通知单前，销售部门首先应向发货部门询问所订货物是否有库存。

收到客户订单后，必须由信用部门通过专业方法，新老客户区别对待，结合财务部门共同确定销售量、付款条件、信用条件等，以决定是否接受订单；每一张订单的接受都应有相关授权人员的签字确认。

针对老客户提出的购货请求，如果以往成交记录具有良好支付信誉的话，信用部门主要检查本次购货订单的数量，如果与以往基本相同，则可办理批准手续，如果数量远远超过历史记录，办理批准手续时，必须要求客户提供近期的财务报表，并通过审查其财务状况，然后决定是否接受订单。

对于新客户提出的购货订单，信用部门必须要求其同时提供能够证明其资信情况的资料和财务报表，通过分析其资信状况决定是否接受其购货订单。

不论是新客户还是老客户，信用的批准必须有经信用部门经理等授权签字的书面证明才有效。企业应当健全客户信用档案，关注重要客户的资信变动情况，采取有效措施，防范信用风险。企业对于境外客户和新开发客户，应当建立严格的信用保证制度。

对已执行的订单和尚未执行的订单分别进行管理和控制。每一张订单的执行都要进行登记，以便随时检查订单的执行情况和每一张订单的处理过程。如果客户提交订单中的商品属于特殊商品，企业以前未生产过，此时应将订单送交设计部门、生产部门和会计部门以获取技术上和成本效益上的批准。

3. 销售谈判与签订合同

企业在销售合同订立前，应当与客户进行业务洽谈、磋商或谈判，关注客户信用状况、销售定价、结算方式等相关内容。

指定专门人员就销售价格、信用政策、发货及收款方式等具体事项与客户进行谈判。谈判人员应有两人以上，并与订立合同的人员相分离。

销售谈判的全过程应有完整的书面记录。重大的销售业务谈判应当吸收财务、法律等专业人员参加。应根据有关价格政策，综合考虑企业财务目标、营销目标、产品成本、市场状况及竞争对手情况等多方面因素，确定产品基准定价。定期评价产品基准价格的合理性，定价或调价需经具有相应权限人员的审核批准。在执行基准定价的基础上，针对某些商品，可以授予销售部门一定限度的价格浮动权，销售部门可结合产品市场特点，将价格浮动权向下实行逐级递减分配，同时明确权限执行人。价格浮动权限执行人必须严格遵守规定的价格浮动范围，不得擅自突破。销售折扣、销售折让等政策的制定应由具有相应权限的人员审核批准。销售折扣、销售折让授予的实际金额、数量、原因及对象应予以记录，并归档备查。

销售合同应当明确双方的权利和义务，审批人员应当对销售合同草案进行严格审核。重要的销售合同，应当征询法律顾问或专家的意见。

企业应当建立健全销售合同订立及审批管理制度，明确必须签订合同的范围，规范合同订立程序，确定具体的审核、审批程序和所涉及的部门人员及相应权责。审核、审批应当重点关注销售合同草案中提出的销售价格、信用政策、发货及收款方式等。

4. 组织发货

企业销售部门应当按照经批准的销售合同开具相关销售通知单，并交给仓储部门和财务部门。仓储部门应当落实出库、计量、运输等环节的岗位责任，对销售通知单进行审核，严格按照所列的发货品种和规格、发货数量、发货时间、发货方式、接货地点等，按规定时间组织发货，形成相应的发货单据，并应连续编号。同时以运输合同或条款等形式明确运输方式，商品短缺、毁损或变质的责任，以及到货验收方式、运输费用承担、保险等内容，货物交接环节应做好装卸和检验工作，确保货物的安全发运，由客户验收确认。应当做好发货各环节的记录，填制相应的凭证，设置销售台账，实现全过程的销售登记制度。

销售部门填写销货通知单，应将客户订单的内容，如所订货物的货号、数量、质量、价格等完整、规范、如实地反映。销货通知单应经过销售部门主管或其授权审核人的审核签字，才能正式生效，并防止舞弊行为的发生。销货通知单在执行后应归档管理，并由专门的职员对其进行定期检查。在销货通知单正式执行前，企业可根据需要就发货通知单与客户进行证实，避免由于执行发货通知单后客户改变或取消订单而发生的损失。

知识链接

红宝丽的票据

2013 年 7 月 12 日，红宝丽（002165）发布“关于销售收到假票据的公告”：公司销售业务接收银行承兑汇票，在回收货款过程中，发现一份银行承兑汇票是假票。2013 年 7 月 9 日，公司为防范风险，对该票据及其他银行承兑汇票进行了鉴别，发现还有其他假票据，合计金额 6 896 万元。公司称，该事项可能会对 2013 年半年报业绩产生一定影响，但具体数据仍无法确定。红宝丽 2013 年一季度营收为 4.85 亿元，6 896 万元票据占其营收的 14%。

公告显示，经初步核查发现，涉及的假票据由公司某业务员提供。7 月 10 日，公司已向南京市高淳公安分局申请立案，公安部门已受理。同时也已启动核查程序，核查假票据涉及的业务及往来情况，以确定存在损失可能性。实际上，红宝丽在“书面上”对银行承兑汇票结算是有所规定的。红宝丽于 2008 年 10 月披露的《企业内部财务管理制度》规定，第一，收到购货单位交来的银行承兑汇票后，市场部应认真审核，及时填制银行承兑汇票签收单，经往来核算岗位确认后移交银行，不能及时移交的交财务部销售管理岗位保管，并建立暂保管台账。第二，财务部与市场部共同认定可采用银行承兑汇票结算的客户名单。第三，建立银行承兑汇票结算手续制度，收到票据认真审核并通过开户银行及时查询。从上可看出，红宝丽对银行承兑汇票结算设有两道内控安全阀，分别是市场部和财务部。但如今出现假票据，说明两道安全阀均已失效。虽然公司称“涉及的假票据都是由公司某业务员提供”，但如此大额且不止一张的票据，说明其内控系统存在疏漏。对此，红宝丽董秘王玉生解释：“由于假票据仿真度较高，所以没当即发现。”

资料来源：韩迅，张炜．红宝丽陷 7 000 万元假票据门事件 造假者成谜．http://finance.sina.com.cn/stock/s/20130716/022716130769.shtml.

5. 收款

企业应当加强对销售、发货、收款业务的会计系统控制，详细记录销售客户、销售合同、销售通知、发运凭证、商业票据、款项收回等情况，确保会计记录、销售记录与仓储记录核对一致。

1）*应收账款的管理*

在大量采用赊销形式的情况下，应收账款在企业的资产中占有相当大的比重。由于应收账款是一种记录在账上的债权而不是一种存在于公司的实物性资产，它较容易被不法职员用来掩盖其贪污或挪用公用财产的行为，同时应收账款是否可收回对公司的真实财务状况影响很大。此外，应收账款记录也是信用部门确定信用能否继续、信用限额能否增加的一个因素。企业应当完善应收款项管理制度，严格考核，实施奖惩。销售部门负责应收款项的催收，催收记录（包括往来函电）应妥善保存；财务部门负责办理资金结算并监督款项回收。

（1）应收账款的记录必须以经销售部门核准的销售发票和发运单等为依据，以防止不存在的应收账款被虚列。

（2）根据应收账款的明细账户，定期编制应收账款余额核对表，并将该表寄达客户请其认可。编制该表的职员不能同时担任记录或调整应收账款的工作。

（3）应收账款的总账和明细账户的登记应由不同职员根据汇总的记账凭证和各种原始凭证、记账凭证分别登记，并由独立于应收账款记录的其他职员定期检查核对总账户和明细账户的余额。

（4）由信用部门定期编制应收账款的账龄分析表，从中分析是否有虚列的应收账款或不能收回的应收账款。

（5）指定专人对应收账款账龄较长的客户进行催收和索取货款，以保证公司的债权得以收回。

（6）应收账款的各种贷项调整（包括坏账冲销、折扣或折让的给予）必须经财务经理的批准才能进行。

企业应当指定专人通过函证等方式，定期与客户核对应收账款、应收票据、预收账款等往来款项。

函证分为肯定式和否定式两种。肯定式也称正面式、积极式，它要求函证对象对于查证的欠款数额无论正确与否，都必须函复的函证方法。肯定式适应于下列条件：个别账户的欠款金额比较大；有理由相信对欠款可能会存在争议、差错或问题。否定式也称反面式、消极式，它是一种要求函证对象在查证的结欠余额有差错时才函复，如无差错则不必函复的方法。否定式适应于下列条件：相关的内部控制是有效的；预计差错率较低；欠款余额很小的债务人；有理由确信大多数被函证者能够认真对待函证信，并对不正确的情况作出反应。

最佳时间应当与年度结账日期相近，同时也要考虑对方回复的时间，尽可能做到在函证工作要求的时间内取得函证的全部资料。对于无法投递退回的信函要进行分析和研究处理，查明是由于被函证者地址迁移、差错，还是一笔假账。对于肯定式没有得到答复的，应采用追查程序：寄送第二次乃至第三次，如果仍得不到回复，考虑替代措施，如检查与销货有关的文件，包括契约、订购单、销货发票副本及发货凭证等，以验证这些应收款项的真实性。

必须注意，尽管收到了某债务人的回函，但这并不意味着该债务人一定付款；函证不可能发现所有问题。有关人员应对有关债权回收的不可能性作出恰当合理的结论，并向企业当局提示所面临的风险和应当采取的措施。

2）应收票据的管理

企业应当加强商业票据管理，明确商业票据的受理范围，严格审查商业票据的真实性和合法性，防止票据欺诈。企业应当关注商业票据的取得、贴现和背书，对已贴现但仍承担收款风险的票据及逾期票据，应当进行追索监控和跟踪管理。

应收票据的取得和贴现必须经由保管票据以外的主管人员的书面批准。应当有专人保管应收票据，对于即将到期的应收票据，应及时向付款人提示付款。

3）坏账的管理

企业应当加强应收款项坏账的管理。应收款项全部或部分无法收回的，应当查明原因，明确责任，并严格履行审批程序，按照国家统一的会计准则制度进行处理。

一笔账确认为坏账时必须通过审批。企业应建立“业务部门报批—财务部门审批”的坏账核销程序，根据要求冲销的应收账款的金额的大小，应由不同级别的财务负责人审批。

当一笔应收账款确认为坏账后，业务部门还要继续催收，同时设立应收账款备查簿，登记已确认为坏账的应收账款。已注销的坏账又收回时应当及时入账，防止形成账外款。

6. 退货

退货不是销售的必然环节，然而可能会由于各种原因而发生退货的行为，企业应当加强销售退回管理，分析销售退回原因，及时妥善处理。

单位的销售退回必须经销售主管审批后方可执行。销售退回的货物应由质检部门检验和仓储部门清点后方可入库。质检部门应对客户退回的货物进行检验并出具检验证明；仓储部门应在清点货物、注明退回货物的品种和数量后填制退货接收报告。财务部门应对检验证明、退货接收报告以及退货方出具的退货凭证等进行审核后办理相应的退款事宜。

退货经过批准后，由销售部门的职员填写贷项通知单。贷项通知单用来表示销货退回或经批准的折让而引起的应收货款减少的凭证。其格式通常与普通销售发票相同，只不过不是说明应收账款增加，而是说明应收账款减少。贷项通知单一式三份，第一联交会计部门，贷记应收账款，第二联通知客户销售退回已核准，第三联存档。

企业应建立退货损失惩罚制度，分清退货原因，明确责任，以提高企业产品和劳务的质量。

◉ 知识链接

某公司的销售诈骗案

某公司在销售增塑剂产品过程中，出现了销售调拨单及销售章真实、财务专用章及增值税发票伪造的现象，导致被骗货30吨，案值24万余元的重大损失。诈骗具体手段如下。

1. 一陌生客户隐匿真实情况，到该公司的销售公司开具了真实的产品销售调拨单，使用伪造的财务专用章及增值税专用发票，私盖印章，然后到销售处盖销售章，最后到储运车间提货，导致事故发生。

2. 利用财务部在三楼办公、销售公司在一楼营业、储运发货在公司后区的劣势，经过长期预谋，使用假牌照的报废车作案，骗过了公司财务部收款开发票关、销售公司对接关、储存车间发货核对关、保卫科车辆出入口验收关、公司门卫查证关。

资料来源：山东齐鲁增塑剂股份有限公司内控案例分析. http：//china. findlaw. cn/jingjifa/kuaiji/kjfal/34476. html.

8.3 筹资业务的内部控制

8.3.1 筹资业务概述

筹资是指企业根据生产经营等活动对资金的需要，通过一定的渠道，采取适当的方式，获取所需资金的一种行为。企业筹资的动机可分为四类：设立筹资、扩张筹资、偿债筹资和混合筹资。筹资活动如果违反国家法律法规，可能遭受外部处罚、经济损失和信誉损失。筹资活动如果未经适当审批或超越授权审批，可能因重大差错、舞弊、欺诈而导致损失。筹资决策失误，可能造成企业资金不足、冗余或债务结构不合理。债务过高和资金调度不当，可能导致企业不能按期偿付债务。筹资记录错误或会计处理不正确，可能造成债务和筹资成本信息不真实。

筹资业务内部控制制度的目标如下。

（1）符合国家的有关法律法规。筹资活动应严格按照国家的有关法律法规进行，《公司法》《中华人民共和国证券法》（以下简称《证券法》）等相关法律均对企业的筹资行为作出了限制，例如，《证券法》规定公开发行债券应符合下列条件：股份有限公司的净资产不低于人民币 3 000 万元，有限责任公司的净资产不低于人民币 6 000 万元；累计债券余额不超过公司净资产的 40%；最近 3 年平均可分配利润足以支付公司债券 1 年的利息；筹集的资金投向符合国家产业政策；债券的利率不超过国务院限定的利率水平；国务院规定的其他条件。这些法律法规也使得筹资活动得到了有效的管理和控制。

（2）防止筹资过程中的错误和舞弊行为。在进行筹资成本、资本结构和投资效益可行性研究的基础上，拟订好筹资方案。筹资时间应与用资时间相衔接，而且要考虑资金市场的供应能力。在筹资方案的实施过程中，筹资者与出资者应按法定手续认真签订合同、协议，明确各方的责任和义务。此后，必须按照企业筹资方案和合同、协议的规定执行，恰当支付出资人报酬，并按期偿还借款，维护企业信誉。

（3）控制筹资风险，降低筹资成本。在筹资过程中合理选择和优化筹资结构，做到长、短期资本、债务资本和自有资本的有机结合，有效地规避和降低筹资中各种不确定性因素给企业带来损失的可能性。综合考察各种筹资渠道和筹资方式的难易程度、资金成本和筹资风险，研究各种资金来源的构成，求得资金来源的最优组合，以降低筹资的综合成本。

根据企业经营者对风险的偏好，筹资政策可以分为三种，即配合型筹资政策、激进型筹资政策和稳健型筹资政策。

1. 配合型筹资政策

配合型筹资政策的特点是：对于临时性流动资产，运用临时性负债筹集资金满足其资金需要；对于永久性资产，运用长期负债、自发性负债和权益资本筹集资金满足其资金需要。配合型筹资政策要求企业临时负债筹资计划严密，实现现金流动与预期安排相一致。在季节性低谷时，企业除了自发性负债外没有其他流动负债；只有在临时性流动资产的需求高峰期，才举借各种临时性债务。配合型筹资政策的基本思想是将资产与负债的期间相配合，以降低企业不能偿还到期债务的风险和尽可能降低债务的资本成本。但事实上，由于资产使用寿命的不确定性，往往达不到资产与负债的完全配合。因此，管理者应该充分考虑这种不确定性的影响。

2. 激进型筹资政策

激进型筹资政策的特点是：临时性负债不但融通临时性流动资产的资金需要，还解决部分永久性资产的资金需要。激进型筹资政策下，临时性负债在企业全部资金来源中所占比重大于配合型筹资政策。由于临时性负债的资本成本一般低于长期负债和权益资本的资本成本，而激进型筹资政策下，临时性负债所占比重较大，所以企业的资本成本较低。但是另一方面，为了满足永久性资产的长期资金需要，企业必然要在临时性负债到期后重新举债或申请债务展期，这样会导致更为经常的举债和还债，从而加大筹资困难和风险，还可能面临由于短期负债利率的变动而增加企业资本成本的风险。所以，管理者在运用激进型筹资政策时要充分考虑到它是一种收益性和风险性均较高的筹资政策。

3. 稳健型筹资政策

稳健型筹资政策的特点是：临时性负债只融通部分临时性流动资产的资金需要，另一部分临时性流动资产和永久性资产，由长期负债、自发性负债和权益资本作为资金来源。与配合型筹资政策相比，稳健型筹资政策下临时性负债占企业全部资金来源的比例较小。由于临时性负债所占比重较小，所以企业无法偿还到期债务的风险较低，同时蒙受短期利率变动损失的风险也较低。此外，企业会因长期负债资本成本高于临时性负债的资本成本，以及经营淡季时仍需负担长期负债利息，从而降低企业的收益。因此，稳健型筹资政策是一种风险性和收益性均较低的资金筹集政策。一般来说，如果管理者能够驾驭资金的使用，采用收益和风险配合得较为适中的配合型筹资政策是最有利的。

8.3.2 岗位责任制与不相容职务相互分离

企业应当建立筹资业务的岗位责任制，明确相关部门和岗位的职责、权限，确保办理筹资业务的不相容岗位相互分离、制约和监督。筹资业务不相容岗位包括：

(1) 筹资方案的拟订与决策；

(2) 筹资合同或协议的订立与审核；

(3) 与筹资有关的各种款项偿付的审核与执行；

(4) 筹资业务的执行与相关会计记录；

(5) 证券的保管与会计记录。

企业应对筹资业务建立严格的授权批准制度，明确授权批准的方式、程序和相关控制措施，规定审批人的权限、责任以及经办人的职责范围和工作要求。审批人应当在授权范围内进行审批，如果超越了授权范围，经办人有权拒绝办理，并及时向审批人的上级授权部门报告。总之，不得由一个部门或一个人办理筹资业务全过程。

筹资业务内部控制基本流程如图 8-3 所示。

8.3.3 关键控制环节

筹资业务的关键控制环节如下。

1. 筹资的决策控制

企业应当根据筹资目标和规划，结合年度全面预算，拟订筹资方案，明确筹资用途、规模、结构和方式等相关内容，对筹资成本和潜在风险作出充分估计。在海外筹集资金的，还应当考虑筹资所在国的政治、法律、汇率、利率、环保、信息安全等风险及财务风险等因素。

企业应当对筹资方案进行严格审批，重点关注筹资用途的可行性和相应的偿债能力。重大筹资方案，应当按照规定的权限和程序实行集体决策或者联签制度，如董事会审核批准发行。债券或股票在正式发行前，必须经董事会指定的高级职员签字，而且签字的形式往往采取联签制度，即必须有两个以上的高级职员共同签发。每次授权签发债券或股票的职员，应

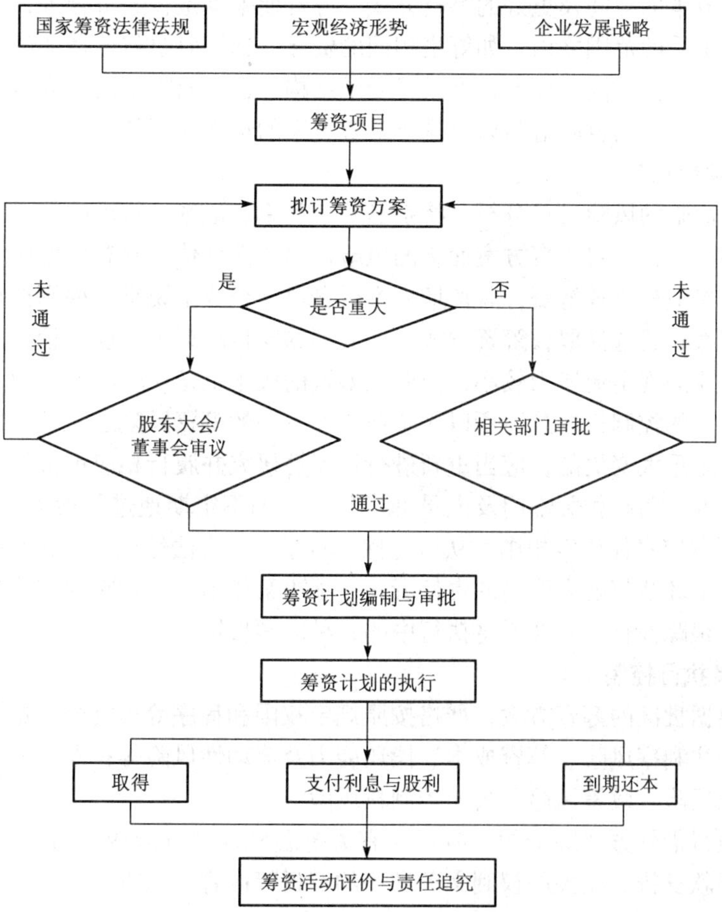

图 8-3　筹资业务内部控制基本流程

资料来源：财政部会计司．强化资金风险管控　不断提升企业效益——财政部会计司解读《企业内部控制应用指引第 6 号——资金活动》，2010.

仔细检查将发行的债券或股票是否同董事会所核准的一致；各种应办理的手续和文件是否齐全，这一控制实际上是债券或股票正式发行前，防止发生错误的最后控制环节。

企业应组织相关专家对筹资项目进行可行性论证，可行性论证是筹资业务内部控制的重要环节，一般可以从下列几个方面进行。

1）筹资方案的战略评估

主要评估筹资方案是否符合企业整体发展战略；控制企业筹资规模，防止因盲目筹资而给企业造成沉重的债务负担。企业应对筹资方案是否符合企业整体战略方向进行严格审核，只有符合企业发展需要的筹资方案才具有可行性。另外，企业在筹资规模上也不可过于贪多求大。资金充裕是企业发展的重要保障，然而任何资金都是有成本的，企业在筹集资金时一定要有战略考虑，切不可盲目筹集过多的资金，以免造成资金闲置，同时给企业增加财务负担。

2）筹资方案的经济性评估

主要分析筹资方案是否符合经济性要求，是否以最低的筹资成本获得了所需的资金，是否还有降低筹资成本的空间及更好的筹资方式，筹资期限等是否经济合理，利息、股息等水平是否在企业可承受的范围之内。如筹集相同的资金，选择股票与选择债券方式，就会面临不同的筹资成本；选择不同的债券种类或者期限结构，也会面临不同的成本。所以企业必须认真评估筹资成本，并结合收益与风险进行筹资方案的经济性评估。

3）筹资方案的风险评估

对筹资方案面临的风险进行分析，特别是对于利率、汇率、货币政策、宏观经济走势等重要条件进行预测分析，对筹资方案面临的风险作出全面评估，并有效地应对可能出现的风险。例如，若选择债权方式筹资，其按期还本付息对于企业来说是一种刚性负担，带给企业的现金流压力较大；若选择股权筹资方式，在股利的支付政策上企业有较大的灵活性，且无须还本，因而企业的现金流压力较小，但股权筹资的成本也是比较高的，而且股权筹资可能会使企业面临较大的控制权风险。所以，企业应在不同的筹资风险之间进行权衡。

筹资方案发生重大变更的，应当重新进行可行性研究并履行相应审批程序。企业应建立筹资决策追究制度，明确相关部门及人员的责任，定期不定期地进行检查。按照“谁决策，谁负责”的原则制定责任认定规则。从可行性、科学性、合法性论证和方案的筛选，直到方案的选定，每一个环节都要有明确的责任者。一项决策作出后，对它的实施过程要有专门的机构和人员进行跟踪检查，并及时将执行中的各种问题反馈给决策机关，以便适时修正。

2. 筹资决策执行控制

企业应当根据批准的筹资方案，严格按照规定权限和程序筹集资金。银行借款或发行债券，应当重点关注利率风险、筹资成本、偿还能力及流动性风险等；发行股票应当重点关注发行风险、市场风险、政策风险及公司控制权风险等。

企业通过银行借款方式筹资的，应当与有关金融机构进行洽谈，明确借款规模、利率、期限、担保、还款安排、相关的权利义务和违约责任等内容。双方达成一致意见后签署借款合同，据此办理相关借款业务。

企业通过发行债券的方式筹资的，应当合理选择债券种类，对还本付息方案作出系统安排，确保按期、足额偿还到期本金和利息。

企业通过发行股票的方式筹资的，应当依照《中华人民共和国证券法》等有关法律法规和证券监管部门的规定，优化企业组织架构，进行业务整合，并选择具备相应资质的中介机构协助企业做好相关工作，确保符合股票发行条件和要求。

对于股票和债券这类流动性比较强的证券，对其保管应与货币资金一样管理。

（1）禁止接触。有价证券应放入保险柜中，禁止未授权的人员接触。

（2）严格管理。有价证券的收发应办理领发手续，由经办人提出申请，经审批后方可领用。

（3）定期盘点。有收发动态时，应定期进行盘点。

（4）备查记录。应设置证券收发登记簿，记录证券的种类、数量、面值和起讫号码及来源与用途，收发日期，领用人姓名，领取凭证的名称和编号。

企业也可委托独立的机构代为保管，因为这些机构有专门的保管措施，并且有严格的控制制度，代为保管虽然会增加保管费用开支，然而可以保证证券的安全与完整。

3. 筹资偿付控制

企业应当加强债务偿还和股利支付环节的管理，对偿还本息和支付股利的计算、核对、支付作出明确规定，确保各项款项的偿付符合筹资合同或协议的规定。

企业应当按照筹资方案或合同约定的本金、利率、期限、汇率及币种，准确计算应付利息，与债权人核对无误后按期支付。

企业应当选择合理的股利分配政策，兼顾投资者近期和长远利益，避免分配过度或不足。股利分配方案应当经过股东大会批准，并按规定履行披露义务。

财务部门在办理筹资业务款项偿付过程中，发现已审批拟偿付的各种款项的支付方式、金额或币种等与有关合同或协议不符，应当及时向有关部门报告的，有关部门应当查明原因，作出处理。

4. 筹资业务的会计记录

企业应当加强筹资业务的会计系统控制，建立筹资业务的记录、凭证和账簿，按照国家统一会计准则制度，正确核算和监督资金筹集、本息偿还、股利支付等相关业务，妥善保管筹资合同或协议、收款凭证、入库凭证等资料，定期与资金提供方进行账务核对，确保筹资活动符合筹资方案的要求。

筹资业务的会计记录与授权和执行等方面的人员明确分工，建立严密完善的账簿体系和记录制度，选用符合会计制度和会计准则的核算方法，如实记录借款取得、股票债券发行、利息的支付和利息费用的确认、股利的分配、借款的归还、债券的偿还和股票回购等业务，同时，企业应加强相关账目的核对工作。负责记录筹资准则业务的会计人员，根据记账凭证与所附原始凭证，及时登记总账与筹资相关的明细账和登记簿、备查簿，要求账簿记录内容齐全、清楚，每天结出余额，月终结出发生额。每月终了，总账会计与明细分类账会计必须对账，确保账账相符，保证筹资业务的会计记录真实可靠。

5. 筹资活动的监督、评价与责任追究

企业筹资活动的流程很长，不仅包括资金的筹集到位，还包括资金使用过程中的利息、股利等筹资费用的计提支付，以及最终的还本工作，这一流程一般贯穿企业整个经营活动的始终，是企业的一项常规管理工作。企业在筹资跟踪管理方面应制定完整的管理制度，包括资金到账、资金使用、利息支付、股利支付等，并时刻监控资金的动向。如果缺乏严密的跟踪管理，可能会使企业资金管理失控，因资金被挪用而导致财务损失，也可能因此导致利息没有及时支付而被银行罚息，这些都会使企业面临不必要的财务风险。筹资资金的到账并不意味着筹资活动的结束，还要加强筹资活动的检查监督，严格按照筹资方案确定的用途使用资金，确保款项的收支、股息和利息的支付、股票和债券的保管等符合有关规定。筹资活动完成后要按规定进行筹资后评价，对存在违规现象的要严格追究责任。

8.4 投资业务的内部控制

8.4.1 投资业务概述

投资是指经济主体为了获取经济效益而投入资金或资源用以转化为实物资产或金融资产的行为和过程。投资收益具有风险性，每一个投资项目都存在使收益落空甚至丧失本金的风险。投资决策失误，引发盲目扩张或丧失发展机遇，可能导致资金链断裂或资金使用效益低下。投资业务内部控制制度目标如下。

（1）保证投资活动经过适当审批。为了使投资既要达到获利或控制的目的，又要使投资风险降到最低限度，投资业务内部控制的首要目标是保证一切投资交易活动必须经过适当的审批程序才能进行。

（2）保证投资活动的合法性。

（3）保护投资资产的安全、完整。

（4）保证投资资产在报表上的合理反映。

企业应当根据投资目标和规划，合理安排资金投放结构，科学确定投资项目，拟订投资方案，重点关注投资项目的收益和风险。企业选择投资项目应当突出主业，谨慎从事股票投资或衍生金融产品等高风险投资。

8.4.2 岗位责任制和不相容职务相互分离

企业应建立对外投资业务的岗位责任制，明确相关部门和岗位的职责、权限，确保办理对外投资业务的不相容职务相互分离、制约和监督。投资部门负责选择投资项目逐级上报审批，签订投资协议合同，执行投资项目，买卖股票、证券，收回投资本息等。会计部门负责投资业务的会计记录的账目处理，并由专人保管投资协议、合同副本和股权证书、股票、债券、票据等。投资业务中不相容的职务有：

（1）对外投资项目可行性研究与评估应分离；

（2）对外投资的决策与执行应分离；

（3）负责证券购入或出售的岗位与有关证券的会计记录岗位应分离；

（4）证券的保管和投资交易的会计记录应分离；

（5）参与投资交易的人员与有价证券的盘点人员应分离；

（6）对外投资处置的审批与执行应分离。

企业应当建立对外投资业务授权批准制度，明确授权批准的方式、程序和相关控制措施，规定审批人的权限、责任及经办人的职责范围和工作要求，严禁未经授权的部门和人员办理投资业务。审批人应当在授权范围内审批，不得超越权限，如果超越权限，经办人有权拒绝办理，并及时向审批人的上级授权部门报告。

企业应建立对外投资责任追究制度，对在投资业务中出现重大决策失误、未履行集体审批程序和不按规定执行投资业务的部门及人员，应当追究相应的责任。

投资业务内部控制基本流程如图 8-4 所示。

8.4.3 关键控制环节

投资业务的关键控制环节如下。

1. 可行性研究

企业应当加强对投资方案的可行性研究，重点对投资目标、规模、方式、资金来源、风险与收益等作出客观评价。企业根据实际需要，可以委托具备相应资质的专业机构进行可行性研究，提供独立的可行性研究报告。

美国是最早开始采用可行性研究方法的国家。20 世纪 30 年代，美国开始开发田纳西河流域，田纳西河流域开发能否成功，对当时美国经济的发展关系重大。为保证田纳西河流域的合理开发和综合利用，相关人员开创了可行性研究的方法，并获得了成功。第二次世界大

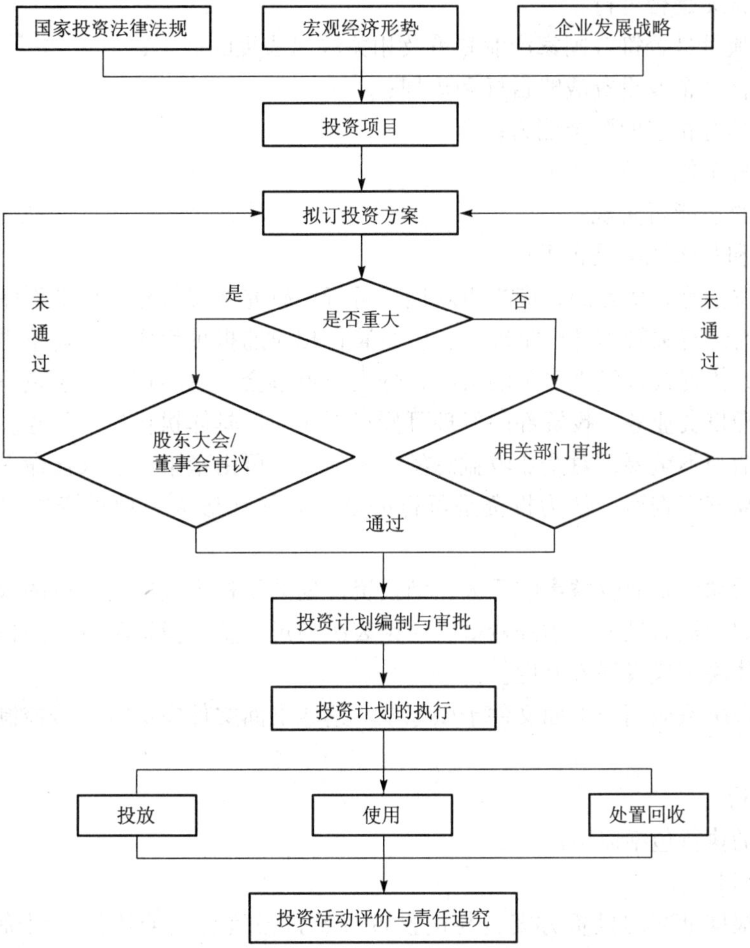

图 8-4　投资业务内部控制基本流程

资料来源：财政部会计司．强化资金风险管控　不断提升企业效益——财政部会计司解读《企业内部控制应用指引第 6 号——资金活动》，2010.

战以后，西方工业发达国家普遍采用这一方法，并广泛应用于科学技术和经济建设领域，已逐步形成一整套行之有效的科学研究方法。

可行性研究的过程是一个逐步深入的过程，一般要经过机会研究、初步可行性研究和可行性研究三个步骤。机会研究的任务，主要是为建设项目投资提出建议，寻找最有利的投资机会。有许多投资项目在机会研究之后还不能决定取舍，需要进行比较详细的可行性研究，然而这是一项既费时又费钱的工作。所以，在决定要不要开展正式可行性研究之前，往往需要进行初步可行性研究，它是机会研究和正式可行性研究的中间环节。初步可行性研究可能出现四种结果：肯定，项目可以“上马”；转入正式可行性研究，进行更深入、更详细的分析研究；展开专题研究，如市场考察、实验室试验、中间工厂试验等；否定，项目应该“下马”。

2. 决策

企业应当按照规定的权限和程序对投资项目进行决策审批，重点审查以下内容：

（1）投资方案是否可行；

（2）投资项目是否符合国家产业政策及相关法律法规的规定；

（3）是否符合企业投资战略目标和规划；

（4）是否具有相应的资金能力；

（5）投入资金能否按时收回；

（6）预期收益能否实现；

（7）投资和并购风险是否可控。

投资方案发生重大变更的，应当重新进行可行性研究并履行相应审批程序。

投资方案需经有关管理部门批准的，应当履行相应的报批程序。企业董事会等高层管理机构作出决议，依据投资经济事项的大小，分别由董事会、总经理等高层负责人授权投资部门经理具体办理投资业务，投资部门经理可授权下属职员具体执行投资业务。

如果投资活动不重要，对企业收益总额影响不大，可由董事会授权任命一名经理来负责进行。该经理复核审查后，认为投资是可行的话，必须在形成一项投资决定的文件上签字认可。

如果投资活动对企业收益影响重大，则投资计划的复核审查应由企业的最高领导来负责进行。投资计划的最后批准必须经董事会讨论表决通过，重大投资项目应当按照规定的权限和程序实行集体决策或者联签制度。

所有的投资决策应当用书面文件予以记录。这些书面文件应进行编号控制，以便于日后追查经济责任。

3. 投资执行

投资业务的执行包括以下内容。

1）签订合同

企业应当根据批准的投资方案，与被投资方签订投资合同或协议，明确出资时间、金额、方式、双方权利义务和违约责任等内容，按规定的权限和程序审批后履行投资合同或协议。技术性很强的投资项目，应当征询法律顾问或相关专家的意见。以委托投资方式进行的对外投资，应当对受托单位的资信情况和履约能力进行调查，签订委托投资合同，明确双方的权利、义务和责任，并建立相应的风险防范措施。

2）追踪管理

投资是个持续性的动态过程，企业应当指定专门机构或人员对投资项目进行跟踪管理，及时收集被投资方经审计的财务报告等相关资料，定期组织投资效益分析，关注被投资方的财务状况、经营成果、现金流量以及投资合同履行情况，发现异常情况，应当及时报告并妥善处理。可以根据需要向被投资单位派出董事、监事、财务或其他管理人员，对投资进行有效监控。企业应当对外派人员建立适时报告制度，外派人员应定期就被投资企业的营运情况、负债情况、获利情况向董事会或总经理报告，定期递交被投资企业的资产负债表、利润表、现金流量表等财务报表。同时，这些外派的董事、监事、财务总监或其他管理人员，应实现岗位轮换，以防止可能发生的舞弊行为。

3）投资收益的控制

要加强投资收益的控制，对外投资获取的利息、股利以及其他收益，均应纳入企业会计核算体系，严禁设置账外账。密切注意被投资企业发布的有关股利、利息的公告。根据投资的明细账记录，由专人负责关注被投资企业发布的有关股利、利息的公告，并及时通知股利和利息的实际收账人。指定专人负责现金股利、现金股息以及处置时应得的现金收入的实际收账工作，以保证及时、足额地收取。

4）权益证书的管理

投资的权益证书包括投资合同、出资证明、股票、债券等。权益证书有两种管理方式：企业自行保管和委托专业机构保管。企业自行保管具有节约保管费用和存取方便的特点，一般采用共同控制、授权控制、定期盘点等制度加以控制。共同控制是指企业对证书的保管实行两个或两个以上的人员共同控制，限制一个人单独接触对外投资权益证书。保管人员与投资业务审批人、投资记录人、现金业务处理人等相互独立。授权控制是指权益证书必须存放在银行保险箱或专门的保管库内，只有经过授权的人员才能接触对外投资权益证书，未经授权不得接触权益证书。定期盘点是指财务部门应定期和不定期地与相关管理部门和人员清点核对权益证书，以保证账实相符，如有差异，应按照审批权限报经批准处理。

专业保管机构具有丰富的专业保管经验和完善的专业保管设备，能实现独立的专业机构保管人员与本企业投资业务的会计记录人员完全分离，因而能有效地防止对外投资权益证书的失窃和毁损，大大降低实物记录被篡改的可能性，有效防止相关人员可能的舞弊行为。专业机构保管主要通过限制接触和定期核查制度来实施控制。限制接触是指只允许公司专门指定的人员接触证券；定期核查制度是指财务经理或其他被授权人应当定期检查银行等机构送来的证券存放情况记录，并同公司有关证券账户的余额核对。

5）会计记录

企业应当加强对投资项目的会计系统控制，根据对被投资方的影响程度，合理确定投资会计政策，建立投资管理台账，详细记录投资对象、金额、持股比例、期限、收益等事项，妥善保管投资合同或协议、出资证明等资料。企业财务部门对于被投资方出现财务状况恶化、市价当期大幅下跌等情形的，应当根据国家统一会计准则制度的规定，合理计提减值准备，确认减值损失。

不论持有证券的数额大小，都必须对每一种证券开设投资明细分类账。在分类账中，记账员应根据经审核签字过的投资购置申请单、经纪人出具的成交通知书，以及证券保管人的证券收付清单来说明投资的内容。投资明细账应定期与总分类账户相核对，对核对中发现的差异应进行调查，通常应追查至有关原始凭证。同时，企业应当定期和不定期地与被投资单位核对有关投资账目，保证对外投资的安全、完整。

4. 投资处置

企业应当加强投资收回和处置环节的控制，对投资收回、转让、核销等决策和审批程序作出明确规定。

对应收回的对外投资资产，要及时足额收取。

转让投资应当由相关机构或人员合理确定转让价格，报授权批准部门批准，必要时可委托具有相应资质的专门机构进行评估。

核销投资应当取得不能收回投资的法律文书和相关证明文件。

企业对于到期无法收回的投资，应当建立责任追究制度。企业财务部门应当认真审核与投资外置有关的审批文件、会议记录、资产回收清单等相关资料，并按照规定及时进行对外投资的会计处理，确保资产处置的真实、合法。

◉ 知识链接

低级错误2 200万“学费”暴露基金公司管理“软肋”

2007年8月，3家基金公司旗下的5只基金因未能及时转股或卖出所持有的上电（上海电力）转债而被上市公司强制赎回，直接造成了2 200万元的损失。

造成此次基金投资损失的是可转债品种，该品种是指在一定条件下可以被转换成公司股票的债券。这类品种因具有债权和期权的双重属性而被基金广泛投资。可转债发行时一般都设有赎回条款。上电转债发行时的赎回条款为：“如果上海电力股价连续30个交易日高于当期转股价格的130%，公司有权赎回未转股的可转债。”由于上海电力股票2007年3月以来就一直高于转股价的130%即5.76元，上海电力于2007年7月宣布8月15日强制赎回可转债，赎回价格为103.2元。

事实上，上电转债交易价格远远高于103.2元，5月底债券价格最高达到277.99元，到了8月14日最后一个交易日收盘时还有226.58元，以当日上海电力10.12元收盘价计算，转股对应价值达到228.44元，卖出或者转股显然都要比被上市公司以103.2元强制赎回划算得多。

和当日收盘价格相比，被强制赎回的债券每张损失了123.38元，由此可以推算出2 200万元基金损失是由约18万张上电转债被强制赎回造成的。在这种强制赎回的情况下，投资者如果不卖出可转债也不转股，那就是犯了可转债投资中最低级的错误。

根据上电转债的公告，1 000万张债券总发行量中有27.119万张被赎回，占债券发行量的2.71%。因此，在被强制赎回的上电转债中，3家基金公司旗下的5只基金的持有量占据了2/3。

一家基金公司监察人员表示，在上电转债被强制赎回之前一个多月内连续8次发布了《关于“上电转债”赎回事宜的公告》，基金公司投资、交易和监察部门相关人员都没有引起足够重视和关注，竟然“忘记”了转股或者卖出可转债，由此可见一些基金公司投资管理中的漏洞。

资料来源：木鱼．低级错误2 200万“学费”暴露基金公司管理“软肋”．http：//www.p5w.net/fund/fxpl/200709/t1204642.htm.

8.5 担保业务的内部控制

8.5.1 担保业务概述

担保，是指企业作为担保人按照公平、自愿、互利的原则与债权人约定，当债务人不履行债务时，依照法律规定和合同协议承担相应法律责任的行为。根据担保法的规定，担保方式为保证、抵押、质押、留置和定金。

（1）保证。是指保证人和债权人约定，当债务人不履行债务时，保证人按照约定履行债务或者承担责任的行为。具有代为清偿债务能力的法人、其他组织或者公民，可以作保证人。国家机关不得作为保证人，但经国务院批准为使用外国政府或者国际经济组织贷款进行转贷的除外。

（2）抵押。是指债务人或者第三人不转移财产的占有，将该财产作为债权的担保。债务人不履行债务时，债权人有权依照规定以该财产折价或者以拍卖、变卖该财产的价款优先受偿。债务人或者第三人为抵押人，债权人为抵押权人，提供担保的财产为抵押物。

（3）质押。是指债务人或者第三人将其动产移交债权人占有，将该动产作为债权的担保。债务人不履行债务时，债权人有权依照担保法规定以该动产折价或者以拍卖、变卖该动产的价款优先受偿。

（4）留置。是指债权人按照合同约定占有债务人的动产，债务人不按照合同约定的期限履行债务的，债权人有权依照担保法规定留置该财产，以该财产折价或者以拍卖、变卖该财产的价款优先受偿。因保管合同、运输合同、加工承揽合同发生的债权，债务人不履行债务的，债权人有留置权。

（5）定金。当事人可以约定一方向对方给付定金作为债权的担保。债务人履行债务后，定金应当抵作价款或者收回。给付定金的一方不履行约定的债务的，无权要求返还定金；收受定金的一方不履行约定的债务的，应当双倍返还定金。定金应当以书面形式约定。当事人在定金合同中应当约定交付定金的期限，定金合同从实际交付定金之日起生效。定金的数额由当事人约定，但不得超过主合同标的额的 20%。

担保业务的各个控制环节处置不好，将给企业带来很大的风险。对担保申请人的资信状况调查不深、审批不严或越权审批，可能导致企业担保决策失误或遭受欺诈；对被担保人出现财务困难或经营陷入困境等状况监控不力、应对措施不当，可能导致企业承担法律责任；担保过程中存在舞弊行为，可能导致经办审批等相关人员涉案或企业利益受损。

担保业务内部控制制度的目标如下：

（1）确保担保业务的合法性；

（2）确保担保业务在授权下进行；

（3）确保担保业务记录的真实性；

（4）确保担保业务会计披露的及时、正确和恰当。

企业应当依法制定和完善担保业务政策及相关管理制度，明确担保的对象、范围、方式、条件、程序、担保限额和禁止担保等事项，规范调查评估、审核批准、担保执行等环节的工作流程，按照政策、制度、流程办理担保业务，定期检查担保政策的执行情况及效果，切实防范担保业务风险。

8.5.2　岗位责任制和不相容职务相互分离

企业应当建立担保业务的岗位责任制，明确相关部门和岗位的职责、权限，确保办理担保业务的不相容岗位相互分离、制约和监督。办理担保业务的人员应当具备良好的职业道德，了解担保法等相关法律法规，熟悉担保业务流程，掌握担保专业知识。担保业务不相容的职务有：

（1）受理担保申请的岗位与担保审批应分离；

（2）担保业务的评估与担保审批应分离；

（3）担保审批岗位与担保执行岗位应分离；

（4）拟订担保合同的岗位与担保合同的复核应分离；

（5）担保责任的记账岗位与担保合同的核实岗位应分离；

（6）担保合同的订立与支付代偿款项的岗位应分离；

（7）记录代偿款项的岗位与支付代偿款项的岗位、代偿款项的追偿岗位应分离；

（8）代偿款项的追偿岗位与审核履行担保责任、支付代偿款的岗位应分离。

应建立担保业务责任追究制度，对出现重大决策失误、未履行集体审批程序、不按规定执行对外投资业务的部门及人员，应当追究相应的责任。企业应当制定担保业务流程，明确担保业务的评估、审批、执行等环节的内部控制要求，并设置相应的记录或凭证，如实记载各环节业务的开展情况，确保担保业务全过程得到有效控制。

担保业务内部控制基本流程如图 8-5 所示。

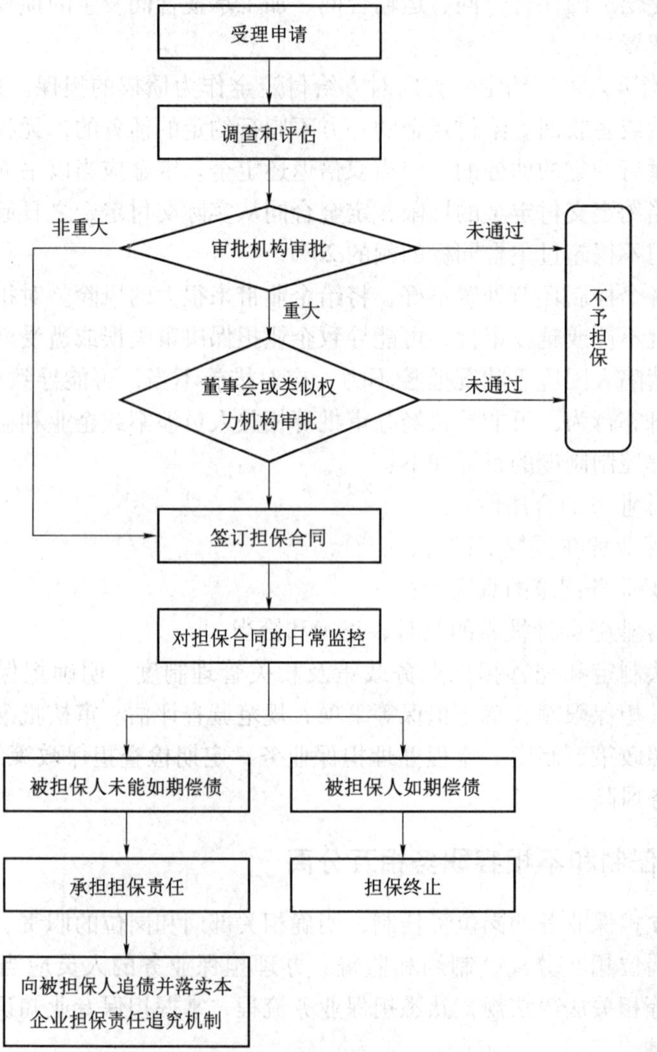

图 8-5　担保业务内部控制基本流程

资料来源：财政部会计司．严控担保风险　促进稳健发展：财政部会计司解读《企业内部控制应用指引第 12 号担保业务》，2010.

8.5.3 关键控制环节

1. 调查评估

企业在受理担保申请后对担保申请人进行资信调查和风险评估，是办理担保业务中不可或缺的重要环节，在相当程度上影响甚至决定担保业务的未来走向。这一环节的主要风险是：对担保申请人的资信调查不深入、不透彻，对担保项目的风险评估不全面、不科学，导致企业担保决策失误或遭受欺诈，为担保业务埋下巨大隐患。

企业提供担保业务，应当由相关部门或人员对申请担保人是否符合担保政策进行审查；对符合企业担保政策的申请担保人，企业可自行或委托中介机构对其资产质量、偿债能力、财务信用及申请担保事项的合法性进行评估，形成书面评估报告；书面评估报告应当全面反映担保人的意见，并经评估人员签章。

企业在对担保申请人进行资信调查和风险评估时，应当重点关注以下事项：担保业务是否符合国家法律法规和本企业担保政策等相关要求；担保申请人的资信状况一般包括基本情况、资产质量、经营情况、偿债能力、盈利水平、信用程度、行业前景等；担保申请人用于担保和第三方担保的资产状况及其权利归属；企业要求担保申请人提供反担保的，还应当对与反担保有关的资产状况进行评估。

反担保指债务人或第三人向担保人作出保证或设定的担保，在担保人因清偿债务人的债务而遭受损失时，向担保人作出清偿。

企业对担保申请人出现以下情形之一的，不得提供担保：

（1）担保项目不符合国家法律法规和本企业担保政策的；

（2）已进入重组、托管、兼并或破产清算程序的；

（3）财务状况恶化、资不抵债、管理混乱、经营风险较大的；

（4）与其他企业存在较大经济纠纷，面临法律诉讼且可能承担较大赔偿责任的；

（5）与本企业已经发生过担保纠纷且仍未妥善解决的，或不能及时足额交纳担保费用的。

2. 审批

企业应当建立担保授权和审批制度，规定担保业务的授权批准方式、权限、程序、责任和相关控制措施，在授权范围内进行审批，不得超越权限审批。重大担保业务，应当报经董事会或类似权力机构批准。

审批环节在担保业务中具有承上启下的作用，既是对调查评估结果的判断和认定，也是担保业务能否进入实际执行阶段的必经之路。这一环节的主要风险是：授权审批制度不健全，导致对担保业务的审批不规范；审批不严格或者越权审批，导致担保决策出现重大疏漏，可能引发严重后果；审批过程存在舞弊行为，可能导致经办审批等相关人员涉案或企业利益受损。

企业应根据评估报告及法律顾问或专家的意见，对担保业务进行集体审批，严禁个人擅自决定提供担保或者改变集体审批意见。企业应当根据《公司法》等国家法律标准，结合企业章程和有关管理制度，明确重大担保业务的判断标准。公司法第 16 条规定："公司向其他企业投资或者为他人提供担保，依照公司章程的规定，由董事会或者股东会、股东大会决议；公司章程对投资或者担保的总额及单项投资或者担保的数额有限额规定的，不得超过规定的限额。公司为公司股东或者实际控制人提供担保的，必须经股东会或者股东大会决议。前款规定的股东或者受前款规定的实际控制人支配的股东，不得参加前款规定事项的表决。该项表决由出席会议的其他股东所持表决权的过半数通过。”第121条规定：上市公司在一年内担保金额超过公司资产总额30%的，应由股东大会做出决议，并经出席会议的股东所持表决权的三分之二以上通过。证监会颁布的《关于规范上市公司对外担保行为的通知》规定，对需要股东大会审批的对外担保，必须经董事会审议通过后，方可提交股东大会审批。须经股东大会审批的对外担保，包括但不限于下列四种情形：上市公司及其控股子公司的对外担保总额，超过最近一期经审计净资产50%以后提供的任何担保；为资产负债率超过70%的担保对象提供的担保；单笔担保额超过最近一期经审计净资产10%的担保；对股东、实际控制人及其关联方提供的担保。上市公司董事会或股东大会审议批准的对外担保，必须在中国证监会指定信息披露报刊上及时披露，披露的内容包括董事会或股东大会决议、截止信息披露日上市公司及其控股子公司对外担保总额、上市公司对控股子公司提供担保的总额。

经办人员应当在职责范围内，按照审批人员的批准意见办理担保业务。对于审批人超越权限审批的担保业务，经办人员应当拒绝办理。

企业为关联方提供担保的，与关联方存在经济利益或近亲属关系的有关人员在评估与审批环节应当回避。

被担保人要求变更担保事项的，企业应当重新履行调查评估与审批程序。

◉ 知识链接

超额担保

据统计数据显示，2015年年报披露已收官，251家上市公司担保总额占净资产比例超50%。其中，有96家上市公司的担保总额占净资产比例超100%，甚至有担保总额占净资产比例超25倍的上市公司存在。

“上市公司担保金额超过净资产并不合理，风险较大。”中投顾问金融行业研究员霍肖桦向《证券日报》记者分析道：“这意味着一旦公司资金链断裂，将出现资不抵债的情况，而上市公司股东将成为买单者。”

在上市公司年报披露收官后，作为理性投资者在研读上市公司年报时，千万不要忘了瞄一眼上市公司担保总额占净资产比例这个会计科目。

值得注意的是，在证监会2003年发布的《上市公司与关联方资金往来及上市公司对外担保若干问题的通知》中曾记载，“上市公司对外担保总额不得超过最近一个会计年度合并会计报表净资产的50%”这一细则上限。

如果按照上述比例计算的话，担保总额占净资产比例超50%的公司在担保金额上已经超过了警戒线。而根据同花顺统计数据显示，251家上市公司担保总额占净资产比例超50%。

此外，霍肖桦向《证券日报》记者表示，“一般情况下，担保总额占净资产的比例应控制在 30% 以内，此比例越高，风险系数越大，所危害的范围也将越广”。

根据同花顺统计数据显示，414 家上市公司担保总额占净资产比例超 30%。如果以 30% 这个比例为标准的话，那么，2015 年，有超过一成的上市公司站在了警戒线之上。

“上市公司可以在充分评估自身财务承受力的基础上，拟定警戒指标（如公司对外担保总额/公司上年末净资产额≤20%），超过警戒指标的对外担保事项的决策应十分谨慎。”霍肖桦如是说。

记者整理同花顺统计数据发现，在上述 251 家担保总额占净资产比例超 50% 的上市公司中，有 54 家上市公司隶属于房地产行业，公司数量远高于其他行业，占比约两成。此外，在 96 家担保总额占净资产比例超 100% 的上市公司中，有 31 家公司隶属于房地产行业，约占总数比的三成。由此可见，房地产行业成为超额担保的重灾区。

资料来源：矫月．251 家上市公司担保额超警戒线房地产行业成重灾区．证券日报，2016-05-13.

3. 担保执行与监控

1）担保合同控制

企业应当根据审核批准的担保业务订立担保合同。担保合同应明确被担保人的权利、义务、违约责任等相关内容，并要求被担保人定期提供财务报告与有关资料，及时通报担保事项的实施情况。

担保申请人同时向多方申请担保的，企业应当在担保合同中明确约定本企业的担保份额和相应的责任。

签订担保合同的主要风险是：未经授权对外订立担保合同，或者担保合同内容存在重大疏漏和欺诈，可能导致企业诉讼失败、权利追索被动、经济利益和形象信誉受损。担保合同的主要控制措施如下。第一，严格按照经审核批准的担保业务订立担保合同。合同订立经办人员应当在职责范围内，按照审批人员的批准意见拟订合同条款。第二，认真审核合同条款，确保担保合同条款内容完整、表述严谨准确、相关手续齐备。在担保合同中应明确被担保人的权利、义务、违约责任等相关内容，并要求被担保人定期提供财务报告和有关资料，及时通报担保事项的实施情况。如果担保申请人同时向多方申请担保的，企业应当在担保合同中明确约定本企业的担保份额和相应的责任。第三，实行担保合同会审联签。除担保业务经办部门之外，鼓励和倡导企业法律部门、财会部门、内审部门等参与担保合同会审联签，增强担保合同的合法性、规范性、完备性，有效避免权利义务约定、合同文本表述等方面的疏漏。第四，加强对有关身份证明和印章的管理。比如，在担保合同签订过程中，依照法律规定和企业内部管理制度，往往需要提供、使用企业法定代表人的身份证明、个人印章和担保合同专用章等。从近年来暴露出来的一些担保典型案例看，由于一些企业在有关人员身份证明、印章管理中存在薄弱环节，导致身份证明和印章被盗用，造成了难以挽回的严重后果。因此，必须加强对身份证明和印章的管理，保证担保合同用章用印符合当事人真实意愿。第五，规范担保合同记录、传递和保管，确保担保合同运转轨迹清晰完整、有案可查。

2）担保业务日常监控与管理

企业担保经办部门应当加强担保合同的日常管理，定期监测被担保人的经营情况和财务状况，对被担保人进行跟踪和监督，了解担保项目的执行、资金的使用、贷款的归还、财务运行及风险等情况，确保担保合同有效履行。

担保合同履行过程中，如果被担保人出现异常情况，应当及时报告，妥善处理。

对于被担保人未按有法律效力的合同条款偿付债务或履行相关合同项下的义务的，企业应当按照担保合同履行义务，同时主张对被担保人的追索权。

3）担保的记录控制

充分的凭证和记录是现代企业控制的重要因素，是记录和反映经济业务的载体。凭证和记录需连续编号，并检查全部有编号的凭证和记录是否按规定处理，这是保证完整性的重要控制措施，可以有效防止经济业务遗漏和重复。

企业应当妥善保管担保合同、与担保合同相关的主合同、反担保函或反担保合同，以及抵押、质押的权利凭证和有关原始资料，切实做到担保业务档案完整无缺。

企业应当加强对担保业务的会计系统控制，及时足额收取担保费用，建立担保事项台账，详细记录担保对象、金额、期限、用于抵押和质押的物品或权利以及其他有关事项。

企业财务部门应当及时收集、分析被担保人担保期内经审计的财务报告等相关资料，持续关注被担保人的财务状况、经营成果、现金流量以及担保合同的履行情况，积极配合担保经办部门，防范担保业务风险。

对于被担保人出现财务状况恶化、资不抵债、破产清算等情形的，企业应当根据国家统一会计准则制度的规定，合理确认预计负债和损失。

4）反担保资产的管理

企业应当加强对反担保财产的管理，妥善保管被担保人用于反担保的权利凭证，定期核实财产的存续状况和价值，发现问题及时处理，确保反担保财产安全、完整。

反担保是维护担保人的利益、保障其将来可能发生的追偿权实现的有效措施。反担保有助于本担保关系的设立。谨慎的第三人在为债务人向债权人提供担保时，尤其是在担保人与债务并无紧密的利益关系或隶属关系且对其承担担保责任后追偿权能否实现怀有疑虑的情况下，往往会要求债务人提供反担保。

反担保人可以是债务人，也可以是债务人以外的其他人。反担保的形式可以是债务人提供的抵押或质押，也可以是其他人提供的保证、抵押或质押，不包括定金和留置两种方式。

保证反担保，又称信用反担保，是保证担保方式在反担保中的适用，即债务人之外的保证人与担保人约定，当担保人取得对债务人的追偿权而债务人不向其履行债务时，由保证人按照约定向担保人履行债务或者承担责任的反担保方式。

抵押反担保，是指债务人或其他人不转移对其特定财产的占有而将该财产作为担保人追偿权的担保。

质押反担保，是指债务人或其他人将其动产或财产权利凭证移交本担保人占有或办理出质登记，将该动产或权利作为担保人追偿权的担保。

阅读与思考

奥林巴斯的内控缺陷

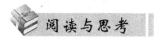

奥林巴斯创立于1919年10月12日，主营业务为生产和销售精密机械和工具，1920年奥林巴斯在日本第一次成功地将显微镜商品化，1950年奥林巴斯在世界上首次开发了在癌症防治领域起着极其重要作用的内窥镜。奥林巴斯株式会社已成为日本乃至世界精密、光学技术的代表企业之一，其事业领域包括医疗、生命科学、影像和产业机械。奥林巴斯是创业人以“制造国产的显微镜，为日本医学的发展做出贡献”的理想而兴办的公司，其经营理念是“致力于通过在商业活动中参与社会，分享共同的价值理念和提出新的价值观来提高人们的健康水平和幸福感”。

历史总是惊人的相似。安然帝国轰然倒塌十年后，地球的另一端又再次上演了相似的一幕。通过财务造假在20年间掩盖约18亿美元的损失，使得奥林巴斯事件成为日本历史上最严重的会计丑闻之一。截止到2011年3月，奥林巴斯的账面总资产为132.95亿美元，负债为112.09亿美元，雇员数量为34 391人。与安然案的起源一样，人们对奥林巴斯的怀疑来自于公司的财务报表：它的现金流很大，掌握着全球大部分市场的医用内窥镜业务为其带来了丰厚利润——2011财年其医疗业务盈利9.1亿美元，但是它的自有资本在5年间却不断减少，财务报表无法明确解释资金的流向。日本的《FACTA》杂志于2011年7月将此事率先报道出来，并质疑了奥林巴斯的多起并购交易引起的巨额损失。

2011年2月10日，曾在奥林巴斯欧洲分公司工作多年的迈克尔·伍德福德（Michael Woodford）被董事会推选为总裁兼COO，通过他的削减销售及一般管理费用计划，奥林巴斯的影像业务扭亏为盈，在6月29日的董事会上伍德福德又被提拔为CEO。《FACTA》的报道引起了伍德福德的警觉，他向董事长菊川刚、负责财务的副总裁森久志等人询问此事，却屡被搪塞。随后，伍德福德委托普华永道暗中调查，并将调查结果中显示的种种疑点发给其他董事会成员并要求菊川刚引咎辞职，然而在10月14日召开的临时董事会中，出席的董事除伍德福德本人外全票通过了解雇CEO的决议。伍德福德的离开引发了外界的反响，奥林巴斯的股价经历了一周的大幅跳水，媒体、机构的调查也不断深入。终于在11月8日的发布会上，新任CEO高山修一首次承认奥林巴斯在财务方面存在“非常不恰当”的行为，一场进行了20年、造假金额可能高达18亿美元的骗局被正式公开。

2012年1月，负责调查有关奥林巴斯公司隐瞒巨额亏损问题的“董事责任调查委员会”汇总出了调查报告，认定包括CEO高山修一在内的十几名现任董事对此次事件负责，奥林巴斯应该向这些责任人进行超过900亿日元的索赔。随后，奥林巴斯宣布，根据审计师责任调查报告，已向5名现任和前任主审计师提起总额10亿日元的索赔诉讼。

2012年2月16日，奥林巴斯前总裁兼董事长菊川刚、副总裁森久志、前监察董事山田秀雄三名高管以及四名相关公司高管共七名人员遭到逮捕。5月15日，奥林巴斯公布了新的高管名单。7月3日，东京地方法院对奥林巴斯前社长菊川刚等三名前该公司高管，以及作为法人的奥林巴斯公司做出判决，判处年已72岁的奥林巴斯前董事长菊川刚有期徒刑3年，缓刑5年。前副社长森久志被判处有期徒刑2年零6个月，缓刑4年；前监事山田秀雄被判处有期徒刑3年，缓刑5年。作为法人，奥林巴斯被判处罚金7亿日元。7月13日，奥林巴斯发布公告，宣称收到43名外国投资机构及基金公司的起诉，要求其支付赔偿5 892 443 184日元的损失及该笔款项从2011年11月8日至支付日之间的利息。

奥林巴斯财务造假、隐瞒损失的具体过程和方式为：

20世纪90年代初日本经济泡沫破灭时，奥林巴斯之前投资的有价证券等产品贬值损失达到数百亿日元。为了弥补这些损失，当时有能力做出投资决定的森久志和山田秀雄决定双倍押注风险较高的金融衍生品，但策略未能奏效，至1990年损失接近1 000亿日元。

由于1997—1998年间日本开始推动采用公允价值取代历史成本对金融资产进行计价，同时要求把海外子公司的收益合并至母公司报表，森久志和山田秀雄又开始设想新的办法防止巨额亏损被披露出来。在咨询了财务顾问公司AXES American和AXAM Investment之后，两人决定采用设立海外投资基金的方法剥离那部分资产损失。通过在海外设立不需要并入合并报表的基金，然后由基金按账面价值买入奥林巴斯公司已亏损的金融产品，这样母公司的亏损部分就被抹平了。而海外投资基金购买金融产品的资金，则来源于两部分：

(1) 奥林巴斯公司以各银行账户内的存款或国债等作为抵押，由银行向海外基金提供贷款；

(2) 奥林巴斯公司自行设立投资基金，再将现金注入海外的基金。

通过这种方法，2001年3月日本开始采用新会计准则时，本应计入的1 050亿日元损失实际反映在账面上的只有9亿。

但1 000多亿日元的损失仍是实际发生了的，为了完全填补这个黑洞，奥林巴斯公司要设法逐步将资金在账面以合理方式转出。一些与奥林巴斯公司有深交的顾问公司在2005年开始让一些休眠的公司重新开始营业，再以不合理的高价卖给奥林巴斯。

2005—2008年间，奥林巴斯以700亿日元收购了本土三家主营业务与自身关联度不高的非上市公司：食品容器生产商News Chef Inc.、医疗垃圾处理公司Altis Co.以及化妆品和饮食补品生产商Humalabo Co，而在2009年，这三家公司的商誉即被减值了557亿，超过了原值的3/4，在2010年3月，又减值了13亿。

更惹人怀疑的是，2008年奥林巴斯以2 117亿日元收购了英国医疗器械公司Gyrus Group，该公司当时的销售额为500亿日元左右，总资产不足1 000亿，因此商誉的部分占了收购价的一半以上。同时，奥林巴斯向这宗收购的财务顾问公司AXES American支付了6 700万美元的现金和当时价值1.77亿美元的优先股，并在2010年3月以6.2亿美元回购了这些股份，即奥林巴斯公司总共向顾问支付了超过30%、约6.87亿美元的费用，而这一比例通常只有1%～2%。

通过以上两宗大型收购，奥林巴斯完成了约1 100亿日元的损失填补，其所有者权益也由2008年报告中的3 342.1亿日元减至1 613.64亿日元，所有者权益比率更降至14.6%。

实际上早在2006年3月9日的董事会上奥林巴斯已经通过了建立内部控制系统的决议，并且建立了至少从形式上看起来很完善的内部控制体系。丑闻爆发后，2012年1月21日，奥林巴斯受到了东京证券交易所的警告，并且每年都要向东交所上交一份关于内部控制系及其他情况的报告。为了避免摘牌，如何修复其内部控制制度的缺陷已经成为奥林巴斯在公司治理中的重要事项。

资料来源：

1. 李会．基于内部控制角度对奥林巴斯财务舞弊事件的分析，硕士论文．财政部财政科学研究所，2014.
2. 张晨婉．日本历史上最大的财务造假案件分析——奥林巴斯.
   http：//blog. sina. com. cn/s/blog_a18d505b0102vjf4. html.

思考题

1. 查阅相关资料并分析，你认为奥林巴斯主要的内部控制缺陷有哪些？
2. 通过何种控制手段和控制方法可以防止以上舞弊事件的发生？

第 9 章　业务层面的内部控制（下）

【本章导读】

- 资产管理
- 合同管理
- 业务外包
- 研究开发
- 工程项目

9.1 资产管理

作为企业重要的经济资源，资产是企业从事生产经营活动并实现发展战略的物质基础。资产管理贯穿于企业生产经营全过程，也就是通常所说的“实物流”管控。鉴于资产管理的重要性，《企业内部控制基本规范》将合理保证资产安全作为内部控制目标之一，同时单独制定了《企业内部控制应用指引第 8 号——资产管理》，着重对存货、固定资产和无形资产等资产提出了全面风险管控要求，旨在促进企业在保障资产安全的前提下提高资产效能。企业资产管理至少应当关注以下风险：存货积压或短缺，可能导致流动资金占用过量、存货价值贬损或生产中断；固定资产更新改造不够、使用效能低下、维护不当、产能过剩，可能导致企业缺乏竞争力、资产价值贬损、安全事故频发或资源浪费；无形资产缺乏核心技术、权属不清、技术落后、存在重大技术安全隐患，可能导致企业法律纠纷，缺乏可持续发展能力。

企业应当加强各项资产管理，全面梳理资产管理流程，及时发现资产管理中的薄弱环节，切实采取有效措施加以改进，并关注资产减值迹象，合理确认资产减值损失，不断提高企业资产管理水平。在梳理过程中，既要注意从大类上区分存货、固定资产和无形资产，又要分别对存货、固定资产和无形资产等进行细化和梳理。例如，存货需要从原材料、在产品、半成品、产成品、商品、周转材料等方面进行梳理；固定资产需要从房屋建筑物、机器设备和其他固定资产方面进行梳理；无形资产需要从专利权、非专利技术、商标权、特许权、土地使用权等方面进行梳理。企业梳理资产管理流程，应当贯穿各类存货、固定资产和无形资产“从进入到退出”各个环节。

9.1.1 存货

存货，是指企业在日常活动中持有的以备出售的产成品或商品、处在生产过程中的在产品、在生产过程或提供劳务过程中耗用的材料和物料等。存货主要包括原材料、在产品、产成品、半成品、商品及周转材料等；企业代销、代管、代修、受托加工的存货，虽不归企业所有，也应纳入企业存货管理范畴。企业建立和完善存货内部控制制度，必须结合本企业的生产经营特点，针对业务流程中主要风险点和关键环节，制定有效的控制措施。

企业应当采用先进的存货管理技术和方法，规范存货管理流程，明确存货取得、验收入库、原料加工、仓储保管、领用发出、盘点处置等环节的管理要求，充分利用信息系统，强化会计、出入库等相关记录，确保存货管理全过程的风险得到有效控制。

1. 岗位责任制

企业应当建立存货管理岗位责任制，明确内部相关部门和岗位的职责权限，切实做到不相容岗位相互分离、制约和监督。存货业务不相容的岗位有：

（1）存货的采购、验收与付款；

（2）存货的保管与清查；

（3）存货的销售与收款；

（4）存货处置的申请与审批、审批与执行；

（5）存货业务的审批、执行与相关会计记录。

企业应建立存货业务的授权批准制度，明确授权批准的方式、程序和相关控制措施，规定审批人的权限、责任以及经办人的职责范围和工作要求。企业应当明确存货发出和领用的审批权限，大批存货、贵重商品或危险品的发出应当实行特别授权。

2. 存货的保管

企业应当建立存货保管制度，企业内部除存货管理、监督部门及仓储人员外，其他部门和人员接触存货，应当经过相关部门特别授权，定期对存货进行检查，重点关注以下事项：

（1）存货在不同仓库之间流动时应当办理出入库手续；

（2）应当按仓储物资所要求的储存条件储存，并健全防火、防洪、防盗、防潮、防病虫害和防变质等管理规范；

（3）加强生产现场的材料、周转材料、半成品等物资的管理，防止浪费、被盗和流失；

（4）对代管、代销、暂存、受托加工的存货，应单独存放和记录，避免与本单位存货混淆；

（5）结合企业实际情况，加强存货的保险投保，保证存货安全，合理降低存货意外损失风险；

（6）仓储部门应当根据经审批的销售（出库）通知单发出货物。企业仓储部门应当详细记录存货入库、出库及库存情况，做到存货记录与实际库存相符，并定期与财务部门、存货管理部门进行核对。

3. 存货的验收

不论是外购原材料或商品，还是本企业生产的产品，都必须经过验收（质检）环节，以保证存货的数量和质量符合合同等有关规定或产品质量要求。验收程序不规范、标准不明确，可能导致数量克扣、以次充好、账实不符。

外购存货的验收，应当重点关注合同、发票等原始单据与存货的数量、质量、规格等核对一致。涉及技术含量较高的货物，必要时可委托具有检验资质的机构或聘请外部专家协助验收。

自制存货的验收，应当重点关注产品质量，通过检验合格的半成品、产成品才能办理入库手续，不合格品应及时查明原因、落实责任、报告处理。

其他方式取得存货的验收，应当重点关注存货来源、质量状况、实际价值是否符合有关合同或协议的约定。

企业应当重视存货验收工作，规范存货验收程序和方法，对入库存货的数量、质量、技术规格等方面进行查验，验收无误方可入库。

4. 存货的日常管理

对存货的日常管理，根据存货的重要程度，将其分为A、B、C三种类型。A类存货品种占全部存货的10%～15%，资金占存货总额的80%左右，实行重点管理，如大型备件等。B类存货为一般存货，品种占全部存货的20%～30%，资金占全部存货总额的15%左右，适当控制，实行日常管理，如日常生产消耗用材料等。C类存货品种占全部存货的60%～65%，资金占存货总额的5%左右，进行一般管理，如办公用品、劳保用品等随时都可以采购。通过分类后，抓住重点存货，控制一般存货，制订出较为合理的存货采购计划，从而有效地控制存货库存，减少储备资金占用，加速资金周转。

1953年，日本丰田公司的副总裁大野耐一创造了一种高质量、低库存的生产方式——即时生产（Just in Time，JIT）。JIT技术是存货管理的第一次革命，其基本思想是“只在需要的时候，按需要的量，生产所需的产品”，也就是追求一种无库存或库存量达到最小的生产系统。在日本，JIT又称为“看板”管理，在每一个运送零部件的集装箱里面都有一个标牌，生产企业打开集装箱，就将标牌给供应商，供应商接到标牌之后，就开始准备下一批零部件。理想的情况是，下一批零部件送到时，生产企业正好用完上一批零部件。JIT哲理的核心是：消除一切无效的劳动与浪费，在市场竞争中永无休止地追求尽善尽美。JIT十分重视客户的个性化需求；重视全面质量管理；重视人的作用；重视对物流的控制，主张在生产活动中有效降低采购、物流成本。

1）存货的取得

企业应当根据各种存货采购间隔期和当前库存，综合考虑企业生产经营计划、市场供求等因素，充分利用信息系统，合理确定存货采购日期和数量，确保存货处于最佳库存状态。该环节的主要风险是：存货预算编制不科学、采购计划不合理，可能导致存货积压或短缺，存货取得的风险管控措施主要体现在预算编制和采购环节，因此应在相关的预算和采购环节加以关注。

2）存货的领用与发出

企业应当根据自身的业务特点，确定适用的存货发出管理模式，制定严格的存货准出制度，明确存货发出和领用的审批权限，健全存货出库手续，加强存货领用记录。如生产企业中，仓储部门应核对经过审核的领料单或发货通知单的内容，做到单据齐全，名称、规格、计量单位准确；符合条件的准予领用或发出，并与领用人当面核对、点清交付。无论是何种企业，对于大批存货、贵重商品或危险品的发出，均应实行特别授权；仓储部门应当根据经审批的销售（出库）通知单发出货物。如果存货领用发出审核不严格、手续不完备，可能导致货物流失。

3）存货的盘点

企业应当建立存货盘点清查制度，结合本企业实际情况确定盘点周期、盘点流程等相关内容，核查存货数量，及时发现存货减值迹象。盘点清查结果要及时编制盘点表，形成书面报告，包括盘点人员、时间、地点、实际所盘点存货名称、品种、数量、存放情况及盘点过程中发现的账实不符情况等内容，对盘点清查中发现的问题，应及时查明原因，落实责任，按照规定权限报经批准后处理。多部门人员共同盘点时，应当充分体现相互制衡的原则，严格按照盘点计划，认真记录盘点情况。此外，企业至少应当于每年年度终了开展全面的存货盘点清查，及时发现存货减值迹象，将盘点清查结果形成书面报告。存货盘点清查制度不完善、计划不可行，可能导致工作流于形式、无法查清存货真实状况。

4）存货的处置

存货销售处置是存货退出企业生产经营活动的环节，包括商品和产成品的正常对外销售以及存货因变质、毁损等进行的处置。存货报废处置责任不明确、审批不到位，可能导致企业利益受损。企业应定期对存货进行检查，及时、充分了解存货的存储状态，对于存货变质、毁损、报废或流失的处理要分清责任、分析原因、及时处理。

知识链接

獐子岛扇贝去哪了？

2006 年 9 月 28 日，獐子岛头顶着“中国水产业第一股”的光环登陆中小板并旋即成为该板块第一高价股。2008 年 1 月 24 日，獐子岛股价达 151.23 元/股。2014 年 10 月 14 日停牌时为 15.46 元/股，仅为 6 年前最高价的 1/10。

2014 年 10 月 30 日，獐子岛发布《关于部分海域底播虾夷扇贝存货核销及计提存货跌价准备的公告》，獐子岛根据抽测结果，决定对 105.64 万亩海域成本为 7.35 亿元的底播虾夷扇贝存货放弃本轮采捕，进行核销处理；对 43.02 万亩海域成本为 3 亿元的底播虾夷扇贝存货计提跌价准备 2.83 亿元，扣除递延所得税影响 2.54 亿元，合计影响净利润 7.63 亿元，全部计入 2014 年第三季度。该公司三季报显示，前三季度净利润为−8.12 亿元，同比减少 1 388.6%；第三季度净利润为−8.6 亿元，同比减少 8 429.37%。另外，全年预计亏损 7.7 亿元。2014 年 10 月 18 日至 25 日，大华所对獐子岛部分海域底播虾夷扇贝的盘点工作进行监盘，具体盘点日期是 10 月 18 日、20 日和 25 日共计三天，参加盘点人员有盘点船只的船长及船上作业人员、公司的财务人员、会计师事务所的监盘人员。监盘人员的主要工作包括：观察实际盘点时是否按事先选定的点位下网、起网；对采捕上的虾夷扇贝的计数、测标、称重是否正确，盘点数据是否正确、完整地记录在盘点表中。

投资者们对此次獐子岛消失的扇贝，很疑惑：其一，“天灾”，为何只有獐子岛一家遇到几十年一遇的异常冷水团？为何獐子岛镇所在的长海县其他养殖户没有遇到？2014 年 7 月 20 日，长海县政府官网还刊文称，小长山乡虾夷扇贝的养殖“预计年内产量同比去年增产三到四成”。其二，“千里眼透视机”，为何没有监测到？据獐子岛官方网站介绍，中科院海洋所与獐子岛集团合作，“通过点、线、面结合，对空间、水面、水体、海底一体化的多要素同步观测，对獐子岛海洋牧场实施 24 小时监控”。“公司在獐子岛海域构建了北黄海冷水团监测潜标网，对底层水温变化实施 24 小时不间断监测，提升了海域环境监控能力。”“这犹如给大海装上了千里眼、透视机。”其三，播苗 74 亿枚是否属实？此次绝收的虾夷扇贝，是于 2011 年 11 月底播，总苗量 74 亿枚。对此，股民提出“活要见贝，死要见壳”。

资料来源：獐子岛爆出“黑天鹅”事件引发舆论关注. http://www.sic.gov.cn/News/82/3814.htm.

9.1.2 固定资产

固定资产指产品生产过程中用来改变或者影响劳动对象的劳动资料，是固定资本的实物形态。固定资产在生产过程中可以长期发挥作用及保持原有的实物形态，但其价值则随着企业生产经营活动而逐渐地转移到产品成本中去，并构成产品价值的一个组成部分。固定资产一般是单位价值较高的物质资料，在我国的会计制度中，固定资产通常是指使用期限超过1年的房屋、建筑物、机器、机械、运输工具以及其他与生产经营有关的设备、器具和工具等。

1. 岗位责任制

企业应建立固定资产业务的岗位责任制，明确相关部门和岗位的职责、权限，确保办理固定资产业务的不相容岗位相互分离、制约和监督。

固定资产不相容的职务有：

（1）固定资产投资预算的编制与审批；

（2）固定资产的取得、验收与款项支付；

（3）固定资产投保申请与审批；

（4）固定资产的保管与清查；

（5）固定资产处置的申请与审批、审批与执行；

（6）固定资产业务的审批、执行与相关会计记录。

企业应建立固定资产业务的授权批准制度，明确授权批准的方式、程序和相关控制措施，规定审批人的权限、责任以及经办人的职责范围和工作要求。审批人应当根据固定资产业务授权批准制度的规定，在授权范围内进行审批，不得超越审批权限。经办人在职责范围内，按照审批人的批准意见办理固定资产业务。对于审批人超越授权范围审批的固定资产业务，经办人员有权拒绝办理，并及时向上级部门报告。企业应当加强房屋建筑物、机器设备等各类固定资产的管理，重视固定资产维护和更新改造，不断提升固定资产的使用效能，积极促进固定资产处于良好运行状态。

2. 固定资产预算控制

固定资产不像销售、存货、成本等影响企业当期损益的关键工作，一项固定资产，如果已经购入到了企业，因为它的成本在一定程度上具备沉没成本的特性（一般情况下固定资产购入都不是为了卖出变现的），无论该固定资产是否被使用、使用的效率效果如何，一旦折旧年限确定了，就每月以折旧费的形式固定计入企业当期的费用。这一特性造成许多公司在进行费用管理与控制时，往往将“折旧费”列为一项不可控项目，而不去像控制别的费用那样来控制，如交际应酬费、差旅费。固定资产的控制制度应从最开始决定固定资产投资和固定资产的预算开始。

企业应当加强固定资产投资的预算管理，明确固定资产预算的编制、调整、审批、执行等环节的控制要求。企业编制固定资产投资预算，应当符合企业发展战略和生产经营实际需要，综合考虑固定资产投资方向、规模、资金占用成本、预计盈利水平和风险程度等因素，在对固定资产投资项目进行可行性研究和分析论证的基础上，合理安排投资进度和资金投放量。

3. 固定资产的记录控制

企业取得每项固定资产后均需要进行详细登记，编制固定资产目录，建立固定资产卡片，便于固定资产的统计、检查和后续管理。固定资产登记内容不完整，可能导致资产流失、资产信息失真、账实不符。

企业应当建立固定资产归口分级管理制度，明确固定资产管理部门、使用部门和财务部门的职责权限，确保固定资产管理权责明晰、责任到人。

企业应当制定固定资产目录，对每项固定资产进行编号，按照单项资产建立固定资产卡片，详细记录各项固定资产的来源、验收、使用地点、责任单位和责任人、运转、维修、改造、折旧、盘点等相关内容。建立健全固定资产账簿登记制度和固定资产卡片管理制度，确保固定资产账账、账实、账卡相符。按照单项资产建立固定资产卡片，固定资产卡片应在资产编号上与固定资产目录保持对应关系，详细记录各项固定资产的来源、验收、使用地点、责任单位和责任人、运转、维修、改造、折旧、盘点等相关内容，便于固定资产的有效识别。财务部门、固定资产管理和使用部门应当定期核对相关账簿、记录、文件和实物，发现问题及时报告，保证信息的真实和完整。

加强对固定资产折旧、减值的会计核算，及时掌握固定资产价值的变动情况。确认、计量固定资产减值的依据充分，方法应当正确。

4. 固定资产的维修保养控制

固定资产通常要使用多年，因此企业需要建立固定资产维修保养制度，严格执行固定资产日常维修和大修理计划，定期对固定资产进行维护保养，切实消除安全隐患。

企业应当强化对生产线等关键设备运转的监控，严格规范操作流程，实行岗前培训和岗位许可制度，确保设备安全运转。

根据发展战略，充分利用国家有关自主创新政策，加大技改投入，不断促进固定资产技术升级，淘汰落后设备，切实做到保持本企业固定资产技术的先进性和企业发展的可持续性。

5. 验收制度

企业应当建立固定资产的验收制度，企业固定资产管理部门、使用部门和财务部应当参与固定资产验收工作。企业应区别固定资产的不同取得方式，对外购、自行建造、投资者投入、接受捐赠、外单位调入以及通过其他方式获取的固定资产进行验收，办理验收手续，出具验收报告，并与购货合同、供应商发货单及投资方、捐赠方等提供的有关凭据、资料进行核对。办理固定资产验收手续的同时，应当完整地取得产品说明书及其他相关说明资料。

验收合格的固定资产，企业应当填制固定资产交接单，登记固定资产账簿。对于经营性租入、借用、代管的固定资产，企业应当设立备查登记簿进行专门登记，避免与本企业固定资产相混淆。

6. 清查

企业应当定期对固定资产进行盘点。盘点前，固定资产管理部门、使用部门和财务部门应当进行固定资产账簿记录的核对，保证账账相符。企业应组成固定资产盘点小组对固定资产进行盘点，根据盘点结果填写固定资产盘点表，并与账簿记录核对，对账实不符，固定资产盘盈、盘亏的，编制固定资产盘盈、盘亏表。

固定资产发生盘盈、盘亏，应由固定资产使用部门和管理部门逐笔查明原因，共同编制盘盈、盘亏处理意见，经企业授权部门或人员批准后由财务部门及时调整有关账簿记录，使其反映固定资产的实际情况。

企业应至少在每年年末由固定资产管理部门和财务部门对固定资产进行检查分析。检查分析应包括定期核对固定资产明细账与总账，并对差异及时分析与调整。固定资产存在可能发生减值迹象的，应当计算其可收回金额；可收回金额低于账面价值的，应当按照国家统一的会计准则制度的规定计提减值准备、确认减值损失。

对于未使用、不需用或使用不当的固定资产，固定资产管理部门和使用部门应当及时提出处理措施，报企业授权部门或人员批准后实施。对封存的固定资产，应指定专人负责日常管理，定期检查，确保资产的安全、完整。

7. 投保

企业应当严格执行固定资产投保政策，对应投保的固定资产项目按规定程序进行审批，及时办理投保手续。企业应当根据固定资产的性质和特点，确定固定资产投保范围和政策。投保范围和政策应足以应对固定资产因各种原因发生损失的风险。企业应当严格执行固定资产投保范围和政策，对应投保的固定资产项目按规定程序进行审批，办理投保手续。对于重大固定资产项目的投保，应当考虑采取招标方式确定保险公司。已投保的固定资产发生损失的，应当及时办理相关的索赔手续。

8. 处置

企业应当加强固定资产处置的控制，明确固定资产处置的范围、标准、程序、审批权限和责任，关注固定资产处置中的关联交易和处置定价，防范资产流失。重大的固定资产处置，应实行集体审议联签。

企业应区分固定资产不同的处置方式，采取以下相应的控制措施。

（1）对使用期满、正常报废的固定资产，应由固定资产使用部门或管理部门填制固定资产报废单，经企业授权部门或人员批准后对该固定资产进行报废清理。

（2）对使用期限未满、非正常报废的固定资产，应由固定资产使用部门提出报废申请，注明报废理由、估计清理费用和可回收残值、预计出售价值等。企业应组织有关部门进行技术鉴定，按规定程序审批后进行报废清理。

（3）对拟出售或投资转出的固定资产，应由有关部门或人员提出处置申请，列明该项固定资产的原价、已提折旧、预计使用年限、已使用年限、预计出售价格或转让价格等，报经企业授权部门或人员批准后予以出售或转让。

企业应组织相关部门或人员对固定资产的处置依据、处置方式、处置价格等进行审核，重点审核处置依据是否充分、外置方式是否适当、处置价格是否合理。企业应当及时、足额地收到固定资产处置价款，并及时入账。

企业出租、出借固定资产，应由固定资产管理部门会同财务部门按规定报经批准后予以办理，并签订合同，对固定资产出租、出借期间所发生的维护保养、税负责任、租金、归还期限等相关事项予以约定。

企业对于固定资产的内部调拨，应填制固定资产内部调拨单，明确固定资产调拨时间、调拨地点、编号、名称、规格、型号等，经有关负责人审批通过后，及时办理调拨手续。固定资产调拨的价值应当由企业财务部门审核批准。

9. 抵押质押

固定资产抵押制度不完善，可能导致抵押资产价值低估和资产流失。加强固定资产抵押、质押的管理，明晰固定资产抵押、质押流程，规定固定资产抵押、质押的程序和审批权限等，确保资产抵押、质押经过授权审批及适当程序。同时，应做好相应记录，保障企业资产安全。财务部门办理资产抵押时，如需要委托专业中介机构鉴定评估固定资产的实际价值，应当会同金融机构有关人员、固定资产管理部门、固定资产使用部门现场勘验抵押品，对抵押资产的价值进行评估。对于抵押资产，应编制专门的抵押资产目录。

9.1.3　无形资产

无形资产是指企业拥有或者控制的没有实物形态的可辨认的非货币性资产。无形资产通常包括专利权、非专利技术、商标权、著作权、特许权、土地使用权等。

（1）专利权。是指国家专利主管机关依法授予发明创造专利申请人对其发明创造在法定期限内所享有的专有权利，包括发明专利权、实用新型专利权和外观设计专利权。

（2）非专利技术。也称专有技术，是指不为外界所知、在生产经营活动中采用了的、不享有法律保护的、可以带来经济效益的各种技术和诀窍。

（3）商标权。是指专门在某类指定的商品或产品上使用特定的名称或图案的权利。

（4）著作权。制作者对其创作的文学、科学和艺术作品依法享有的某些特殊权利。

（5）特许权。又称经营特许权、专营权，指企业在某一地区经营或销售某种特定商品的权利，或是一家企业接受另一家企业使用其商标、商号、技术秘密等的权利。

（6）土地使用权。指国家准许某企业在一定时间内对国有土地享有开发、利用、经营的权利。

无形资产作为以知识形态存在的重要经济资源，在经济增长中的作用已越来越大。如何对无形资产的价值进行正确的核算和评估，对无形资产的投资进行严密的管理与评价，是现代企业应该充分关注的问题。一套有效的无形资产内部控制制度，是企业堵塞漏洞、消除隐患、保护无形资产安全的重要保证，是企业进行有效的无形资产管理、获得最佳经营效果和效率的前提。无形资产内控环节不完善将导致极大的风险：无形资产业务违反国家法律法规，可能遭受外部处罚、经济损失和信誉损失；无形资产业务未经适当审批或超越授权审批，可能因重大差错、舞弊、欺诈而导致损失；无形资产购买决策失误，可能导致不必要的成本支出；无形资产使用和管理不善，可能导致损失和浪费；无形资产处置决策和执行不当，可能导致企业权益受损；无形资产的会计处理和相关信息不合法、真实、完整，可能导致企业资产账实不符或资产损失。

1. 岗位责任制

企业应当建立无形资产业务的岗位责任制，明确相关部门和岗位的职责、权限，确保办理无形资产业务的不相容岗位相互分离、制约和监督。企业应当加强对品牌、商标、专利、专有技术、土地使用权等无形资产的管理，分类制定无形资产管理办法，落实无形资产管理责任制，促进无形资产有效利用，充分发挥无形资产对提升企业核心竞争力的作用。

无形资产业务不相容岗位包括：

（1）无形资产投资预算的编制与审批；

（2）无形资产投资预算的审批与执行；

（3）无形资产取得、验收与款项支付；

（4）无形资产处置的审批与执行；

（5）无形资产取得与处置业务的执行与相关会计记录；

（6）无形资产的使用、保管与会计处理。

企业应当对无形资产业务建立严格的授权批准制度，明确授权批准的方式、权限、程序、责任和相关控制措施，规定经办人的职责范围和工作要求。严禁未经授权的机构或人员办理无形资产业务。审批人应当根据无形资产业务授权批准制度的规定，在授权范围内进行审批，不得超越审批权限。经办人在职责范围内，应按照审批人的批准意见办理无形资产业务。对于审批人超越授权范围审批的无形资产业务，经办人员有权拒绝办理，并及时向上级部门报告。

2. 无形资产的取得与购置

企业应当建立无形资产预算管理制度。企业根据无形资产的使用效果、生产经营发展目标等因素拟定无形资产投资项目，对项目可行性进行研究、分析，编制无形资产投资预算，并按规定程序审批，确保无形资产投资决策科学合理。对于重大的无形资产投资项目，应当考虑聘请独立的中介机构或专业人士进行可行性研究与评价，并由企业实行集体决策和审批，防止出现决策失误而造成严重损失。

企业应当全面梳理外购、自行开发以及其他方式取得的各类无形资产的权属关系，加强无形资产权益保护，防范侵权行为和法律风险。无形资产具有保密性质的，应当采取严格保密措施，严防泄露商业秘密。

企业应当建立严格的无形资产交付使用验收制度，确保无形资产符合使用要求。无形资产交付使用的验收工作由无形资产管理部门、使用部门及相关部门共同实施。

企业外购无形资产，必须取得无形资产所有权的有效证明文件，仔细审核有关合同等法律文件，必要时应听取专业人士或法律顾问的意见。

企业自行开发的无形资产，应由研发部门、无形资产管理部门、使用部门共同填制无形资产移交使用验收单，移交使用部门使用。

企业购入或者以支付土地出让金方式取得的土地使用权，必须取得土地使用权的有效证明文件。除已经确认为投资性房地产外，在尚未开发或建造自用项目前，企业应当根据合同、土地使用权证办理无形资产的验收手续。

企业对投资者投入、接受捐赠、债务重组、政府补助、企业合并、非货币性资产交换、其他企业无偿划拨转入以及其他方式取得的无形资产均应办理相应的验收手续。

对验收合格的无形资产应及时办理编号、建卡、调配等手续。

◉ 知识链接

三星与苹果的专利纠纷

据科技媒体CNET报道，美国最高法院周三（2016年6月1日）短暂开庭，开始复审三星公司智能手机侵犯苹果公司外观专利的侵权案。三星公司在法庭上阐述了自己的观点，他们认为最高法院应该推翻此前裁决，至少重新审理非常有必要。

三星认为，苹果只应从其侵犯苹果专利的这部分智能手机设计方面获得赔偿，包括前脸圆角矩形设计、用户界面网格形式分布等，而不应要求从三星出售整部手机获得收益中分成。三星表示，这种“设计专利被过高估值”的行为将会伤害竞争和创新意识，将会在其他诉讼中导致“荒谬结果”。

三星在声明中称：“如果当前裁决被执行，那将意味着在成千上万突破性技术专利中，单项设计专利的价值被大大高估。”苹果还未对此发表置评。

3月份，美国最高法院同意对三星和苹果长期的专利纠纷进行复审，这是自19世纪以来，美国最高法院首次参与审理外观专利侵权诉讼。最高法院做出的裁决将在整个科技界产生连锁反应，甚至最终影响到你购买的产品，因为这项裁决将最终定义设计工作的价值。

三星希望最高法院能够就设计专利覆盖范围给出明确指导，包括如何保护专利和使用它们，以及如何做出赔偿。目前，许多专利纠纷都是原告从被告整体设备中获得的利润按照比例支付专利侵权费，而不仅仅是获得设计方面的赔偿。在苹果与三星诉讼案中，这导致苹果最初向三星索赔高达10亿美元。

苹果与三星侵权诉讼案最早始于2011年，苹果指控三星电子抄袭了iPhone的诸多外观设计。在2012年法庭做出判决之后，三星曾经提出上诉，但是在2015年5月，美国联邦巡回上诉法庭维持原判。

苹果和三星已经于2015年同意就海外纠纷达成和解，但它们在美国法庭上的对决还在继续。2015年12月份，三星表示将按照法庭裁决向苹果支付5.48亿美元赔偿。

资料来源：三星在美最高法院吐苦水 苹果设计专利索赔太多. http://tech.163.com/16/0603/06/BOK7LSTG00097U7T.html

3. 无形资产的使用

企业应加强无形资产的日常管理工作，授权具体部门或人员负责无形资产的日常使用与保全管理，保证无形资产的安全与完整。企业应当限制未经授权人员直接接触技术资料等无形资产；对技术资料等无形资产的保管及接触应保存记录；对重要的无形资产应及时申请法律保护。

企业应依据国家有关规定，结合企业实际，确定无形资产摊销范围、摊销年限、摊销方法、残值等。摊销方法一经确定，不得随意变更，确需变更的，应当按照规定程序审批。

企业应当定期对专利、专有技术等无形资产的先进性进行评估。发现某项无形资产给企业带来经济利益的能力受到重大不利影响时，应当考虑淘汰落后技术，同时加大研发投入，不断推动企业自主创新与技术升级，确保企业在市场经济竞争中始终处于优势地位。

企业应当重视品牌建设，加强商誉管理，通过提供高质量产品和优质服务等多种方式，不断打造和培育企业品牌，切实维护和提升企业品牌的社会认可度。

4. 无形资产的处置

企业应当建立无形资产处置的相关制度，确定无形资产处置的范围、标准、程序和审批权限等。

企业应区分无形资产不同的处置方式，采取相应控制措施。

对使用期满、正常报废的无形资产，应由无形资产使用部门或管理部门填制无形资产报废单，经企业授权部门或人员批准后对该无形资产进行报废清理。

对使用期限未满、非正常报废的无形资产，应由无形资产使用部门提出报废申请，注明报废理由、估计清理费用和可回收残值、预计出售价值等。企业应组织有关部门进行技术鉴定，按规定程序审批后进行报废清理。

对拟出售或投资转出的无形资产，应由有关部门或人员提出处置申请，列明该项无形资产的原价、已摊销费用、预计使用年限、已使用年限、预计出售价格或转让价格等，报经企业授权部门或人员批准后予以出售或转让。

无形资产的处置应由独立于无形资产管理部门和使用部门的其他部门或人员办理。无形资产处置价格应当选择合理的方式，报经企业授权部门或人员审批后确定。对于重大的无形资产处置，无形资产处置价格应当委托具有资质的中介机构进行资产评估。对于重大无形资产的处置，应当采取集体合议审批制度，并建立集体审批记录机制。

9.2 合同管理

合同，是指企业与自然人、法人及其他组织等平等主体之间设立、变更、终止民事权利义务关系的协议。企业的许多经济活动是通过合同的形式进行的，如采购合同、销售合同、筹资合同、投资合同、担保合同等。未订立合同、未经授权对外订立合同、合同对方主体资格未达要求、合同内容存在重大疏漏和欺诈，可能导致企业合法权益受到侵害；合同未全面履行或监控不当，可能导致企业诉讼失败、经济利益受损；合同纠纷处理不当，可能损害企业利益、信誉和形象。合同的管理已成为现代企业内部控制制度的重要组成部分。企业应当加强合同管理，确定合同归口管理部门，明确合同拟订、审批、执行等环节的程序和要求，定期检查和评价合同管理中的薄弱环节，采取相应控制措施，促进合同有效履行，切实维护企业的合法权益。

9.2.1 岗位责任制

企业应当建立合同管理的岗位责任制，明确相关部门和岗位的职责权限，确保合同管理的不相容岗位相互分离、制约和监督。合同管理的不相容岗位包括：合同的拟订与审批、合同的审批与执行。

合同业务内部控制基本流程如图 9-1 所示。

企业应当建立合同订立权限分级授予制度，明确企业内部相关单位、部门和岗位的授权范围、授权期间、授权条件等。企业对外签订合同应当由法定代表人或其授权的人签章，同时加盖单位印章或合同专用章。授权签章的，应当签署授权委托书，授权对象应当符合法律法规及企业政策对被授权人资质条件的要求。被授权人应当在授权委托的范围内签订合同。除非授权委托书明确允许的，被授权人不得转委托。

企业应当根据本单位的业务性质、机构设置和管理层级，建立合同分级管理制度。属于上级合同管理单位权限的合同，下级单位不得签订。如下级单位认为确有需要签订超越权限的合同，应当提出申请，经上级合同管理单位批准后，依授权或委托签订。下级合同归口管理部门应当定期对合同进行统计、归集，并编制合同报表，报上级合同归口管理部门，由上级对下级合同订立情况进行检查。

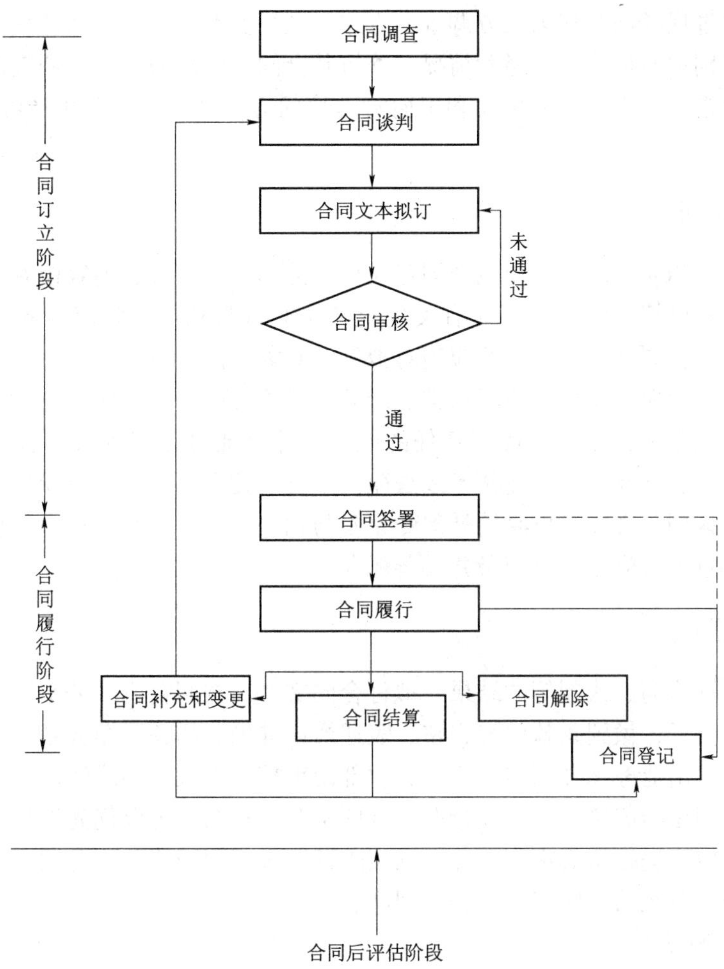

图 9-1　合同业务内部控制基本流程

资料来源：财政部会计司．提高合同管理效能　维护企业合法权益：财政部会计司解读《企业内部控制应用指引第 16 号——合同管理》，2010.

9.2.2　合同调查

签订合同之前，为确保当事人具备履约能力，可以从资质、财务和信用能力进行调查。其一，资质调查是审查被调查对象的身份证件、法人登记证书、资质证明、授权委托书等证明原件，必要时，可通过发证机关查询证书的真实性和合法性，关注授权代理人的行为是否在其被授权范围内，在充分收集相关证据的基础上评价主体资格是否恰当，如果准合同对象不具有相应民事权利能力和民事行为能力或不具备特定资质，与不具备代理权或越权代理的主体签订合同，则合同无效。其二，财务能力和信用状况的调查，获取调查对象经审计的财务报告、以往交易记录等财务和非财务信息，分析其获利能力、偿债能力和营运能力，评估其财务风险和信用状况，并在合同履行过程中持续关注其资信变化，建立和及时更新合同对方的商业信用档案，如果在合同签订前错误判断被调查对象的信用状况，或在合同履行过程中没有持续关注对方的资信变化，则使企业蒙受损失。

调查可以通过现场调查和第三方调查的方式，现场实地了解和全面评估其生产能力、技术水平、产品类别和质量等生产经营情况，分析其合同履约能力；与被调查对象的主要供应商、客户、开户银行、主管税务机关和工商管理部门等沟通，了解其生产经营、商业信誉、履约能力等情况。

9.2.3 合同谈判

企业应当建立相应的制度，规范合同正式订立前的资格审查、内容谈判、文本拟订等流程，确保合同的签订符合国家及行业有关规定和企业自身利益，防范合同签订过程中的舞弊、欺诈等风险。合同订立前，企业应当对拟签约对象的民事主体资格、注册资本、资金运营、技术和质量指标保证能力、市场信誉、产品质量等方面进行资格审查，以确定其是否具有对合同的履约能力和独立承担民事责任的能力，并查证对方签约人的合法身份和法律资格。对于影响重大、涉及较高专业技术或法律关系复杂的合同，应当组织法律、技术、财务等专业人员参与谈判，必要时可聘请外部专家参与相关工作。谈判过程中的重要事项和参与谈判人员的主要意见，应当予以记录并妥善保存。

9.2.4 合同订立

企业应当根据协商、谈判等的结果，拟订合同文本，按照自愿、公平原则，明确双方的权利义务和违约责任，做到条款内容完整、表述严谨准确、相关手续齐备，避免出现重大疏漏。合同文本一般由业务承办部门起草、法律部门审核。重大合同或法律关系复杂的特殊合同应当由法律部门参与起草。国家或行业有合同示范文本的，可以优先选用，但对涉及权利义务关系的条款应当进行认真审查，并根据实际情况进行适当修改。合同文本须报经国家有关主管部门审查或备案的，应当履行相应程序。

1. 合同会审制度

企业应当建立合同会审制度。合同承办部门应当将起草的合同文本交由合同关键条款涉及的其他专业部门和法律部门会同审核并出具书面意见。会同审核的重点主要包括以下几个方面。

（1）经济性。合同内容符合企业的经济利益。

（2）可行性。签约方资信可靠，有履约能力，具备签约资格；资金来源合法，担保方式可靠，担保资产权属明确。

（3）严密性。合同条款齐备、完整，文字表述准确，附加条件适当、合法；合同约定的权利、义务明确，数量、价款、金额等标示准确；合同有关附件齐备，手续完备。

（4）合法性。合同的主体、内容和形式合法；合同订立的程序符合规定，会审意见齐备；资金的来源、使用及结算方式合法，资产动用的审批手续齐备。

2. 合同签订

企业应当按照规定的权限和程序与对方当事人签署合同。正式对外订立的合同，应当由企业法定代表人或由其授权的代理人签名或加盖有关印章。授权签署合同的，应当签署授权委托书。属于上级管理权限的合同，下级单位不能跨级签署。下级单位认为确有需要签署涉及上级管理权限的合同，应当提出申请，并经上级合同管理机构批准后办理。上级单位应当加强对下级单位合同订立、履行情况的监督检查。

企业对于重要合同，原则上应当与合同对方当事人当面签订。对于需先行签字并盖章，然后寄送对方签字并盖章的，应当采用在合同各页码之间加盖骑缝章、使用防伪印记等方法对合同文书加以控制。由签约对方起草的合同，企业应当认真审查，确保合同内容准确反映企业诉求和谈判达成的一致意见，特别留意“其他约定事项”等需要补充填写的栏目，如不存在其他约定事项时注明“此处空白”或“无其他约定”，防止合同后续被篡改。

3. 合同专用章的保管

合同经编号、审批及企业法定代表人或由其授权的代理人签署后，方可加盖合同专用章。企业应当建立合同专用章专人保管和收回制度。印章管理部门（或岗位）不得对未经编号或缺少合同审核、报签文件以及代签而缺少授权委托书的合同用印。合同用印后，应当及时收回合同专用章并妥善保管。

4. 合同的归口管理

企业可以根据合同管理需要和部门职责范围，指定合同归口管理部门，对合同实施统一规范管理。归口管理部门可以设立法律事务岗位，配备具有法律专业资格的人员。合同订立后，合同副本及相关审核资料应交由档案管理部门归档，合同正本由合同归口管理部门负责保管和履行。合同管理部门应当加强合同登记管理，充分利用信息化手段，定期对合同进行统计、分类和归档，详细登记合同的订立、履行和变更等情况，实行合同的全过程封闭管理。

◉ 知识链接

万福生科的合同造假

2011年9月27日，从事稻米精深加工系列产品的研发、生产和销售的万福生科以每股25元的发行价成功登陆创业板，加上超募资金，共募集4.25亿元，曾被多家券商誉为“新兴行业中的优质企业”。

2012年9月15日，万福生科公告称，已收到中国证券监督管理委员会湖南监管局《立案稽查通知书》，因公司涉嫌违反有关证券法律法规，湖南监管局决定于2012年9月17日起对公司进行立案稽查。一个月之后，万福生科公开宣称2012年中报存在虚假记载和重大遗漏，在2012年半年报中虚增营业收入1.87亿元、虚增利润0.4亿元，同时未披露公司上半年停产事项。

万福生科的造假手段之一就是虚构客户和虚构销售收入。

万福生科在2011年的年报“销售合同”一节中披露了与华源粮油经营部签订的两份合同：

2011年6月5日，公司与东莞樟木头华源粮油经营部签订《采购合同》（合同编号：201106014）。合同有效期为合同签订之日起至2011年6月30日，合同已履行。

2011年7月3日，公司与东莞樟木头华源粮油经营部签订《采购合同》（合同编号：201107006）。合同有效期为合同签订之日起至2011年7月31日，合同已履行。

同样，与傻牛食品厂也有三份合同被一同披露：

2011年6月4日，公司与湖南省傻牛食品厂签订《采购合同》（合同编号：201106010）。合同有效期为合同签订之日起至2011年6月30日，合同已履行。

2011年7月2日，公司与湖南省傻牛食品厂签订《采购合同》（合同编号：201107003）。合同有效期为合同签订之日起至2011年7月31日，合同已履行。

2011年9月1日，公司与湖南省傻牛食品厂签订《采购合同》（合同编号：201109011）。合同有效期为合同签订之日起至2011年9月30日，合同已履行。

事实上这两家企业与万福生科早已无生意往来，采购合同又从何而来？

“外行人以为客户收入可以随意编造，其实并不容易。”一位熟悉上市公司造假的财务专家说。编制假合同的目的，是让虚假业务看起来真实合理。据其介绍，伪造客户收入的工作相对烦琐，需要私刻客户假公章、编造销售假合同、虚开销售发票、编制银行单据、假出库单等一系列造假工序的配合，才能让虚增销售收入看起来合理。

资料来源：经典案例：“万福生科”财务造假分析. http://blog.sina.com.cn/s/blog_626c8498010186pi.html.

9.2.5 合同履行

企业应当遵循诚实信用原则严格履行合同，对合同履行实施有效监控，强化对合同履行情况及效果的检查、分析和验收，确保合同全面有效履行。合同生效后，企业就质量、价款、履行地点等内容与合同对方没有约定或者约定不明确的，可以协议补充；不能达成补充协议的，按照国家相关法律法规、合同有关条款或者交易习惯确定。在合同履行过程中如果发现有显失公平、条款有误或对方有欺诈行为等情形，或因政策调整、市场变化等客观因素，已经或可能导致企业利益受损的，应当按规定程序及时报告，并经双方协商一致，按照规定权限和程序办理合同变更或解除事宜。

1. 合同纠纷处理制度

企业应当加强合同纠纷管理，在履行合同过程中发生纠纷的，应当依据国家相关法律法规，在规定时效内与对方当事人协商并按规定权限和程序及时报告。

合同纠纷经协商一致的，双方应当签订书面协议。合同纠纷经协商无法解决的，应当根据合同约定选择仲裁或诉讼方式解决。企业内部授权处理合同纠纷的，应当签署授权委托书。纠纷处理过程中，未经授权批准，相关经办人员不得向对方当事人作出实质性答复或承诺。

2. 合同违约处理制度

企业应当建立合同违约处理制度。对方违约的情形，应当按合同条款约定收取违约金；违约金不足以弥补企业损失时，应当要求对方赔偿损失，必要时应采取相应的保全措施。企业自身违约的情形，应当由合同承办部门以书面形式报告企业有关负责人，经批准后履行相应赔偿责任。

3. 合同履行情况评估制度

企业应当建立合同履行情况评估制度，至少于每年年末对合同履行的总体情况和重大合同履行的具体情况进行分析评估，对分析评估中发现合同履行中存在的不足，应当及时加以改进。

4. 合同管理考核与责任追究制度

企业应当健全合同管理考核与责任追究制度。对合同订立、履行过程中出现的违法违规行为，应当追究有关机构或人员的责任。在合同履行中或履行后，如发现合同内容或签署程序不合法，应追究当事人的责任。合同内容或签署程序是否合法根据合同履行情况评估报告确定。其中审批人对合同负全面责任，签署人负相应责任。有关部门对其负责的相关条款的合法性、合理性承担相应责任，如已提出异议而未能获得签署人的认同，异议部门就其异议办法内容不承担责任。未按程序和权限签订合同的，追究越权人相应责任。管理部门的当事人未能按程序进行管理的，应承担相应责任。业务部门的当事人应对其上报的情况与事实不符、执行合同中越权行为承担相应责任。

9.3　业务外包

业务外包的英文为“Out Sourcing”。尽管业务外包这种经营形式至今仍没有一个统一明确的定义，但其本质是把自己做不了、做不好或别人做得更好、更全面的事交由别人去做。准确一点讲，业务外包是指企业利用专业化分工优势，将日常经营中的部分业务委托给本企业以外的专业服务机构或其他经济组织。从本质上看，企业把内部业务的一部分承包给外部专门机构，这是将自身重新定位，重新配置企业的各种资源，将资源集中于最能反映企业相对优势的领域，塑造和发挥企业自己独特的、难以被其他企业模仿或替代的核心业务，构筑自己的竞争优势，以获得使企业持续发展的核心竞争能力。

制造环节的外包是最早的外包形式。生产外包是指企业将生产环节安排到劳动力价格较低的国家，以提高生产效率。早在20世纪70年代，“耐克”的产品制造就是通过外包进行的。世界食品之王——雀巢公司几乎所有的包装业务和大部分的产品生产都是通过外包进行的。目前，许多计算机厂家，像IBM、康柏公司、惠普公司等将许多组件的生产工作外包给一些知名的电子产品公司。除了生产外包，还有营销外包、人力资源管理外包、物流配送外包、应收账款外包、信息技术外包、研发外包、资信调查外包、可行性研究外包等多种形式。

外包范围和价格确定不合理，承包方选择不当，可能导致企业遭受损失；业务外包监控不严、服务质量低劣，可能导致企业难以发挥业务外包的优势；业务外包存在商业贿赂等舞弊行为，可能导致企业相关人员涉案。

因此，应充分考虑业务外包中可能出现的风险，对业务外包的各个关键环节加强控制，建立和完善业务外包管理制度，规定业务外包的范围、方式、条件、程序和实施等相关内容，明确相关部门和岗位的职责权限，强化业务外包全过程的监控，防范外包风险，充分发挥业务外包的优势，同时应当权衡利弊，避免核心业务外包。对外包业务实施分类管理，通常划分为重大外包业务和一般外包业务。重大外包业务是指对企业生产经营有重大影响的外包业务。

9.3.1　岗位责任制

企业应当建立业务外包的岗位责任制，明确相关部门和岗位的职责权限，确保办理业务外包的不相容岗位相互分离、制约和监督。

业务外包的不相容岗位包括：

（1）业务外包的申请与审批；

（2）业务外包的审批与执行；

（3）外包合同的订立与审核；

（4）业务外包的执行与相关会计记录；

（5）付款的申请、审批与执行。

企业应当建立业务外包的授权制度和审核批准制度，明确企业内部各单位、各部门授权范围、授权内容、授权期间和被授权人条件等。企业重大或核心业务外包，应当提交董事会及其审计委员会审议通过后方可实施。非核心业务或涉及金额较小的业务外包，应当由相关部门在授权范围内提出申请，报董事长、总经理审核通过后实施。业务外包的内部控制基本流程如图 9-2 所示。

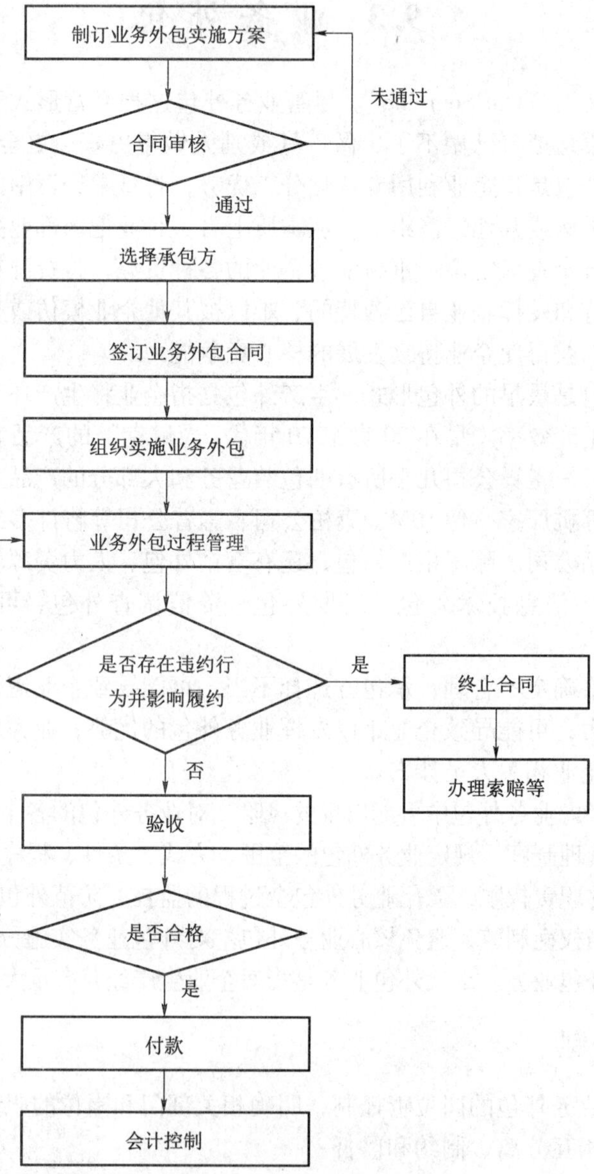

图 9-2　业务外包的内部控制基本流程

资料来源：财政部会计司．加强业务外包管理　防范业务外包风险——财政部会计司解读《企业内部控制应用指引第 13 号——业务外包》，2010.

9.3.2 业务外包承包方的选择

企业应当按照批准的业务外包实施方案选择承包方。承包方至少应当具备以下条件：

（1）承包方是依法成立和合法经营的专业服务机构或其他经济组织，具有相应的经营范围和固定的办公场所；

（2）承包方应当具备相应的专业资质，其从业人员符合岗位要求和任职条件，并具有相应的专业技术资格；

（3）承包方的技术及经验水平符合本企业业务外包的要求。

企业应当引入竞争机制，遵循公开、公平、公正的原则，采用适当方式，择优选择外包业务的承包方。采用招标方式选择承包方的，应当符合招投标法的相关规定。企业及相关人员在选择承包方的过程中，不得收受贿赂、回扣或者索取其他好处。承包方及其工作人员不得利用向企业及其工作人员行贿、提供回扣或者给予其他好处等不正当手段承揽业务。

9.3.3 业务外包合同

企业应当建立规范的外包合同管理制度。企业应当根据外包业务性质的不同，及时与承包方签订不同形式的合同文本，包括技术协议、外包加工协议、规划试验大纲、咨询合同等。外包合同的订立、履行流程及其控制应符合《企业内部控制应用指引第16号——合同管理》的有关规定。

业务外包合同的内容主要包括：外包业务的内容和范围，双方权利和义务，服务和质量标准，保密事项，费用结算标准和违约责任等。应当在外包合同中具体约定下列事项：对于涉及本企业机密的业务和事项，承包方有责任履行保密义务；企业有权获得和评估业务外包项目的实施情况和效果，获得具体的数据和信息，督促承包方改进服务流程和方法；承包方有责任按照合同规定的方式和频率，将外包实施的进度和现状告知企业，并对存在问题进行有效沟通。

9.3.4 业务外包的实施

企业应当加强业务外包实施的管理，严格按照业务外包制度、工作流程和相关要求，组织开展业务外包，并采取有效的控制措施，确保承包方严格履行业务外包合同。

企业应当做好与承包方的对接工作，加强与承包方的沟通与协调，及时搜集相关信息，发现和解决外包业务日常管理中存在的问题。对于重大业务外包，企业应当密切关注承包方的履约能力，建立相应的应急机制，避免业务外包失败造成本企业生产经营活动中断。

1. 业务外包的持续性评估

企业应当制订合理的业务可持续计划，避免外包业务失败造成企业商业活动的中断。企业应当定期对所有重要承包方的履约能力进行评估，据此确定业务可持续能力等级，并制订相应的应急方案。业务可持续计划评估报告应当及时提交企业总经理审阅。

对承包方的履约能力进行持续评估，有确凿证据表明承包方存在重大违约行为，导致业务外包合同无法履行的，应当及时终止合同。承包方违约并造成企业损失的，企业应当按照合同对承包方进行索赔，并追究责任人责任。

2. 业务外包的产品或服务的验收

业务外包合同执行完成后需要验收的，企业应当组织相关部门或人员对完成的业务外包合同进行验收，并出具验收证明。验收过程中如果发现异常情况，应当立即报告、查明原因、及时处理。

承包方最终提供的产品（或服务）应当与外包合同协议约定一致。业务外包归口管理部门应当对所有产品差异予以确认，并及时告知承包方进行调整。因承包方提供附加产品等原因需要额外交费的，应当在企业授权范围内提交审议。企业财务人员应当准确计算业务外包中的退款和折扣金额，报财务部门负责人审核后予以确认和计量。

3. 业务外包的索赔

企业应当加强对外包业务的索赔管理。对于因承包方原因导致的外包合同协议未完整履行，企业有权向承包方索赔。对于承包方认可的赔款事项，企业应当指定专人进行跟踪、报告，及时收回赔款，并追究责任人责任。对于长期未决赔款，企业可以通过法律手段予以解决。终止对承包方的索赔，应当由业务外包归口管理部门提出申请，详细说明终止索赔的理由，报企业总经理审批后执行并备案。

9.4 研究与开发

研究与开发，是指企业为获取新产品、新技术、新工艺等所开展的各种研发活动。研发包含四个基本要素：创造性；新颖性；科学方法的运用；新知识的产生。研究开发活动的产出是新的知识，或者是新的和具有明显改进的材料、产品、装置、工艺或服务等。

研发项目未经科学论证或论证不充分，可能导致创新不足或资源浪费；研发人员配备不合理或研发过程管理不善，可能导致研发成本过高、舞弊或研发失败；研究成果转化应用不足、保护措施不力，可能导致企业利益受损。

研究阶段是指为获取新的科学或技术知识并理解它们而进行的独创性的有计划调查。研究阶段是探索性的，为进一步开发活动进行资料及相关方面的准备，已进行的研究活动将来是否会转入开发、开发后是否会形成无形资产等均具有较大的不确定性。比如，为了获取知识而进行的活动，研究成果或其他知识的应用研究、评价和最终选择，材料、设备、产品、工序系统或服务替代品的研究，新的或经改进的材料、设备、产品、工序系统或服务的可能替代品的配置、设计、评价和最终选择等，均属于研究活动。

开发阶段是指在进行商业性生产或使用前，将研究成果或其他知识应用于某项计划或设计，以生产出新的或具有实质性改进的材料、装置、产品等。相对于研究阶段而言，开发阶段应当是已完成研究阶段的工作，在很大程度上具备了形成一项新产品或新技术的基本条件。例如，生产前或使用前的原型和模型的设计、建造和测试，不具有商业性生产经济规模的试生产设施的设计、建造和运营等，均属于开发活动。

企业应当根据研究与开发的实际情况加以判断，将研究开发项目区分为研究阶段与开发阶段。

9.4.1 岗位责任制

企业应当建立研究与开发的岗位责任制，明确相关部门和岗位的职责权限，确保研究开发的不相容职务相互分离、制约和监督。研究与开发不相容的岗位包括：可行性研究与审批、研发的立项和审批等。企业应当重视研发工作，根据发展战略，结合市场开拓和技术进步要求，科学制订研发计划，强化研发全过程管理，规范研发行为，促进研发成果的转化和有效利用，不断提升企业自主创新能力。

9.4.2　研究开发的立项管理

企业应当根据实际需要，结合企业发展战略、市场及技术现状，提出研究项目立项申请，开展可行性研究，编制可行性研究报告。建立完善的立项、审批制度，确定研究开发计划制定原则和审批人，审查承办单位或专题负责人的资质条件和评估、审批流程等。

企业可以组织独立于申请及立项审批之外的专业机构和人员进行评估论证，出具评估意见。研究项目应当按照规定的权限和程序进行审批，重大研究项目应当报经董事会或类似权力机构集体审议决策。审批过程中，应当重点关注研究项目促进企业发展的必要性、技术的先进性以及成果转化的可行性。

制定开题计划和报告，开题计划经科研管理部门负责人审批，开题报告应对市场需求与效益、国内外在该方向的研究现状、主要技术路线、研究开发目标与进度、已有条件与基础、经费等进行充分论证、分析，保证项目符合企业需求。

9.4.3　研究开发的过程管理

企业应当加强对研究过程的管理，合理配备专业人员，严格落实岗位责任制，确保研究过程高效、可控。企业应当跟踪检查研究项目进展情况，评估各阶段研究成果，提供足够的经费支持，确保项目按期、保质完成，有效规避研究失败风险。研发通常分为自主研发、委托研发和合作研发。

自主研发是指企业依靠自身的科研力量，独立完成项目，包括原始创新、集成创新和在引进消化基础上的再创新三种类型。合理设计项目实施进度计划和组织结构，跟踪项目进展，建立良好的工作机制，保证项目顺利实施。建立研发项目管理制度和技术标准，建立信息反馈制度和研发项目重大事项报告制度；严格落实岗位责任制。

委托研发是指企业委托具有资质的外部承办单位进行研究和开发。企业研究项目委托外单位承担的，应当采用招标、协议等适当方式确定受托单位，签订外包合同，约定研究成果的产权归属、研究进度和质量标准等相关内容。

合作研发是指合作双方基于研发协议，就共同的科研项目，以某种合作形式进行研究或开发。企业与其他单位合作进行研究的，应当对合作单位进行尽职调查，签订书面合作研究合同，明确双方投资、分工、权利义务、研究成果产权归属等。

企业应当建立研发活动评估制度，加强对立项与研究、开发与保护等过程的全面评估，认真总结研发管理经验，分析存在的薄弱环节，完善相关制度和办法，不断改进和提升研发活动的管理水平。

9.4.4　核心人员管理制度

企业应当建立严格的核心研究人员管理制度，明确界定核心研究人员范围和名册清单，签署符合国家有关法律法规要求的保密协议。

企业与核心研究人员签订劳动合同时，应当特别约定研究成果归属、离职条件、离职移交程序、离职后保密义务、离职后竞业限制年限及违约责任等内容。

9.4.5 研究成果验收制度

结题验收是对研究过程形成的交付物进行质量验收。结题验收分检测鉴定、专家评审、专题会议三种方式。企业应当建立和完善研究成果验收制度，由独立的、具备专业胜任能力的测试人员进行鉴定试验，并按计划进行正式的、系统的、严格的评审。对验收过程中发现的异常情况应重新进行验收申请或进行补充研发，直至研发项目达到研发标准为止。

企业对于通过验收的研究成果，可以委托相关机构进行审查，确认是否申请专利或作为非专利技术、商业秘密等进行管理。企业对于需要申请专利的研究成果，应当及时办理有关专利申请手续。

9.4.6 研究成果的开发与保护

研究成果开发是指企业将研究成果经过开发过程转换为企业的产品。企业应当加强研究成果的开发，形成科研、生产、市场一体化的自主创新机制，促进研究成果转化。

研究成果的开发应当分步推进，通过试生产充分验证产品性能，在获得市场认可后方可进行批量生产。科学鉴定大批量生产的技术成熟度，力求降低产品成本。

成果保护是企业研发管理工作的有机组成部分。有效的研发成果保护，可保护研发企业的合法权益。企业应当建立研究成果保护制度，加强对专利权、非专利技术、商业秘密及研发过程中形成的各类涉密图纸、程序、资料的管理，严格按照制度规定借阅和使用。禁止无关人员接触研究成果。

企业应当建立研发活动评估制度，加强对立项与研究、开发与保护等过程的全面评估，认真总结研发管理经验，分析存在的薄弱环节，完善相关制度和办法，不断改进和提升研发活动的管理水平。

◉ 知识链接

飞科电器 IPO 引发三大质疑

2014 年 3 月，国内剃须刀龙头企业飞科电器提交了上市招股说明书。而招股书发布的同时也将飞科电器往年研发、专利、外包生产等一系列细节曝光，其中研发投入低、核心产品少、外包情况多成为业内对飞科电器未来发展的三大质疑。

一、产品外包比例超八成

据飞科电器发布的招股说明书显示，2011—2013 年间，电动剃须刀外包生产数量占总产量的比例分别为 71.04%、81.12% 和 78.66%，电吹风外包生产数量占比分别为 32.17%、71.19% 和 79.47%。另外，飞科电器外包采购总额占当期营业成本比重逐年上升，在过去三年分别为 67.59%、66.97% 和 77.55%。

业内专家普遍表示，过于依赖外包，将制约飞科电器工业设计能力、品牌号召力的提升。这样一来，飞科电器只能继续以利润换市场，流窜于中低端市场。而从目前小家电行业的发展前景来看，今后的市场主流一定是中高端智能化产品，显然飞科电器的策略与其背道而驰。

二、研发投入比例远低于同行

飞科电器在其公司介绍中描述，公司以“技术研发”和“品牌运营”为核心竞争力，而实际上却是严重偏向“品牌运营”。数据显示，2011—2013年，飞科电器广告、促销及展览宣传费用累计5.56亿元，占同期营业收入的10.59%，其中，广告支出5亿元，占同期营业收入的9.4%。而2013年公司在研发方面的投入只有1 569万元，仅占其营收的0.75%。

相比之下，同行们则更加重视产品创新研发。2013年九阳股份研发投入为1.7亿元，占当期营收的3.19%，占比接近飞科电器的4倍。飞科电器主要竞争对手飞利浦2013年的研发投入为17亿欧元，营业收入占比高达7.29%，占比近乎飞科电器的10倍。

三、拳头产品单一，抗风险低

过于依赖电动剃须刀和电吹风是飞科电器的又一大问题。据招股说明书显示，飞科电器在2011—2013年间，电动剃须刀和电吹风的销售是公司收入和利润的主要来源，占公司各期主营业务收入的比重分别为91.54%、91.1%和90.98%，占公司各期毛利总额的比重分别为93.38%、92.93%和92.81%。

预计在未来相当长时期，飞科电器的经营关键仍然将依赖于电动剃须刀和电吹风的销售。这意味着企业抗风险能力较低，一旦核心产品遭到同行或者外来者冲击，整个企业可能会因此受损。

从市场情况来看，飞科电器的电动剃须刀和电吹风两大拳头产品形势也不容乐观。数据显示，2012年飞科电器电动剃须刀综合市场占有率为21.1%，飞利浦市场占有率为21%，另外博朗、松下、超人等企业市场占有率均超过10%；在电吹风市场，飞利浦的市场占有率则为32.61%，飞科位列其后，为29.1%。

飞科电器在招股说明书上也表示：“如果公司不能采取有效措施提高自身产品的竞争力，公司产品的市场份额将有可能下降。一旦市场竞争加剧超出预期或者革命性的替代产品出现，公司上市当年营业利润有可能会下降50%以上甚至亏损。”

资料来源：陈维．飞科电器IPO引发三大质疑．http：//yuqing.people.com.cn/n/2014/0619/c358844-25170372.html.

9.5　工程项目

工程项目，是指企业自行或者委托其他单位所进行的建造、安装工程。根据不同的划分标准，工程项目可分为以下不同的类型。

1. 生产性工程项目和非生产性工程项目

生产性工程项目是指形成物质产品生产能力的工程项目，如工业、农业、交通运输、建筑业、邮电通信等产业部门的工程项目；非生产性工程项目是指不形成物质产品生产能力的工程项目，如公用事业、文化教育、卫生体育、科学研究、社会福利事业、金融保险等部门的工程项目。

2. 基本建设工程项目、设备更新和技术改造工程项目

基本建设工程项目（简称建设项目）是指以扩大生产能力或新增工程效益为主要目的的新建、扩建工程及与之相关方面的工作。建设项目一般在一个或几个建设场地上，并在同一总体设计或初步设计范围内，由一个或几个有内在联系的单项工程所组成，经济上实行统一核算，行政上有独立的组织形式，实行统一管理，通常是以企业、事业、行政单位或独立工程作为一个建设单位。设备更新和技术改造工程项目（简称更新改造项目）是指对原有设施进行固定资产更新和技术改造相应配套的工程以及有关工作。更新改造项目一般以提高现有固定资产的生产效率为目的，土建工程量的投资占整个项目投资的比重按现行管理规定应在 30% 以下。

企业至少应当关注涉及工程项目的以下风险。

（1）项目招标暗箱操作，存在商业贿赂，可能导致中标人实质上难以承担工程项目、中标价格失实及相关人员涉案。

（2）工程造价信息不对称，技术方案不落实，概预算脱离实际，可能导致项目投资失控。

（3）工程物资质次价高，工程监理不到位，项目资金不落实，可能导致工程质量低劣、进度延迟或中断。

（4）竣工验收不规范，最终把关不严，可能导致工程交付使用后存在重大隐患。

企业应当建立和完善工程项目各项管理制度，全面梳理各个环节可能存在的风险点，规范工程立项、招标、造价、建设、验收等环节的工作流程，明确相关部门和岗位的职责权限，做到可行性研究与决策、概预算编制与审核、项目实施与价款支付、竣工决算与审计等不相容职务相互分离，强化工程建设全过程的监控，确保工程项目的质量、进度和资金安全。

9.5.1 岗位责任制

企业应当建立工程项目业务的岗位责任制，明确相关部门和岗位的职责权限，确保办理工程项目业务的不相容岗位相互分离、制约和监督。

工程项目业务不相容岗位包括：

（1）项目建议、可行性研究与项目决策；

（2）概预算编制与审核；

（3）项目决策与项目实施；

（4）项目实施与价款支付；

（5）项目实施与项目验收；

（6）竣工决算与竣工决算审计。

企业应当按照规定的权限和程序对工程项目进行决策，决策过程应有完整的书面记录。重大工程项目的立项，应当报经董事会或类似权力机构集体审议批准。总会计师或分管会计工作的负责人应当参与项目决策。任何个人不得单独决策或者擅自改变集体决策意见。工程项目决策失误应当实行责任追究制度。

对于重大项目，企业应当考虑聘请具备规定资质和胜任能力的中介机构（如招标代理、工程监理、财务监理等）和专业人士（如工程造价专家、质量控制专家等），协助企业进行工程项目业务的实施和管理。企业应建立适当的程序对所聘请的中介机构和专业人士的工作进行必要的督导。

9.5.2 工程立项

工程立项包括可行性研究和项目评审。

1. 可行性研究

企业应当指定专门机构归口管理工程项目，根据发展战略和年度投资计划，提出项目建议书，开展可行性研究，编制可行性研究报告。企业也可以委托具有相应资质的专业机构开展可行性研究，并按照有关要求形成可行性研究报告。

项目建议书的主要内容包括：项目的必要性和依据、产品方案、拟建规模、建设地点、投资估算、资金筹措、项目进度安排、经济效果和社会效益的估计、环境影响的初步评价等。

可行性研究报告的内容主要包括：项目概况，项目建设的必要性，市场预测，项目建设选址及建设条件论证，建设规模和建设内容，项目外部配套建设，环境保护，劳动保护与卫生防疫，消防、节能、节水，总投资及资金来源，经济、社会效益，项目建设周期及进度安排，招投标法规定的相关内容等。

2. 项目评审

企业应当组织规划、工程、技术、财务、法律等部门的专家对项目建议书和可行性研究报告进行充分论证和评审，出具评审意见，作为项目决策的重要依据。在项目评审过程中，应当重点关注项目投资方案、投资规模、资金筹措、生产规模、投资效益、布局选址、技术、安全、设备、环境保护等方面，核实相关资料的来源和取得途径是否真实、可靠和完整。企业可以委托具有相应资质的专业机构对可行性研究报告进行评审，出具评审意见。从事项目可行性研究的专业机构不得再从事可行性研究报告的评审。

企业应当在工程项目立项后、正式施工前，依法取得建设用地、城市规划、环境保护、安全、施工等方面的许可。

9.5.3 工程招投标

工程项目招投标包括招标和评标。

1. 招标

企业的工程项目一般应当采用公开招标的方式，择优选择具有相应资质的承包单位和监理单位。在选择承包单位时，企业可以将工程的勘察、设计、施工、设备采购一并发包给一个项目总承包单位，也可以将其中的一项或者多项发包给一个工程总承包单位，但不得违背工程施工组织设计和招标设计计划，将应由一个承包单位完成的工程分解为若干部分发包给几个承包单位。

企业应当依照国家招投标法的规定，遵循公开、公正、平等竞争的原则，发布招标公告，提供载有招标工程主要技术要求、主要合同条款、评标的标准和方法，以及开标、评标、定标的程序等内容的招标文件。企业可以根据项目特点决定是否编制标底。需要编制标底的，标底编制过程和标底应当严格保密。在确定中标人前，企业不得与投标人就投标价格、投标方案等实质性内容进行谈判。

2. 评标

企业应当依法组建评标委员会。评标委员会由企业的代表和有关技术、经济方面的专家组成。评标委员会应当客观、公正地履行职务、遵守职业道德，对所提出的评审意见承担责任。

企业应当采取必要的措施，保证评标在严格保密的情况下进行。评标委员会应当按照招标文件确定的标准和方法，对投标文件进行评审和比较，择优选择中标候选人。

评标委员会成员和参与评标的有关工作人员不得透露对投标文件的评审和比较、中标候选人的推荐情况以及与评标有关的其他情况，不得私下接触投标人，不得收受投标人的财物或者其他好处。

企业应当按照规定的权限和程序从中标候选人中确定中标人，及时向中标人发出中标通知书，在规定的期限内与中标人订立书面合同，明确双方的权利、义务和违约责任。

9.5.4 工程造价

企业应当建立工程项目概预算环节的控制制度，对概预算的编制、审核等作出明确规定，确保概预算编制科学、合理。组织工程、技术、财务等方面的相关专业人员对编制的概预算进行审核，重点审查编制依据、工程量的估计、定额、参数、模型等的采用是否合理，项目内容是否完整，计算是否准确。审核人员应出具书面审核意见，并签章确认。企业可以委托具备相应资质的中介机构开展工程造价咨询工作。

9.5.5 工程建设

企业应当向招标确定的设计单位提供详细的设计要求和基础资料，进行有效的技术、经济交流。初步设计应当在技术、经济交流的基础上，采用先进的设计管理实务技术，进行多方案比选。施工图设计深度及图纸交付进度应当符合项目要求，防止因设计深度不足、设计缺陷，造成施工组织、工期、工程质量、投资失控以及生产运行成本过高等问题。

企业应当加强对工程建设过程的监控，实行严格的概预算管理，切实做到及时备料、科学施工、保障资金、落实责任，确保工程项目达到设计要求。

1. 工程监理制度

企业应当实行严格的工程监理制度，委托经过招标确定的监理单位进行监理。工程监理单位应当依照国家法律法规及相关技术标准、设计文件和工程承包合同，对承包单位在施工质量、工期、进度、安全和资金使用等方面实施监督。

工程监理人员应当具备良好的职业操守，客观公正地执行监理任务，发现工程施工不符合设计要求、施工技术标准和合同约定的，应当要求承包单位改正；发现工程设计不符合建筑工程质量标准或者合同约定的质量要求的，应当报告企业要求设计单位改正。未经工程监理人员签字，工程物资不得在工程上使用或者安装，不得进行下一道工序施工，不得拨付工程价款，不得进行竣工验收。

2. 项目变更制度

企业应当建立设计变更管理制度。设计单位应当提供全面、及时的现场服务。因过失造成设计变更的，应当实行责任追究制度。一旦工程开始建设，应当严格控制工程变更，确需变更的，应当按照规定的权限和程序进行审批。重大的项目变更应当按照项目决策和概预算控制的有关程序和要求重新履行审批手续。因工程变更等原因造成价款支付方式及金额发生变动的，应当提供完整的书面文件和其他相关资料，并对工程变更价款的支付进行严格审核。

3. 工程价款的支付

企业应当建立工程进度价款支付环节的控制制度，对价款支付的条件、方式及会计核算程序作出明确规定，确保价款支付及时、正确。企业会计人员应当对工程合同协议约定的价款支付方式、有关部门提交的价款支付申请及凭证、审批人的批准意见等进行审查和复核。复核无误后，方可办理价款支付手续。工程进度款的支付要按工程项目进度或者合同协议约定进行，不得随意提前支付。

企业会计人员在办理价款支付业务过程中如果发现拟支付的价款与合同协议约定的价款支付方式及金额不符，或与工程实际完工进度不符等异常情况，应当及时报告。

9.5.6　工程验收

企业收到承包单位的工程竣工报告后，应当及时编制竣工决算，开展竣工决算审计，组织设计、施工、监理等有关单位进行竣工验收。

1. 竣工决算

企业应当组织审核竣工决算，重点审查决算依据是否完备，相关文件资料是否齐全，竣工清理是否完成，决算编制是否正确。企业应当加强竣工决算审计，未实施竣工决算审计的工程项目，不得办理竣工验收手续。

2. 竣工验收

交付竣工验收的工程项目，应当符合规定的质量标准，有完整的工程技术经济资料，并具备国家规定的其他竣工条件。验收合格的工程项目，应当编制交付使用财产清单，及时办理交付使用手续。

3. 完工后评估

企业应当建立完工项目后评估制度，重点评价工程项目预期目标的实现情况和项目投资效益等，并以此作为绩效考核和责任追究的依据。

4. 档案管理

企业应当按照国家有关档案管理的规定，及时收集、整理工程建设各环节的文件资料，建立完整的工程项目档案。

5. 剩余物资管理

企业应当加强对工程剩余物资的管理，对需要处置的剩余物资，应当明确处置权限和审批程序，并将处置收入及时入账。

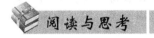

阅读与思考

科创公司的内控困惑

科创股份有限责任公司为加强内部控制制度建设，聘请某会计师事务所在年报审计时对公司所属A、B、C、D、E、F六个全资子公司内部控制制度的健全性和有效性进行检查与评价。

1. A公司根据业务特点和发展实际，在梳理业务流程和开展风险评估的基础上，拟重点对研发业务、资金活动和合同管理，有针对性地实施控制。一是规范研发项目审批流程，重大研发项目由总经理办公会审议通过后实施。二是加强对现金和银行存款的管理，指定一人对办理资金业务的相关印章和票据进行集中管理。三是加强合同纠纷管理，合同纠纷协商一致，应与对方当事人签订书面协议；合同纠纷经协商无法解决的，应根据合同约定选择仲裁或诉讼方式解决。

2. B公司的材料采购需要经授权批准后方可进行。采购部根据经批准的请购单发出订购单。货物运达后，验收部门根据订购单的要求验收货物并编制一式多联的未连续编号的验收单。仓库根据验收单验收货物，在验收单上签字后，将货物移入仓库加以保管。验收单上有数量、单价等要素。验收单一联交采购部登记采购明细账和编制付款凭单，付款凭单经批准后，月末交会计部；一联交会计部登记材料明细账；一联由仓库保留并登记材料明细账。会计部只根据附验收单的付款凭单登记有关账簿。

3. C公司在对企业层面和业务层面活动进行全面控制的基础上，重点对资金活动、采购业务、销售业务等实施控制。一是实施货币资金支付审批分级管理。单笔付款金额5万元及5万元以下的，由财务部经理审批；5万元以上、20万元及20万元以下的，由总会计师审批；20万元以上的由总经理审批。二是强化采购申请制度，明确相关部门或人员的职责权限及相应的请购和审批程序。对于超预算外采购项目，无论金额大小，均应在办理请购手续后，按程序报请具有审批权限的部门或人员审批。三是建立信用调查制度。销售经理应对客户的信用状况作充分评估，并在确认符合条件后经审批签订销售合同。

4. D公司的投资业务的内控制度如下：财务部负责投资预算的编制与审批，研发部负责对外投资的分析论证与评估，总经理负责所有投资处置（转让、核销等）的批准；专门指定业务员张立新为对外投资业务的全权谈判员，谈判结束的时候可直接签署并实施合同。2016年张立新在某科研院工作的朋友的极力怂恿下，游说D公司总经理，建议进入据说利润率极高的生物制药行业。总经理认为可行，派张立新与科研院谈判并当即签订合作投资协议，D公司以货币资金出资，科研院以高技术出资，分别占52%和48%的比例。投资半年后发现该行业竞争十分激烈，投资风险极大。于是总经理当机立断，决定将全部股份转让给另一个公司，该项投资净亏损130万元。

5. E公司日常营业活动中担保业务比重较大，因此专设担保业务部，负责办理担保业务的全过程。2017年贝特公司将其位于繁华商业区的某房地产作为抵押，要求E公司为贝特申请的1 500万元银行贷款提供担保。E公司担保业务部的主管与贝特公司的总经理是表兄弟，一是考虑亲戚关系，二是该房地产的市价为2 000万元，E公司认为此次担保没有什么风险，因此，申请当日担保业务部主管就决定为贝特公司提供担保。日后由于房产市场一直低迷，该担保房产的价格跌到1 000万元，而且贝特公司经营状况恶化，资金周转困难，但这一期间E公司未进行任何的监控和管理。

6. F公司是一家礼品公司，准备将其物流工作进行外包，以提高工作效率，该物流业务外包的申请由该公司运输服务部提出并报总经理审批。经批准该物流外包给飞速达公司，并签订了长达五年的外包合同，随后，F公司专注于核心业务的研发和市场的开拓，并没有注意对飞速达物流公司的持续性评估，以至于2017年8—9月期间，飞速达物流公司内部组织机构大变动，F公司的很多订单延迟发送，少则三天，多则半个月，严重影响了F公司的声誉。

该事务所在工作结束后，向科创公司管理层通报了内部控制制度评价情况。针对所属全资子公司在内部控制方面存在的问题，科创公司召开由集团公司领导、各部门负责人和各子公司负责人参加的专门会议进行研究。在讨论过程中，有关人员发言要点如下。

科创公司董事长李某：第一，内部控制制度对于企业的可持续发展极其重要，集团公司和各子公司要切实建立健全内部控制制度，不要怕程序复杂，只要能搞好内部控制，花多大代价都值得，同时切实注意不相容职务相互分离，尽可能地将职务分细，以减少错误和舞弊的可能性。第二，董事会对内部控制的建立健全和有效实施负责，对内部控制中的重大问题作出决策。经理层负责组织领导公司内部控制日常运行，确定公司最大风险承受度，并对职能部门和业务单元实施的内部控制体系进行指导。公司设置内部控制专职机构，负责制定内部控制手册并经批准后组织落实。

科创公司总会计师王某：第一，要强化内部审计，在集团公司财务部增设审计处，专门负责对会计和内部控制制度执行情况的监督。审计处接受财务部领导，但重大问题可以直接向我汇报。第二，严格审批权限，各子公司均实行“一支笔”审批，所有财务收支，无论是工程支出还是日常零星开支，都由各子公司董事长审批。同时加强对筹资方案的审批管理，重点关注筹资用途的可行性和相应的偿债能力。重大筹资方案，应当按照规定的权限和程序由董事长决定。

科创公司财务部经理张某：第一，建议加强对工程项目的预算管理，实行刚性预算，超预算的工程支出一律不予批准。第二，落实固定资产采购责任制，建议由各子公司技术部全权负责办理采购事宜，并建立严格的责任追究机制。第三，公司严格按照《企业内部控制基本规范》及其配套指引的要求进行“对标”，认真梳理先行管理制度和业务流程；对配套指引未涵盖的业务领域，不纳入本公司实施内部控制规范体系的范围，不再进行相关管理制度和业务流程梳理。第四，通过实施内部控制规范体系，进一步提升公司治理水平和风险管控能力，合理保证公司经营管理合法合规、资产安全、财务报告及信息真实完整，提高经营效率和效果，促进公司实现发展战略。

思考题

1. 根据内部控制理论与方法，指出A公司、B公司、C公司、D公司、E公司、F公司内部控制中存在哪些薄弱环节。

2. 指出科创公司董事长李某、总会计师王某、财务部经理张某在会议发言中的观点有哪些不当之处，简要说明理由。

第 10 章　内部控制的未来发展趋势

【本章导读】

- 计算机信息技术背景下的内部控制
- 内部控制的量化评价：平衡计分卡
- 全面预算下的内部控制
- 内部控制与风险管理的耦合
- 内部控制的战略导向

10.1　计算机信息技术背景下的内部控制

1946 年 2 月，世界上第一台电子计算机 ENIAC 在美国的宾夕法尼亚大学诞生。它采用电子管作为计算机的基本元件，由 18 000 多个电子管，1 500 多个继电器，10 000 多只电容器和 7 000 多只电阻构成，占地 170 平方米，重量 30 吨，是一个庞然大物，每秒能进行 5 000 次加法运算。计算机从第一代的电子管发展到晶体管，小规模集成计算机到第四代大规模集成电路为主要元件，由仅仅包含硬件的系统发展到包括硬件和软件两大部分的计算机系统，计算机一直处在飞速发展之中。依据信息技术发展功能价格比的摩尔定律，计算机芯片的性能每 18 个月翻一番，而价格减一半。该定律的作用从 20 世纪 60 年代以来，已持续 40 多年。

1969 年，为了能在爆发核战争时保障通信联络，美国国防部高级研究计划署 ARPA 资助建立了世界上第一个分组交换试验网 ARPANET，连接美国四个大学。ARPANET 的建成和不断发展标志着计算机网络发展的新纪元。20 世纪 70 年代末到 80 年代初，计算机网络蓬勃发展，各种各样的计算机网络应运而生，如 MILNET、USENET、BITNET、CSNET 等，在网络的规模和数量上都得到了很大的发展。一系列网络的建设，产生了不同网络之间互联的需求，并最终导致了 TCP/IP 协议的诞生。

1986 年美国国家科学基金会 NSF 资助建成了基于 TCP/IP 技术的主干网 NSFNET，连接美国的若干超级计算中心、主要大学和研究机构，世界上第一个互联网产生，迅速连接到世界各地。20 世纪 90 年代，随着 Web 技术和相应的浏览器的出现，互联网的发展和应用出现了新的飞跃。

计算机系统和互联网的飞速发展，也使得企业内部控制面临着新的挑战。企业信息系统缺乏或规划不合理，可能造成信息孤岛或重复建设，导致企业经营管理效率低下；系统开发不符合内部控制要求，授权管理不当，可能导致无法利用信息技术实施有效控制；系统运行维护和安全措施不到位，可能导致信息泄露或毁损，系统无法正常运行。

企业应当重视信息系统在内部控制中的作用，根据内部控制要求，结合组织架构、业务范围、地域分布、技术能力等因素，制定信息系统建设整体规划，加大投入力度，有序组织信息系统开发、运行与维护，优化管理流程，防范经营风险，全面提升企业现代化管理水平。

10.1.1　岗位责任制

企业应当建立计算机信息系统岗位责任制。计算机信息系统岗位一般包括以下方面。

（1）系统分析。分析用户的信息需求，并据此制定设计或修改程序的方案。

（2）编程。编写计算机程序来执行系统分析岗位的设计或修改方案。

（3）测试。设计测试方案，对计算机程序是否满足设计或修改方案进行测试，并通过反馈给编程岗位以修改程序并最终满足方案。

（4）程序管理。负责保障并监控应用程序正常运行。

（5）数据库管理。对信息系统中的数据进行存储、处理、管理，维护组织数据资源。

（6）数据控制。负责维护计算机路径代码的注册，确保原始数据经过正确授权，监控信息系统工作流程，协调输入和输出，将输入的错误数据反馈到输入部门并跟踪监控其纠正过程，将输出信息分发给经过授权的用户。

（7）终端操作。终端用户负责记录交易内容，授权处理数据，并利用系统输出的结果。

系统开发和变更过程中不相容岗位一般应包括：开发（或变更）立项、审批、编程、测试。

系统访问过程中不相容岗位一般应包括：申请、审批、操作、监控。

10.1.2　信息系统的控制层级

信息系统的控制（以下简称为 IT 控制）一般而言分为两个方面，一个是涉及具体过程的应用程序控制，如应收账款程序；另一个是信息系统的一般控制，它涵盖了信息系统运营的各个方面，能够提高具体应用控制的有效性。

信息系统一般控制覆盖了整个信息系统环境，包括信息系统处理的可靠性、数据的完整性、方案的完整性、开发和实施系统控制的合理性、处理的可持续性。信息系统控制层级如图 10-1 所示。

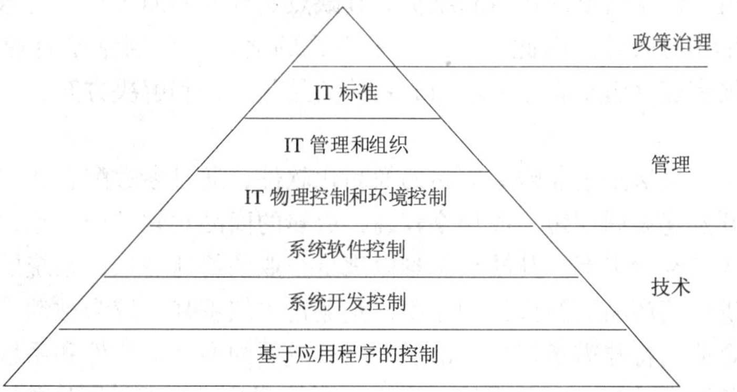

图 10-1　IT 控制层级

资料来源：穆勒．2013 版 COSO 内部控制实施指南．秦荣生．张庆龙．韩菲，译．北京：电子工业出版社，2015.

从图中可以看出，IT 控制分为三个层级，第一层级是最顶层，是关于政策治理方面，IT 内部控制涉及保证有效的 IT 管理和适当的安全性原则、政策和流程以及合适的合规评估测量工具。有效的 IT 治理控制需要审计委员会不仅仅要以积极主动的态度应对财务报表的问题，还要积极面对企业广泛存在的诸如 IT 基础构架运行的其他问题。第二层级为管理层级，IT 的管理控制又分为三个层次：标准、管理和组织、物理控制和环境控制。上层的政策应当以自上而下的方式制定，也就是说，IT 标准不仅需要遵从顶层方针，还要在下层有良好的 IT 组织和管理控制。第三层级是 IT 技术控制，是一种 IT 技术的实现，包括系统软件控制、系统开发控制和基于应用程序的控制。虽然分为不同的控制层级，但管理层要意识到它们不是彼此独立的，而是相互关联的。

10.1.3 信息系统的开发

信息系统开发必须经过正式授权。具体程序包括：① 用户部门提出需求；② 归口管理部门审核；③ 企业负责人授权批准；④ 系统分析人员设计方案；⑤ 程序员编写代码；⑥ 测试员进行测试；⑦ 系统最终上线；⑧ 系统维护等。

企业计算机信息系统开发应当遵循以下原则。

（1）因地制宜原则。企业应当根据行业特点、企业规模、管理理念、组织结构、核算方法等因素设计适合本单位的计算机信息系统。

（2）成本效益原则。计算机信息系统的建设应当能起到降低成本、纠正偏差的作用，根据成本效益原则，企业可以选择对重要领域中关键因素进行信息系统改造。

（3）理念与技术并重原则。计算机信息系统建设应当将信息系统技术与信息系统管理理念整合，企业应当倡导全体员工积极参与信息系统建设，正确理解和使用信息系统，提高信息系统运作效率。

企业开发信息系统，可以采取自行开发、外购调试、业务外包等方式。各种开发方式有各自的优缺点和适用条件，企业应根据自身实际情况合理选择。

1. 自行开发

自行开发是企业依托自身力量完成整个开发过程。其优点是开发人员熟悉企业情况，可以较好地满足本企业的需求，尤其是具有特殊性的业务需求。通过自行开发，还可以培养锻炼自己的开发队伍，便于后期的运行和维护。其缺点是开发周期较长、技术水平和规范程度较难保证，成功率相对较低。因此，自行开发方式的适用条件通常是企业自身技术力量雄厚，而且市场上没有能够满足企业需求的成熟的商品化软件和解决方案。

2. 外购调试

外购调式的基本做法是企业购买成熟的商品化软件，通过参数配置和二次开发满足企业需求。其优点是开发建设周期短；成功率较高；成熟的商品化软件质量稳定，可靠性高；专业的软件提供商实施经验丰富。其缺点是难以满足企业的特殊需求；系统的后期升级进度受制于商品化软件供应商产品更新换代的速度，企业自主权不强，较为被动。外购调试方式的适用条件通常是企业的特殊需求较少，市场上已有成熟的商品化软件和系统实施方案。比如大部分企业的财务管理系统、ERP 系统、人力资源管理系统等多采用外购调试方式。

3. 业务外包

信息系统的业务外包是指委托其他单位开发信息系统，基本做法是企业将信息系统开发项目外包出去，由专业公司或科研机构负责开发、安装实施，由企业直接使用。其优点是企业可以充分利用专业公司的专业优势，量体裁衣，构建全面、高效满足企业需求的个性化系统；企业不必培养、维持庞大的开发队伍，相应节约了人力资源成本。其缺点是沟通成本高，系统开发方难以深刻理解企业需求，可能导致开发出的信息系统与企业的期望产生较大偏差；同时，由于外包信息系统与系统开发方的专业技能、职业道德和敬业精神存在密切关系，也要求企业必须加大对外包项目的监督力度。业务外包方式的适用条件通常是市场上没有能够满足企业需求的成熟的商品化软件和解决方案，企业自身技术力量薄弱或出于成本效益原则考虑不愿意维持庞大的开发队伍。

企业开发信息系统，应当将生产经营管理业务流程、关键控制点和处理规则嵌入系统程序，实现手工环境下难以实现的控制功能。企业在系统开发过程中，应当按照不同业务的控制要求，通过信息系统中的权限管理功能控制用户的操作权限，避免将不相容职责的处理权限授予同一用户。

企业应当针对不同数据的输入方式，考虑对进入系统数据的检查和校验功能。对于必需的后台操作，应当加强管理，建立规范的流程制度，对操作情况进行监控或者审计。企业应当在信息系统中设置操作日志功能，确保操作的可审计性。对异常的或者违背内部控制要求的交易和数据，应当设计由系统自动报告并设置跟踪处理机制。

10.1.4　信息系统的运行与维护

信息系统的数据很可能因为人为错误、蓄意欺骗或自然灾害等原因遭受损失，因此系统的安全控制是非常重要的一个环节。信息的安全控制，可以从以下四个方面来考虑。

（1）预测性。确定可能的风险并提出适当的控制。

（2）预防性。将发生风险的可能性降到最低，如防火墙可以防止未经授权的访问。

（3）侦察性。能够发现和追踪实际发生的风险，如日志可以保存那些未经授权的访问记录。

（4）矫正性。对未经授权的访问造成的后果提出修正的方法。

企业应当加强信息系统运行与维护的管理，制定信息系统工作程序、信息管理制度以及各模块子系统的具体操作规范，及时跟踪、发现和解决系统运行中存在的问题，确保信息系统按照规定的程序、制度和操作规范持续稳定运行。

1. 授权

企业可以根据信息的重要程度和泄密风险损失等划分标准，将信息分为绝密类、机密类、秘密类和重要类等，并建立不同类别信息的授权使用制度，采用相应技术手段保证信息系统运行安全有序。企业应当建立信息系统变更管理流程，信息系统变更应当严格按照管理流程进行操作。信息系统操作人员不得擅自进行系统软件的删除、修改等操作；不得擅自升级、改变系统软件版本；不得擅自改变软件系统环境配置。

2. 硬件管理

企业应当加强服务器等关键信息设备的管理，建立良好的物理环境，指定专人负责检查，及时处理异常情况。未经授权，任何人不得接触关键信息设备。制定计算机信息系统硬件管理制度，对设备的新增、报废、流转等情况建档登记，统一管理。应当完善计算机信息系统硬件设备异常状况处理制度。一旦发生异常状况（如冒烟、打火、异常声响等），应当立即通知有关部门，并按处理制度进行处理。

3. 用户管理

企业应当建立用户管理制度，加强对重要业务系统的访问权限管理，定期审阅系统账号，避免授权不当或存在非授权账号，禁止不相容职务用户账号的交叉操作。信息系统操作人员应当在权限范围内进行操作，不得利用他人的口令和密码进入软件系统。更换操作人员或密码泄露后，必须及时更改密码。操作人员如果离开工作现场，必须在离开前锁定或退出已经运行的程序，防止他人利用自身账号操作。

4. 安全控制

企业应当综合利用防火墙、路由器等网络设备，漏洞扫描、入侵检测等软件技术以及远程访问安全策略等手段，加强网络安全，防范来自网络的攻击和非法侵入。对于通过网络传输的涉密或关键数据，应当采取加密措施，确保信息传递的保密性、准确性和完整性。

企业应当建立系统数据定期备份制度，明确备份范围、频率、方法、责任人、存放地点、有效性检查等内容。

企业应当定期检测信息系统运行情况，及时进行计算机病毒的预防、检查工作，禁止用户安装非法防病毒软件和私自卸载企业要求安装的防病毒软件。

委托专业机构进行系统运行与维护管理的，应当审查该机构的资质，并与其签订服务合同和保密协议。

10.1.5 信息系统的终结

系统终结是信息系统生命周期的最后一个阶段，在该阶段信息系统将停止运行。停止运行的原因通常有：企业破产或被兼并、原有信息系统被新的信息系统代替。这一环节的主要风险是：第一，因经营条件发生剧变，数据可能泄露；第二，信息档案的保管期限不够长。

主要控制措施为：第一，要做好善后工作，不管何种情况导致系统停止运行，都应将废弃系统中有价值或者涉密的信息进行销毁、转移；第二，严格按照国家有关法规制度和对电子档案的管理规定，妥善保管相关信息档案。

◉ 知识链接

证券市场的乌龙指

美国乌龙指

误把百万（m）作十亿（b）

美国东部时间2010年5月6日下午2点47分左右，一名交易员在卖出股票时敲错字母，将百万（m）误打成十亿（b），从而导致道琼斯工业平均指数突然出现近千点的暴跌事件。从当日下午2点42分到2点47分之间，道琼斯工业平均指数从10 458点瞬间跌至9 869.62点，与前一交易日收盘价相比，下跌了998.5点，但到2点58分，道琼斯工业平均指数又回到10 479.74点，这是道琼斯工业平均指数历史上第二大单日波幅。

日本乌龙指

以每股 1 日元贱卖股票 J-Com

2005 年 12 月 8 日上午开盘后不久，瑞穗证券公司一名经纪人接到一位客户的委托，要求以 61 万日元的价格卖出 1 股 J-Com 公司的股票。然而，这名交易员却犯了个致命的错误，他把指令输成了以每股 1 日元的价格卖出 61 万股。这条错误指令在 9 时 30 分发出后，J-Com 公司的股票价格便快速下跌，为了挽回错误，瑞穗发出了大规模的买入指令，这又带动 J-Com 股票出现快速上升，到 8 日收盘时已经涨到了 77.2 万日元。回购股票的行动使瑞穗蒙受了至少 270 亿日元（约合 18.5 亿元人民币）的损失。

中国台湾乌龙指

将客户买单放大 100 倍

2005 年 6 月 28 日，中国台湾股市爆发了有史以来最严重的“乌龙”交易，中国台湾第二大证券经纪商富邦证券的一名交易员因输错指令，导致其客户美林的 8 000 万元（新台币）买单放大了 100 倍，变成以涨停板价格买进 282 只一篮子股票，总金额近 80 亿元（新台币）。据估计，此次错误交易给富邦带来的损失逾 4 亿元（新台币）。

印度乌龙指

致暂停交易 15 分钟

2012 年 10 月份，由于印度的 Emkay 全球金融服务公司交易员操作失误，帮客户下达了 59 笔错误交易（价值约 1.26 亿美元），印度股市发生“闪电崩盘”，大盘 NIFTY 指数在一瞬间暴跌近 16% 之后，市值蒸发约 580 亿美元，迫使印度国家证券交易所交易暂停 15 分钟。

资料来源：乔川川．全球乌龙指事件表明 市场震荡后延续前期走势．证券日报，2013-08-20.

10.1.6　COBIT 框架

信息对所有企业来说都是关键资源，并且从信息诞生那一刻起一直到消失，技术扮演着重要的角色，信息技术已变得越来越先进并已在企业、社会环境、公共环境、商业环境中普及。信息系统和技术控制目标（control objectives for information and related technology，COBIT）目前已成为国际上公认的 IT 管理与控制框架，已在世界一百多个国家的重要组织与企业中运用，指导这些组织有效地利用信息资源，有效地管理与信息相关的风险。COBIT 最早由美国信息系统审计与控制协会（The Information Systems Audit and Control Association，ISACA），于 1996 年发布，其使命是“为企业管理人员和审计人员的日常使用研究、开发、宣传和推广一套权威的、最新的、国际上认可的信息技术控制目标”。1998 年颁布 COBIT2.0，在 1.0 版本的基础上增加了资源文件的数据，改进了高层控制目标和具体控制目标，增加了实施工具包，2000 年发布的 COBIT3.0 版本中增加了管理指南，还将 ISACA 原始的“控制目标”修改为管理目标，同时还扩充和加强了对 IT 治理的关注，使得 COBIT 演变为一个管理工具。2005 年在广泛调查和研究的基础上，推出了 COBIT4.0 版本，它站在 IT 治理的角度，从更高的层面上来指导管理层进行 IT 控制和信息系统管理，使之成为一个真正意义上的 IT 治理框架。2007 年 5 月在 4.0 的基础上进行了微调，推出 COBIT4.1 版本。

2012 年 6 月 COBIT5.0 版本颁布。COBIT5.0 提供一个综合的框架来帮助企业实现治理和管理企业 IT 的目标。简单地说，它通过保持实现效益与优化风险水平和资源使用平衡来帮助企业创造来自 IT 的最佳价值，COBIT5.0 能够使 IT 对整个企业包括所有端到端业务以及 IT 相关的功能区以一种整体的方式管理和控制，并考虑内外部利益相关者的有关 IT 的利益。COBIT5.0 是通用的，对所有规模的企业，无论是商业化的、非营利的或者公共部门均能应用。

COBIT5.0 是一个集成的通用性框架，一方面集成了以前分散在不同的 ISACA 框架的所有知识，主要关注 COBIT4.1，Val IT 2.0 和 RISK IT，同时从 BMIS（business model for information security，信息安全业务模型）和 ITAF（information technology assurance framework，信息保障技术框架），以及发行的刊物《IT 治理董事会简报》（*Board Briefing on IT Governance*）和《推动治理资源（TGF）》（*Taking Governance Forward*）中汲取了部分内容。另一方面，并与市场上其他的主要框架和标准相匹配，如 ITIL（information technology infrastructure library，信息技术基础架构库），TOGAF（the open group architecture forum，开放组织架构框架），PMBOK（project management body of knowledge，项目管理知识体系），PRINCE2（projects in controlled environments，受控环境下的项目管理），COSO 和 ISO 标准等。因而，COBIT5.0 框架涵盖整个企业并且融合其他的框架、标准和实践，利用非技术性的，与技术无关的通用语言综合性指导资源，并且帮助利益相关者理解各种框架、最佳实践和标准如何相互关联以及它们如何一起得到应用。

1. 原则

原则 1：满足利益相关者需求

企业存在的目的是为利益相关者创造价值，这些价值的创造通过保持效益实现与风险和资源使用优化之间的平衡来实现。COBIT5.0 通过应用 IT 提供所有的必要的程序和促成因素来支持价值创造，因为不同企业有不同的目标，企业可以通过目标级联，自定义 COBIT5.0 以适合其自身的情况，将高级别的企业目标转化成易管理、特定的、IT 相关的目标并将它们映射到具体的流程和实践。

原则 2：端到端覆盖企业

COBIT5.0 将企业 IT 治理融合到企业治理中：它包含企业内的所有职能部门与流程；COBIT5.0 不仅关注“IT 部门”，而且把信息与相关技术当作资产，就像公司中每个人拥有的其他资产一样。它考虑到了所有端到端的和企业范围的 IT 相关的治理和管理的促成因素，也就是说，它包括企业内部和外部的，与企业的信息和涉及 IT 的治理与管理相关的每种东西和每个人。

原则 3：采用单一集成框架

有许多 IT 相关标准和最佳实践，每一个均提供一部分 IT 活动的指导，COBIT5.0 与其他相关标准与框架保持高度一致，并因此能够成为企业 IT 治理和管理的总体框架。

原则 4：启用一种整体的方法

有效的企业 IT 治理和管理需要一种考虑多个相互影响的组件的整体的方法，COBIT5.0 定义一系列促成因素来支持企业 IT 综合的治理和管理系统的实施。促成因素宽泛地定义为任何能够实现企业目标的东西，COBIT5.0 框架定义了 7 类促成因素：原则、政策和框架；流程；组织结构；文化、伦理道德和行为；信息；服务、基础设施和应用；人、技能和竞争力。

原则 5：区分管理和治理

COBIT5. 0 框架明确区分管理与治理，这两个概念包括不同种类的活动，需要不同的组织结构以及为不同的目的服务。治理保证通过评估利益相关者的需求、条件和选择权，以决定所要实现的、平衡的、一致同意的企业目标，通过优先次序设定方向并决策，并监控绩效和对于共同方向和目标的符合。管理规划、构建、运营和监控与治理机构设定的方向保持一致的活动以实现企业目标。在大多数企业中，管理是 CEO 领导下的执行管理层的责任。

总之，这五条原则使企业能够建立一个有效的治理与管理框架，该框架为了利益相关者的利益，优化信息与技术投资和应用。

2. 促成因素

促成因素是单独或共同影响某物是否起作用的因素，促成因素由各级目标驱动，即 IT 相关的高级目标定义了不同促成因素应该达到的要求。COBIT5. 0 框架描述了七类促成因素。

① 原则、政策和框架，把所期望的行为转变为日常管理的实践指导的工具。

② 流程，描述了一系列有组织的为达到特定目标和产生一系列的输出以支持实现整体 IT 相关目标的实践和活动。

③ 组织结构，是指一个企业的关键的决策实体。

④ 文化、伦理道德和行为，个人和企业的文化、伦理道德和行为是在治理和管理活动中通常被低估的取得成功的因素。

⑤ 信息，其在任何组织中都是很普遍的，它包括企业产生和运用的所有信息。信息是保证组织运行和有效治理所必需的，但是在操作层面上，信息通常是企业自身的主要产品。

⑥ 服务、基础设施和应用程序，包括为企业提供信息技术服务和处理的基础设施和应用程序。

⑦ 人才、技能和竞争力，与人有关，并且是做出正确决策和实施正确行动和成功完成所有活动所必需的。

COBIT5. 0 强调促成因素可以从四个通用维度来考虑——利益相关者、目标、生命周期、良好做法，见图 10-2。

3. 流程参考模型

COBIT5. 0 包括一个流程参考模型，详细地定义和描述若干治理和管理流程，它代表在企业 IT 相关活动中经常发现的所有流程，为 IT 运营和业务经理提供一个通用的易理解的参考模型。COBIT5. 0 流程参考模型将企业 IT 治理和管理流程分为两个主要流程领域（见图 10-3）。

治理：包括 5 个治理流程，在每个流程内，定义了评估、指导和监控实践。

管理：包含四个领域，调整，规划和组织（APO）；建立，获取和实施（BAI）；交付，服务和支持（DSS）；监控，评价和评估（MEA），并提供 IT 端到端的覆盖。

这些领域是 COBIT4. 1 域和流程结构的演变。每个领域包含若干流程。COBIT5. 0 流程参考模型是 COBIT 4. 1 流程参考模型的继承者，同时也融合了 Risk IT、Val IT 流程模型。图 10-4 显示了 37 种 COBIT5. 0 治理和管理流程的完整集合。COBIT5. 0 推荐的流程模型是一个完整的、综合的模型，但它并不是唯一可能的过程模型。考虑到具体情况，每个企业都必须定义它自己的流程集。

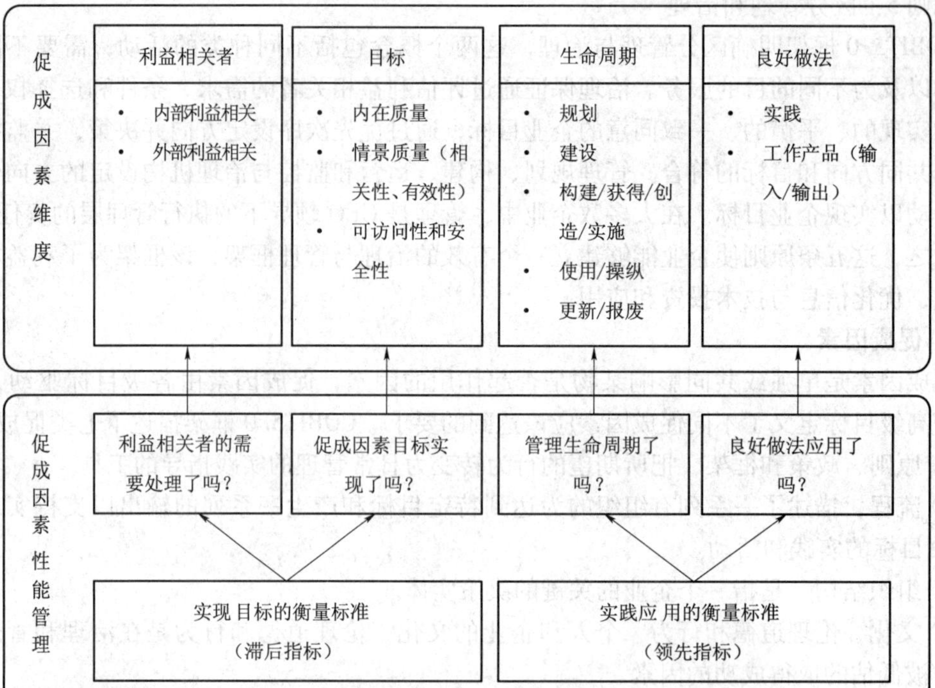

图 10-2　COBIT5. 0 促成因素维度和性能管理

资料来源：The Information Systems Audit and Control Association（ISACA）. COBIT5 A Business Framework for the Governance and Management of Enterprise IT. 2012.

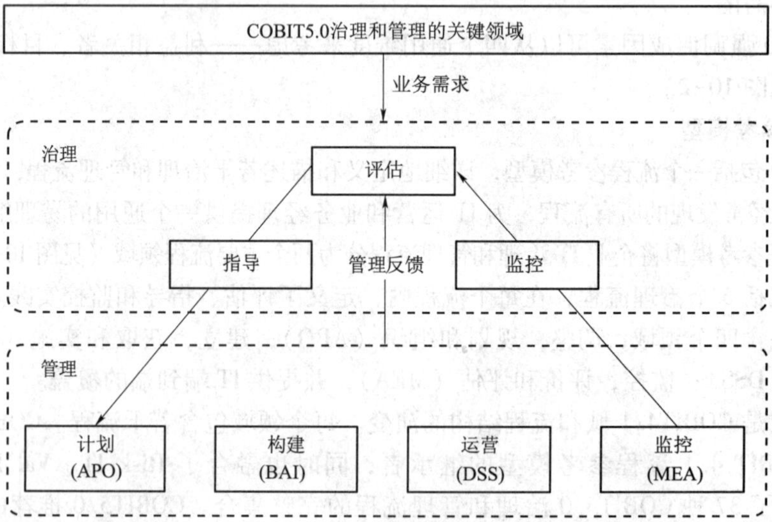

图 10-3　COBIT5. 0 治理与管理的关键领域

资料来源：The Information Systems Audit and Control Association（ISACA）. COBIT5 A Business Framework for the Governance and Management of Enterprise IT. 2012.

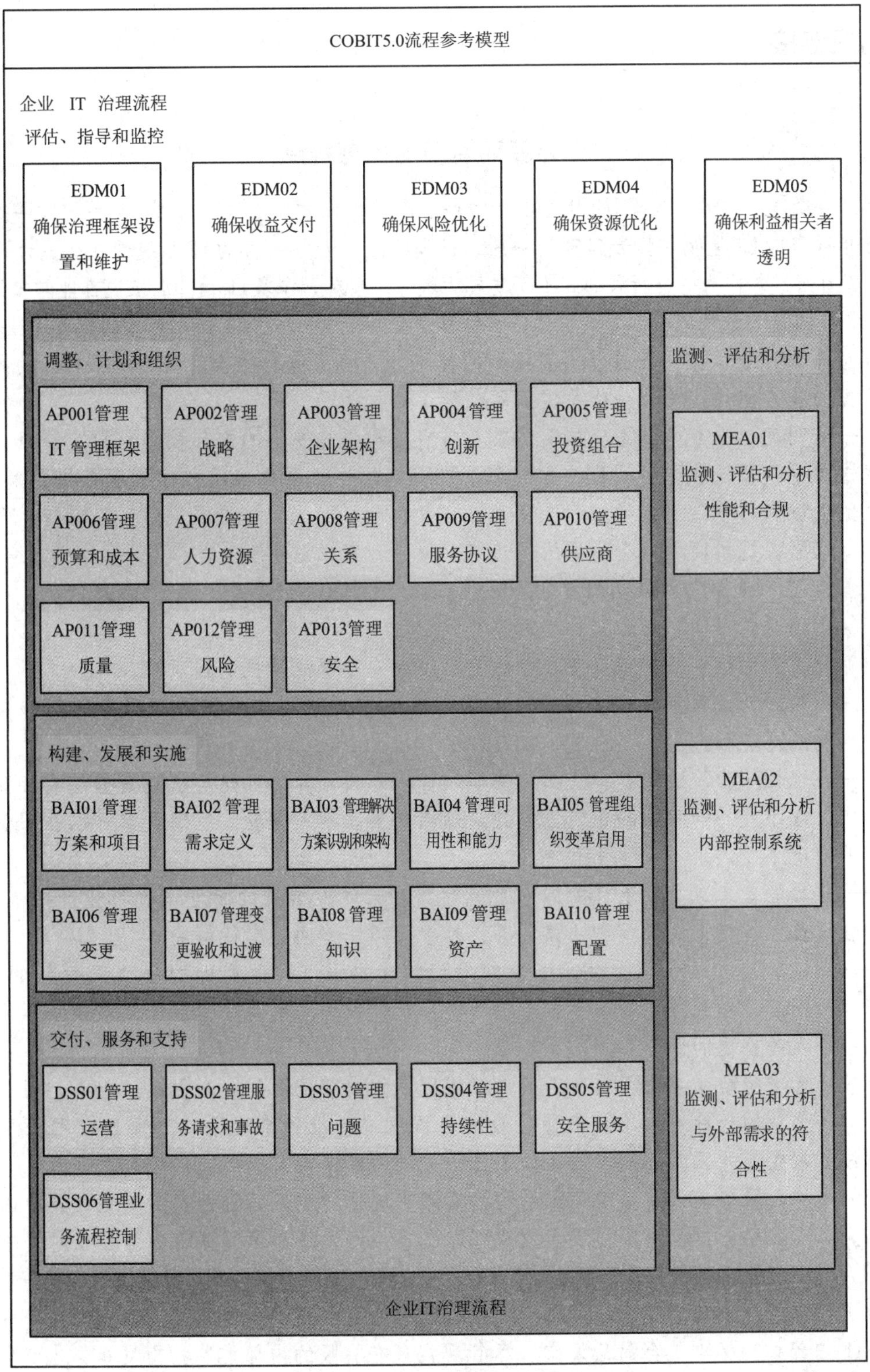

图 10-4　COBIT5.0 流程参考模型

资料来源：The Information Systems Audit and Control Association（ISACA）. COBIT5 A Business Framework for the Governance and Management of Enterprise IT. 2012.

知识链接

云计算环境下的内部控制

尽管一些在“铅笔与纸”的时代长大的企业高管可能觉得公司的某些IT系统和一些研发人员多年以来对IT犹如“腾云驾雾”一般，但那些像“云”一样的IT系统现在已成为IT的一部分。而且云计算作为一个新兴的和不断发展的概念，它对于许多IT运营商来说都非常重要。与之密切相关的是“软件即服务”的概念，云计算是企业构建和运用IT应用程序的重要途径。

IT管理者应该试图向云计算的直接和间接用户证明，他们在软件服务和构成云的基础设施建设方面非常值得信任。一些关键问题包括：

——透明度。服务提供商应该证明其具有有效和强健安全的内部控制，向客户保证他们的信息未被未经授权者访问、篡改和破坏。对提供软件即服务应用程序的服务提供商而言，应关注的关键问题有以下几种：

(1) 在服务提供商中什么类型的员工可以接触到客户信息？

(2) 供应商员工之间需要职责分离吗？

(3) 如何隔离不同客户的文件和数据？

(4) 什么样的控制机制可以防止、检测和应对安全事故及控制漏洞？

——隐私。云计算服务提供商应进行周期性通信线路测试以保证隐私控制能够及时预防、检测和应对漏洞。

——合规性。为了遵守各种法律、法规和标准，云计算中可能会出现数据没有存储在同一个地方，或不容易检索的问题。但关键是确保如果当事人需要，所需数据可以在不影响其他信息的情况下提供。

——跨界的信息流。云生成的信息可能存储在云端，信息的物理位置可能是一个问题。存放的物理位置有指定的管辖和法律义务，其中很多法律问题有待解决。

——认证。云计算服务提供商应该向他们的客户保证，他们做的是“正确”的事情。在未来，我们应该看到独立的第三方审核和服务审计报告，这将成为云计算服务提供商保证计划中一个至关重要的部分。

有效的标准将帮助企业获得关于云计算供应商的内部控制和安全保证。但是，目前还没有公开的、公认的云计算标准。即使在没有设置这样标准的情况下，负责云应用程序和IT经理应该要求企业的云服务提供商在如下三个关键领域提供有效的内部控制保证。

(1) 事件。服务提供商应定期记录和沟通影响软件即服务系统性能的变化和其他因素。

(2) 日志。服务提供商应提供企业软件即服务应用程序和运行环境的综合信息。

(3) 监控。任何此类监测不应该有侵入性，并且必须是在云供应商运行设备的合理需求内。

为了创造美好未来，云计算呈现了一个新的令人关注的机会，就是重新修订IT安全和控制，IT内部控制标准也会随后发布。尽管现在只有有限的内部控制指南发布，但随着软件即服务应用程序和云计算的改进和成熟，我们可以期望在未来看到更多。

资料来源：穆勒．2013版COSO内部控制实施指南．秦荣生．张庆龙．韩菲，译．北京：电子工业出版社，2015.

10.2　内部控制的量化评价：平衡计分卡

10.2.1　平衡计分卡概述

早在 20 世纪 90 年代初由哈佛商学院的罗伯特 · 卡普兰（Robert Kaplan）和诺朗诺顿研究所所长、美国复兴全球战略集团创始人兼总裁戴维 · 诺顿（David Norton）在总结了 12 家大型企业的业绩评价体系的成功经验的基础上发展出的一种全新的组织绩效管理方法——平衡计分卡（the balanced score card，BSC）。平衡计分卡当时被《哈佛商业评论》评为 75 年来最具影响力的管理学方法，它打破了传统的单一使用财务指标衡量业绩的方法，在财务指标的基础上加入了未来驱动因素，即客户因素、内部经营管理过程和员工的学习成长。

财务指标是企业最终的追求和目标；而要提高企业的利润水平，必须以客户为中心，满足客户需求，提高客户满意度；而要满足客户，又必须加强自身建设，提高企业内部的运营效率；而提高企业内部效率的前提是企业及员工的学习与创新，也就是说这四个方面构成一个循环，通过这个全面的衡量框架，它能帮助企业分析哪些是完成企业使命的关键成功因素，哪些是评价这些关键成功因素的指标，促使企业员工完成指标。

平衡计分卡要求企业从四个层面（见图 10-5）来衡量绩效。

（1）客户是如何看待我们公司的？（客户观点：客户满意）

（2）我们必须在哪些领域中有杰出专长？（内部观点：核心流程）

（3）我们未来能够维持优势吗？（长期观点：成长学习与创新）

（4）我们的财务营运表现如何？（投资者观点：财务数字）

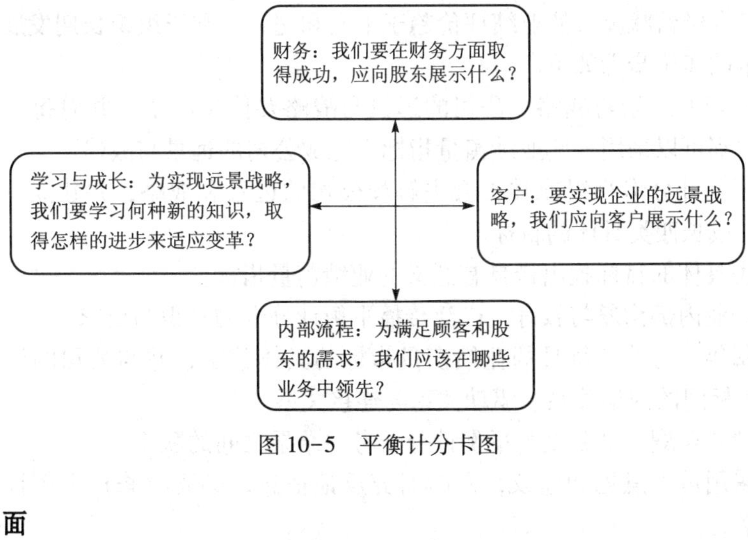

图 10-5　平衡计分卡图

1. 财务层面

企业的目标就是股东财富最大化，从绩效评价的角度，财务层面将是最首要考虑的指标，通过财务指标显示了公司的战略及其执行是否有助于利润的增加。典型的财务指标有：营业收入增长率、资本报酬率、现金流量和经济增加值等。

2. 客户层面

任何一个利润性企业的战略蓝图规划的长期目标一定需要基于股东的期望制定财务目

标，而给企业带来财务效益的正是企业的“客户”。在客户至上的年代，如何向客户提供所需的产品和服务，从而满足客户需要，提高企业竞争力，已成为企业能否持续发展的关键，因而企业需要明确目标市场和客户，确定产品谱，以及服务的深度和广度。客户所关心的事情有四类：时间、质量、性能和服务、成本。平衡计分卡要求经理们把自己为客户服务的承诺转化为具体的测评指标，这些指标应能真正反映与客户有关的因素。典型的指标包括：客户满意程度、客户保持程度、新客户的获得、客户盈利能力、市场占有率、重要客户的购买份额等。

3. 内部流程层面

企业以客户为导向，优异的客户绩效与组织的研发、生产、售后服务密不可分，平衡计分卡另一个考核的指标关注于企业内部流程。典型的指标包括影响新产品引入、周转期、质量、雇员技能和生产率的各种因素。企业在设计指标时，主要要考虑：哪些流程上表现优异才能成功实施企业战略？要在哪些流程上表现优异才能实现关键的财务和客户目标？

4. 学习与成长层面

平衡计分卡最大的优点是把学习和成长列为四个维度的一个。公司创新、提高和学习的能力，是与公司的价值直接相连的。也就是说，只有通过持续不断地开发新产品，为客户提供更多价值并提高经营效率，公司才能打入新市场，增加收入和利润，才能壮大发展，从而增加股东价值。典型的指标有：开发新产品所需时间、产品成熟过程所需时间、销售比重较大的产品的百分比、新产品上市时间等。企业的成长与员工和企业能力素质的提高息息相关，从长远角度来看，企业唯有不断学习与成长，才能实现长远的发展。

总之，BSC 的精髓正是追求在长期目标和短期目标、结果目标和过程目标、财务目标和非财务目标、组织绩效和个人绩效、外部关注和内部诉求等重要管理变量之间的微妙平衡。BSC 反映组织综合经营状况，使业绩评价趋于平衡和完善，利于组织长期发展。

平衡计分卡的实施步骤如下。

（1）建立公司的远景与战略。公司的远景与战略要简单明了，并对每一部门均具有意义，使每一部门都可以采用一些业绩衡量指标去完成公司的远景与战略。

（2）成立平衡计分卡小组或委员会去解释公司的远景和战略，并建立财务、顾客、内部业务、学习与成长四类具体的目标。

（3）为四类具体的目标找出最具有意义的业绩衡量指标。

（4）加强企业内部沟通与教育，广泛传播平衡计分卡的知识与要求。

（5）确定每年、每季、每月的业绩衡量指标的具体数字，并与公司的计划和预算相结合。注意各类指标间的因果关系、驱动关系与连接关系。

（6）建立绩效薪酬奖励制度与平衡计分卡考评结果之间的联系。

（7）定期采用员工意见和建议，及时研究反馈信息，必要时修正平衡计分卡衡量指标并改进公司战略。

10.2.2 平衡计分卡与内部控制

1. 内部控制效果及评价难点

1）从内部控制的目标来看，目标实现的模糊性

首先，我们考虑什么是内部控制效果。内部控制，是由企业董事会、证监会、经理层和

全体员工实施的、旨在实现内部控制目标的过程。内部控制的效果，即是对内部控制目标的完成程度。内部控制的目标是合理保证企业经营管理合法合规、资产安全、财务报告及相关信息真实完整，提高经营效率和效果，促进企业实现发展战略——合法性目标、报告目标、经营目标和战略目标。

内部控制目标是决定内部控制运行方式和方向的关键，也是评价内部控制实施效果的最终标准。然而内控的几个目标有它固有的特点：从企业自身角度来看，经营目标和战略目标是企业主观非常乐意付出努力去实现的，但实现的情况受客观环境的制约，如竞争的激烈程度，产品的受欢迎程度，是否有例外事件的发生等；而合法性目标和报告目标是企业被动的一种遵守，企业只要愿意实现就一定会实现的，其实现程度受企业主观意愿的影响。而前者可以通过一些财务指标来衡量，而合法性和报告目标却很难用一种有形的指标来进行评价，我们不能说，某企业遵守了法律、规则多少次，就评为优，法规的遵循程度以及信息的真实完整与否都是主观的一种评价，使得对其优劣很难作出定量的判断。正是由于内控目标的这些特点，使得内部控制效果的评价也有了一定的困难。

2）执行因素的模糊性

从阻碍内部控制效果的发挥的风险因素来看——其内部控制潜在的风险如果从过程的角度看，无非有两个：设计与实施。设计风险，即由于设计的欠缺或考虑不周而导致内部控制制度的失效，这一点通过资深的咨询公司和会计师事务所设计，可以最大限度地避免。执行风险，是指虽然内部控制制度设计得非常完美，但由于人的因素，或是凌驾，或是勾结，或是疏忽，而造成内部控制制度失去了其应有的效力。综观国内外重大的内控失效的案件，九成以上是由于执行因素的原因而导致的。因此，在评价内部控制效果，以及促成内部控制效果的有效发挥时，设计是规范层面上的事，更应看重的是执行过程中人的因素的影响。而人既是规则的制定者，又是执行者，这使得在内部控制制度的执行过程中受很多不确定因素的干扰，而影响其效果。

3）内部控制对象的多元化和广泛性

内部控制的关键是使相关的控制对象在可控范围之内。而有效的内控制度，是对企业经营的所有环节和从事经营管理活动的所有个人实施全方位控制。内部控制的控制内容涉及面非常广泛，既有资金安全控制、资产安全控制、信息可靠性控制，也有按业务来划分的投资控制、采购业务控制、销售业务控制等。内部控制的对象既包括正在使用或发生的资源与活动，也包括已经使用或发生的资源与活动，还有未来将要使用或发生的资源与活动。过去、现在、将来的资源利用效果都会影响一项业务的绩效，而且这种影响大小很难准确区分。这些特点无时无刻不在影响着内部控制的运行效果，因而内部控制对象和内容的广泛与多元化决定了提高受控度和内部控制效果评价的艰巨性。

2. 将平衡计分卡引入内部控制效果评价

平衡计分卡，不仅仅是绩效管理的工具，可以将平衡计分卡的方法和思想运用到内部控制效果评价上来。

1）平衡计分卡的战略思想与内部控制的战略目标的统一

平衡计分卡的核心思想就是通过财务、客户、内部流程及学习与发展四个方面的指标之间的相互驱动的因果关系展现组织的战略轨迹，实现绩效考核—绩效改进以及战略实施—战略修正的这一战略目标过程。它把绩效考核的地位上升到组织的战略层面，使之成为组织战略的实施工具。平衡计分卡不仅仅是一种绩效管理的目标，其最主要的功能是“转化战略为行动”，即从战略、愿景开始，考虑四大层面作为贯彻战略的工具。在这一点上平衡计分卡的战略管理为导向与内部控制制度战略目标是统一的。

2）平衡计分卡的系统观点与内部控制的整体控制

内部控制组织中的每个成员分布在流程中相互连接的不同环节，各个控制点正在进行的活动不是孤立的，其控制效果既受以往完成的活动状况的影响，也对将来状态及效果产生影响。如果控制过程过分追求具体环节和个体的责任控制，使每个组织成员只关心自己行为的直接后果而无视处于流程中的下一控制环节所带来的连带效应，必然导致组织内部不协调，增加不必要的管理损耗。因此，现代内部控制在立足未来、改善现状的同时，必须考虑整体效果并树立系统观念。“平衡计分卡”的平衡，主要因为它是通过财务指标与非财务指标考核方法之间的相互补充“平衡”，同时也是在定量评价与定性评价之间、客观评价与主观评价之间、组织的短期目标与长期目标之间、组织的各部门之间寻求“平衡”的基础上完成的绩效考核与战略实施过程。平衡计分卡的系统观点与内部控制的整体控制的思想也不谋而合。

3）平衡计分卡对内控效果评价的保证——指标细分与过程关注

良好的内控制度可以将企业的战略分解成若干个相互联系的易于理解并且易于操作的工作目标，这样可以消除执行者的盲目性。平衡计分卡中的四类指标间存在的相互驱动的因果关系如下：财务指标是企业最终的追求和目标，也是企业存在的根本物质保证；而要提高企业的利润水平，必须以客户为中心，满足客户需求，提高客户满意度；要满足客户，就必须加强自身建设，提高企业内部的运营效率；提高企业内部效率的前提是企业及员工的学习与发展，这使得企业更关注于过程，而不仅仅是事后的结果，有助于提高企业的管理水平，以获得更好的财务结果。

如前文所述，内部控制目标中，效益性目标最明确，是企业主观愿意遵守的，而其他两个目标合法性与合规性目标，企业被动遵守。效益性目标可以对应平衡计分卡中的财务目标，但合法性、可靠性没有一个量化指标。合法，是遵守相关的法律和法规的程度，只能用查错检漏式，而且主要靠企业自觉。财务报告的合规性，从内容上来看，颁布出来的肯定都比较合乎规定，关键是企业是否有应披露却隐瞒的内控信息。因此效率性指标可以用平衡计分卡中的财务指标来确定，而合法性目标、可靠性目标的实现，主要是通过顾客、流程、学习与成长等指标的细分与实现，来达到间接完成。而且这一目标，更易通过前文所述的其他的方法进行“查错检弊”。

总之，不应该简单地把平衡计分卡当作战略推动、业绩考核的工具。领导者通过推动平衡计分卡，可以整合企业的各种资源，提升组织的凝聚力，从过程中保证了内部控制的效果以及最终实现内部控制的目标——战略性、效益性、合法性、可靠性以及资产的安全完整。

3. 注意的相关问题

1）充分的信息沟通

良好的信息沟通是内部控制执行效果的保证。平衡计分法的编制和实施涉及大量的指标取得和分析，是一个繁杂的过程。其中，财务指标创立与量化是比较容易的，其他三个方面的指标就需要企业的管理层根据企业的战略及运营的主要业务、外部环境加以仔细的斟酌。有些指标是不易收集的，这就需要企业在不断探索中总结；有些重要指标很难量化，如员工受激励程度方面的指标，需要收集大量信息，并且要经过充分的加工后才有实用价值，这就对企业信息传递和反馈系统提出了很高的要求。只有建立起良好的信息沟通系统，才能更好地提高企业内部控制效果，使企业内部的员工能取得他们在执行、管理和控制企业经营过程中所需的信息，并交换这些信息。可以通过政策手册、财务报告手册、备查簿，以及口头交流或管理示例等方式，使员工知悉其在营业、财务报告中及遵循法律的责任，及时发现执行中的偏差，并予以纠正。缺乏及时有效的沟通就可能会使小的偏差发展为难以挽回的大损失。因此，及时有效的信息沟通是使平衡计分卡充分发挥作用的关键环节。

2）平衡计分卡应结合其他方法共同对内部控制效果进行评价

平衡计分卡中的目标和评估指标来源于组织战略，它把组织的使命和战略转化为有形的目标和衡量指标。它是一套从四个方面对公司战略管理的绩效进行财务与非财务综合评价的评分卡片，不仅能有效克服传统的财务评估方法的滞后性、偏重短期利益和内部利益及忽视无形资产收益等诸多缺陷，而且是一个科学的集公司战略管理控制与战略管理的绩效评估于一体的管理系统。平衡计分卡中的目标和衡量指标是相互联系的，这种联系不仅包括因果关系，而且包括结果的衡量和引起结果的过程的衡量相结合，最终反映组织战略。平衡计分卡的强项在于将战略转化为具体行动，我们在进行内部控制效果的评价的过程中，可以避免单纯强调内部控制测试的“检查”功能，应和其他的方法结合在一起，对企业内部控制目标的实现程度进行综合的评价，并发挥平衡计分卡的“能动”效应，为企业战略的实现起积极的推动作用。

3）平衡计分卡在内部控制效果评价中的创新

企业实施内部控制评价，包括对内部控制设计有效性和运行有效性的评价。内部控制设计有效性是指为实现控制目标所必需的内部控制要素都存在并且设计恰当；内部控制运行有效性是指现有内部控制按照规定程序得到了正确执行。平衡计分卡在内部控制效果评价中更多的是针对运行有效性进行评价，突破了传统理论只强调经营效率，忽视作为衡量一个组织的经济性和有效性的重要性——效率是对投入与产出关系的计量，经济性衡量投入的成本（经济的经营以低成本生产出质量合格的产品），有效性涉及与目标相应的实际结果。平衡计分卡是个系统性的“发展循环系”，每一个指标板块都要发展，而且相互之间要平衡。平衡计分卡应用于内部控制效果评价时，除了要细分四大类目标，并具体贯彻到行动上，同时还要创新性地发展——和内部控制的组成要素结合起来，对与实现整体控制目标相关的内部环境、风险评估、控制活动、信息与沟通、内部监督等内部控制要素配合平衡计分卡进行全面系统、有针对性的评价。

4）个人目标与组织目标的统一

内部控制受到组织内各层次人的影响，而不仅仅是制定出一本制度手册或规章。内部控制是一个过程，是实现目标的手段，而不是结果本身，对于内部控制效果的评价，在于内部控制目标的实现程度，运用平衡计分卡进行评价时，应注意到个体目标与总体目标的偏移。在实践中，人们比较容易接受局部改善，因为局部改善比较容易计量而且与具体行为直接相关。但局部改善未必有利于企业整体发展，有时甚至会带来不利影响。对组织个体而言，总体改善意味着放弃个体利益。组织个体目标与总体目标的不一致性同样影响着控制运行的实际效果。因此，应使整个组织价值链的所有组成部分都同心协力，朝着一个共同的目标努力。组织的所有成员都能将自己的个人价值和奋斗目标同其他人的紧密联系。目标统一的理想境界不仅仅是对企业目标和实现目标的手段的一种个人认同感，它还反映了围绕企业战略这一中心目标对业务流程和职能进行重整的必要性。战略性的目标统一过程必须从组织最高层开始自上而下实行，必须将业务单位、职能部门、团队甚至个人的前进方向统一。

10.3 全面预算下的内部控制

10.3.1 全面预算概述

预算是一种系统的方法，用来分配企业的财务、实物及人力等资源，以实现企业既定的战略目标。企业可以通过预算来监控战略目标的实施进度，有助于控制开支，并预测企业的现金流量与利润。

全面预算反映的是企业未来某一特定期间（一般不超过一年或一个经营周期）的全部生产、经营活动的财务计划，它以实现企业的目标利润（企业一定期间内利润的预计额，是企业奋斗的目标，根据目标利润制定作业指标，如销售量、生产量、成本、资金筹集额等）为目的，以销售预测为起点，进而对生产、成本及现金收支等进行预测，并编制预计损益表、预计现金流量表和预计资产负债表，反映企业在未来期间的财务状况和经营成果。全面预算管理作为对现代企业成熟与发展起过重大推动作用的管理系统，是企业内部控制的一种主要方法。这一方法自从 20 世纪 20 年代在美国的通用电气、杜邦、通用汽车公司产生之后，很快就成了大型工商企业的标准作业程序。从最初的计划、协调，发展到现在的兼具控制、激励、评价等诸多功能的一种综合贯彻企业经营战略的管理工具，全面预算管理在企业内部控制中日益发挥核心作用。

预算控制不合理，会给企业带来较大的风险：不编制预算或预算不健全，可能导致企业经营缺乏约束或盲目经营；预算目标不合理、编制不科学，可能导致企业资源浪费或发展战略难以实现；预算缺乏刚性、执行不力、考核不严，可能导致预算管理流于形式。

企业应当建立预算管理体系，明确预算编制、审批、执行、分析、考核等各部门、各环节的职责任务、工作程序和具体要求。企业在建立与实施预算内部控制中，至少应当强化对下列关键方面或者关键环节的控制：

（1）职责分工、权限范围和审批程序应当明确规范，机构设置和人员配备应当科学合理；

（2）预算编制、执行、调整、分析、考核的控制流程应当清晰严密，对预算编制方法、审批程序、预算执行情况检查、预算调整、预算执行结果的分析考核等应当有明确的规定。

10.3.2 岗位责任制

企业应当建立预算工作岗位责任制，明确相关部门和岗位的职责、权限，确保预算工作中的不相容岗位相互分离、制约和监督。

全面预算业务内部控制基本流程如图 10-6 所示。

预算工作不相容岗位一般包括：

（1）预算编制（含预算调整）与预算审批；

（2）预算审批与预算执行；

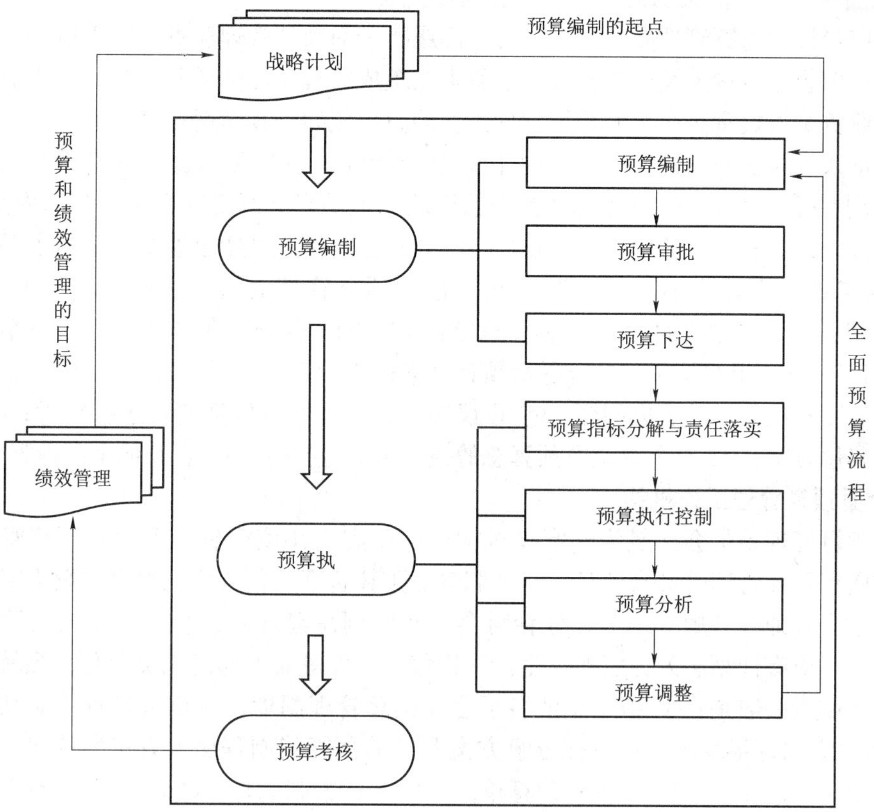

图 10-6　全面预算业务内部控制基本流程

资料来源：财政部会计司．强化全面预算管理 促进实现发展战略：财政部会计司解读《企业内部控制应用指引第 15 号——全面预算》，2010.

（3）预算执行与预算考核。

企业应当加强全面预算工作的组织领导，明确预算管理体制以及各预算执行单位的职责权限、授权批准程序和工作协调机制。成立预算管理委员会履行全面预算管理职责，其成员由企业负责人及内部相关部门负责人组成。预算管理委员会主要负责拟定预算目标和预算政策，制定预算管理的具体措施和办法，组织编制、平衡预算草案，下达经批准的预算，协调解决预算编制和执行中的问题，考核预算执行情况，督促完成预算目标。预算管理委员会下设预算管理工作机构，由其履行日常管理职责。

预算管理工作机构一般设在财务部门。总会计师或分管会计工作的负责人应当协助企业负责人负责企业全面预算管理工作的组织领导。

10.3.3　全面预算管理工作机构

企业设置全面预算管理体制，应遵循合法科学、高效有力、经济适度、全面系统、权责明确等基本原则，一般具备全面预算管理决策机构、全面预算管理工作机构和全面预算执行单位三个层次的基本架构。

1. 全面预算管理决策机构——预算管理委员会

企业应当设立预算管理委员会，作为专门履行全面预算管理职责的决策机构。预算管理委员会成员由企业负责人及内部相关部门负责人组成，总会计师或分管会计工作的负责人应当协助企业负责人负责企业全面预算管理工作的组织领导。具体而言，预算管理委员会一般由企业负责人（董事长或总经理）任主任，总会计师（或财务总监、分管财会工作的副总经理）任副主任，其成员一般还包括各副总经理、主要职能部门（财务、战略发展、生产、销售、投资、人力资源等部门）、分（子）公司负责人等。预算管理委员会的主要职责一般是：① 制定颁布企业全面预算管理制度，包括预算管理的政策、措施、办法、要求等；② 根据企业战略规划和年度经营目标，拟定预算目标，并确定预算目标分解方案、预算编制方法和程序；③ 组织编制、综合平衡预算草案；④ 下达经批准的正式年度预算；⑤ 协调解决预算编制和执行中的重大问题；⑥ 审议预算调整方案，依据授权进行审批；⑦ 审议预算考核和奖惩方案；⑧ 对企业全面预算总的执行情况进行考核；⑨ 其他全面预算管理事宜。

2. 全面预算管理工作机构

由于预算管理委员会一般为非常设机构，企业应当在该委员会下设立预算管理工作机构，由其履行预算管理委员会的日常管理职责。预算管理工作机构一般设在财会部门，其主任一般由总会计师（或财务总监、分管财会工作的副总经理）兼任，工作人员除了财务部门人员外，还应有计划、人力资源、生产、销售、研发等业务部门人员参加。预算管理工作机构的主要职责一般是：① 拟定企业各项全面预算管理制度，并负责检查落实预算管理制度的执行；② 拟订年度预算总目标分解方案及有关预算编制程序、方法的草案，报预算管理委员会审定；③ 组织和指导各级预算单位开展预算编制工作；④ 预审各预算单位的预算初稿，进行综合平衡，并提出修改意见和建议；⑤ 汇总编制企业全面预算草案，提交预算管理委员会审查；⑥ 跟踪、监控企业预算执行情况；⑦ 定期汇总、分析各预算单位预算执行情况，并向预算管理委员会提交预算执行分析报告，为委员会进一步采取行动拟订建议方案；⑧ 接受各预算单位的预算调整申请，根据企业预算管理制度进行审查，集中制订年度预算调整方案，报预算管理委员会审议；⑨ 协调解决企业预算编制和执行中的有关问题；⑩ 提出预算考核和奖惩方案，报预算管理委员会审议；⑪ 组织开展对企业二级预算执行单位（企业内部各职能部门、所属分（子）企业等，下同）预算执行情况的考核，提出考核结果和奖惩建议，报预算管理委员会审议；⑫ 预算管理委员会授权的其他工作。

3. 全面预算执行单位

全面预算执行单位是指根据其在企业预算总目标实现过程中的作用和职责划分的，承担一定经济责任，并享有相应权力和利益的企业内部单位，包括企业内部各职能部门、所属分（子）企业等。企业内部预算责任单位的划分应当遵循分级分层、权责利相结合、责任可控、目标一致的原则，并与企业的组织机构设置相适应。根据权责范围，企业内部预算责任单位可以分为投资中心、利润中心、成本中心、费用中心和收入中心。预算执行单位在预算管理部门的指导下，组织开展本部门或本企业全面预算的编制工作，严格执行批准下达的预算。

各预算执行单位的主要职责一般包括：① 提供编制预算的各项基础资料；② 负责本单位全面预算的编制和上报工作；③ 将本单位预算指标层层分解，落实到各部门、各环节和各岗位；④ 严格执行经批准的预算，监督检查本单位预算执行情况；⑤ 及时分析、报告本单位的预算执行情况，解决预算执行中的问题；⑥ 根据内外部环境变化及企业预算管理制度，提出预算调整申请；⑦ 组织实施本单位内部的预算考核和奖惩工作；⑧ 配合预算管理部门做好企业总预算的综合平衡、执行监控、考核奖惩等工作；⑨ 执行预算管理部门下达的其他预算管理任务。各预算执行单位负责人应当对本单位预算的执行结果负责。

10.3.4　预算的编制

企业应当建立和完善预算编制工作制度，明确编制依据、编制程序、编制方法等内容，确保预算编制依据合理、程序适当、方法科学，避免预算指标过高或过低，在预算年度开始前完成全面预算草案的编制工作。根据发展战略和年度生产经营计划，综合考虑预算期内经济政策、市场环境等因素，按照上下结合、分级编制、逐级汇总的程序，编制年度全面预算。

企业可以选择或综合运用固定预算、弹性预算、滚动预算、增量预算和零基预算等方法编制预算。

1. 固定预算

固定预算又称静态预算，是以预算期内正常的、可能实现的某一业务量（如生产量、销售量）水平为固定基础，不考虑可能发生的变动因素而编制预算的方法。它是最传统的，也是最基本的预算编制方法。固定预算法是按照预算期内可能实现的经营活动水平确定相应的固定预算数来编制预算的方法。固定预算法的优点是简便易行。其缺点主要是：过于机械呆板，可比性差。

2. 弹性预算

弹性预算法又称变动预算法、滑动预算法，是在变动成本法的基础上，以未来不同业务水平为基础编制预算的方法，是固定预算的对称。是指以预算期间可能发生的多种业务量水平为基础，分别确定与之相应的费用数额而编制的、能适应多种业务量水平的费用预算。弹性预算一方面能够适应不同经营活动情况的变化，扩大预算的范围，更好地发挥预算的控制作用，避免在实际情况发生变化时，对预算作频繁的修改；另一方面能够使预算对实际执行情况的评价与考核，建立在更加客观可比的基础上。

3. 滚动预算

滚动预算法又称连续预算法或永续预算法，是指按照“近细远粗”的原则，根据上一期的预算完成情况，调整和具体编制下一期预算，并将编制预算的时期逐期连续滚动向前推移，使预算总是保持一定的时间幅度。滚动预算的编制，可采用长计划短安排的方式进行，即在编制预算时，可先按年度分季，并将其中第一季度按月划分，编制各月的详细预算。其他三个季度的预算可以粗一些，只列各季总数，到第一季度结束前，再将第二季度的预算按月细分，第三、四季度及下年度第一季度只列各季总数，依次类推，使预算不断地滚动下去。滚动预算能保持预算的完整性、继续性，从动态预算中把握企业的未来。这种方法适用于规模较大、时间较长的工程类或大型设备采购项目。

4. 增量预算

又称调整预算方法，是指以基期成本费用水平为基础，结合预算期业务量水平及有关影响成本因素的未来变动情况，通过调整有关原有费用项目而编制预算的一种方法。增量预算的优点是：稳定，协调各部门的冲突，易操作理解。缺点是：它假设经营活动及工作方式以相同的方式继续下去，不能启发新观点，没有降低成本的动力，缺乏灵活性。

5. 零基预算

其全称为“以零为基础编制计划和预算的方法”，简称零基预算，最初是由德州仪器公司开发的，是指在编制预算时对于所有的预算支出，均以零为基底，不考虑以往情况如何，从根本上研究分析每项预算有无支出的必要和支出数额的大小。这种预算不以历史为基础做修修补补，在年初重新审查每项活动对实现组织目标的意义和效果。其优点是：能够识别和去除不充分或过时的行动，促进资源更有效的分配，能应对环境的变化。缺点是：复杂耗费时间的过程，可能强调短期利益而忽视长期目标，分层、排序和资金分配时，可能有主观影响，容易引起部门之间的矛盾。

企业确定预算编制方法，应当遵循经济活动规律，并符合自身经济业务特点、生产经营周期和管理需要。预算编制应当实行全员参与、上下结合、分级编制、逐级汇总、综合平衡。企业预算管理委员会应当对预算管理工作机构在综合平衡基础上提交的预算方案进行研究论证，从企业发展全局角度提出建议，形成全面预算草案，并提交董事会。企业董事会审核全面预算草案，应当重点关注预算的科学性和可行性，确保全面预算与企业发展战略、年度生产经营计划相协调。

10.3.5 预算的执行

企业全面预算一经批准下达，各预算执行单位应当认真组织实施，将预算指标层层分解，从横向和纵向落实到内部各部门、各环节和各岗位，形成全方位的预算执行责任体系。

企业应当加强资金收付业务的预算控制，及时组织资金收入，严格控制资金支付，调节资金收付平衡，防范支付风险。对于超预算或预算外的资金支付，应当实行严格的审批制度。

企业办理采购与付款、销售与收款、成本费用、工程项目、对外投融资、研究与开发、信息系统、人力资源、安全环保、资产购置与维护等业务和事项，均应符合预算要求。涉及生产过程和成本费用的，还应执行相关计划、定额、定率标准。

对于工程项目、对外投融资等重大预算项目，企业应当密切跟踪其实施进度和完成情况，实行严格监控。

企业预算管理工作机构和各预算执行单位应当建立预算执行情况分析制度，定期召开预算执行分析会议，通报预算执行情况，研究、解决预算执行中存在的问题，提出改进措施。企业分析预算执行情况，应当充分收集有关财务、业务、市场、技术、政策、法律等方面的信息资料，根据不同情况分别采用比率分析、比较分析、因素分析等方法，从定量与定性两个层面充分反映预算执行单位的现状、发展趋势及其潜力。

10.3.6 预算的调整

企业正式下达执行的预算，不得随意调整。在预算执行过程中，可能会由于市场环境、经营条件、国家法规政策等发生重大变化，或出现不可抗力的重大自然灾害、公共紧急事件等致使预算的编制基础不成立，或者将导致预算执行结果产生重大差异，需要调整预算的，应当报经原预算审批机构批准。

调整预算由预算执行单位逐级向原预算审批机构提出书面报告，阐述预算执行的具体情况、客观因素变化情况及其对预算执行造成的影响程度，提出预算的调整幅度。

企业预算管理部门应当对预算执行单位提交的预算调整报告进行审核分析，集中编制企业年度预算调整方案，提交原预算审批机构审议批准，然后下达执行。

10.3.7　预算的考核

企业应当建立严格的预算执行考核制度，对各预算执行单位和个人进行考核，切实做到有奖有惩、奖惩分明。

（1）企业预算管理部门应当定期组织预算执行情况考核。有条件的企业，也可设立专门机构负责考核工作。

（2）企业预算执行情况考核，依照预算执行单位上报预算执行报告、预算管理部门审查核实、企业决策机构批准的程序进行。企业内部预算执行单位上报的预算执行报告，应经本单位负责人签章确认。

（3）企业预算执行情况考核，以企业正式下达的预算方案为标准，或以有关部门审定的预算执行报告为依据。企业预算执行情况考核，应当坚持公开、公平、公正的原则，考核结果应有完整的记录。

10.4　内部控制和风险管理

风险管理作为企业的一种管理活动，起源于 20 世纪 50 年代的美国。当时美国一些大公司发生了重大损失，使公司高层决策者开始认识到风险管理的重要性。其中一次是 1953 年 8 月 12 日通用汽车公司在密歇根州的一个汽车变速箱厂因火灾损失了 5 000 万美元，是美国历史上损失最为严重的 15 起重大火灾之一。这场大火与 20 世纪 50 年代其他一些偶发事件一起，推动了美国风险管理活动的兴起。后来，随着经济、社会和技术的迅速发展，人类开始面临越来越多、越来越严重的风险。科学技术的进步在给人类带来巨大利益的同时，也给社会带来了前所未有的风险。1979 年 3 月美国三里岛核电站的爆炸事故，1984 年 12 月 3 日美国联合碳化物公司在印度的一家农药厂发生的毒气泄漏事故，1986 年苏联乌克兰切尔诺贝利核电站发生的核事故等一系列事件，大大推动了风险管理在世界范围内的发展。

10.4.1　内部控制与风险管理的耦合

1992 年，Treadway 委员会发布了《内部控制——整合框架》，2004 年，该委员会又发布了《企业风险管理——整合框架》（ERM 框架），在该框架附件 C 中明确指出：内部控制被涵盖在企业风险管理之内，是其不可分割的一部分。在 ERM 框架中指出，“风险管理是一个过程，受董事会、管理层和其他人员的影响。这个过程从企业战略制定一直贯穿到企业的各项活动中，用于识别那些可能影响企业的潜在事件并管理风险，使之在企业的风险偏好之内，合理确保企业取得既定的目标”。该框架有三个维度，第一维是企业的目标；第二维是全面风险管理要素；第三维是企业的各个层级。第一维企业的目标有 4 个，即战略目标、经营目标、报告目标和合规目标。第二维全面风险管理要素有 8 个，即内部环境、目标设定、事件识别、风险评估、风险对策、控制活动、信息和交流、监控。第三维是企业的各个层级，包括整个企业、各职能部门、各条业务线及下属各子公司。ERM 框架三个维度的关系是：全面风险管理的 8 个要素都是为企业的 4 个目标服务的；企业各个层级都要坚持同样的 4 个目标；每个层次都必须从以上 8 个方面进行风险管理。

ERM 框架并不是对 1992 年内控框架的一个否定，而是对原有内控框架的一个细化和延伸。从中也可以看出，两者实际上是一种耦合状态，不能脱离内部控制去谈风险管理，也不能抛开风险管理去谈内部控制。在保障企业总体可持续发展目标实现的过程中，两者的根本目标和作用是一致的。即两者都是要维护投资者的利益，保全企业资产，并创造新的价值。根本目标和作用的一致是两者有机融合的理论基础。

耦合是一种彼此的尊重，它可以让两者形成一个系统；耦合是一种力量的凝聚，它可以实现 1+1>2 的效果，耦合是一种思维的创新，它可以创造一个和谐共赢的世界。内部控制与风险管理要耦合，正因为有风险才需控制，两者是一个事件的两个方面，在实践中风险管理和内部控制工作基本上是一致的。① 石爱中审计长在 2006 年度中国内部审计协会和中天恒管理咨询公司举办的“内部控制与风险管理创新高峰论坛”上就指出：“内部控制和风险管理逐渐融合，而且在很多工作中，包括在系统设计中这两个东西一定要融合，而不是分开的。”中国内部审计协会会长王道成在 2007 年 4 月 19 日中国内部审计协会与中天恒管理咨询公司举办的“融合之道——2007 年度内部控制与风险管理春季高峰论坛”上指出，内部控制与风险管理走向融合，是一个必然的趋势，这不仅使内部控制体系向前迈进了一大步，也为我们内部审计的发展指明了方向，因此为了适应这样一种发展趋势，我国现行的内部控制体系有必要逐步向全面风险管理体系升级和完善。

10.4.2 识别风险所关注的因素

2010 年，财政部等五部委颁布《企业内部控制应用指引》，可以从中发现，基本每一个具体项目、业务的指引在第 1 章均谈到了，此项控制制度如果不完善，可能面临风险。因此，在内部控制的设计和运行的过程中要特别注意风险管理和防范。

ERM 框架中提出了一个中性的概念：事项。事项是源于内部或外部的影响目标实现的事故或事件。事项可能有负面影响，也可能有正面影响或者两者兼而有之。风险是一个事项将会发生并给目标实现带来负面影响的可能性。机会是一个事项将会发生并给目标带来正面影响的可能性。带有负面影响的事项阻碍价值创造，或破坏现有的价值，而机会支持价值创造和保持。风险对于企业来说，并不全都是坏事，从风险和收益相匹配的角度来看，承担一定的风险可能会带来更多的价值。

关于风险的分类，学术界尚无统一的说法。金融界依据巴塞尔协议常把风险分为市场风险、信用风险、操作风险三类。国资委在《中央企业全面风险管理指引》中把风险分为战略风险、财务风险、市场风险、运营风险、法律风险等。企业内控基本规范则强调需要识别内部风险和外部风险。

企业识别内部风险，应当关注下列因素：

（1）董事、监事、经理及其他高级管理人员的职业操守、员工专业胜任能力等人力资源因素；

（2）组织机构、经营方式、资产管理、业务流程等管理因素；

① 李三喜《企业内部控制规范与中央企业风险管理指引的协调》。

（3）研究开发、技术投入、信息技术运用等自主创新因素；
（4）财务状况、经营成果、现金流量等财务因素；
（5）营运安全、员工健康、环境保护等安全环保因素；
（6）其他有关内部风险因素。

企业识别外部风险，应当关注下列因素：
（1）经济形式、产业政策、融资环境、市场竞争、资源供给等经济因素；
（2）法律法规、监督要求等法律因素；
（3）安全稳定、文化传统、社会信用、教育水平、消费者行为等社会因素；
（4）技术进步、工艺改进等科学技术因素；
（5）自然灾害、环境状况等自然环境因素；
（6）其他有关外部风险因素。

10.4.3　风险的应对策略

企业应当根据设定的控制目标，全面系统持续地收集相关信息，结合实际情况，及时进行风险评估。企业开展风险评估，应当准确识别与实现控制目标相关的内部风险和外部风险，确定相应的风险承受度。风险承受度是企业能够承担的风险限度，包括整体风险承受能力和业务层面的可接受水平。企业应当根据风险分析的结果，结合风险承受度，权衡风险与收益，确定风险应对策略。企业应当合理分析、准确掌握董事、经理及其他高级管理人员、关键岗位员工的风险偏好，采取适当的控制措施，避免因个人风险偏好给企业经营带来重大损失。基本规范中风险应对策略一般包括风险规避、风险承受、风险降低和风险分担等。这与ERM框架中的风险应对策略完全一致（avoidance，reduction，sharing，acceptance）。

1）风险规避

风险规避是企业对超出风险承受度的风险，通过放弃或者停止与该风险相关的业务活动以避免和减轻损失的策略。应予以规避的风险具备的特征：① 该风险与企业战略关联度较小；② 风险回报率不佳；③ 企业现有条件下还没有能力控制该方面的风险。规避风险的方法包括：① 放弃或不接受暗含该风险的新机会；② 停止某业务，放弃与退出市场；③ 抛售个别业务；④ 禁止或限制某些高风险活动（通过政策、处罚、设防等方式）。

2）风险降低

风险降低是企业在权衡成本效益之后，准备采取适当的控制措施降低风险或者减少损失，将风险控制在风险承受度之内的策略。应予以降低风险具备的特征：① 为实现企业战略而不可摆脱的固有风险；② 对风险的损失已经有所准备。“控制”为减少风险的主基调，减少风险的方法包括：① 风险分散管理原则（如分散资产的类别）；② 隔离控制原则；③ 全方位管理控制；④ 实施特定风险的特定控制程序；⑤ 预算出可能的损失额度，计划好自筹资金的对冲方式；⑥ 制订风险应对计划。

3）风险分担

风险分担是企业准备借助他人力量，采取业务分包，购买保险等方式和适当的控制措施，将风险控制在风险承受度之内的策略。应予以分担的风险具备的特征：① 风险发生频率不高，但可能损失太大；② 市场上已经存在较好的风险转移工具。分担的方法包括：① 保险合约转移；② 衍生金融工具转移；③ 保险——资本市场混合新工具转移；④ 通过联盟签约等联合承担风险，实现部分风险转移；⑤ 其他签订合约的专业方法。

4）风险承受

风险承受是企业对风险承受度之内的风险，在权衡成本效益之后，不准备采取控制措施降低风险或者减轻损失的策略。应予以承受的风险具备的特征：① 为实现战略而不可摆脱的固有风险；② 风险稳定，不会再加大；③ 对承受风险损失已经有所准备。承受风险的应对方法包括：① 预算出可能的损失额度，用额外预留资金或其他风险融资方式对冲；② 集团内调拨资金平衡总风险；③ 必须制订风险应对计划。

《企业内部控制基本规范》第二十七条规定：企业应当结合不同发展阶段和业务拓展情况，持续收集与风险变化相关的信息，进行风险识别和风险分析，及时调整风险应对策略。正如前文所说，一个企业的风险承受度分为整体风险承受能力和业务层面的可接受水平。

企业对超出整体风险承受能力或者具体业务层面上的不可接受风险水平的风险，应实行风险规避；在整体风险承受能力和具体业务层面上的可接受风险水平之内的风险，在权衡成本效益之后无意采取进一步控制措施的，可实行风险承受；对在整体风险承受能力和具体业务层次上的可接受风险水平之内的风险，在权衡成本效益之后如愿单独采取进一步的控制措施以降低风险、提高收益或者减轻损失的，可以实行风险降低；对在整体风险承受能力具体业务层面上的可接受水平之内的风险，在权衡成本效益之后愿意借助他人力量，采取进一步控制措施以降低风险，提高收益或减轻损失的，可以实行风险分担。

确定风险应对方法需要大量的计划和策略方面的思考，而不同的风险应对方法又涉及成本、时间以及具体计划的多重考虑。另外，在考虑计划和策略时，又需要大量的管理投入，并且要求对不同的可供选择的风险应对措施进行识别，然后还要对这些应对措施配以具体的行动计划，比如表 10-1 列举了管理层用来分析可供选择的应对策略并确定最佳风险应对策略的例子。

表 10-1　风险应对计划

风险	固有风险		风险的应对选项	剩余风险	
	发生可能性	对收益的影响		发生可能性	对收益的影响
竞争者新开发的产品首先进入了市场	40%	（5 000 000）	A. 承受　提供额外的资源来加速研发完成新产品	30%	（25000）增加成本导致利润减损
			B. 规避　不采取具体措施，保持当前的产品供给情况	10%	预计每年产品线利润会降低 10%
			C. 分担　向顾客提供激励措施来鼓励对当前产品版本的使用	20%	激励可能导致收益在近年下降 5%，但是将来会下降更多
			D. 降低　降低当前产品的价格阻止顾客转向新产品	40%	客户对于产品的接受度会逐年下降

资料来源：穆勒．2013 版 COSO 内部控制实施指南．秦荣生．张庆龙．韩菲，译．北京：电子工业出版社，2015.

风险应对策略与企业的具体业务或者事项相联系，不同的业务或事项可以采取不同的风险应对策略，同一业务或事项在不同的时期可以采取不同的风险应对策略，同一业务或事项在同一时期也可以综合运用风险降低和风险分担应对策略。

企业应当采用定性与定量相结合的方法，按照风险发生的可能性及其影响程度等，对识别的风险进行分析和排序，确定关注重点和优先控制的风险。定性方法可采用问卷调查、集体讨论、专家咨询、情景分析、政策分析、行业标杆比较、管理层访谈、由专人主持的工作访谈和调查研究等。定量方法可采用统计推论（如集中趋势法）、计算机模拟（如蒙特卡罗分析法）、失效模式与影响分析、事件树分析等。

企业进行风险分析，应当充分吸收专业人员，组成风险分析团队，按照严格规范的程序开展工作，确保风险分析结果的准确性。

10.4.4　国际风险管理标准 ISO 31000

2009 年 11 月 13 日，国际标准化组织（International Organization for Standardization，ISO）颁布了风险管理标准（ISO 31000 Risk Management — Principles And Guidelines），为风险管理提供了原则和通用准则。ISO 31000 应用范围极广，适用于任意规模的所有组织；适用于所有组织的整个生命周期及其所有活动，包括战略、决策、运营、流程、职能、项目、服务等；可应用于任何类型风险的管理。作为通用准则，ISO 31000 在应用时仍需考虑到各个组织的具体应用环境。

实施这一新的国际标准，企业可以达到如下目的：鼓励采取预防性而非被动性的管理；认识到整个企业辨识和处置风险的必要性；提高辨识各种隐患的水平；符合相关法律法规和国际标准的要求；提高经济效益；改善企业管理；建立决策和计划的可靠基础；改进事故管理和预防；减少损失；等等。

1. ISO 31000 的原则

ISO 31000 对风险的定义是对目标的不确定性的影响，有效的风险管理的原则如下：

（1）风险管理可以创造价值；

（2）风险管理是企业管理不可分割的一个组成部分；

（3）风险管理是决策程序的组成部分；

（4）风险管理可以明确地处理不确定性信赖的结果；

（5）风险管理具有系统性、组织性和适时性的特点；

（6）风险管理以最有效的信息为基础；

（7）风险管理具有适应性；

（8）风险管理应考虑人与文化的因素；

（9）风险管理具有透明性和包容性；

（10）风险管理应对变化作出有力和快速的反应；

（11）风险管理有助于企业持续改进和提高。

2. ISO 31000 的风险管理框架

风险管理应当在风险管理框架内运行。该框架可以帮助企业在各层面和特定背景下通过应用风险管理程序，以有效管理风险。该框架应当确保来自这些程序的风险信息被适当地报告，并被用作决策的依据。

该框架并不是企图描述一个管理体系，而是帮助企业把风险管理融入企业整个管理体系中去。因此，企业必须采纳这个框架的各项要素来满足他们特别的需要。风险要素和风险框架的关系如图 10-7 所示。

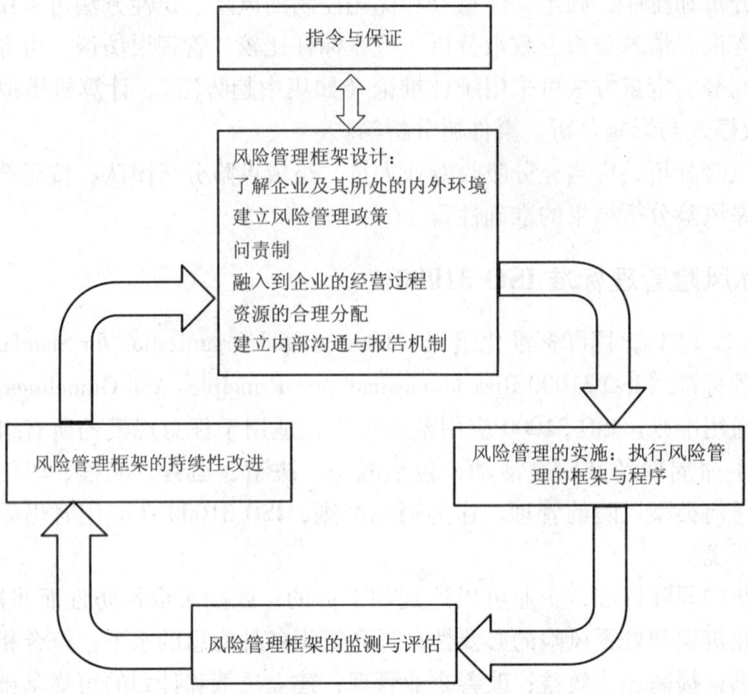

图 10-7　风险管理框架要素之间的联系

资料来源：ISO 31000：Risk Management — Principles and Guidelines，2009.

3. ISO 31000 的程序

风险管理程序包括 5 个方面的活动：沟通与协商，创建背景，风险评估，风险应对，监测与评估。风险管理程序是管理中不可分割的一部分，包含在企业的文化和实践中，并用来指导企业的整个商业过程。其 5 个要素之间的关系如图 10-8 所示。

1）沟通与协商

在风险管理程序的每一个阶段，与内部和外部利益相关者进行沟通与协商是十分必要的。在早期阶段，应该制订一个与内部和外部利益相关者进行沟通和协商的计划，处理与风险本身、风险后果和应当采取的管理措施相关的问题。有效的外部和内部沟通与协商可以明确地解释实施的风险管理程序，使利益相关者了解作出相关决定的依据，采取的特殊措施的原因。

2）创建背景

通过创建背景，企业在管理风险、制定风险范围和标准时，能够充分考虑内部和外部的影响因素。

3）风险评估

风险评估指风险识别、风险分析和风险评价的全过程。

（1）风险识别。企业应当识别风险的根源、影响的范围、潜在性的后果等。企业应当根据其目标和能力、面临的风险，运用风险辨识工具和技术。

（2）风险分析。即对风险的理解，决定风险是否需要被处置，以及最合适的风险处置战略和方法。风险分析包括考虑风险产生的原因和根源，其积极与消极结果，这些结果发生的可能性等。

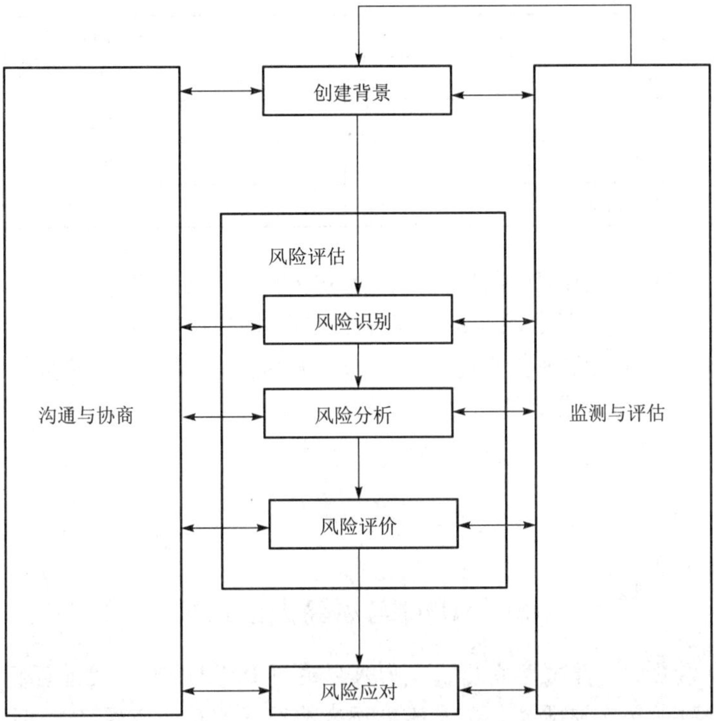

图 10-8　风险管理过程

资料来源：ISO 31000：Risk Management — Principles and Guidelines，2009.

(3) 风险评价。风险评价的目的是帮助在风险分析结果的基础上作出决策，即哪些风险需要被优先采取处置措施。

4) 风险应对

风险应对包括一个评估风险处置的循环程序，决定剩余风险的程度是否可以容忍。如果不能容忍，将采取新的风险处置方法。评估风险处置的效果，直到剩余风险达到了公司风险标准的要求。

5) 监测与评估

监测与评估应当成为风险管理程序的计划部分，应当明确规定监测与评估的责任。

4. ERM 与 ISO 31000

从以上内容可以看出，ERM 与 ISO 31000 并不矛盾，ERM 中的八个要素与 ISO 31000 程序基本上是一致的。ERM 与 ISO 31000 要素之间的对应关系如表 10-2 所示。

表 10-2　ERM 与 ISO 31000 要素之间对比

ERM 的要素	ISO 31000 的程序
内控环境	创建背景
目标设立 事件确认 风险评估	风险识别 风险分析 风险评价

续表

ERM 的要素	ISO 31000 的程序
风险应对	风险处置
信息与沟通	沟通与协商
监控	监测与评估
控制活动	无

不同点在于 ERM 基于内部控制的视角，而 ISO 31000 以程序标准出发，ISO 31000 为在任何范围或背景下，以透明的、系统的、可靠的方式来管理任何形式的风险提供了原则、框架和程序。ISO 31000 标准促进企业建立、实施一套风险管理框架，并且持续改进，将其作为管理体系的必备的组成部分。

知识链接

ISO 31000 与冰岛火山危机

发表在 ISO 网站的一篇文章指出，我们可以通过 ISO 31000 风险管理标准分析后得出：冰岛火山爆发导致航空交通瘫痪，以及随之而来的经济和社会问题。

文章作者是制定标准的 ISO 组织的领导人 Kevin W. Knight，关于这场危机，他评论道："航空公司和许多相关的公司都不得不面对这样的风险。基于冰岛和亚洲的火山爆发曾对航空造成的影响，我们知道，盲目地管理一个与空运中断有关的风险是令人惊讶的。火山灰仅仅只是一瞥，在经济全球化进程中，提高及时交货率显得更为重要，因此我们必须管理一个不断变化的风险。人们一定会想到，高级管理人员对可能导致空运中断的火山进行规划与测试是多么重要。"

然而，在这次的危机中，美国 UPS（联合包裹运输公司）公司迅速重新定下从亚洲—欧洲—伊斯坦布尔的空运边界，将包裹装入卡车，运送到最终目的地。

Kevin W. Knight 介绍："风险是所有不确定性对于达成目标的影响（更确切地说，风险是不确定性带来的）。"2009 年 11 月 15 日，ISO 出版了 ISO 31000：2009《风险管理——规则和指导》，用来帮助工商业和公共部门组织胸有成竹地解决这些风险。

ISO 31000：2009 为风险管理列出的这些规则，可以说是一个框架，也可以说是一个过程，它适用于任何类型的在公众或私人部门的组织。它并没有给出一个万能的方法，但是它强调：风险管理必须具体问题具体分析，管理方案应该量身定做。

ISO 31000 需要董事会和高层管理人员的关注，也需要充足的资源去把想法转变为行动，董事会和高层管理人员应该制定员工守则将它融入企业文化。Kevin W. Knight 断言："像 UPS 公司一样，真正成功的组织致力于了解不确定性，包括获取目标、通过管理风险来确保一个满意的结果。"

资料来源：http：//www. iso. org/iso/pressrelease. htm？ refid = Ref1317.

10.5　内部控制的战略导向

战略（strategy）一词最早是军事方面的概念。战略的特征是发现智谋的纲领。在西方，“strategy”一词源于希腊语“strategos”，意为军事将领、地方行政长官。后来用于其他领域，指重大的、带全局性或决定全局性的谋划。《企业内部控制应用指引第2号——发展战略》对战略的定义是指企业在对现实状况和未来趋势进行综合分析和科学预测的基础上，制定并实施的长远发展目标与战略规划。战略实施的目的在于促进企业增强核心竞争力和可持续发展能力。缺乏明确的发展战略或发展战略实施不到位，可能导致企业盲目发展，难以形成竞争优势，丧失发展机遇和动力；发展战略过于激进，脱离企业实际能力或偏离主业，可能导致企业过度扩张，甚至经营失败；发展战略因主观原因频繁变动，可能导致资源浪费，甚至危及企业的生存和持续发展。

10.5.1　战略与内部控制的整合

战略与企业内部控制息息相关，ERM框架中把“战略目标”列为内部控制的四大目标之一，我国的内部控制基本规范对内部控制目标的界定是“内部控制的目标是合理保证企业经营管理合法合规、资产安全、财务报告及相关信息真实完整，提高经营效率和效果，促进企业实现发展战略”。可以看出，5个目标是一个完整的体系，其中战略目标是内部控制最终的目的和最根本的目标。而ERM框架也提出企业实施内部控制的首要任务是实现战略目标，企业管理当局制定战略目标和选择战略，并在此基础上自上而下设定具体的目标，包括经营目标、报告目标和合法目标等。如果企业仅仅从业务角度实施内部控制，不关注组织整体战略，那么不仅容易限制内部控制的实施范围，造成财务部门与非财务部门的对立，而且无法满足现代企业价值创造的需求，导致内部控制的实施效果减弱。

发展战略指明了企业的发展方向、目标与实施路径，描绘了企业未来经营方向和目标纲领，是企业发展的蓝图，关系着企业的长远生存与发展。只有制定科学合理的发展战略，企业执行层才有行动的指南，其在日常经营管理和决策时才不会迷失方向，才能知晓哪些是应着力做的“正确的事”。

一个企业要实现其组织目标，首先需要规划战略，其次需要实施战略；而要实施战略，则需要有效处理各项具体业务和事项。因此，企业内部通常存在三个层级的控制（见图10-9）：① 与治理层相联系的战略控制；② 与经理层、中层管理层相联系的管理控制；③ 与操作管理层和员工相联系的作业控制。在三种类型控制中，战略控制处于最高层级，作业控制处于基础地位，而管理控制是连接战略控制与作业控制的桥梁。这三种类型的控制所追求的目标是不一样的：① 战略控制着眼于战略定位控制，目的是规划战略，监控战略实施；② 管理控制关注的是战略实施，目的是促进战略目标实现；③ 作业控制主要针对的是具体业务和事项的控制，其目的包括合法目标、资产目标、信息目标、经营目标等。可见，随着控制层级降低，目标被逐层分解细化，其他4个目标属于具体目标，是战略目标不同角度的体现。同时，为了确保各个控制层级的目标能够实现，企业需要通过两条“线”来控制内部控制的有效运转。这两条“线”就是信息的沟通和监督。企业一方面需要通过信息传递和内外部沟通掌握内部控制体系运行的实际情况，发现存在的问题；另一方面需要通过持续检查、考核评价、采取措施以促进内部控制的有效运行，确保战略目标的最终实现。①

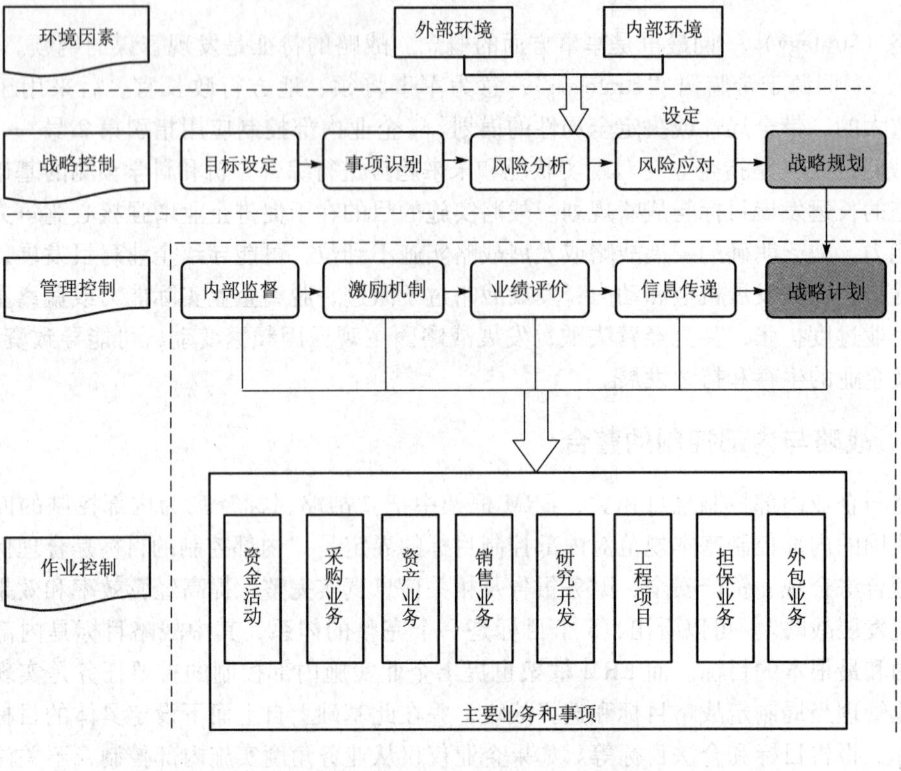

图 10-9　基于战略导向与系统整合的企业内部控制规范实施机制

资料来源：池国华．企业内部控制规范实施机制构建：战略导向与系统整合．会计研究，2009（9）：66-71.

10.5.2　发展战略的制定

企业应当在充分调查研究、科学分析预测和广泛征求意见的基础上制定发展目标。企业在制定发展目标过程中，应当综合考虑宏观经济政策、国内外市场需求变化、技术发展趋势、行业及竞争对手状况、可利用资源水平和自身优势与劣势等影响因素。

企业应当根据发展目标制定战略规划。战略规划应当明确发展的阶段性和发展程度，确定每个发展阶段的具体目标、工作任务和实施路径。

企业应当在董事会下设立战略委员会，或指定相关机构负责发展战略管理工作，履行相应职责。战略委员会的主要职责是对公司长期发展战略和重大投资决策进行研究并提出建议，具体包括：对公司的长期发展规划、经营目标、发展方针进行研究并提出建议；对公司涉及产品战略、市场战略、营销战略、研发战略、人才战略等经营战略进行研究并提出建议；对公司重大战略性投资、融资方案进行研究并提出建议；对公司重大资本运作、资产经营项目进行研究并提出建议等。

企业应当明确战略委员会的职责和议事规则，对战略委员会会议的召开程序、表决方

① 池国华《企业内部控制规范实施机制构建：战略导向与系统整合》。

式、提案审议、保密要求和会议记录等作出规定，确保议事过程规范透明、决策程序科学民主。战略委员会应当组织有关部门对发展目标和战略规划进行可行性研究和科学论证，形成发展战略建议方案；必要时，可借助中介机构和外部专家的力量为其履行职责提供专业咨询意见。战略委员会成员应当具有较强的综合素质和实践经验，其任职资格和选任程序应当符合有关法律法规和企业章程的规定。战略委员会应当加强对发展战略实施情况的监控，定期收集和分析相关信息，对于明显偏离发展战略的情况，应当及时报告。由于经济形势、产业政策、技术进步、行业状况以及不可抗力等因素发生重大变化，确需对发展战略作出调整的，应当按照规定权限和程序调整发展战略。

董事会应当严格审议战略委员会提交的发展战略方案，重点关注其全局性、长期性和可行性。具体包括：① 发展战略是否符合国家行业发展规划和产业政策；② 发展战略是否符合国家经济结构战略性调整方向；③ 发展战略是否突出主业，有助于提升企业核心竞争力；④ 发展战略是否具有可操作性；⑤ 发展战略是否客观全面地对未来商业机会和风险进行分析预测；⑥ 发展战略是否有相应的人力、财务、信息等资源保障等。董事会在审议中如果发现发展战略方案存在重大缺陷问题，应当责成战略委员会对建议方案进行调整。企业的发展战略方案经董事会审议通过后，报经股东会批准实施。

◉ 知识链接

湘鄂情的战略转型

2009 年 11 月 11 日，湘鄂情（002306）在深交所正式挂牌上市，成为我国第一家在国内 A 股上市的民营餐饮企业。2012 年年底中央“八项规定”出台，反对奢靡，“三公”消费受到严格控制，这对湘鄂情的影响立竿见影。2013 年 2 月湘鄂情宣布将改变以往湘鄂情酒楼中高端市场定位，全力进军大众餐饮市场。2013 年湘鄂情虽然陆续关停亏损严重的部分酒楼门店，但仍巨亏 5.64 亿元，与盈利超过 1 亿元的 2012 年形成鲜明对比；其门店数也从 34 家关至 18 家，2013 年便先后关闭了 13 家门店，其主攻市场——北京曾有 13 家门店，现也已陆续关停 4 家。

其实除了餐饮，湘鄂情一直在谋划向其他行业的跨界转型。早在 2011 年 1 月 24 日，湘鄂情尝试涉足地产，但结局出人意料。2013 年 9 月，湘鄂情发布公告称，公司在武汉“台北路 72 号”的项目中，合作方隐瞒了土地使用权曾被法院查封的真相，并骗取公司 6 000 万元，公司将根据实际情况计提坏账准备。毫无土地开发经验的湘鄂情为自己盲目涉猎新领域的动作埋了单。

2013 年 7 月 27 日，湘鄂情宣布拟以 2 亿元收购江苏中昱环保 51% 股权，正式进军环保产业。但在 2014 年 5 月 12 日，湘鄂情又宣布中止收购。

2013 年年底，面临大幅亏损的湘鄂情又将触角延伸到环保领域。12 月 15 日，湘鄂情连续发布公告，宣布出资 5 100 万元持有合肥天焱 51% 股权。当月 24 日，以 4 000 万元收购江苏晟宜环保有限公司 51% 股权，时任湘鄂情董秘的李强甚至对外表示：“餐饮和环保都是我们的主业。”

而就在外界断定湘鄂情将转型环保行业时，2014年3月，湘鄂情又在一周之内，收购了两家影视公司——北京中视精彩影视文化公司和笛女影视传媒有限公司各51%的股权。

5月12日湘鄂情推出36亿元巨额再融资计划，主要用于投资互联网新媒体市场。

5月26日湘鄂情联手中科院计算技术研究所，共同举办“大数据与网络新媒体联合实验室揭牌”仪式。

6月，湘鄂情宣布更名，并将于月底剥离餐饮业务，进军大数据领域，跨界转型进行“二次创业”。7月1日，湘鄂情又借更名“中科云网科技集团股份有限公司”（简称“中科云网”）宣布进军网络新媒体、云服务和大数据领域。7月29日，中国餐饮第一股湘鄂情转型动作终于明确——做电视盒子。而这其实已经是湘鄂情的第五次转型了。2014年8月24日公司名称由“北京湘鄂情集团股份有限公司”变更为“中科云网科技集团股份有限公司”。

2014年12月9日，中科云网与家家餐饮签订协议，将公司名下的“湘鄂情”系列商标转让给家家餐饮，转让价格为2.3亿元。2015年2月7日，中科云网又发布公告深圳市家家餐饮受让公司的“湘鄂情”系列商标及三家子公司股权的交易事项发生变更，变更为仅受让“湘鄂情”商标，商标受让价格由原2.3亿元下调至1亿元，打折比率超过五成。湘鄂情正式告别证券市场。

湘鄂情曾于2012年发行4.8亿元固定利率公司债（ST湘鄂债），存续期限为5年，债券票面利率为6.78%，附第3年年末发行人上调票面利率选择权及投资者回售选择权，该债券于2012年5月15日起在深交所挂牌交易，代码为112072。本期债券付息日为存续期内的每年4月5日；若投资者行使回售选择权，回售部分债券的本金兑付日为2015年4月7日。综上，公司需在2015年4月7日全额支付第三期利息及回售款项合计40 203.43万元。

2015年4月3日中科云网发出公告，因其无法按时、足额筹集资金用于偿付2012年公司债券（即ST湘鄂债）应付利息及回售款项，正式宣布构成对该期债券的实质违约。公告显示，公司通过大股东财务资助、处置资产、回收应收账款等方式已收到偿债资金1.61亿元，但尚有2.41亿元资金缺口。“ST湘鄂债”成为国内首单本金违约的公募债券，被视为“具有里程碑式的历史意义”。

资料来源：

经作者综合分析整理

1. 湘鄂情：五次转型为什么难逃劫数.
   http：//news.xinhuanet.com/food/2015-04/13/c_1114941664_3.htm.
2. 中科云网挥别“湘鄂情”7年金字招牌仅卖1亿.
   http：//business.sohu.com/20150209/n408847854.shtml.
3. 中科云网确认所发公司债违约A股首例.
   http：//www.guancha.cn/economy/2015_04_07_314965.shtml.

10.5.3 影响发展战略的内外部因素

企业外部环境、内部资源等因素，是影响发展战略制定的关键因素，如表10-3所示。只有对企业所处的外部环境和拥有的内部资源展开深度分析，才能制定出科学合理的发展战略。在此过程中，企业应当综合考虑宏观经济政策、国内外市场需求变化、技术发展趋势、行业及竞争对手状况、可利用的资源水平和自身优势与劣势等影响因素。

表 10-3　影响发展战略制定的内外部因素分析

外部因素分析	内部因素分析
宏观环境：PEST 分析［political（政治因素），economical（经济因素），social（社会因素），technological（技术因素）］	企业资源分析：现有资源的数量和利用效率、应变能力（有形资源、无形资源、组织资源）
中观环境：行业环境分析（波特的五力模型：行业新进入者的威胁，供应商的议价能力，购买商的议价能力，替代产品的威胁，同业竞争者的竞争强度）	企业能力分析：各种资源的有机组合结果（研发能力、生产管理能力、营销能力、财务能力、组织管理能力）
微观环境：经营环境与竞争优势环境分析（竞争对手分析，竞争性定位，消费细分，消费动机，未满足的需求，融资来源，劳动力市场状况等）	企业核心竞争力分析：能为企业带来相对于竞争对手存在竞争优势的资源和能力（稀缺，不可被模仿，不可替代，持久的资源）
内外部因素综合分析：SWOT［strength（优势），weakness（劣势），opportunity（机会），threats（威胁）］	

10.5.4　发展战略的实施

发展战略有效实施是一个系统的有机整体，需要研发、生产、营销、财务、人力资源等各个职能部门间的密切配合。企业只有重视和加强发展战略的实施，在所有相关目标领域全力推进，才有可能将发展战略描绘的蓝图转变为现实，铸就成核心竞争力。企业应当加强对发展战略实施的统一领导，制订详细的年度工作计划，通过编制全面预算，将年度目标进行分解、落实，确保企业发展目标的实现。

企业应当重视发展战略的宣传培训工作，为推进发展战略实施提供强有力的思想支撑和行为导向。

（1）在企业董事、监事和高级管理人员中树立战略意识和战略思维，充分发挥其在战略制定与实施过程中的模范带头作用。

（2）通过采取内部会议、培训、讲座、知识竞赛等多种行之有效的方式，把发展战略及其分解落实情况传递到内部各管理层级和全体员工，营造战略宣传的强大舆论氛围。

（3）企业高管层要加强与广大员工的沟通，使全体员工充分认清企业的发展思路、战略目标和具体举措，自觉将发展战略与自己的具体工作结合起来，促进发展战略的有效实施。

同时在企业内部培育出与发展战略相匹配的文化，优化组织结构，整合内外部资源，以促进发展战略的实现。

阅读与思考

光大证券乌龙指

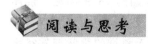

2013 年 8 月 15 日，上证指数收于 2 081 点。2013 年 8 月 16 日，上证指数以 2 075 点低

开，到上午11点为止，上证指数一直在低位徘徊。上午11点06分左右，上证综指瞬间上涨5.96%，飙升百余点，最高冲至2198.85点。沪深300成分股中，总共70余只股票瞬间触及涨停，且全部集中在上海交易所市场。其中沪深300权重比例位居前列的中石油、中石化、工商银行、农业银行、民生银行、招商银行均瞬间触摸涨停。

不过，好景不长，经历了上午的涨停奇观之后，如同闹剧一般，午后股指又出现回落，瞬间被打回原形，上午个股板块普涨格局逐渐演变为普跌态势。截至尾盘，沪指收于2 068.45点，当日跌幅0.65%。深证成指报8 168.09点，下跌0.74%。两市成交量大幅放大，沪市全天成交1231亿元，较上一交易日放大近四成。

2013年8月16日13点00分，光大证券因重大事项紧急停牌，随后发布提示性公告，披露了公司策略投资部门自营业务在使用其独立的套利系统时出现问题的事项，并于8月18日公布重大事项公告，对此次事件进行说明。

一、光大证券的解释

2013年8月16日，公司策略投资部按计划开展ETF套利交易，部门核定的交易员当日现货交易额度为8 000万元，并在交易开始前由审核人员进行了8 000万元的额度设定。

9点41分，交易员分析判断180ETF出现套利机会，及时通过套利策略订单生成系统发出第一组买入180ETF成分股的订单（即177笔委托，委托金额合计不超过200万元）。

10点13分，交易员发出第二组买入部分180ETF成分股的订单（即102笔委托，委托金额合计不超过150万元）。

11点02分，交易员发出第三组买入180ETF成分股的订单（即177笔委托，委托金额合计不超过200万元）。

11点07分，交易员通过系统监控模块发现成交金额异常，同时，接到上海证券交易所的问询电话，迅速批量撤单，并终止套利策略订单生成系统的运行，同时启动核查流程并报告部门领导。为了对冲股票持仓风险，开始卖出股指期货IF1309空头合约。

截至11点30分收盘，股票成交金额约为72.7亿元，累计用于对冲而卖出的股指期货IF1309空头合约共253张。

事件发生后，公司相关管理人员召开紧急会议。由于当天增加了72.7亿元股票持仓，为最大限度减少风险暴露和可能的损失，公司需要降低持仓量，但当天买入的股票只能在T+1日实现卖出。可行的做法是尽量将已买入的ETF成分股申购成ETF卖出，以实现当天减仓，也可以通过卖出股指期货来对冲新增持仓的风险。为此做了如下处置安排：

对上午发生的事件所形成的过大风险敞口，尽量申购成ETF直接卖出；对于因ETF市场流动性不足而不能通过申购ETF卖出的持仓部分，逐步使用股指期货卖出合约做全额对冲。

下午开盘后，策略投资部开始通过将已买入的股票申购成50ETF以及180ETF在二级市场上卖出，同时，逐步卖出股指期货IF1309、IF1312空头合约，以对冲上午买入股票的风险。据统计，下午交易时段，策略投资部总共卖出50ETF、180ETF金额约18.9亿元，累计用于对冲而卖出的股指期货合约共计6 877张，其中IF1309、IF1312空头合约分别为6 727张和150张，加上上午卖出的253张IF1309空头合约，全天用于对冲而新增的股指期货空头合约总计为7 130张。

经初步核查，本次事件产生的原因主要是策略投资部使用的套利策略系统出现了问题，该系统包含订单生成系统和订单执行系统两个部分。核查中发现，订单执行系统针对高频交易在市价委托时，对可用资金额度未能进行有效校验控制，而订单生成系统存在的缺陷，会导致特定情况下生成预期外的订单。由于订单生成系统存在的缺陷，导致在11时05分08秒之后的2秒内，瞬间生成26 082笔预期外的市价委托订单；由于订单执行系统存在的缺陷，上述预期外的巨量市价委托订单被直接发送至交易所。

中午休市期间，上交所要求公司查明事件原因并及时公告，经公司申请、上交所同意，13点00分，公司股票实施了紧急停牌。随即，公司启动了临时公告披露流程，由于事发突然、事关重大，涉及的业务及系统较为复杂，为确保信息披露内容的准确性，公司要求相关部门紧急自查，在对该事件发生的原因进行了初步认定，并确认了出现问题的套利系统独立于公司其他业务系统、风险不会通过信息系统进行传递以影响公司客户交易之后，14点左右，公司通过上交所信息披露电子化系统递交了编号为临2013-032号提示性公告，向投资者披露了相关情况。

按照8月16日的收盘价，上述交易的当日股市损失约为1.94亿元，其对公司造成的最终损失以及对公司财务状况的影响程度还可能随着市场情况发生变化。

本次事件导致8月16日公司“权益类证券及证券衍生品/净资本”指标超过了100%的监管红线，公司可能因此事件面临监管部门的警示或处罚，从而可能影响公司业务拓展和经营业绩，本次事件亦给公司品牌声誉及市场形象带来负面影响。

二、证监会的处罚

2013年8月30日，证监会通报了对光大乌龙指事件的处罚决定。证监会认定光大证券“8·16”异常交易行为已经构成内幕交易、信息误导、违法证券公司内控管理规定等多项违法违规行为，将停止光大证券从事证券自营业务，暂停审批其新业务，责令光大证券整改并处分有关责任人员，整改无期限。

证监会同时对相关四位相关决策责任人徐浩明、杨赤忠、沈诗光、杨剑波处以警告、罚款60万元并终身证券市场禁入的处罚，并没收光大证券非法所得8 721万元，并处以5倍罚款，共计5.23亿元，为证券史上最大罚单。对董秘梅键责令整改并处以罚款20万元。

证监会同时表示，光大证券异常交易事件，是我国市场建立以来首次发生的因交易软件产生的极端个别事件，对市场负面影响很大。鉴于该案属于新型案件，证监会在深入调查基础上，组织外部专家对问题进行论证咨询，目前调查审理已终结，进入事先告知程序，下一步将作出处罚决定。而光大证券事件导致投资者损失严重，投资者可以提起诉讼依法要求赔偿。

光大证券“8·16事件”发生之后，其非金融企业债务融资主承销业务也被暂停。同时，原策略投资部总经理杨剑波也被停职，而总裁徐浩明也于8月22日辞任。

2013年11月14日晚间，光大证券发布了《关于收到中国证监会处罚决定书的公告》，该公告称，因“8·16事件”涉嫌利用内幕信息进行交易，其于11月14日收到证监会处罚书，证监会决定没收光大证券ETF内幕交易违法所得1 307.08万元，并处以违法所得5倍罚款；没收股指期货内幕交易违法所得7 414.35万元，并处以违法所得5倍的罚款。上述两项罚没款共计5.23亿元。

上述处罚决定书认定：“光大证券在进行ETF套利交易时，因程序错误，其所使用的策略交易系统以234亿元的巨量资金申购180ETF成分股，实际成交72.7亿元”为内幕信息。光大证券2013年8月16日下午将所持股票转换为180ETF和50ETF并卖出的行为和2013年

8月16日下午卖出股指期货空头合约IF1309、IF1312共计6 240张的行为，构成《证券法》第二百零二条和《期货交易管理条例》第七十条所述内幕交易行为。

上述处罚决定发布后，陆续有投资者提起对光大证券的索赔诉讼。

三、乌龙指的后续

2014年2月8日，“8·16光大乌龙指”主角杨剑波因不服证监会对其内幕交易的判罚，向北京市第一中级人民法院提起诉讼。杨剑波诉证监会的诉讼请求是，撤销其做出的《行政处罚决定书》和《市场禁入决定书》。2014年12月26日，北京市第一中级人民法院公开宣判。法院判决驳回杨剑波诉讼请求，杨剑波当庭表示上诉。2015年5月，北京市高级人民法院判决驳回上诉，维持原判。

2015年9月30日，上海市第二中级人民法院对第一批8名原告投资者诉光大证券股份有限公司证券期货内幕交易责任纠纷案作出一审宣判，6名投资者胜诉，分别获得2 220元至200 980元不等的赔偿，共计296 124元赔偿。

10月23日，第二批23起同类案件再获一审判决，其中18起获得3 480元到134 640元共计66万元赔偿。

12月3日，第三批20起同类案件获一审判决，其中6起撤诉，7起驳回原告诉讼请求，另7起的一审判决共计判令光大证券赔偿原告损失人民币326 827元。

12月24日，第四批57起同类案件获一审判决，其中，17起案件的一审判决驳回了原告的诉讼请求，40起案件的一审判决共计判令光大证券赔偿原告损失4 246 440.7元。

12月30日，第五批10起同类案件获一审判决，其中，6起案件因原告申请撤诉并经法院审查裁定准许，1起案件的一审判决驳回了原告的诉讼请求，3起案件的一审判决共计判令光大证券赔偿原告损失人民币207 419.8元。

2016年2月23日，上海市第二中级人民法院就林生等3人分别起诉光大证券涉及“8·16事件”民事赔偿纠纷案进行了裁判，三起案件的一审判决共计判令公司赔偿原告损失人民币23 934元。

资料来源：

经作者综合分析整理

1. 光大证券“乌龙指”事件

http://money.163.com/baike/guangdawulongzhi/profile/.

2. 上海证券交易所光大证券（601788）公布的公告.

思考题

1. 光大证券是否存在内控缺陷？如果有，你认为是设计缺陷还是执行缺陷？
2. 内部控制与风险管理的关系如何？你从本案例得到什么样的启示？
3. 信息环境下的内部控制建设应注意哪些问题？你从本案例得到什么样的启示？
4. 如果你是董事长，你认为内部控制评价报告的意见是什么？
5. 如果你是注册会计师，你为光大证券出具的内部控制审计报告的意见是什么？

参考文献

[1] 李凤鸣．内部控制学．北京：北京大学出版社，2002.

[2] 李维安，武立东．公司治理教程．上海：上海人民出版社，2002.

[3] 郑洪涛．企业内部控制精要：整体框架、制度设计、测试评价．北京：中国财政经济出版社，2003.

[4] 韦默．制度设计．费方域，朱宝钦，译．上海：上海财经大学出版社，2004.

[5] 宋建波．企业内部控制．北京：中国人民大学出版社，2004.

[6] Root S J. 超越 COSO 加强公司治理的内部控制．付涛，卢远瞩，黄翠竹，译．北京：清华大学出版社，2004.

[7] COSO. 企业风险管理：整合框架．方红星，王宏，译．大连：东北财经大学出版社，2005.

[8] 朱荣恩．内部控制案例．上海：复旦大学出版社，2005.

[9] 友联时骏管理顾问．企业内部控制和风险管理：《萨班斯-奥克斯利法案》释义．上海：复旦大学出版社，2005.

[10] 龚杰，方时雄．企业内部控制：理论、方法与案例．杭州：浙江大学出版社，2006.

[11] 李连华．内部控制理论结构：控制效率的思想基础与政策建议．厦门：厦门大学出版社，2007.

[12] 日本企业会计审计会．日本内部控制评价与审计准则．李玉环，译．大连：东北财经大学出版社，2007.

[13] 3C 框架内部控制课题组．内部控制标准精要及分析．北京：中国时代经济出版社，2008.

[14] 国有企业内部控制课题组．国有企业内部控制框架．北京：机械工业出版社，2009.

[15] 毕格曼，巴特．欺诈防范与内部控制执行路线图：创建合规性文化．崔冠男，范一筱，胡小俊，译．北京：中国财政经济出版社，2009.

[16] 中国注册会计师协会．公司战略与风险管理．北京：经济科学出版社，2010.

[17] 许延明．内部控制及其应用．北京：知识产权出版社，2013.

[18] Treadway 委员会发起组织委员会．内部控制：整合框架（2013）．财政部会计司，译．北京：中国财政经济出版社，2014.

[19] 胡晓明，许婷．公司治理与内部控制．北京：人民邮电出版社，2014.

[20] 陈汉文，池国华．CEO 内部控制：基业长青的奠基石．北京：北京大学出版社，2015.

[21] 池国华，朱荣．内部控制与风险管理．北京：中国人民大学出版社，2015.

[22] 穆勒．2013 版 COSO 内部控制实施指南．秦荣生，张庆龙，韩菲，译．北京：电子工业出版社，2015.

[23] 财政部会计资格评价中心．高级会计实务．北京：经济科学出版社，2016.

[24] 任泠．公司治理的内部机制与外部机制．南开经济研究，1999（3）：20-24.
[25] 阎达五，杨有红．内部控制框架的构建．会计研究，2001（2）：9-14.
[26] 李凤鸣，韩晓梅．内部控制理论的历史演进与未来展望．审计与经济研究，2001，16（4）：3-8.
[27] 程新生．公司治理、内部控制、组织结构互动关系研究．会计研究，2004（4）：14-18.
[28] 杨有红，胡燕．试论公司治理与内部控制的对接．会计研究，2004（10）：14-18.
[29] 王展翔．加拿大 COCO 委员会内部控制框架述评．商业研究，2005（1）：168-171.
[30] 李连华．公司治理结构与内部控制的链接与互动．会计研究，2005（2）：64-69.
[31] 丁瑞玲，王允平．从典型案例看企业内部控制环境建设的必要性．审计研究，2005（5）：63-67.
[32] 李维安，张国萍．公司治理评价指数：解析中国公司治理现状与走势．经济理论与经济管理，2005（9）：58-64.
[33] 艾亚．安永专家剖析八大风险管理案例．国际融资，2005（2）：43-46.
[34] 蔡吉甫．内部控制的制度经济学研究．中央财经大学学报，2007（6）：59-65.
[35] 陈元芳．我国内部控制的起源与发展．财会月刊，2007（2）：65-67.
[36] 财政部会计司考察团．英国和法国企业内部控制考察报告．会计研究，2007（9）：74-82.
[37] 陈艳红，王棣华．美国通用汽车公司内部控制：实施萨班斯法案 404 条款的案例分析．财会学习，2007（4）：51-54.
[38] 宋蔚蔚．新内部控制规范风险导向化思路刍议．财会通讯，2007（8）：48-49.
[39] 刘素贞．采购质量管理、内部控制与企业生存：基于利达公司致命玩偶案例的思考，现代经济，2008，7（8）：83
[40] 麦克森·罗宾斯欺诈案．中国总会计师，2008（4）：90.
[41] 贺密柱．由 COSO 报告的变革看内部控制标准的发展．会计之友，2008（3）：76-77.
[42] 宋蔚蔚．混沌理论对企业内部控制的启示．财会月刊，2008（10）：79-80.
[43] 宋蔚蔚．新企业内部控制规范下内部控制信息披露思考．财会通讯，2009（5）：73-74.
[44] 周文峰，陈苗杰，陈立峰．公司治理模式比较研究及启示．福建论坛，2009（6）：55-56.
[45] 万里霜．全面风险管理与内部控制的融合．统计与决策，2009（9）：177-178.
[46] 林钟高，杨克智，秦娜．战略导向的企业内部控制研究．新会计，2009（1）：14-17.
[47] 池国华．企业内部控制规范实施机制构建：战略导向与系统整合．会计研究，2009（9）：66-71.
[48] 怀廷．安全风险管理标准 ISO 31000. 王光远，丁丙文，译．劳动保护，2009（2）：18-20.
[49] 张影．日本企业内部控制审计及其对中国的启示．审计与经济研究，2010，25（6）：16-22.
[50] 杨雄胜．内部控制范畴定义探索．会计研究，2011（8）：46-52.

[51] 林斌 . COSO 框架的新发展及其评述：基于 IC-IF 征求意见稿的讨论 . 会计研究，2012（11）：64-73.
[52] 刘永泽，金花妍 . 日本内部控制准则的实施效果及启示 . 南京审计学院学报，2012，9（5）：51-59.
[53] 白华 . 内部控制、公司治理与风险管理：一个职能论的视角 . 经济学家，2012（3）：46-54.
[54] 南京大学会计与财务研究院课题组 . 探索内部控制制度的哲学基础 . 会计研究，2012（11）：57-63.
[55] 甫瀚咨询 . 美国“JOBS 法案”评析 . 首席财务官，2012（5）：86-89.
[56] 李心合 . 内部控制研究的困惑与思考 . 会计研究，2013（6）：54-61.
[57] 樊行健，肖光红 . 关于企业内部控制本质与概念的理论反思 . 会计研究，2014（2）：4-11.
[58] 乔川川 . 全球乌龙指事件表明：市场震荡后延续前期走势 . 证券日报，2013-08-20.
[59] 迪博 . 中国上市公司 2016 年内部控制白皮书 . 上海证券报，2016-07-14.
[60] 仲继银 . 万科风暴中忽略了一个公司治理的大问题 . 上海证券报，2016-07-06.
[61] 矫月 . 251 家上市公司担保额超警戒线房地产行业成重灾区 . 证券日报，2016-05-13.
[62] 孟希媛 . 中日企业内部控制准则比较研究 . 大连：东北财经大学，2012.
[63] 李会 . 基于内部控制角度对奥林巴斯财务舞弊事件的分析 . 财政部财政科学研究所，2014.
[64] 甫瀚咨询 . 萨班斯-奥克斯法案指南：内部控制报告要求　关于 404 条款的常见问题的解答 . 4 版，2007.
[65] 丁林 . 美国的民主是什么：一个收银机的故事 .
[66] COSO. Internal Control：Integrated Framework. 1992.
[67] The Institute of Charted Accountants In England. Internal Control Guidance for Directors on the Combined Code. 1999.
[68] Financial Reporting Council. Internal Control Revised Guidance For Directors On the Combined Code. 2005.
[69] Autorité des marchés financiers（AMF）. The Internal Control System：Reference framework. 2007.
[70] King's Counsel. The King Report on Governance for South Africa. 2009.
[71] International Organization for Standardization（ISO）. ISO31000 Risk management：Principles and Guidelines 2009.
[72] COSO. Exposure Draft on Internal Control—Integrated Framework. 2011.
[73] The Information Systems Audit and Control Association（ISACA）. COBIT5 A Business Framework for the Governance and Management of Enterprise IT. 2012.
[74] Dr. Larry Rittenberg，Frank Martens. Thought paper. Understanding and Communicating Risk Appetite. 2012.
[75] COSO. 2013 Internal Control：Integrated Framework. 2013.
[76] 财政部 . 独立审计具体准则第 9 号：内部控制与审计风险 . 1996.

[77] 中国人民银行．加强金融机构内部控制的指导原则．1997.
[78] 证监会．加强期货经纪公司内部控制的指导原则．2000.
[79] 证监会．公开发行证券公司信息披露编报规则：第1号商业银行招股说明书内容与格式特别规定，第3号保险公司招股说明书内容与格式特别规定，第5号证券公司招股说明书内容与格式特别规定，第7号商业银行年度报告内容与格式特别规定，第8号证券公司年度报告内容与格式特别规定．2000.
[80] 证监会．证券公司内部控制指引．2001.
[81] 证监会．公开发行证券的公司信息披露内容与格式准则：第1号招股说明书，第2号年度报告的内容与格式，第11号上市公司发行新股招股说明书．2001.
[82] 证监会．证券投资基金管理公司内部控制指导意见．2002.
[83] 中国人民银行．商业银行内部控制指引．2002.
[84] 银监会．信托投资公司内部控制指引．2004.
[85] 保监会．保险中介机构内部控制指引．2005.
[86] 证监会．关于规范上市公司对外担保行为的通知．2005.
[87] 国资委．中央企业全面风险管理指引．2006.
[88] 中国注册会计师协会．中国注册会计师审计准则1211号：了解被审计单位及其环境并评估重大错报风险．2006.
[89] 上海证券交易所．上海证券交易所上市公司内部控制指引．2006.
[90] 深圳证券交易所．深圳证券交易所上市公司内部控制指引．2006.
[91] 刘玉廷．全面提升企业经营管理水平的重要举措：财政部会计司司长刘玉廷解读《企业内部控制配套指引》．2008.
[92] 财政部，证监会，审计署，银监会，保监会．企业内部控制基本规范．2008.
[93] 财政部，证监会，审计署，银监会，保监会．企业内部控制评价指引．2010.
[94] 财政部，证监会，审计署，银监会，保监会．企业内部控制审计指引．2010.
[95] 财政部，证监会，审计署，银监会，保监会．企业内部控制应用指引（1-18）．2010.
[96] 财政部会计司．解读企业内控指引之组织架构．2010.
[97] 财政部会计司．解读企业内控指引之发展战略．2010.
[98] 财政部会计司．加强人力资源建设 夯实企业发展基石：财政部会计司解读《企业内部控制应用指引第3号—人力资源》．2010.
[99] 财政部会计司．履行社会责任是企业应尽的义务和使命：财政部会计司解读《企业内部控制应用指引第4号—社会责任》．2010.
[100] 财政部会计司．加强企业文化建设 提升企业软实力：财政部会计司解读《企业内部控制应用指引第5号—企业文化》．2010.
[101] 财政部会计司．强化资金风险管控 不断提升企业效益：财政部会计司解读《企业内部控制应用指引第6号—资金活动》．2010.
[102] 财政部会计司．强化采购风险管控 提高企业采购效能：财政部会计司解读《企业内部控制应用指引第7号—采购业务》．2010.
[103] 财政部会计司．保障企业资产安全 全面提升资产效能：财政部会计司解读《企业内部控制应用指引第8号—资产管理》．2010.

[104] 财政部会计司．规范销售行为　扩大市场占有：财政部会计司解读《企业内部控制应用指引第 9 号—销售业务》．2010.
[105] 财政部会计司．促进企业自主创新　全面提升核心竞争力：财政部会计司解读《企业内部控制应用指引第 10 号—研究与开发》．2010.
[106] 财政部会计司．强化风险管控　确保工程质量：财政部会计司解读《企业内部控制应用指引第 11 号—工程项目》．2010.
[107] 财政部会计司．严控担保风险　促进稳健发展：财政部会计司解读《企业内部控制应用指引第 12 号—担保业务》．2010.
[108] 财政部会计司．加强业务外包管理　防范业务外包风险：财政部会计司解读《企业内部控制应用指引第 13 号—业务外包》．2010.
[109] 财政部会计司．提高财务报告质量　夯实企业发展基础：财政部会计司解读《企业内部控制应用指引第 14 号—财务报告》．2010.
[110] 财政部会计司．强化全面预算管理　促进实现发展战略：财政部会计司解读《企业内部控制应用指引第 15 号—全面预算》．2010.
[111] 财政部会计司．提高合同管理效能　维护企业合法权益：财政部会计司解读《企业内部控制应用指引第 16 号—合同管理》．2010.
[112] 财政部会计司．有效管控内部信息传递　促进企业经营管理决策优化：财政部会计司解读《企业内部控制应用指引第 17 号—内部信息传递》．2010.
[113] 财政部会计司．优化信息系统　提升管理水平：财政部会计司解读《企业内部控制应用指引第 18 号—信息系统》．2010.
[114] 财政部会计司，中国注册会计师协会．规范内控审计行为　促进内控有效实施：财政部会计司、中注协解读《企业内部控制审计指引》．2010.
[115] 财政部会计司．财政部会计司解读《企业内部控制评价指引》．2010.
[116] 中国注册会计师协会．企业内部控制审计指引实施意见．2011.
[117] 财政部会计司．关于 2012 年主板上市公司分类分批实施企业内部控制规范体系的通知．2012.
[118] 财政部会计司．关于印发企业内部控制规范体系实施中相关问题解释第 1 号的通知．2012.
[119] 财政部会计司．关于印发企业内部控制规范体系实施中相关问题解释第 2 号的通知．2012.
[120] 财政部．行政事业单位内部控制规范（试行）．2012.
[121] 上海证券交易所．上海证券交易所上市公司董事会审计委员会运作指引．2013.
[122] 证监会，财政部．公开发行证券的公司信息披露编报规则第 21 号：年度内部控制评价报告的一般规定．2014.
[123] 中华人民共和国公司法．2014.
[124] 中国上市公司协会．上市公司独立董事履职指引．2014.
[125] 银监会．商业银行内部控制指引．2014.
[126] 中国上市公司协会．上市公司监事会工作指引．2015.
[127] 中国注册会计师协会．企业内部控制审计问题解答．2015.

[128] 财政部. 小型企业内部控制规范（征求意见稿）. 2016.
[129] 财政部. 关于开展行政事业单位内部控制基础性评价工作的通知. 2016.
[130] 财政部. 关于加强政府采购活动内部控制管理的指导意见. 2016.
[131] 财政部. 行政事业单位内部控制报告管理制度（试行）. 2017.
[132] 李三喜. 认定内部控制缺陷.
http：//www. zthcounseling. com/nbkz/RenDingNeiBuKongZhiQueXian/.
[133] 李三喜. 内部控制设计的流程.
https：//wenku. baidu. com/view/73a7d710bd64783e09122b3b. html.
[134] 张晨婉. 日本历史上最大的财务造假案件分析——奥林巴斯.
http：//blog. sina. com. cn/s/blog_a18d505b0102vjf4. html.
[135] 郝琴. 社会责任国家标准解读.
https：//wenku. baidu. com/view/c91bc72af524ccbff1218495. html.
[136] 财政部国际司. 美国、加拿大企业内部控制.
http：//www. mof. gov. cn/mofhome/guojisi/pindaoliebiao/cjgj/201406/t20140618_1100984. html.
[137] 张翔. ACFE 发布《2016 年各国舞弊调查报告》. 中国会计视野.
http：//news. esnai. com/2016/0403/129950. shtml.
[138] 全面风险管理流程.
http：//bbs. cosox. cn/viewthread. php？tid=93&extra=page%3D7.
[139] 2015 中国上市公司治理指数发布.
http：//money. people. com. cn/n/2015/0905/c42877-27545902. html.
[140] 上海乐购超市"无间道"卧底收银员套走 397 万.
http：//news. enorth. com. cn/system/2006/12/27/001501884. shtml.
[141] 巴林银行倒闭事件.
http：//blog. jrj. com. cn/0913651684，1430211a. html.
[142] 法国兴业银行披露欺诈损失 49 亿欧元.
http：//news. hexun. com/2008/xyqizha/.
[143] 魔鬼代言人：法兴业银行科维尔.
http：//finance. sina. com. cn/j/20080219/13424520655. shtml.
[144] 安然丑闻与安达信危机.
http：//www. china. com. cn/zhuanti2005/node_5128081. htm.
[145] 农行惊爆 39 亿大案！为什么看上去很安全的票据业务也会出问题？
http：//www. managershare. com/post/232582.
[146] 农行 39 亿元票据变报纸，这水有多深.
http：//money. sohu. com/20160125/n435693171. shtml.
[147] 农行曝出 39. 15 亿元票据大案已上报国务院.
http：//news. youth. cn/gn/201601/t20160123_7558323. htm.
[148] 农行：北分票据案涉 39 亿元公安已立案.
http：//finance. caixin. com/2016-01-22/100902910. html.

[149] 宁波银行再曝32亿元票据风险事件.
http://finance.qq.com/a/20160708/010502.htm.
[150] 宁波银行原员工32亿票据违规操作立案.
http://finance.ifeng.com/a/20160708/14574839_0.shtml.
[151] 农行、中信、天津银行，三桩票据大案你看懂了吗?
http://mt.sohu.com/20160408/n443679835.shtml.
[152] 银行票据大案暴风控管理漏洞，揭秘圈内“潜规则”.
http://bank.jrj.com.cn/2016/02/01075620514274-1.shtml.
[153] 揭秘票据圈潜规则：玩家伙同小银行“一票两押”.
http://money.163.com/16/0201/01/BEMUJVUV00253B0H.html.
[154] 银监会通报6亿虚假商票贴现、转贴现案件.
http://mt.sohu.com/20160408/n443663178.shtml.
[155] 天津银行爆发票据案涉及资金7.86亿元.
http://finance.qq.com/a/20160408/033404.htm.
[156] 郑百文：独立董事在做什么?
http://www.doc88.com/p-8498590156134.html.
[157] 一丝不苟的德国人开了个小差，10分钟后3亿欧没了!
http://mt.sohu.com/20161018/n470551366.shtml.
[158]“酒鬼酒内鬼”案一审宣判.
http://news.sina.com.cn/o/2016-01-23/doc-ifxnuvxc1685352.shtml.
[159] 杨来运. 阿里巴巴合伙人制度研究报告.
https://wenku.baidu.com/view/e4f24ab8ce2f0066f4332255.html.
[160] 阿里巴巴合伙人制度（名单）的前世今生解读.
http://www.ebrun.com/20140619/102132.shtml.
[161] 田娜. 海尔的培训体系.
http://www.mie168.com/human-resource/2004-11/25189.htm.
[162] 国家自然科学基金会会计卞中.
http://news.xinhuanet.com/legal/2004-11/10/content_2198935.htm.
[163] 卞中贪污、挪用公款，吴锋挪用公款、玩忽职守案”.
http://pkulaw.cn/case/pcas_117508200.html? match=Exact.
[164] 金辉. 央行副行长陈雨露：央行将加快构建中国绿色金融体系.
http://jjckb.xinhuanet.com/2016-04/28/c_135318533.htm.
[165] 宜家召回3500万个“夺命抽屉柜”.
http://money.163.com/16/0630/08/BQPUC76T00253B0H.html.
[166] 宜家拖沓召回引网友反感：区别对待中外消费者.
http://finance.sina.com.cn/chanjing/gsnews/2016-07-19/doc-ifxuapvs8863120.shtml.
[167] 十年前并驾齐驱，是什么成全了谷歌磨灭了百度.
http://mt.sohu.com/20160507/n448164527.shtml.
[168] 决定谷歌和百度的命运，答案在这里.

http：//mt. sohu. com/20161104/n472273691. shtml.
[169] 魏则西事件后，百度改也是死，不改也是死．
http：//it. sohu. com/20160510/n448685209. shtml.
[170] 国家网信办联合调查组公布进驻百度调查结果．
http：//news. xinhuanet. com/2016-05/09/c_1118833546. htm.
[171] 百度会不会变，不看明天看明年．
http：//finance. ifeng. com/a/20160509/14372826_0. shtml.
[172] 韩迅，张炜．红宝丽陷 7000 万元假票据门事件 造假者成谜．
http：//finance. sina. com. cn/stock/s/20130716/022716130769. shtml.
[173] 山东齐鲁增塑剂股份有限公司内控案例分析 http：//china. findlaw. cn/jingjifa/kuaiji/kjfal/34476. html.
[174] 木鱼．低级错误 2200 万"学费"暴露基金公司管理"软肋"．
http：//www. p5w. net/fund/fxpl/200709/t1204642. htm.
[175] 獐子岛爆出"黑天鹅"事件引发舆论关注．
http：//www. sic. gov. cn/News/82/3814. htm.
[176] 三星在美最高法院吐苦水，苹果设计专利索赔太多．
http：//tech. 163. com/16/0603/06/BOK7LSTG00097U7T. html.
[177] 经典案例："万福生科"财务造假分析．
http：//blog. sina. com. cn/s/blog_626c8498010186pi. html.
[178] 陈维．飞科电器 IPO 引发三大质疑．
http：//yuqing. people. com. cn/n/2014/0619/c358844-25170372. html.
[179] ISO31000 与冰岛火山危机．
http：//www. iso. org/iso/pressrelease. htm？refid=Ref1317.
[180] 湘鄂情：五次转型为什么难逃劫数．
http：//news. xinhuanet. com/food/2015-04/13/c_1114941664_3. htm.
[181] 中科云网挥别"湘鄂情"7 年金字招牌仅卖 1 亿．
http：//business. sohu. com/20150209/n408847854. shtml.
[182] 中科云网确认所发公司债违约 A 股首例．
http：//www. guancha. cn/economy/2015_04_07_314965. shtml.
[183] 光大证券"乌龙指事件"．
http：//money. 163. com/baike/guangdawulongzhi/profile/.
[184] 公司治理网．http：//www. cg. org. cn.
[185] COSO 网．http：//www. coso. org.
[186] 上海证券交易所．http：//www. sse. com. cn.
[187] 深圳证券交易所．http：//www. szse. cn.
[188] 财政部会计司．http：//kjs. mof. gov. cn.